W0229421

München

Achim Wigand

5. komplett überarbeitete und aktualisierte Auflage 2017

Inhalt

Wege durch München

Einmal mitten durchs Herz
Tour 1: Vom Isartor zum Bürgersaal

Altstadt brutal: das ganz alte München vom Isartor bis fast zum Stachus. Mit den Dauerbrennern Marienplatz, Alter Peter, Frauenkirche und – klingeling! – dem unvermeidlichen Glockenspiel.

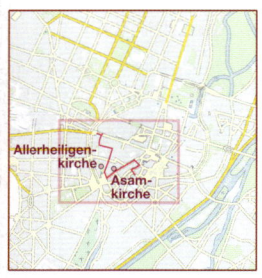

Südliche Halbkugel
Tour 2: Vom Jakobsplatz zum Stachus

Altstadt verwinkelt: die stillere Seite der Altstadt mit großartigen Details. Mit dabei ist die prunkvolle Asamkirche – ein barocker Exzess. Außerdem die Allerheiligenkirche vom Frauenkirchenbaumeister und der ein bisschen schiefe Löwenturm.

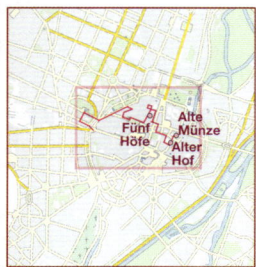

Nördliche Halbkugel
Tour 3: Das Kreuzviertel

Altstadt teuer: die alten Adelsquartiere des Kreuzviertels, allerfeinste Renaissance im Innenhof der Alten Münze und mit dem Alten Hof die erste wittelsbachische Wohnstatt. Nebenbei wird in den Fünf Höfen nobel eingekauft.

Unterwegs mit

Achim Wigand

Jahrgang 1968, mäanderte nach ausgedehntem Studium durch die deutsche Dienstleistungsgeografie und arbeitete als Gastrojournalist, Boxtrainer, Veranstaltungstechniker und in der Öffentlichkeitsarbeit eines großen Unternehmens.

Ein erstes Reisebuch – Montenegro, 2006 – entstand als eher ungeplantes Beiprodukt eines Theaterprojekts, die umfangreichen Recherchen für das vorliegende Buch dienten dann als Generalqualifikation für seine heutige Hauptbeschäftigung als Tourguide in München.

Zwei Drittel Weichkäse, ein Drittel Butter, ein Kaffeelöffel Paprikapulver, eine Kinderhand Schnittlauch, Pfeffer, Salz und eine Prise Zucker, schließlich noch einen Schuss Bier: Das alles mit einer Gabel zu einer nicht ganz glatten Masse verkneten. Mit der anderen Hand einige Fleischpflanzerl rollen und den Kartoffelsalat wenden. Alles in einen Korb gepackt, karierte Tischdecke drauf – ich gehe in den Biergarten!

Und dann, notwendig leicht bierselig unter hohen Kastanien, weiß ich wieder, warum ich hierher gezogen bin: Diese Mischung aus Laissez-faire und Gschaftlhuberei, Protz und „Dösismiawurscht", Metropole und Provinzialität – das gibt es nur hier in München. Über der dritten Maß Augustiner verschwimmt der Ärger über das Mietpreisniveau nah bei den Sternen, die auspufftrötenden Wichtigtuer im Ferrari mit Umlandkennzeichen und die Bayerische Staatsregierung unter der Schaumkrone des Zufälligen. Um halb elf ist der Obatzde weg, die zufällige Tischbekanntschaft aus Korea in den Grundsitten unseres Volksstamms unterwiesen, und Schankschluss ist auch, deshalb radln wir noch ein paar Meter zu den Schotterflächen der renaturierten Isar und sehen die Glühwürmchen der letzten Grillfeuer verlöschen.

„... und dann dachte ich über eine andere Stadt nach. Aber es fiel mir keine ein", sagt der ewig melancholische Krimikommissar Tabor Süden an einem schlechten Tag – welche sollte das auch sein?

Was haben Sie entdeckt?

Haben Sie ein besonderes Restaurant, ein neues Museum oder ein nettes Hotel entdeckt? Wenn Sie Ergänzungen, Verbesserungen oder Tipps zum Buch haben, lassen Sie es uns wissen!

Schreiben Sie an: Achim Wigand, Stichwort „München" | c/o Michael Müller Verlag GmbH | Gerberei 19, D – 91054 Erlangen | achim.wigand@michael-mueller-verlag.de

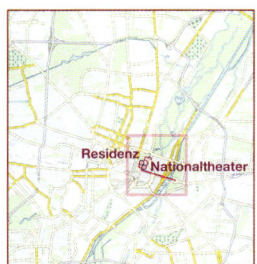

München vom Allerfeinsten
Tour 4: Maximilianstraße und Residenz

So hatte Max II. sich das wohl eher nicht vorgestellt: die teuersten Parkplätze der Republik und noch teurere Geschäfte. So schon eher: große Oper im Nationaltheater und Prunk in der Residenz.

■ S. 72

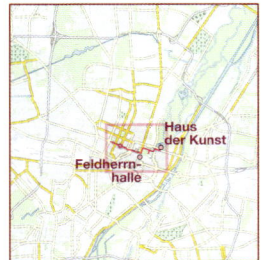

Eine Tatortbesichtigung
Tour 5: Das „braune" München

Wo aus einem Stammtisch schwätzender Radikaler eine Mordmaschine erwuchs: vom Bierdunst der Hinterzimmer bis zu den Protzbauten der „Hauptstadt der Bewegung" – Haus der Kunst, Feldherrnhalle und Co.

■ S. 88

Auf dem Weg nach Norden
Tour 6: Ludwigstraße, Leopoldstraße und Schwabing

Die Ludwigstraße ist Münchens gute Stube. Ihre Verlängerung führt als Leopoldstraße immer tiefer ins legendäre Schwabing. Daneben liegt mit dem Englischen Garten der allerschönste Park der Welt.

■ S. 102

Im Kreativkiez
Tour 7: Viktualienmarkt und Glockenbachviertel

Junge Früchtchen und buntes Gemüse nicht nur auf dem Viktualienmarkt. Im Regenbogenviertel um Gärtnerplatz und Glockenbach wird gefeiert, geshoppt und gentrifiziert.

■ S. 118

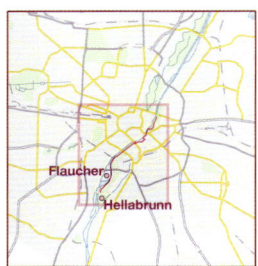

Ein Spaziergang am Wasser
Tour 8: An der Isar

Münchens schönstes Naherholungsgebiet an Haupt- und Seitenarmen, Bächen, auf Inseln, in den Auen und unter Brücken. Am Flaucher wird dann gegrillt, und in Hellabrunn gibt's Tierbabys – nur zum Anschauen!

■ S. 132

München vom Reißbrett
Tour 9: Die Maxvorstadt

Ludwig I. wollte ein Stadtviertel für Kunst, Kultur und Bildung. Und was hat er bekommen? Jede Menge Kunst in den drei Pinakotheken und ihren Nachbarhäusern, klassizistische Kultur rund um den Königsplatz und zwei große Universitäten.

■ S. 146

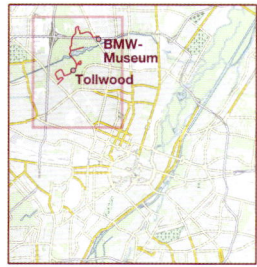

Über das Oberwiesenfeld
Tour 10: Der Olympiapark

Die Stilikonen unter dem riesigen Glasdach sind das grandiose Resultat der letzten großen Umgestaltung Münchens. Außerdem ist noch Platz für schnelle Autos im BMW-Markentempel und Werksmuseum sowie für den Öko-Rummelplatz Tollwood.

■ S. 162

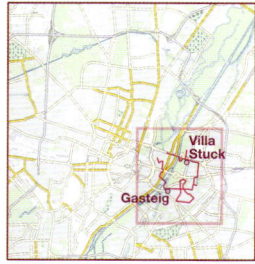

Rechts der Isar
Tour 11: Lehel, Bogenhausen, Haidhausen

Kunst, Kultur und kontrastreiche Architektur: in der Villa Stuck zu Gast beim Malerfürsten, dörflicher Charme im Lehel und am Isarübergang das monumentale Kulturzentrum Gasteig.

■ S. 178

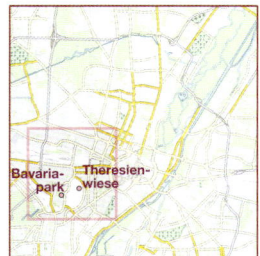

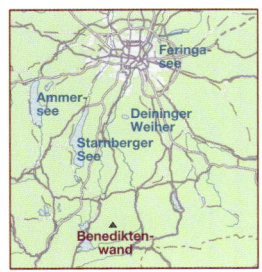

Was haben Sie entdeckt?

Haben Sie ein besonderes Restaurant, ein neues Museum oder ein nettes Hotel entdeckt? Wenn Sie Ergänzungen, Verbesserungen oder Tipps zum Buch haben, lassen Sie es uns wissen!

Schreiben Sie an: Achim Wigand, Stichwort „München" | c/o Michael Müller Verlag GmbH | Gerberei 19, D – 91054 Erlangen | achim.wigand@michael-mueller-verlag.de

Mit dem grünen Blatt haben unsere Autoren Betriebe hervorgehoben, die sich bemühen, regionalen und nachhaltig erzeugten Produkten den Vorzug zu geben.

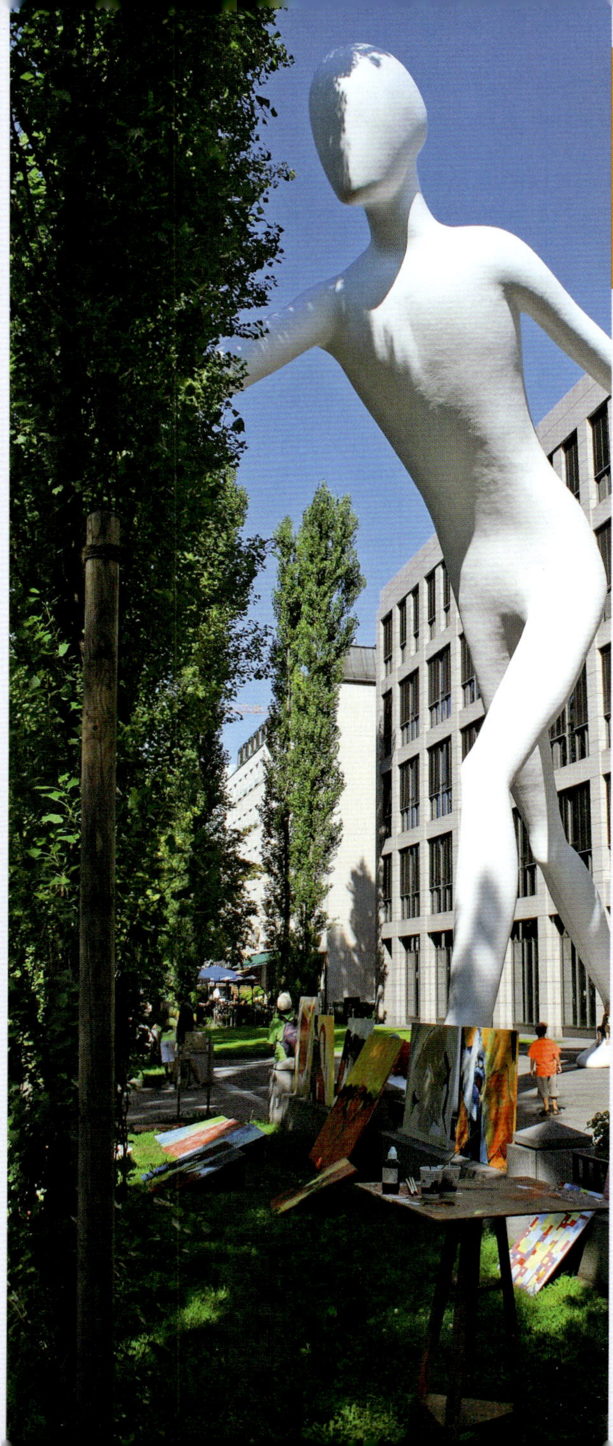

Der „Walking Man" bewahrt den Überblick

Orientiert in

München

Orientiert in München

Stadt und Stadtviertel

A ganz a oide G'schicht: München – das Millionendorf. Ist es natürlich nicht, aber so richtig groß ist es eben auch nicht: Auf der sechstgrößten Stadtfläche im Bundesgebiet quetscht sich die drittgrößte Stadtbevölkerung zusammen, und deshalb gilt: In München ist nichts wirklich weit.

Deutsch – Bayrisch – Münchnerisch

Verkehrssprache auch in Münchner Amtsstuben ist natürlich Deutsch, woran aber so mancher Auswärtige schon einmal Zweifel hegt. Zum Lokalkolorit gehört der gemütliche Gutturallaut mindestens so sehr wie der Hirschhornknopf an den Trachtenjanker. Aber sog net „Minga", des is Boarisch und ned Münchnerisch.

Ganz München

Die groben Fakten sind schnell hingehauen: 25 Stadtbezirke verteilen sich recht ungleichmäßig auf 310 km², auf denen ganz schön viele der mehr als 1,5 Mio. Einwohner händeringend eine Wohnung suchen. Gar nicht so einfach, da München weder in der Fläche noch – nach einer schon auch lustigen Posse um die maximal zulässige Bauhöhe – in die Höhe wächst. Es wird folglich also immer dicker. Und ja: auch teurer.

Die Altstadt

Für die meiste Zeit seiner Geschichte war München eben nur das, der dicht bebaute Siedlungsraum innerhalb der Stadtmauern, gerade einmal poplige 93 ha. Die Mauern sind zwar weg, aber der Verlauf des Altstadtrings gibt immer noch eine ganz gute Vorstellung von der überschaubaren Größe des alten Münchens. Zumindest tagsüber ist hier auch mit Abstand am meisten los, für die meisten der hektisch durchreisenden Touristen bleibt der Trampelpfad zwischen Stachus und Isartor der einzige, wenngleich ungemein pittoreske Eindruck der bayrischen Hauptstadt.

Die Vorstädte: Isar-, Max- und Ludwigsvorstadt

So um 1800, nicht völlig zufällig zur Zeit der Erhebung Bayerns zum Königreich, war es mit der kleinstädtischen Gemütlichkeit dann schnell vorbei, aus den Massen zuziehender Provinzler wurden schnell stolze Städter, wenngleich in zumeist weniger stolzen Verhältnissen. Am ehesten sieht man das heute noch in der international bunten Ludwigsvorstadt, in grober Näherung die Gegend um den Hauptbahnhof. Um Gärtnerplatz, Glockenbach und Schlachthof – in der Isarvorstadt – ist das mittlerweile ferne Folklore: Münchner Neubürger mit Geld und Lust am fetten Leben wollen genau hierher, die Gentrifizierung hat den Turbo zugeschaltet. Ein Sonderfall ist die Maxvorstadt: Hier ist nichts gewachsen, sondern der bauwütige Ludwig I. ehrte hier seinen Vater mit einem Stadtteil vom Reißbrett, Kunst, Kultur und Bildung gewidmet.

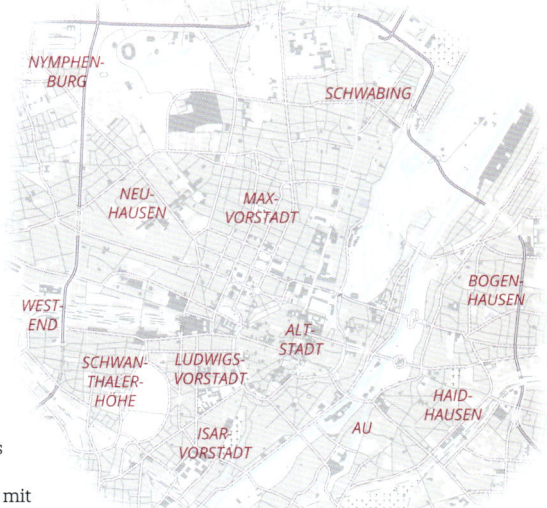

Rechts der Isar

Auf der anderen Seite des putzigen Gebirgsbachs fühlt sich das anders an: Bogenhausen, Haidhausen und die Au waren bis weit ins 19. Jh. eigenständige Dörfer, und das merkt man auch heute noch. Die alten Dorfkerne mit Kirche und Friedhof sind noch gut auszumachen, ganz besonders im kuschligen Haidhausen, das sich von seiner Zeit als Szeneviertel in den 1980er-Jahren ganz gut erholt hat. Die Au hat noch ihr eigenes Stadtteilfest, und in Untergiesing weiter im Süden sind die Tage als Arbeiterviertel wohl gezählt. Ist aber auch schön hier, an der Isar.

Schwabing

Lange Zeit war Schwabing auch bloß ein Dorf vor den Toren Münchens. Bald aber rankten sich die ersten Mythen um den Stadtteil: Die laszive Schwabinger Bohème und später die langhaarigen Anarchostudenten gaben Schwabing sein bis heute spürbares ganz eigenes „Gefühl". Zwischendrin war es entweder schon wieder total out oder vielleicht bald wieder in, aber ganz weg war es nie, und überhaupt: Wie sollte das auch gehen? Mit englischem Garten und Leopoldstraße ist man nie so richtig weg vom Fenster.

Der Westen: Schwanthalerhöhe und Westend

Die ganz alteingesessenen Münchner glauben immer noch, dass hinter dem Hochhausturmm auf der Theresienhöhe die Kinder mit rußgeschwärzten Gesichtern auf der Straße betteln. Ist natürlich Unsinn, die ehemalige Kommunistenhochburg Schwanthalerhöhe hat sich in den letzten Jahren mächtig herausgeputzt. Zum Sightseeing kommt man zwar eher nicht her, aber ganz bestimmt zum Essen, Feiern und, sowieso, zum Trinken. Jetzt auch verschärft zur Wohnungssuche.

Sonst noch

Unter touristischen Prämissen mehr als randständig interessant sind Neuhausen und das angrenzende noble Nymphenburg, und das nicht nur wegen der Hotspots Schloss und Olympiapark. Und das in manchen Teilen noch heimelig dörflich wirkende Sendling ist auch ohne die ganz großen Highlights nett anzusehen. Nach Neuperlach oder das Hasenbergl verirrt sich jedoch kaum ein Besucher Münchens; ganz ähnlich verhält es sich mit den Schlafstädten im Osten und Südosten der Stadt. Und wer will schon nach Grünwald?

Orientiert in München

Sightseeing-Klassiker

Zum Glück gibt es in München nur genau zehn echte Sehenswürdigkeiten, und das schreit natürlich geradezu nach einer Liste! Was also muss drauf, auf die Postkarte oder in die Whats-App-Message? Garantiert keine Geheimtipps, keine unbekannten Ecken und ganz bestimmt nichts abseits der ausgetretenen Pfade!

finessen-Sepperl

Ludwigs Schlösser

Ein weiß-blauer Fetzen, a Maß Bier und der Kini. In der bayrischen Postkartentrinität darf der so geheimnisvolle wie durchgeknallte Ludwig II. auf gar keinen Fall fehlen, und ein Besuch seiner Prunkbauten gehört irgendwie schon auch zum Pflichtprogramm. Auch wenn keiner davon auch nur in der Nähe Münchens liegt.

Einmal durch die Altstadt

■ **Marienplatz:** Auch wenn man gar nicht hin will, landet man früher oder später auf der Freifläche um die Mariensäule, denn München hat einen Mittelpunkt, und der war schon immer hier. Pflichttermin ist das Hochamt der Folklore, wenn im Turm des Neuen Rathauses die Figuren des Glockenspiels ihre Runden drehen – musikalisch wie historisch eher ein fragwürdiges Vergnügen, aber es wird schon einen Grund haben, warum hier mehrmals täglich Tausende von Touristen verzückt den Kopf in den Nacken legen. → Tour 1, S. 34

■ **Residenz:** Auf der Pflichtrunde durch die Altstadt darf auch für den Europe-in-two-weeks-Hektiker der größte Stadtpalast in Deutschland nicht fehlen. Fast dreihundert Jahre spielten die bayrischen Herrscher hier Lego: So ziemlich jeder Herzog, Kurfürst und König baute noch einen Flügel dran, ein Theater rein, eine Oper dazu – zusammen schufen sie dadurch eines der eindrucksvollsten Baudenkmäler. → Tour 4, S. 80

■ **Frauenkirche:** Die größte Kirche der Stadt steht hier eher beispielhaft für die großartigen bis durchgeknallten Gotteshäuser Münchens, kunstgeschichtlich ist der der Backsteinbrocken nämlich gar nicht einmal so bedeutend, aber zumindest städtebaulich setzen die Zwiebelkuppeln des Doms zu Unserer Lieben Frau den ganz bestimmt prägendsten Akzent der Münchner Stadtsilhouette. → Tour 1, S. 40

■ **Alter Peter:** Nach dem Slalom durch Touristengruppen und der Dauerbeschallung durch das Geplärr der omnipräsenten Tourguides beim Weg durch die Altstadt ist es Zeit für Ruhe und Innehalten. Das kostet lumpige 1,50 € und jede Menge Kondition, nach gerade einmal 306 Stufen liegt einem München zu Füßen. → Tour 1, S. 32

Parks und Gärten

■ **Englischer Garten:** Fetischisten der puren Größe mögen München ja klein finden (viel Spaß dann auch in Chongqing), bei den Grünflächen geigt München ganz vorne mit: Die Landschaftssimulation auf dem ehedem kargen Schotterfeld ist der schönste Stadtpark der Welt. Oder gibt's vielleicht Nackerte (huch!) im Central Park oder Surfer (yeah!) im Bois de Boulogne? → Tour 6, S. 113

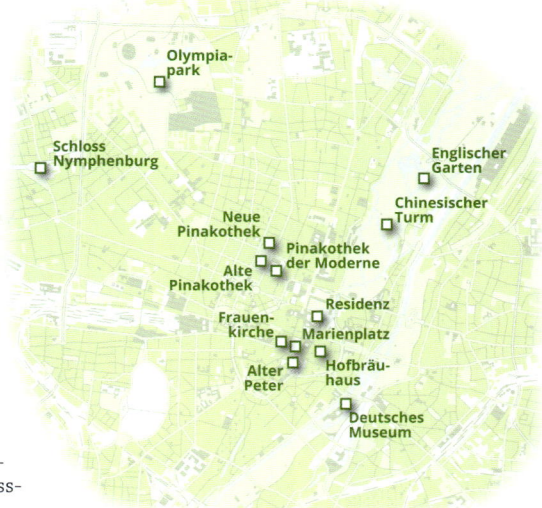

■ **Nymphenburg:** Das bescheidene Sommerschlösschen der Wittelsbacher (500 m Fassadenbreite) ist ja schon für sich sehenswert, aber erst die Parkanlage macht Nymphenburg zu einem Pflichtstopp noch für den eiligsten Besucher Münchens. → S. 204

■ **Olympiapark:** Für die olympischen Spiele 1972 wagte München zum letzten Mal einen ganz großen städtebaulichen Wurf, und der ist es dann auch geworden. Die schwebend-schillernden Glasdächer über den Stadien und Hallen setzen bis heute den Maßstab im häufig so drögen Sportstättenbau, und auch der Olympiapark ist ein gestalterisches Meisterwerk der Geländeumformung. → Tour 10, S. 162

Kunst und Technik

■ **Die Pinakotheken:** Die bayrischen Herrscher mögen politisch und diplomatisch ein Rudel hirnloser Irrer gewesen sein – aber von Kunst verstanden sie etwas. Auch wenn bis heute umstritten ist, welches von den zahlreichen Münchner Museen im Weltrang denn nun das weltrangigste ist, in zumindest eine der Pinakotheken muss man einen Fuß gesetzt haben. → Tour 9, S. 155

■ **Deutsches Museum:** Vermutlich jedes bayrische Kind war schon einmal im Tempel der Ingenieurskunst, und wer vor lauter Online-Besoffenheit vergessen hat, warum Deutschland eigentlich zu einer wirtschaftlichen Großmacht gewachsen ist, sollte sich unbedingt noch einmal in den Abteilungen für Maschinen-, Berg- und Schiffbau kurz besinnen. Spektakulärer Höhepunkt ist das Elektrofeuerwerk der Starkstromshow. → Tour 8, S. 139

Bier her!

■ **Hofbräuhaus:** Das Auge des bayrischen Bierorkans. Es mag schönere, gemütlichere und ältere Bierschwemmen geben, aber zumindest eine Maß muss einem hier den Schlund hinuntergelaufen sein. → Tour 2, S. 56

■ **Biergarten am Chinesischen Turm:** Zugegeben ein gewagtes Experiment, aber würde man ganz München in einem großen Topf zu seiner Essenz einkochen, am Ende bliebe ein Biergarten übrig. Der am Chinaturm ist da bloß der bekannteste und einer der größten. Schön sind sie alle. → Tour 6, S. 114

Orientiert in München

Sightseeing-Alternativen

Hoppla, es sind wohl doch mehr als zehn München-Sights. Was also tun, sollte der Aufenthalt länger als einen Nachmittag und das halbe Dutzend Maß Bier im Hofbräuhaus dauern?

Das Münchner Kindl

Vom Kanaldeckel bis zum U-Bahn-waggon – der Mönch mit dem Eidbuch in der Hand ist in München allgegenwärtig. Aber wieso überhaupt Kind? Mittelalterliche Frühvermönchung? Ach was, irgendwann im 16. Jh. wunderten sich die Einheimischen bloß über die fehlenden Bart und infantilisierten den Wappenbruder.

Und noch mal ins Museum

■ **BMW:** Nun ja, Museum – vor allen Dingen ist der Markentempel im Zeichen des Propellers erst einmal eine große Verkaufsschau des Hauses BMW – allerdings eine ziemlich gut gemachte und immens populäre. Auf der anderen Straßenseite aber zeigt der Oberklassenhersteller, zu welchen Großtaten man früher fähig war, die Pretiosen des BMW-Museums sind schlicht zum Niederknien. → Tour 10, S. 175

■ **Ägyptische Staatssammlung:** Kaum zu fassen, was da jahrzehntelang in einem Seitenflügel der Residenz fast unbeachtet eingestaubt ist! Erst seit der Eröffnung des spektakulären Neubaus in der Maxvorstadt werden die über Jahrhunderte zusammengekauften (und auch -geklauten) Schätze vom Nil adäquat in Szene gesetzt. Und da nicht jeder problemlos Hatschepsut von Mentuhotep unterscheiden kann (oder war's doch Neferhotep?), ist die Sammlung vorbildlich museumspädagogisch aufbereitet. → Tour 9, S. 147

■ **Sammlung Brandhorst:** Nicht nur Könige sind Mäzene! Einer der profiliertesten Sammler und Förderer der Bundesrepublik ist sicherlich Udo Brandhorst, und der wollte seine Picassos, Warhols und Richters dann doch nicht nur im Gästebadezimmer aufhängen und gab den überwiegenden Teil seiner kolossalen Sammlung moderner und Gegenwartskunst als Dauerleihgabe nach München – mit der Auflage, dass man ihm dort ein schickes Museum um seine Sammlung bauen möge. → Tour 9, S. 159

Mehr München

■ **Radeln:** München ist so viel mehr als seine – zugegeben hübsche – Altstadt. Auch wenn das Nahverkehrssystem durchaus brauchbar ist – am Abend nach einem langen Tag zu Fuß tun einem doch die Füße weh. Deshalb macht man es am besten so, wie es zumindest die schlauen Münchner tun: Man steigt aufs Rad und gleitet von der Maxvorstadt an den Glockenbach, von Haidhausen nach Schwabing und versackt am Abend bei einer – klar – Radlermaß in der Waldwirtschaft. Fast alles flach, fast alles auf Radwegen und nebenbei eine gute Einführung in die Münchner Lebensart: Granteln auf dem Radl macht immer noch am meisten Spaß. Fahr zua!

■ **Isarauen:** Nicht alles in dieser zugegeben teuren Stadt muss notwendig einen Haufen Geld kosten. Ganz umsonst sind die Uferbänke der Isar, und wer nach einem Abend am Flaucher oder an der Wittelsbacher Brücke immer noch keine Münchner kennengelernt hat, sollte sich ernsthaft Sorgen um seine soziale Kompatibilität machen. → Tour 8, S. 134

Finsteres und Abgründiges

■ **Die Hauptstadt der Bewegung:** Lange Jahre nach dem Krieg war den Münchnern die Sonderrolle ihrer Stadt in der NS-Geschichte ziemlich egal. Ignorieren war zwar gar nicht so einfach – kein anderer Ort in Deutschland hat ein auch nur vergleichbar großes Ensemble von intakten Nazi-Bauten im inneren Stadtgebiet –, aber, ja mei. Gerade einmal 70 Jahre nach dem Tod des Diktators öffnete dann das NS-Dokumentationszentrum, interessanter ist dennoch die Erkundung vor Ort. Die Stationen auf dem Weg zur Macht sind auch heute noch sehr offensichtlich mitten im Stadtbild zu sehen. → Tour 5

■ **KZ-Gedenkstätte Dachau:** Diktatoren und kriminelle Regime hatten viele Nationen, eine Strategie zur Beseitigung von Gegnern und vorgeblichen Feinden auf industriellem Niveau war dann aber doch ein deutsches Privileg. Gerade einmal 15 km entfernt vom pittoresken Marienplatz begann auf einem stillgelegten Industriegelände in dem (ansonsten nicht minder pittoresken) Vorort Dachau der Untergang der deutschen Traditionen von Humanität und Anstand. → S. 216

Noch mehr Bier

■ **Nockherberg:** Das andere Bierfest mit dem anderen Bier. Zur Fastenzeit strömen die katholischen Münchner die Anhöhen Giesings hinauf, um nur ja nicht zu verhungern. Der starke Sud, ehedem gebraut von listigen Mönchen, ist nämlich ungemein nahrhaft, vor allen Dingen macht er aber entsetzlich betrunken. Rättätä, Schädelweh. → S. 258

■ **Fußball:** Skandale, Tradition und keine Tore – das ist der ruhmreiche TSV 1860 München. Wer mit Misserfolg so gar nicht umgehen kann, geht halt zum FC Bayern, inklusive Museum, Megashop und Massenauftrieb beim öffentlichen Training. → S. 284

Orientiert in München

Essen gehen

Klar kann man auch zu Hause kochen, aber die Münchner arbeiten lang und Geld haben sie auch – die Restaurants sind voll, sogar die zweifelhaften. Welches aber sind die richtig guten? Eine Frage, über die mit heiligem Ernst gestritten wird. Aber endlich gibt es eine neutrale Instanz: diese zwei Seiten.

Zur Münchner **Küche und Gastronomie** lesen Sie mehr ab S. 244.

Noch mehr Restaurants und andere Einkehrmöglichkeiten in den jeweiligen Vierteln finden Sie am Ende jeder Tour.

Alle Einkehrmöglichkeiten auf einen Blick → S. 288.

Die Spitze

Tantris: Am Anfang war es nur das Steckenpferd eines naschhaften Bauunternehmers, aber dann wurde es die Keimzelle des Neuen Deutschen Küchenwunders. Erst Eckhart Witzigmann und dann Heinz Winkler, gastronomische Namen von Donnerhall, brachten die Bundesrepublik auf ein anderes kulinarisches Niveau, und dass Hans Haas seit unglaublichen 25 Jahren das Flagschiff der Münchner Küchen weiter an der Spitze der Flotte segeln kann, gehört zu den ganz großen Leistungen am Herd. → Tour 6, S. 116

Pageou: Die Promi-Köche kommen und gehen, manche bleiben im Fernsehen stecken, aber auch die Bildschirmhelden in weißer Jacke können manchmal richtig gut kochen. Ali Güngörmüs hat die eher schwierige Adresse in den Fünf Höfen mit seinem Cross-over aus Haute Cuisine und levantinischer Küche in ganz kurzer Zeit in die erste Liga der Münchner Restaurants geschossen. → Tour 3, S. 71

Die Wirtshäuser

Fraunhofer: Restaurationsbetrieb seit 1774 – da können die anderen noch so krachledern daherkommen und ihre Speisekarte mit Bajuwarismen vom Unverständlichsten dekorieren, Tradition geht anders. Eben genau so wie im Fraunhofer. → Tour 7, S. 129

Wirtshaus zur Schwalbe: Zugegeben, das kleine Nachbarschaftsgasthaus mit Kegelbahn und schmusigem Garten könnte auch bei den Spitzenrestaurants stehen. Im Stahlbad der Sterneküche gestählt, hat sich Karl Ederer auf die Schwanthalerhöhe zurückgezogen und zeigt dort, wie gut bayrische Küche eben doch sein kann. Auch ohne Souvenirladen, Kochschule und eigene Produktlinien im Supermarktregal. → Tour 12, S. 200

Die nördlichste Stadt Italiens

Sarfati Vini Naturali: Am liebsten wären sie ja alle Italiener, die Münchner.

Auch wenn es sich nach Namen und Anspruch bei Sarfatis eher um den Wein – alle Kreszenzen im üppigen Programm sind ausschließlich auf Naturhefen ausgebaut – dreht, ich komme hier zum Essen her. Dass dazu der Service nicht nur ungemein liebreizend ist, sondern auch noch sehr genau weiß, was da auf den Tellern liegt und ins Glas kommt, ist dann auch kein Grund, doch in eine x-beliebige Pizzeria zu gehen. → Tour 12, S. 200

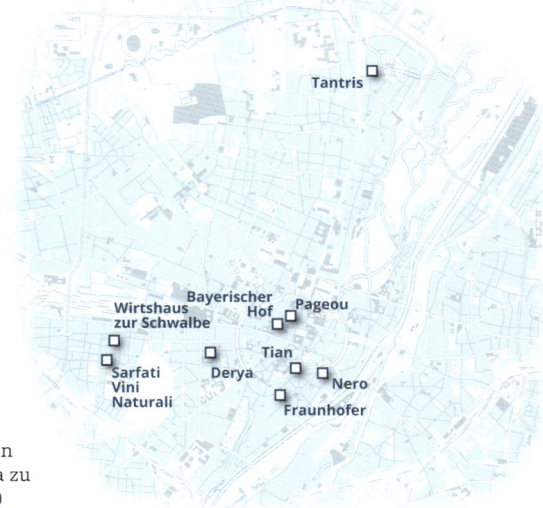

Nero: Ach ja, die Pizza – selbst ansonsten friedlich zusammenlebende Sozpäd-Studenten-WGs verzanken sich im Stil afghanischer Stämme über den Streit um den besten Pizzabäcker. Dabei ist das doch ganz einfach, die besten belegten Teigfladen kommen aus dem fauchend heißen Ofen des Nero. Den Traditionalisten mag der aufgestylte Laden ja zu schick sein, aber geht's jetzt hier um die beste Pizza oder blödeln wir nur rum? → Tour 7, S. 130

Gesund? Egal, Hauptsache, vegetarisch

Tian: Endlich eine Lösung für eines der dringendsten Probleme der Münchner Männerwelt: Wohin nur zum Essen mit der hübschen neuen Freundin, die partout nicht in totes Tier beißen möchte? Bislang musste sich der karnivore Schwerenöter mit langen Zähnen durch labbrige Sojafermente kauen, aber was auch in Wien schon so gut funktioniert hat, klappt auch in Schweinshaxenhausen: Im Tian ist nicht nur der Wille, sondern auch die Küche gut. Wer nach sechs Gängen durch das Saisongemüse immer noch dem Schnitzel hinterher-

trauert, braucht kein Fleisch, sondern einen Psychiater. → Tour 1, S. 45

Türkisch

Derya: Kurzurlaub am Bosporus? Dazu muss man noch nicht mal bis zum Bahnhof, hinter der Tür des Derya findet man exterritoriales Gelände. Schon allein wegen der Vorspeisenplatte muss man unbedingt hin. Kenner bleiben noch ein bisschen länger für den Lammnierenspieß und schlemmen sich dann noch durch die honigsüßen Dessertschweinereien. → Tour 12, S. 200

Schon ganz früh ganz schick

Dachterrasse des Bayerischen Hofs: Frühstück, die überschätzte Mahlzeit. Aber wenn schon, denn schon: Die immer noch schönste Rooftop-Bar Münchens kredenzt auch eine hinreißende Morgenmahlzeit, und das auch schon ab sechs Uhr morgens. Teuer, aber den Panoramablick über die Dächer der Altstadt gibt es gratis, ebenso den Anblick unausgeschlafener Promigäste des noblen Hauses. → S. 275

Orientiert in München

Ausgehen

Die gute Nachricht: München hat ein Nachtleben. Die nicht ganz so gute: Manchmal muss man ganz schön lange danach suchen. Aber es gibt sie, die coolen und teuren, aber auch die verranzten und kuschligen Bars und Clubs, und da die Stadt so schön kompakt ist, muss man sich auch nicht auf nur einen Hotspot festlegen.

Alle Clubs, Bars und Kneipen finden Sie im Kapitel **Nachtleben** ab S. 246.

Glockenbach und Gärtnerplatz

Noch zu Menschengedenken waren die isarnahen Viertel südlich der Altstadt eher kleinbürgerlich-handwerklich geprägt. Deshalb kamen sie hierher, die Lässigen, die Künstler, und vor allem kam die Regenbogenfraktion. Noch immer zehrt die Isarvorstadt vom Ruf des Schwulen- und Lesbendorados, aber in die richtig harten Läden wie den **Ochsengarten**, immerhin Deutschlands erster Darkroom, trauen sich doch die wenigsten. Aber man kann das durchaus auch als Folklore betrachten, die meisten kommen hierher, um einfach das Wochenende zu feiern. Ein stimmungsvoller Beginn ist die Dachterrasse des ansonsten eher bürgerlichen **Hotels Deutsche Eiche**, oder, wer nicht mit ganz leerem Magen in die Sause starten möchte, bei ein paar Tapas in der **Loretta Bar**. Dann wird ausgeschwärmt: Einige bleiben ein paar Häuser weiter in der **Registratur** hängen, wem dann schon das Geld ausgegangen ist, holt sich ein paar Bier am **Reichenbachkiosk** und setzt sich an schönen Abenden zu den 500 anderen auf den **Gärtnerplatz** und ärgert die Anwohner. Mit ordentlich Gel im Haar und dem Cabrio auf dem nicht vorhandenen Parkplatz landet man dann im **Robinson Kuhlmann** oder einer der anderen Dutzend Bars, die genauso aussehen. Deutlich abgerockter ist das **Holy Home** an der nächsten Straßeneinmündung. Später, auch ganz viel später, wird dann noch im **Pimpernel** heftig getanzt.

Maxvorstadt

Auch hier arbeitet man sich am besten von oben nach unten und startet auf einer Dachterrasse – leider ist das **Café Vorhoelzer** im sechsten Stock der TU schon lange kein Geheimtipp mehr, aber der Sonnenuntergang über den Dächern der Altstadt ist großartig. Danach, beim Flanieren durch die Türken- und Amalienstraße, stellt man fest, dass das ehemalige Studentenviertel doch ganz schön schnöselig geworden ist, einen Hauch von Anarchie vermitteln noch die BHs, die in der **Bar Sehnsucht** von der Decke baumeln. Die einen Zug nach Hause bekommen müssen, lassen sich noch im **Kosmos** kurz vor dem Bahnhof ein paar schnelle Astra die Kehle hinunterlaufen, die anderen sind dann schon im ziemlich angesagten **MMA** im ehemaligen Heizkraftwerk zwischen den toten Bürobauten der südlichen Maxvorstadt.

Altstadt

Sicher kein Zentrum des schillernden Undergrounds, aber hier fallen auch nicht nur betrunkene Australier auf dem Weg ins Hofbräuhaus übereinander (allerdings schon oft). Unter den klassischen Bars sticht qua Reputation natürlich das **Schumann's** heraus, auch wenn der neue Laden an der Ludwigstraße den Sex-Appeal eines Ferienheims der bulgarischen KP-Nomenklatura versprüht. Die Drinks im **Tobacco** sind mindestens genauso gut, und so plüschig, rot und schummrig wie die **Bar im Hotel Lux** ist, sieht man auch über die etwas heftige Grundsüße der Cocktails hinweg. Deutlich weniger förmlich drängt es sich in der **Favorit-Bar** im Hackenviertel, am Wochenende ist es aber arg voll in dem kleinen Ladenlokal. Die jüngeren Semester machen dann noch ein paar Schritte zur „Feierbanane" (vulgo: Sonnenstraße) mit ihren mehr als 30 Clubs. Eine Sonderstellung genießt dort sicher das **Harry Klein**, dauerhaft einer besten Electro-Clubs Deutschlands.

Anderswo

Getanzt und gefeiert wird natürlich auch weiterhin in Schwabing, aber das Risiko, in einem der doch sehr austauschbaren Läden an der Ludwigstraße oder in Altschwabing neben einem zu später Stunde leicht komatösen Junggesellenabschied zu landen, ist doch verhältnismäßig groß. Dann doch lieber auf die Schwanthalerhöhe (da ist die Wohnbevölkerung noch weitgehend unter sich) und im **Kilombo** noch ein paar schnelle Ayinger herunterstürzen oder im finsteren Keller der **Cu.Bar** einmal die Rumkarte rauf- und runtertrinken. An der ansonsten ziemlich leblosen Dachauer Straße auf dem Weg nach Neuhausen hat sich mit dem **Pathos** unter dem Radar ein erfolgreicher und beliebter Underground-Club etabliert.

Tanzen mit den Reichen und Schönen

Das haben wir uns verdient mit der ewigen Angeberei – den Ruf als Schickimicki-Hauptstadt hat München weg, und wenn also unbedingt zu mäßiger Musik neben ephemeren Helden aus TV und Bundesliga am zu teuren Drink genippt werden muss, dann stellt man sich in die lange Schlange vor dem ewigen **P1** oder der derzeit härtesten Tür der Stadt, dem **Heart**.

Orientiert in München

Shopping

Die Münchner sind mit die kauf-
kraftstärksten deutschen Groß-
städter, und damit das viele Geld
auch effektiv unter die Leute kommen kann, hat sich eine ungemein
reichhaltige Einzelhandelsland-
schaft herausgebildet.

Einzelne Shoppingmöglichkeiten in
den jeweiligen Vierteln finden Sie
am Ende jeder Tour.

In der Altstadt

Der Inbegriff des Münchner Shopping-
Erlebnisses ist sicher die **Maximilianstraße**. Zwischen den Flagship-Stores
der großen Luxusmarken lockern Juwe-
liere mit sechsstelligen Preisschildern
die strenge Atmosphäre auf, aber noch
nicht einmal, wenn nach Ramadan die
nahöstlichen Großfamilien in Regi-
mentstärke die Bürgersteige bevölkern,
ist in den Läden so richtig Trubel – ist
einfach zu teuer hier. Viele kommen
auch nur, um sich den imposanten
Wagenpark vor den teuren Adressen
anzuschauen, manchmal wirkt die Maximilianstraße wie die Freifläche einer
Messe für Supersportwagen. Die große
Masse des Einkaufsvolks kauft dann
doch eher ein eher preisgünstiges Stück
bei den großen Filialisten in der
**Fußgängerzone zwischen Karlstor und
Marienplatz**, dem meistfrequentierten
Einkaufsareal in Deutschland. Die
Individualität ist über die fantastisch
hohen Ladenmieten und Grundstücks-
preise doch etwas verloren gegangen,
einige Perlen finden sich aber dennoch,
und egal wie konventionell das klingen
mag: Die qualitativ besten Lebensmit-
tel in stupender Angebotsbreite und -
tiefe liegen immer noch an den Standln
am **Viktualienmarkt**.

Schwabing und
die Maxvorstadt

Der Isarpreuße und gar nicht so wenige
Münchner werden es nie so recht ka-
pieren, dass es sich hier um verschiedene Viertel handelt – für einen ge-
pflegten Einkaufsrausch kann man die
beiden aber schon einmal zusammen-
würfeln. In den Epizentren des Shop-
pings um die Universitäten und an der
Münchner Freiheit sind die Läden
kleiner und die Marken nicht ganz so
groß. Manch kleineres Label mit echten
Münchner Wurzeln hat es zwar nicht
zum Flagship-Store gebracht, aber
wenigstens ein dauerhaftes Fähnchen
in den Grund gerammt. In der **Amalien-**

und **Türkenstraße** ist die unmittelbare Nachbarschaft zur Hochschule nicht zu übersehen, tapfer halten sich hier die kruschigen Antiquariate und Fachbuchhändler.

Glockenbach und Gärtnerplatz

Am aufregendsten ist Shopping in München fraglos hier. Den Beinamen „Kreativquartier" verdient die südliche Isarvorstadt nicht nur wegen der Massen von Agenturen und Produktionsbüros, sondern ganz maßgeblich auch wegen der vielen kleinen Boutiquen und Fachgeschäfte. Die Hipster kaufen exotische Hochglanzzeitschriften bei **Soda**, die Mädels mit der Hochglanzfigur zwängen sich in die handwerklich großartigen und unfassbar sexy Lederkleider von **Antonetty** (wenn's nicht passt – die haben auch tolle Taschen), für die harten Jungs von der Lack-und-Leder-Fraktion gibt es bei **Spexter** ganz unbeschreibliches Spielzeug, und der Vintage-Biker investiert in das seriöse Leder von **Gasoline Alley**. Vergängliche Pretiosen mit hohem Nährwert oder Alkoholgehalt gibt es auch nicht zu knapp, der ohnehin happige Wert der neuen Dachgeschosswohnung lässt sich in den schnieken Einrichtungsläden glatt noch einmal verdoppeln, und wenn der Einkaufselan zwischendurch erlahmt, ist es bis zum nächsten Café garantiert nicht weit. Kurz, es ist ein bisschen wie Berlin, bloß hochwertiger, schöner und teurer, sowieso. Arm, aber sexy? Wir sind reich und schön!

Sonst noch in den Vierteln

Natürlich gibt es auch sonst in der Stadt jede Menge Geschäfte, darunter auch echte Pretiosen des Einzelhandels, in die sich Geld zu tragen lohnt. Ob es jetzt aber wirklich sinnvoll ist, für eine ausgedehnte Shopping-Tour nach Haidhausen, Giesing oder die Schwanthalerhöhe zu fahren, ist eher zweifelhaft – obwohl grade in letzterem Viertel prima zu sehen ist, dass der Gentrifizierung durchaus auch positive Aspekte abzugewinnen sind: Nicht nur das Mietniveau ist in den letzten Jahren exorbitant gestiegen, die neuen Bewohner haben auch schnell für eine mehr als brauchbare gastronomische Infrastruktur gesorgt, und natürlich wollen sie auch konsumieren. Zumindest im oberen Teil der Schwanthalerstraße geht das schon ziemlich gut: Zwischen den Büros von DKP, Rosa-Luxemburg-Stiftung und der Linken gibt es jetzt auch endlich ein Fachgeschäft für Siebträger-Espressomaschinen! Noch viel wichtiger, besser und schöner sind die „Guten Brillen" von Münchens vermutlich jüngstem Optikermeister.

Das Auge des Bierorkans

Oktoberfest

München feiert gerne, ob jetzt am Nockherberg oder in der Oper, aber auch wenn gar nicht wenige dieser Festspiele tatsächlich weltberühmt sind, die Party Nr. 1 ist immer noch die Wiesn und wird auch immer die Wiesn bleiben.

Alle Infos rund um die Wiesn finden Sie im Kapitel **Feste und Veranstaltungen** ab S. 262.

Die großen Zelte

Zelte? Was da jedes Jahr ab Mitte Juli auf der Theresienwiese aufgebaut wird, hat mit einem Zelt in etwa noch genauso viel zu tun wie ein Kölsch-Gläschen mit einem Maßkrug. Die Paläste der Wiesnwirte können eine bis zu fünfstellige Menschenmenge bewirten, und das klappt auch noch: Hinter der bierseligen Dekoration mit Hopfenranken, Trachtenornamenten und Blaskapelle werkelt eine hocheffiziente Logistik, die die Versorgung mit Unmengen von Bier und Hendln tatsächlich sicherstellen kann. Dahinter steckt natürlich jahrzehntelange Erfahrung und freilich auch ein massives Profitstreben – man munkelt von einem Reingewinn jenseits der Millionengrenze. Pro Zelt, versteht sich. Das liegt ganz maßgeblich daran, dass alle dieser fliegenden Bauten beständig gut gefüllt sind, an Spitzentagen, das sind auf jeden Fall die Samstage und der Tag der Deutschen Einheit, ist schon wenige Minuten nach Öffnung auch gleich wieder wegen Überfüllung geschlossen. Tricks, an den so robusten wie rustikalen Sicherheitsdiensten dann noch vorbeizukommen, gibt es nicht, es sei denn, man kommt mit einer Reservierung. Die aber wird nur für 10 Personen und einen Mindestumsatz von mehreren Hundert Euro gewährt, und außerdem ist da meist schon im Frühling alles weg.

Die kleinen Zelte

Spätestens um 18 Uhr, wenn das Musikprogramm der Bands in den Großzelten von traditioneller Blasmusik auf Partymucke umschaltet, ist es mit dem gemütlichen Sitzen vor der Maß Bier vorbei. Nicht jeder steht aber gerne auf den Bänken und schmettert den aktuellen Wiesnhit stimmsicher in die Runde. Gesetzte Naturen zieht es dann eher in die kleineren Biertempel, wo man auch auf überraschend hohem kulinarischem Niveau essen kann, und manchmal gibt es sogar noch etwas anderes zu trinken als Bier.

Überhaupt: Das Bier

Das Blut in den Adern des Oktoberfests. Die Münchner Brauereien heizen für die Wiesn die Kessel noch einmal extra an und brauen einen Sud, dessen Alkoholgehalt noch ein paar deutliche Zehntelprozentpunkte über dem Münchner Standardgetränk, dem Hellen, liegt. Nicht, dass da noch einer nüchtern nach Hause geht. Welches von den Gebräuen nun das beste ist, bleibt so umstritten wie egal, Biersommeliers fachsimpeln hier eher nicht. Auf jeden Fall handelt es sich um Hopfenmanna aus dem Münchner Stadtgebiet, das gebieten Tradition und profitables Monopol der sechs Münchner Großbrauer.

Die oide Wiesn

Nach gerade einmal zweihundert Jahren Festpraxis hatte sich nach Meinung der zahlenstarken Fraktion der konservativen Festbesucher doch allzu viel Modernität und Undahoamiges auf der Theresienwiese eingeschlichen, und so wurde ein kleines Areal abgegrenzt und als „Historisches Oktoberfest" verkauft – so gut, dass die Tradition gleich wieder Tradition wurde. Als „oide" (für nicht Dialektbewanderte: alte) Wiesn

hat sich die etwas beruhigtere Variante etwas abseits im Handumdrehen etabliert, und in zwei Festzelten mit den so anheimelnden wie passenden Namen „Herzkasperl" und „Tradition" trinkt man noch wie früher aus dem Keferloher und wird zünftig von Blasmusik beschallt. Dazu werden einige pittoreske Fahrgeschäfte aufgebaut. Ein vergleichsweise lächerlicher Obolus für den Zutritt sorgt auch effektiv dafür, dass die Hardcore-Trinker draußen bleiben.

Die Attraktionen

Hartnäckig hält sich das böse Gerücht, dass auf die Wiesn nur ginge, wer sich besaufen wolle. Das ist natürlich falsch, mancher trinkt auch erst drei Maß und fährt dann 5er-Looping, das intensiviert die Erfahrung doch deutlich. Generell sind die Fahrgeschäfte aber nicht der ganz große Magenumdreher, da haben die Freizeitparks mit ihren fest installierten Anlagen einfach die besseren Karten. Was man da aber vergeblich sucht, sind die echten Jahrmarktsklassiker: Schadenfreude am Toboggan, Romantik in der Krinoline, sich im Teufelsrad zum Affen machen und den Flohzirkus mit echten Insekten.

Wiesnzelt in der Aufwärmphase: In zwei Stunden stehen sie alle auf den Bänken

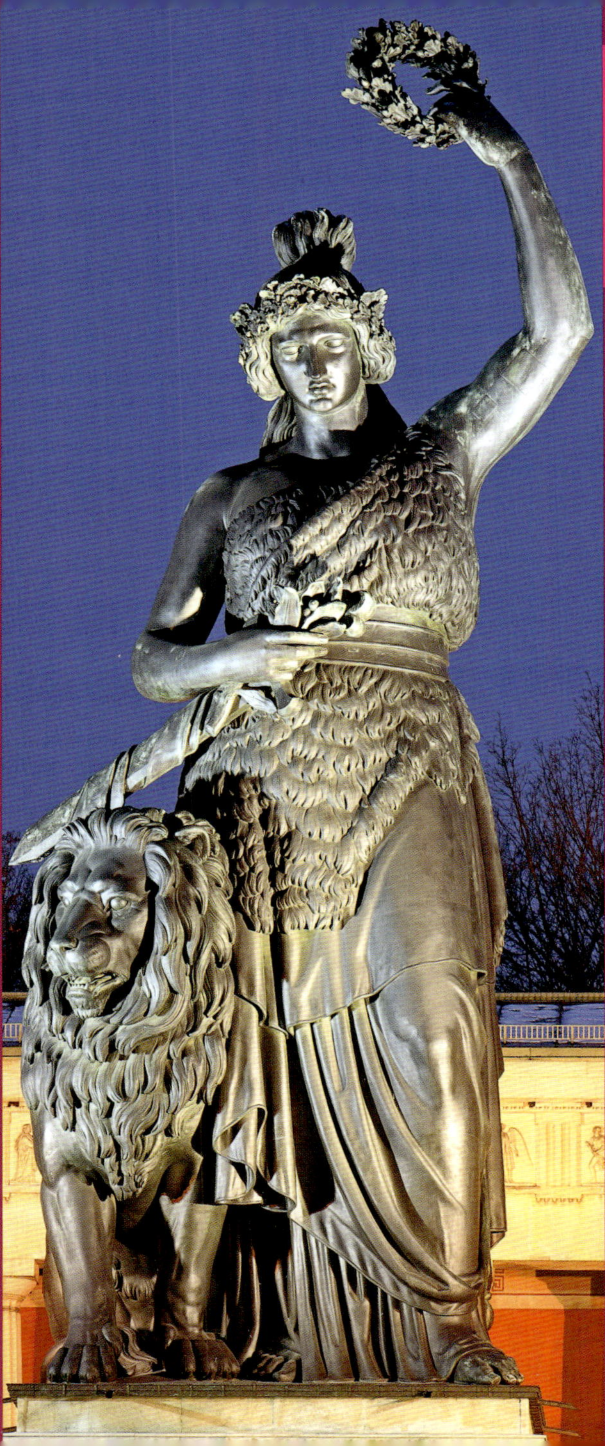

Die Bavaria an der Theresienwiese

Wege durch
München

Drei Touren in der Altstadt

Die Mauern der alten Stadtbefestigung waren bis ins vorletzte Jahrhundert die Grenzen Münchens, und für viele Touristen hat sich das bis heute nicht geändert. Tatsächlich präsentiert sich die Altstadt als Konzentrat – die fast hektische Abfolge von Postkartenmotiven vermittelt auch im Schnelldurchlauf ein durchaus eingängiges Bild der Stadt.

Tour 1
Einmal mitten durchs Herz: Vom Isartor zum Bürgersaal, S. 30

Tour 2
Südliche Halbkugel: Vom Jakobsplatz zum Stachus, S. 46

Tour 3
Nördliche Halbkugel: Das Kreuzviertel, S. 58

Demarkationslinie Altstadtring

Europe-in-two-weeks-Hektiker aus dem Fernen Osten mit ihrem extrem knappen Zeitbudget – schließlich muss man am Nachmittag noch nach Neuschwanstein! – lassen es gerne beim Sprint durch die Altstadt bewenden: Marienplatz mit Glockenspiel, Frauenkirche und anschließend noch eine schnelle Maß im Hofbräuhaus müssen als Anhaltspunkte für Reiseerinnerungen einfach reichen und geben für sich ja auch schon reichlich Gesprächsstoff her.

Besucher mit etwas mehr Zeit widmen sich auch den anderen Teilen der Altstadt: Im Uhrzeigersinn sind dies das Angerviertel, ein Tortenstück zwischen Tal und Sendlinger Straße; das Hackenviertel (weiter bis zur Neuhauser/Kaufinger Straße); das Kreuzviertel (weiter bis zur Theatinerstraße); und schließlich das Graggenauer Viertel um die Residenz. Demarkationslinie zu den angrenzenden Stadtteilen ist in jedem Fall der verkehrsreiche Altstadtring, der dem Verlauf der nur noch in Fragmenten erhaltenen mittelalterlichen Wehrmauer ziemlich genau folgt.

Tradition und Moderne

Die nicht totzukriegende Mär vom „großen Dorf" München, sie stimmt ein bisschen: Schließlich wohnen im beschriebenen Innenstadtbereich heute nur noch ca. 7000 Menschen – da lachen sogar die Fürstenfeldbrucker. Dorf, Stadt, Metropole – egal: Das Rennen um die größte Show im Bayernland macht eindeutig die Landeshauptstadt. Und wenn München auch gelegentlich etwas geschniegelt daherkommt, ist es selbst in seinen sehr teuren Ecken – oder vielleicht sogar gerade da? – immer noch eine sehr authentische Stadt mit völlig unverwechselbarer Identität geblieben.

Das Bewahrende und die nicht erst seit den legendären Innovationsschubreden eines einstmals sehr blonden bayerischen Spitzenpolitikers himmelstürmende bajuwarische Kraft bilden hier eine eigentümliche Koalition: Teilweise jahrhundertealte Institutionen und Bauwerke harmonieren und kontrastieren mit ambitioniertem Neugestaltungswillen.

Neuester städtebaulicher Akzent ist das 2006 eröffnete Jüdische Zentrum mit Hauptsynagoge, Gemeindehaus und Jüdischem Museum auf dem zuvor seit vielen Jahren völlig brachliegenden Jakobsplatz. Die kleinen Straßen und Gassen des Hackenviertels erinnern dagegen schon mit ihren Namen – Herzogspitalstraße, Färbergraben, Sattlerstraße – an die von Klerus und Zunfthandwerk bestimmte mittelalterliche Epoche der Stadt. Um den Karlsplatz, besser bekannt als Stachus, und den Lenbachplatz bestimmt dann gründerzeitlicher Prunk das Bild, ein Reichtum, der diesen Teil Münchens bis heute nicht verlassen hat: Die raren Parkplätze um die Banken und alten Adelspalais erinnern eher an einen Automobilsalon als an schnöde Abstellstreifen für Fortbewegungsmittel.

Shoppen und Ausgehen

Der Klientel angepasst, lässt sich innerhalb des Altstadtrings auch prima shoppen. Abseits der Fußgängerzonen finden sich gerade im Hacken- und Angerviertel viele Geschäfte mit hochspezialisiertem und erlesenem Sortiment – allerdings nicht für Schnäppchenjäger und Sparfüchse.

Das gilt ähnlich auch für die Gastronomie: Die vielen Geschäftsleute stehen in der Mittagspause vorzugsweise beim italienischen Edelsnack an der kaffeemaschinenmonstrumgekrönten Theke oder fallen nach ihrem langen Bürotag gerne in die Fauteuils gepflegter Restaurants. Für den schnellen Hunger versorgt man sich besser mit einer Leberkässemmel auf die Hand oder in den Kneipen außerhalb des Altstadtrings.

Getrunken wird auch: Auswärtige Bierkulturbeflissene mit leicht unsicherem Tritt frequentieren bis in die Nacht die ausgetretenen Pfade zwischen den Wirtshausinstitutionen, aber auch juvenile Nachtschwärmer und Barflies jenseits aller Lederhosenaffinität finden in der Altstadt eine üppige Auswahl an Clubs, Lounges und Hotspots.

Einmal mitten durchs Herz

Vom Isartor zum Bürgersaal

Ein Spaziergang auf ganz alten Pfaden. Die Verbindung der Isar zur Stadtmitte verweist auf die Urgründe der Münchner Stadtgeschichte, und deshalb ist hier alles alt, manches sogar so betagt, wie es im verhältnismäßig jungen München nur sein kann. Schon dieser kurze Trampelpfad – das kann man ganz wörtlich nehmen: Immer viel Betrieb! – durch die Münchner Stadtgeschichte erklärt viel über die produktiven Spannungsfelder zwischen Bürgerschaft, Klerus und Wittelsbach. Zudem ist die Orientierung denkbar einfach, es geht einfach bloß geradeaus, und das klappt sogar mit Pfundsjetlag kurz nach der Landung des Interkontinentalflugs oder nach der vierten Maß Bier. Für die Feinheiten ist dann ja später noch Zeit. Oder halt für die fünfte Maß.

Spaziergang

Mit Valentin-Karlstädt-Musäum

Isartor

Ausgangspunkt der Tour durch das historische und touristische Herz der Stadt ist der Isartorplatz (S-Bahn und Tram 17/18 Isartor), eine leider vom meist sehr heftigen Verkehr des Altstadtrings weitgehend um ihren Charme gebrachte Freifläche.

Dominantes Bauwerk ist das namengebende **Isartor** an der Westseite des Platzes, nicht nur eines der ältesten Bauwerke Münchens überhaupt, sondern auch das einzige in weitgehend ursprünglicher Gestalt erhaltene Stadttor der ehemals geschlossenen Befestigungsanlage.

Der Hauptturm wurde bereits 1337 fertiggestellt, ein knappes Jahrhundert später kamen zwei achteckige Wehrtürme

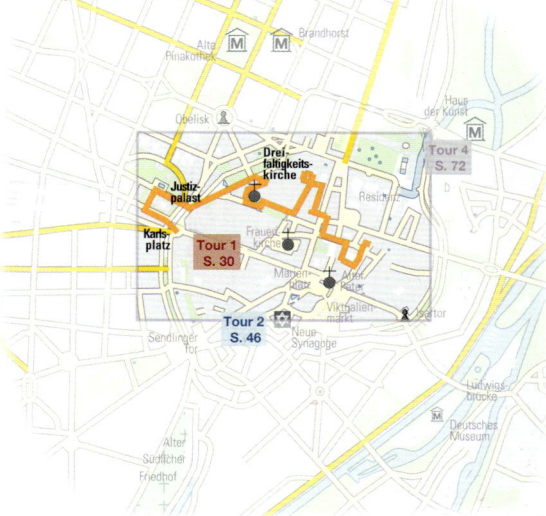

hinzu (alle noch vollständig intakt). Signifikant modifiziert wurde die Anlage erst im 19. Jh., als das seit dem Hochmittelalter stark angestiegene Verkehrsaufkommen eine Anpassung an die neuen Realitäten erforderlich machte. Zwar hätte Kronprinz Ludwig das historische Gemäuer am liebsten mit harter Aristokratenhand abgerissen, aber die beiden großen Baumeister der Stadt, Leo von Klenze und Friedrich von Gärtner, stemmten sich gegen diesen Kahlschlag, und so wurde das Isartor unter Gärtners Ägide von 1833 bis 1835 umfassend saniert. Zur Besänftigung streichelte man das Haus Wittelsbach mit einem heroisierenden Fresko an der Stirnmauer zwischen den Wehrtürmen – dass der „Siegeseinzug Ludwigs des Bayern nach der Schlacht von Ampfing 1322" wahrscheinlich eine historische Fiktion ist, hat die noble Herrschaft anscheinend wenig gestört.

Im Innenhof des Ensembles wird in der Adventszeit angeblich „der Welt größte Feuerzangenbowle" ausgeschenkt. Das ist dann auch die einzige Zeit im Jahr, in der das ansonsten etwas verlassen wirkende Baudenkmal wirklich belebt ist. Im südlichen Oktogonalturm befindet sich das dem berühmten Komiker- und Kabarettistenduo Karl Valentin und Lisl Karlstadt gewidmete **Valentin-Karlstadt-Musäum** mit so hinreißenden Exponaten wie dem Telefon des „Buchbinders Wanninger", der im gleichnamigen Sketch von der Buchhaltung der Firma Meisl & Companie in den fernmündlichen Wahnsinn getrieben wird. Niedlich auch das zugehörige, wunderbar plüschige Oma-Café im Obergeschoss.

Die Öffnungszeiten des Museums sind – natürlich – kurios: Mo/Di/Do 11.01–17.29 Uhr, Fr/Sa 11.01–17.59 Uhr, So 10.01–17.59 Uhr, Mi geschlossen. Eintritt 2,99 €, erm. 1,99 €, Kinder frei.

Münchner Urgrund

Im Tal

Der weitere Weg zum Marienplatz – durch das Isartor und immer geradeaus – führt ebenfalls über Münchner Urgrund: Die Straße mit dem naturverbunden-heimelnden Namen „Tal" gibt es seit mindestens 1253, wie eine Spendenquittung des Klosters Raitenhaslach belegt. Ehedem die breiteste Straße der Münchner Innenstadt, hat das Tal wenig von der Trubeligkeit der früheren Jahre eingebüßt. Vor allem sind es Niederlassungen der Fast-Food- und Franchise-Fraktion, die das internationale Publikum auf seinem Weg zum Glockenspiel des Neuen Rathauses schnellverkösigen. Kaum zu glauben, dass sich hier einst geschichtlich Bedeutsames zugetragen hat: Im Anwesen mit der Hausnummer 38, das heute harmlose Geschäfts- und Wohnräume beherbergt, befand sich vor dem Zweiten Weltkrieg das „Leiberzimmer" der Sterneckerbrauerei, in dem 1919 ein zugereister Österreicher erstmals einer Versammlung einer völlig unbedeutenden Splitterpartei beiwohnte. Der Österreicher wurde später Diktator, die rechte Sektierertruppe (damals noch Deutsche Arbeiterpartei, DAP) avancierte zur omnipotenten Staatspartei.

Den oberen Abschluss des Tals markiert die Heiliggeistkirche. Bereits 1208 stiftete Herzog Ludwig der Kehlheimer hier ein Pilgerheim und Spital, das wenig später (1250) um eine Spitalkirche ergänzt wurde. Die brannte schnell wieder ab und wurde durch die 1392 fertiggestellte älteste Hallenkirche Münchens ersetzt. Von der ursprünglich spätgotischen Substanz ist aber nichts mehr zu sehen, die barocke Modernisierungslust unterzog den ganzen Komplex 1723–30 einem sehr weitgehenden Update im Geist des kurz vorher verstorbenen Oberhofbaumeisters Giovanni Antonio Viscardi; der Spitalbau wurde nach einem halben Jahrtausend karitativer Basisarbeit 1885 sogar vollständig abgerissen. Der Innenraum der Heiliggeistkirche besticht vor allem durch die Deckenfresken von Cosmas Damian Asam, besondere Aufmerksamkeit verdient die Darstellung des uralten Münchner Brauchs des „Brezenreiters" im Mittelschiff. Die Fresken mussten (wie die Kirche selbst) nach dem Zweiten Weltkrieg von Grund auf restauriert werden – nach dem Inferno des Bombenkriegs standen vom ganzen Ensemble nur noch die Außenmauern.

Schönster Blick auf die Altstadt

Der Alte Peter

Bevor man ins Marienplatzgetümmel eintaucht, braucht es erst einmal einen richtigen Überblick, und den hat man fraglos von oben, genauer: vom erklimmbaren Turm der Peterskirche. Um Münchens Vintage-Aussichtspunkt zu erreichen, biegt man an der Heiliggeistkirche links in Richtung Viktualienmarkt ab (→ Tour 7, S. 120), passiert die sog. „Metzgerzeile", hält

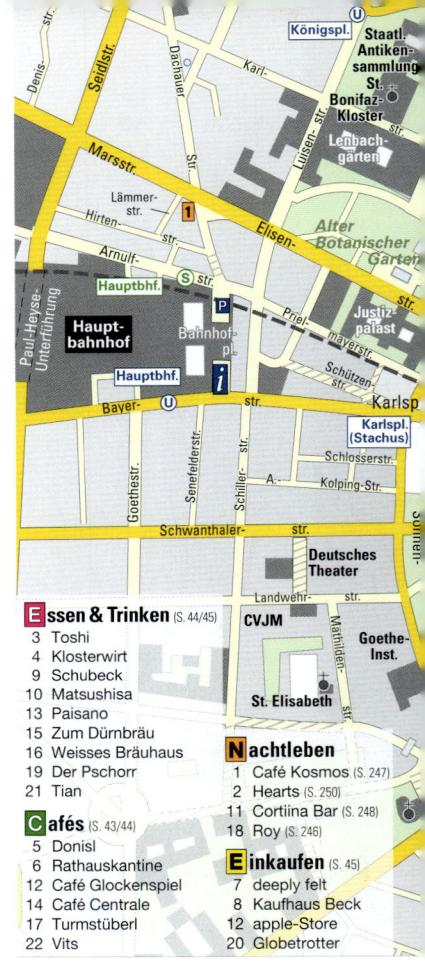

sich nach knapp 100 m rechts und steigt schließlich einige Schritte das Petersbergerl hinauf.

Die Pfarrkirche St. Peter ist Urpunkt der Münchner Baugeschichte. Schon lang bevor Heinrich der Löwe sein Schurkenstück mit dem Freisinger Bischof trieb, das schließlich zur Stadtgründung führte (→ „Stadtgeschichte", S. 232), stand auf der damals noch namenlosen Anhöhe unweit der Isar ein bescheidenes romanisches Kirchlein, das knapp 250 Jahre später durch einen 1294 geweihten gotischen Neubau ersetzt wurde. Die lang gehegte Vermu-

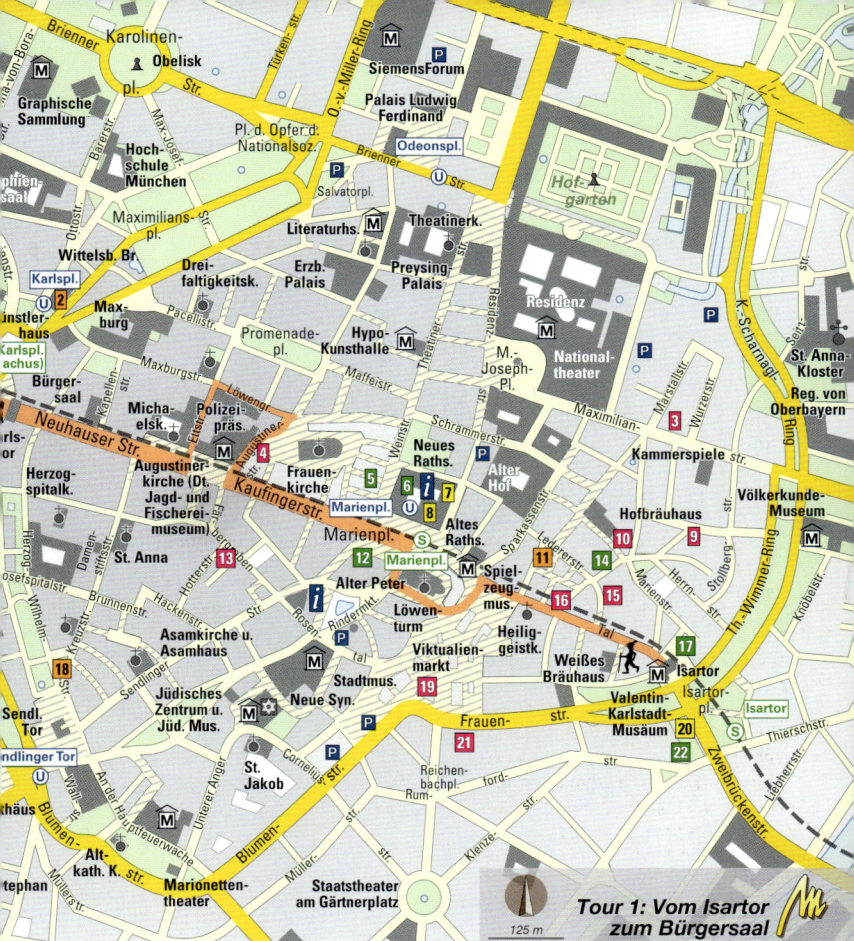

Tour 1: Vom Isartor
zum Bürgersaal

125 m

tung eines Vorgängerbaus aus dem Jahr 800 gilt heute als widerlegt.

Nach erheblichen Schäden durch eine Brandkatastrophe musste schon 1327 der Ostchor komplett neu gebaut werden. Auch die ursprüngliche Doppelturmanlage wurde später durch einen 91 m hohen massiven Hauptturm ersetzt. Der bekam im 1621 ein fesches Renaissance-Hütchen und bietet den wahrscheinlich schönsten Ausblick über die Altstadt – unverbaute 360 Grad! 306 Stufen (kein Aufzug) führen auf die 56 m hoch gelegene Aussichtsgalerie.

Der Innenraum wurde anfangs stärker von den wechselnden Moden bestimmt, bis dann im frühen 18. Jh. mit der Rokoko-Gestaltung (u. a. durch Johann Baptist Zimmermann) ein gewisser Endpunkt erreicht war; die weitere kunsthistorische Entwicklung schlug sich nicht mehr so stark nieder. Dominantestes Ausstattungselement ist wohl der gewaltige barocke Hochaltar von Egid Quirin Asam (1734).

St. Peter ist eines der Wahrzeichen Münchens – nicht nur wegen seines beinahe biblischen Alters und seines formidablen Aussichtsturms. In den

Jahren nach 1945 wurde die Kirche zum Symbol des Wiederaufbaus der zerstörten Stadt: Nach zwei Volltreffern und unzähligen Detonationen im nahen Umfeld schien sie unwiederbringlich verloren, doch der Einsatz von Gemeindepfarrer Max Zistl und Erzbischof Michael Faulhaber animierte die Münchner zu großem Engagement beim Wiederaufbau. Bereits 1951 war der zerbombte Haufen wieder in seine Ausgangsform gebracht; die endgültige Fertigstellung auch der letzten Deckenfresken zog sich aber noch bis ins neue Jahrtausend hin.

Die Ochsentour über die Treppen kostet 1,50 € (erm. 1 €) und ist von 9 Uhr (Sa/So 10 Uhr) bis 18.30 Uhr möglich. Tage mit Föhnwetterlagen sind zu bevorzugen! Die Alpen!!

Zentraler geht's nicht

Marienplatz

Seit Jahrhunderten ist der Marienplatz Mittelpunkt Münchens – auch wenn er noch nicht allzu lange so heißt. Bis 1854 wurde er entsprechend seiner Funktion, Schrannenplatz (süddt. *Schranne* = Getreidemarkt) genannt, erst danach erhielt er zum Dank an die Gottesmutter nach überstandener Choleraepidemie seinen heutigen Namen. Seine Qualität als Freifläche verdankt der Marienplatz einem kaiserlichen Dekret von 1315, nach dem das damals jungfräuliche Areal auch weiterhin unbebaut bleiben sollte. Bis in die späte Neuzeit wurden hier Getreide und Salz und bald auch andere Güter gehandelt, dann verlagerte sich das Marktgeschehen auf den etwas nördlich gelegenen Viktualienmarkt (wenige Schritte das Petersbergl hinunter, → Tour 7).

Treffpunkt am Marienplatz

Fischbrunnen

Der Marienplatz liegt am Schnittpunkt dreier Fußgängerzonen, sodass ihn Shopper und Flaneure beinahe unweigerlich passieren, entsprechend belebt ist er auch den ganzen Tag über. Nach wie vor der wahrscheinlich beliebteste Treffpunkt der Stadt ist der Fischbrunnen in der Nordostecke des Platzes, wo sich einst wohl die Fischstände des Marktes befanden. Gespeist wird der Brunnen von Wasserstrahlen aus den

München im Kasten
No. 1 der ewigen München-Charts

Das Lied vom „Alten Peter" ist die inoffizielle Hymne der Stadt – obwohl es eigentlich nur ein Cover ist (dieses Schicksal teilt sie sich freilich mit anderen Nationalgesängen, z. B. dem Deutschlandlied). 1909 dichtete und komponierte der Volkssänger Carl Lorens ein „Wienerlied", das die Münchner flugs umdichteten und zu ihrer gar nicht so heimlichen Hymne machten. Besonders anrührend wurde das deutlich, als am 21. Oktober 1951 das Kreuz wieder auf die charakteristische Kuppel der alten Stadtpfarrkirche gesetzt wurde und viele Tausend Bürgerkehlen beim Festakt auf dem Viktualienmarkt eben jenes Münchner Volkslied anstimmten.

Bereits vorher hatte der Bayerische Rundfunk die ersten Takte zu seiner Erkennungsmelodie gemacht – mit Hinweis auf die Versehrtheit des Bauwerks aber den letzten Ton weggelassen. Der kam erst nach der Fertigstellung hinzu. Zum Nach-, Mit- und Vorsingen hier der Text:

Solang der alte Peter
Am Petersbergerl steht,
Solang die grüne Isar
Durchs Münchner Stadterl geht
Solang da drunt am Platzl
Noch steht das Hofbräuhaus,
Solang stirbt die Gemütlichkeit
bei de Münchner niemals aus,
So lang stirbt die Gemütlichkeit
bei de Münchener niemals aus.

Mariensäule, Frauenkirche, Rathaus:
die Münchner Postkartentrinität

Eimern von vier bronzenen Metzgerburschen. Das erinnert an den Metzger-
sprung, mit dem die Fleischergesellen
einst von ihren Meistern freigespro-
chen wurden, indem man sie mehrmals
in das Brunnenwasser tunkte (auch
freiwillig nicht unbedingt nach-
ahmenswert, sehr sauber ist das Wasser nicht). Bis 1862 war der Brunnen
eine schlichte Wasserentnahmestelle,
erstmals künstlerisch gestaltet wurde
er 1865 von Konrad Knoll. Kriegszerstö-
rungen erforderten einen kompletten
Neuentwurf (Josef Henselmann, 1954),
lediglich die erhalten gebliebenen Figuren der Metzgerburschen konnten ein-
gearbeitet werden.

Ein immer noch praktizierter Brauch
am Fischbrunnen (seit 1426) ist das
rituelle **Geldbeutelwaschen** am Ascher-
mittwoch, auf dass das Geld nicht aus-
gehe. Traditionell erster Ausführender
dieses finanziellen Hygienekults ist das
Stadtoberhaupt. Beim Zustand des
Münchner Stadthaushalts bekommt
man allerdings Zweifel, ob das Ritual
wirkt.

Blickfang am Marienplatz
Mariensäule

In zentraler Position akzentuiert die
Mariensäule unübersehbar den Platz.
Errichtet und geweiht wurde sie während des Dreißigjährigen Kriegs aus
Dank dafür, dass die Truppen Gustaf
Adolfs die Stadt während ihrer Besat-
zung weder gebrandschatzt noch geplündert hatten. In ihrer Ikonografie
gibt sie sich indes eher als Pestsäule zu
erkennen: Unter der in lichter Höhe
von 11 m gütig auf einem schlanken
Marmorzylinder wachenden Gottesmutter in blattgoldenem Kleid sind auf
dem ebenfalls marmornen Sockel vier
fröhliche Heldenputti emsig damit be-
schäftigt, die vier Grundübel der damaligen Welt niederzumetzeln. Allegorien
von Hunger (ein Drachen), Krieg (ein
Löwe), Pest (ein Basilisk) und Ketzerei
(eine Natter) werden hier lustvoll ge-
pfählt, geköpft, zertreten und abgesto-

chen. Die Bronze der Maria mit dem
segnenden Christuskind ist übrigens
ein bisschen älter als die Säule selbst:
Vermutlich wurde sie als Schmuck für
das Stiftergrab Herzog Wilhelms und
Renatas von Lothringen (jawohl – die
mit der Prunkhochzeit aus dem Glockenspiel!) in die Michaelskirche gegossen, aber dort nie aufgestellt. Von
1606 bis 1620 zierte sie aber auf jeden
Fall schon den Altar der Frauenkirche.

Im Mai kommt der FC Bayern ...
Neues Rathaus

Optisch bestimmt wird der Marienplatz
vom monumentalen Neuen Rathaus,
das sich über die gesamte Südseite des
Platzes erstreckt. Für den kunsthistorischen Laien sieht der Komplex zunächst einmal sehr viel älter aus, als er
tatsächlich ist: Die zahllosen Spitzbö-
gen, Erker, Gesimse und Balkone sind
manifester Ausweis des zur Bauzeit
1867–1909 gerade in München ziemlich populären neugotischen Stils. Gebaut wurde in mehreren Abschnitten,
angefangen von der östlichen Fassade
im Gegenuhrzeigersinn bis zur linken
Gebäudehälfte mit dem 85 m hohen
Rathausturm. Ob der verspielte Historismus unbedingt einem repräsentativen Bau der wichtigsten Behörde
der Stadt – dem Rats- und Bürgermeis-
tersitz – angemessen ist, war seinerzeit
höchst umstritten; heute haben sich die
Münchner daran gewöhnt, und die
Touristen freuen sich über ein echtes
Stück „good old Germany". Die Fassade
ist überaus opulent mit Ornamenten
und Plastiken verziert, unter anderem
findet der sezierende Blick sämtliche
Herrscher aus welfischem und wittels-
bachischem Geschlecht.

Im ziemlich verwinkelten Treppenhaus
des Neuen Rathauses sind vor allem die
Glasgemälde sehenswert, auch wenn es
sich dabei durchweg um Repliken handelt – die Originale von 1905 aus der Werkstatt von Carl de Bouché zerbarsten während der Bombenangriffe im Zweiten
Weltkrieg. Die Motive der Glasarbeiten

München im Kasten
Das Glockenspiel

Mit dem bemerkenswerten Slogan „one of the by far mostly overrated shows on earth" („eine der überschätztesten Veranstaltungen der Welt") bewirbt ein Veranstalter von englischsprachigen Stadtführungen das täglich mehrmals wiederkehrende Spektakel von 43 Glocken und 32 mechanisch animierten Figuren an der Vorderfront des 85 m hohen Turms des Neuen Rathauses. Alteingesessene Münchner neigen zur Zustimmung und meiden, besonders in den Sommermonaten, den Marienplatz um 11, 12 und 17 Uhr, wenn Tausende verzückte Besucher der Stadt aus aller Welt in freudiger Genickstarre beinahe eine Viertelstunde ihren Blick auf den Uhrwerksreigen nageln. Was gibt es da eigentlich zu sehen?

Zunächst einmal: das größte Glockenspiel Deutschlands und das fünftgrößte Europas! Die Figuren thematisieren zwei Ereignisse aus der Münchner Stadtgeschichte: Zu Beginn des Geläuts verweist eine bacchantische Szene in der oberen Hälfte des Figurenerkers auf die Hochzeit Wilhelms V. mit Renata von Lothringen im Jahr 1568, als der Marienplatz Schauplatz einer mächtigen Party mit 521 gegrillten Ochsen und zahllosen im Turnier mächtig eingedellten Rittern wurde. Das untere Tableau, ungleich bekannter, zeigt den Tanz der Münchner Schäffler (= Fassmacher), die mit ihrer Choreografie 1517 als erste Berufsgruppe den Mut fanden, wieder die Straßen der von der Pest schwer heimgesuchten Stadt zu betreten – zumindest der Legende nach, verbürgt ist der Schäfflertanz erst seit dem 17. Jh. Teil der Stadtfolklore ist er aber allemal, denn alle sieben Jahre gibt es den pittoresken Tanzkreisel auch realiter. Das nächste Mal werden die Mitglieder eines Trachtenvereins im Jahr 2019 auf dem Marienplatz die historische Schrittfolge präsentieren.

Die durch Umweltgifte arg ramponierten Glocken wurden für das Stadtjubiläum 2008 aufwendig renoviert und klingen immer noch grauenhaft. Insider kommen übrigens zum Spätläuten um 21 Uhr: Da wird das Münchner Kindl sanft in den Schlaf gewiegt.

sind eigentümlich heterogen: Städte, Zünfte und Heilige im bunten Mix.

Seinem Namen keine besondere Ehre macht der zwischen Vorder- und Rückgebäude eingeklemmte Prunkhof – immerhin ist es hier im Sommer aber schön schattig und kühl.

Funktional wichtigstes Bauelement ist ohne jeden Zweifel der Balkon im zweiten Stock des Rathausturms mit den vier bayerischen Königen des 19. Jh. an der Brüstung. Nicht so sehr wegen des dahinterliegenden OB-Büros, sondern: Hier feiern Münchner Fußballmannschaften ihre Triumphe mit der Präsentation des entsprechenden Pokals für die dann in großer Anzahl auf dem Platz angetretenen Fans. Ein fast jährlich stattfindendes Spektakel – leider nur für die Roten.

Mit Spielzeugmuseum
Altes Rathaus

Fast etwas unauffällig an der Ostseite des Marienplatzes steht das Alte Rathaus. Dabei ist es baugeschichtlich sehr viel bedeutender als der verschwurbelte Prunkbau an der Schokoladenseite. Bereits im ausgehenden 12. Jh. befand sich hier ein damals noch in den ersten Stadtmauerring integrierter Turmbau. Im Lauf der Jahrhunderte wurde fleißig im jeweiligen Stil der Epoche weiter- und umgebaut, der heutige Alte Rathausturm ist ein ziemlich originaler Rückbau des Erscheinungsbildes von 1462. Der zweite Bestandteil des Komplexes, der Saalbau links neben dem Turm, datiert ursprünglich aus dem Jahr 1310. Er diente als Versammlungsstätte der Münchner Stände und wurde 1470–75 von Jörg von Halsbach, dem Baumeister der Frauenkirche, völlig neu gestaltet. Der Festsaal im ersten Stock gilt als einer der vollkommensten gotischen Säle Deutschlands und ist nach mehreren Rekonstruktionen seit 1972 wieder in seiner ganzen Pracht zu bewundern. Das kunstvoll mit Holzkassetten ausgekleidete Tonnengewölbe ist reich mit heraldischen Symbolen geschmückt, besondere Pretiosen sind die anatomisch hochpräzisen Moriskentänzer aus der Hand des Bildhauers Erasmus Grasser. Die noch erhaltenen zehn Originale bewahrt heute das Stadtmuseum auf (→ S. 48), im Saalbau stehen lediglich Kopien.

Und schon wieder Glockenspiel

Bedeutende administrative Funktion erhielt das Alte Rathaus 1392, als hier (bis 1669) der bayerische Landtag tagte. Heute wird der Saalbau von der Stadt unter anderem für Empfänge genutzt, der Rathausturm beherbergt ein **Spielzeugmuseum** mit allerlei hölzernen, blechernen und plüschigen Exponaten aus den finsteren Zeiten vor der Erfindung der Playstation.

Besichtigung des **Alten Rathauses** nur im Rahmen offizieller Führungen (Tourist-Info am Marienplatz). Das **Spielzeugmuseum** im Rathausturm hat tägl. von 10 bis 17.30 Uhr geöffnet. Eintritt 4 €, Kinder 1 €, Familienkarte 8 €.

In der ehemaligen Augustinerkirche

Deutsches Jagd- und Fischereimuseum

Westlich des Marienplatzes sinkt die Sehenswürdigkeitenquote der Münchner Altstadt rapide, die Kaufinger Straße ist eine Einkaufsmeile mit Niederlassungen der großen Filialisten und zahlreichen Shows diverser (meist talentfreier) Straßenkünstler wie Dutzende andere in der Republik auch. Allenfalls an der relativ neuen und weitgehend gesichtslosen Vorderfront der Kaufinger-Tor-Passage lohnt ein kurzes Verweilen und ein Blick nach oben: Auf einem dünnen Steg balanciert hier ein hölzerner Mann über das kommerzielle Nichts der Fußgängerzone – eines der faszinierenden Werke des deutschen Künstlers Stefan Balkenhol hat hier den Etat für Kunst am Bau verbraucht. Schräg gegenüber ist vor dem Kaufhaus Hirmer auf dem Boden noch der Umriss des Schönen Turms zu sehen, der in all seiner Pracht und Würde – er war schon Teil der ältesten, der sog. leoninischen Stadtanlage – im Jahr 1807 abgerissen wurde.

Spätestens am Ende der Kaufinger Straße (die dann unmerklich in die Neuhauser Straße übergeht) ist es dann genug der eintönigen Shoppingpracht, und wir wenden uns bei der markanten Bronze-Wildsau nach rechts in die Augustinerstraße.

Spätgotische Schmuckstücke: Turm und Saalbau des Alten Rathauses

Der Keiler verweist auf das Deutsche Jagd- und Fischereimuseum, eine etwas verstaubte, aber ziemlich üppige Sammlung all der Dinge, die mit dem sportlichen Töten von Tieren zu tun haben. Die meisten Opfer der fleißigen Hubertusjünger werden dabei nicht als stolze Trophäen präsentiert (für Traditionalisten gibt es trotzdem eine große Geweihsammlung), sondern in liebevollen Dioramen in ihrer simulierten Lebenswelt gezeigt. Bayerische Skurrilität am Rande: die sicher einzigartige Kollektion von Wolpertingern – fabelhafte Mischwesen (gehörnte Hasenuhus und Ähnliches) aus humorbegabter Präparatorenhand.

Kunsthistorisch mindestens genauso interessant ist das beherbergende Gebäude:

Die nach der Säkularisation 1802 profanierte ehemalige Augustinerkirche und die umgebenden Sakralbauten gelten als eines der schönsten Ensembles der Kirchenarchitektur nördlich der Alpen. Besonders die Stuckierung des Langhauses, heute noch im dritten Stock des Museums zu sehen, ist in Erhaltungszustand wie Virtuosität einzigartig.

Das Deutsche Jagd- und Fischereimuseum hat tägl. 9.30–17 Uhr (Do bis 21 Uhr) geöffnet. Eintritt 3,50 €, erm. 2,50 €, Familienkarte 7 €.

Wahrzeichen und Maß aller Dinge
Frauenkirche

Folgt man nun dem geschwungenen Straßenzug wenige Meter weiter, erheben sich auf dem kleinen Frauenplatz

Das Jagd- und Fischereimuseum

(ein weiteres Kapitel im Trauerspiel „Ungastliche Freiflächen der Innenstadt") die mächtigen Türme der „Domkirche zu Unserer Lieben Frau" – den ungelenken Namen benutzt freilich niemand, jeder Münchner spricht nur kurz von der Frauenkirche. Die beiden 98,44 m und 98,57 m hohen Türme markieren fraglos den wichtigsten Orientierungspunkt der Stadt – sie stehen am Ende fast aller Sichtachsen der großen Einfallstraßen. Außerdem sind sie nach einem in seiner konservativen Bizarrerie schon wieder lustigen Volksbegehren von 2004 die absolute Höchstgrenze für Neubauten in München.

Die Kirche selbst steht wie so viele Gotteshäuser auf dem Fundament eines deutlich älteren Sakralbaus, bereits für die Mitte des 12. Jh. ist eine romanische Kapelle durch Grabungen nachgewiesen. Der Neubau in seiner heutigen Gestalt wurde 1458 projektiert und 1468 begonnen, Baumeister war der bereits erwähnte Jörg von Halsbach; geweiht wurde der Dom 1494. Letztes äußeres Gestaltungselement waren die beiden so signifikanten wie welschen Turmhauben, die erst 1525 aufgesetzt wurden.

Trotz ihrer unbestreitbaren Monumentalität – das Hauptschiff kommt auf 108 m Länge – ist die Frauenkirche doch klar und zurückhaltend strukturiert. Wesentlich zu diesem Eindruck tragen die verwendeten Baumaterialien bei: Der Sockel aus grauem Nagelfluh stammt von Brüchen an der Isar, die Backsteine des aufgehenden Mauerwerks wurden sämtlich in umliegenden Ziegelbrennereien hergestellt und verleihen der Kirche damit eine sympathische heimatliche Erdung.

Die Innenausstattung ist vor allem durch die Einbauten der frühbarocken Phase (1601–22) unter Kurfürst Maximilian I. geprägt. Bedeutendstes Element ist das Prunkgrab für Kaiser Ludwig den Bayern im rechten Seitenschiff – ohne Verweis auf das Haus Wittelsbach wäre eine Münchner Großkirche ja irgendwie unvollständig. Die vielen Seitenkapellen, Epitaphe und Portale aus verschiedenen Epochen können hier nicht ausreichend gewürdigt werden, allerdings ist der Dom als eine der wichtigsten Sehenswürdigkeiten der Stadt ausreichend mit Tafeln und Infomaterial bestückt.

Größte Renaissancekirche des Nordens
St. Michael

Werfen wir uns nun in die Löwengrube! Diese recht schmucklose Seitenstraße mit dem schillernden Namen führt uns im Gegenuhrzeigersinn um das einigermaßen schmucklose grüne Gebäude gegenüber dem Hauptportal der Frauenkirche. Es beherbergt zwar keine wilden Tiere, doch zur Bissigkeit neigen die Herren des Hauses auf dem Grund des ehemaligen Augustinerklosters

Die Türme der Frauenkirche

München im Kasten
Legenden um die Frauenkirche

Die Anzahl der Anekdoten, Märchen und Geschichtchen um die größte Kirche Münchens wird wahrscheinlich nur noch durch die Zahl der verbauten Ziegelsteine getoppt. Hier eine Auswahl:

Der Teufelstritt: Wahrscheinlich ist bloß ein besoffener Mitarbeiter der Dombauhütte in einen noch nicht ausgehärteten Estrich getreten, trotzdem ist der ominöse Fußabdruck im Vorraum das absolute Lieblingssujet der Fremdenführer. Mal waren es angeblich fehlende Fenster, die den rasenden Beelzebub zum erfreuten Aufstampfen veranlasst haben sollen, mal war es ein listenreich umgangener Teufelspakt des Baumeisters, und auch eine Variante mit dem kräftigen aristokratischen Fuß Herzog Christophs von Bayern ist im Umlauf. Einfach zehn Minuten stehen bleiben und den vielsprachig vorgetragenen Varianten der Guides lauschen.

Die kunstreiche Uhr: Im Nordturm befindet sich ein altes Uhrwerk, das der Überlieferung zufolge fantastische mechanische Dinge vermochte: Gott hob ein

Schwert, Jesus die Hände, ein Hahn krähte ob der Verleugnung des Heilands und, und, und. Leider kann bis zum heutigen Tag kein Feinwerktechniker das Getüm in Gang setzen, lediglich ein feinmotorisch begabter Schuster soll einmal dem Hahn ein Krähen entlockt haben.

Die zersprungene Glocke: Angeblich handelt es sich um eine Tributleistung, die Herzog Albrecht von den Regensburgern eingefordert hatte. Schon auf dem Transportweg ereigneten sich zahlreiche mysteriöse Unfälle, dann bewegte sich der mächtige Guss im Zwischenlager von selbst in Richtung Heimat. Schließlich zersprang die Glocke am Weihnachtsfest unter heftigem Selbstgebimmel, nachdem ihr kurz vorher zur Christmette kein Ton zu entlocken gewesen war.

Außerdem noch im Angebot: der ominöse Dachbalken des Zimmermanns Heimeran von Straubing, das Hungerbründl, die zwölf Apostel und ein wundertätiges Steinrelief am Hauptportal. Ja mei, des is magic.

schon: Hier residiert heute die Kriminalpolizei. Schuldbewusste Naturen wenden ihren Blick schamhaft zu Boden und erheben ihn erst wieder in der Ettstraße (gleich links am Ende des Gebäudekomplexes) vor dem Seiteneingang der Michaelskirche. Die unscheinbare Ostfassade kann man getrost ignorieren, aber gleich beim Betreten offenbart sich die volle Pracht der größten Renaissancekirche des Nordens mit dem zweitgrößten Tonnengewölbe der Welt (nur der Pontifex Maximus in Rom hat ein noch größeres vorzuweisen).

Die Michaelskirche ist prominentester Ausweis der nach den Religionskriegen machtvoll von München ausgehenden Gegenreformation, betont wird das durch die ursprüngliche Vergabe an den dafür gegründeten Jesuitenorden.

Die Kirche des Drachentöters: St. Michael

Baubeginn war vermutlich 1581, neun Jahre später war die Kirche fertig – allerdings nur ganz kurz. Dann nämlich stürzte der Kirchturm ein, Baumeister Wendel Dietrich musste in den Knast, und der Bauherr hielt das Malheur für einen göttlichen Wink: Erzengel Michael war die Kirche zu klein. In grandioser Überschätzung seiner Staatsfinanzen legte Wilhelm V. noch eine ordentliche Schippe drauf: Friedrich Sustris realisierte eine schöne Vierungskuppel, und der Herzog war schließlich pleite. Die Kirche aber stand und hielt ein paar Jahrhunderte bis zum Weltkriegsbombardement von 1944.

Der Wiederaufbau erfolgte in mehreren Phasen in nüchterner und schmuckloser Form. Von der ursprünglichen Inneneinrichtung sind nur einige Skulpturen, einzelne Gemälde und Glasgemälde der Chorfenster erhalten geblieben. Neben der wirklich eindrucksvollen Überwölbung des Hauptschiffs (20 m Spannweite) ist die Südfassade zur Neuhauser Straße die Premiumansicht des Gebäudes. Unter der Figur von Christus Salvator im Giebel gruppieren sich 15 Wittelsbacher und Agilolfinger Fürsten (Letzteres ist das Ahnengeschlecht der Wittelsbacher), zu fast ebener Erde schützt der Hausengel Michael zwischen den Eingangstüren vor protestantischer Häresie. Bauherr Wilhelm (erster Stock links von der Mitte) ist mit einem vorzeitig fertiggestellten Modell seines Lieblingsprojekts dargestellt – deswegen ist auch der eingestürzte Turm noch dran.

Die Michaelskirche ist die bedeutendste Grablege des Münchner Herrschergeschlechts, in der Gruft fanden 41 Wittelsbacher ihre letzte Ruhestätte, unter ihnen auch der ins Mythische überhöhte Ludwig II.

Beim Marianischen Männerbund

Bürgersaal

Und noch eine letzte Kirche: Auf halbem Weg von der Freifläche vor dem grandiosen Portal zum Stachus ließen die in München so mächtigen Jesuiten in den Jahren 1709/10 nach den Plänen des großen Viscardi für die Marianische Männerkongregation den Bürgersaal als Gebetsstätte errichten. Das absolute Prunkstück dieser Kirche, das riesige Deckenfresko der „Himmelfahrt Mariae", ist leider im Krieg zerstört worden, die überragende Stellung der Muttergottes im geistigen Leben der Jesuiten zeigt sich aber noch in zahlreichen Marienbildern, -medaillons und -skulpturen.

Vom Bürgersaal sind es nur noch wenige Schritte bis zum Karlsplatz (Stachus) mit Anschluss an den Nahverkehr in alle Richtungen (Näheres zum Stachus → S. 58).

Praktische Infos

→ Karte S. 32/33

Cafés & Snacks

Rund um Isartor und Tal

Kaffee in Topqualitäten aus verschiedenen Anbaugebieten in hauseigener Röstung brüht das **Vits** **22** in der Rumfordstraße 49 im Riegerblock. Auch mit Kaffee für daheim kann man sich hier eindecken. Mo–Fr 9–19, Sa 10–18 Uhr, So geschl.

Im dritten Stock des Valentin-Karlstadt-Musäums im Isartor serviert das **Turmstüberl** **17**: Kaffee, Kuchen und Weißwurst im originalen Ambiente des legendären Schwabinger Cafés Größenwahn. Mo/Di 11.01–17.29, Fr/Sa 11.01–17.59, So 10.01–17.59 Uhr, Mi/Do geschlossen.

Den schnellen Espresso im Vorübergehen nimmt man am besten im **Café Centrale** **14** in der Ledererstr. 23 (hinter der Polizeiwache/Nähe Hofbräuhaus). Immer voll, immer laut, immer gut. Tägl 8–1, So 11–1 Uhr.

Rund um den Marienplatz

Den besten Blick auf den Marienplatz hat man natürlich vom Alten Peter – da gibt's aber nichts zu trinken, das **Café Glockenspiel** **12** über der Nordseite bringt die beiden Bedürfnisse zusammen. Die Plätze am Fenster sind freilich begehrt. Eingang über die Rosenstraße, zu den Liften in den 5. Stock geht es hinter dem Vodafone-Laden. Mo–Sa 10–1, So 10–19 Uhr.

> Im Bereich der Fußgängerzone gibt es kaum besonders stimmungs- oder qualitätvolle Angebote, nett sind aber ein paar Abschlussbiere im **Augustiner-Bräu** (→ S. 56) schräg gegenüber dem Bürgersaal (→ S. 42).

Der traditionelle Weißwurstfrühstücktreff ist seit Jahrzehnten das **Donisl** **5** direkt am Marienplatz. In der ehemaligen Kneipe von Dionysius Haertl (die bierschwere Zunge machte daraus den Donisl) verkehren vor allem auswärtige Gäste, und zwar ganz schön viele: Von dem bizarren K.-o.-Tropfen-Skandal in den 80ern hat sich das Haus mittlerweile erholt,

Noch eine Jesuitenkirche: der Bürgersaal

und seit dem Umbau 2015 ist es richtig hübsch. Der große Lichthof ist die derzeit schönste Synthese aus Gemütlichkeit und modernem Gaststättenbau. Hacker vom Holzfass!

🌿Gastronomisch ist die Touristenmeile ansonsten schwierig, gut & günstig ist hier eine seltene Kategorie und es dominiert die Systemgastronomie. Aber die Stadt München hält ein Bio-Fähnlein hoch: In der **Rathauskantine** **6** kann man auch als Externer speisen und das auch noch richtig gut, fast alles kommt von regionalen Erzeugern. Prunkhof, Mo–Fr 11–18.30, Sa 12–16 Uhr.

Wirtshäuser, Bierhallen und Schwemmen

Weisses Bräuhaus **16** Ein Münchner Original, auch wenn das berühmte Weißbier

Das Hauptportal der Frauenkirche – ausnahmsweise ohne Baugerüst

(Schneider) in Kelheim/Niederbayern zu Hause ist. Innenstadt, Tal 7, ☎ 2901380. Tägl. 7–2, Sa bis 3 Uhr.

Der Pschorr **19** Vielleicht ein Instant-Classic, auf jeden Fall aber der einzige wirklich empfehlenswerte (und florierende) Gastronomiebetrieb in der alt-neuen Schrannenhalle am Viktualienmarkt. Innenstadt, ☎ 51818500. Tägl. 10–1 Uhr.

Zum Dürnbräu **15** Etwas versteckt in einer Altstadtgasse, für einen Geheimtipp aber deutlich zu arriviert und zu gut. Die echte Münchner Küche mit der ganzen Innereien-Herrlichkeit – wunderbar! Innenstadt, Dürnbräugasse 2, ☎ 222195. Tägl 10–23.30 Uhr.

Klosterwirt **4** Die ortskundigen Grantler haben einen Grund weniger zu meckern, in der Altstadt ist eben doch nicht „ois Touris und z'teier is eh". Gleich gegenüber dem Haupteingang der Frauenkirche gibt es jetzt auch in München richtig gutes Schäufele (knusperstarke Schweineschulter), und das schmeckt auch den Münchnern. Wer braucht da schon a Haxn? Altstadt, Augustinerstr. 1, ☎ 55054466. Tägl. 9–24 Uhr. Ⓤ+Ⓢ Marienplatz.

Restaurants

Sehen und gesehen werden

Schubeck **9** Genauer lässt es sich kaum sagen: Das ganze Platzl scheint mittlerweile vom Meister in Beschlag genommen. **Südtiroler Stuben** (bayerische Haute Cuisine mit Stern), **Bistro-Café Orlando** (leichte Küche in historischem Ambiente), **Eissalon** (hinreißendes Limetteneis!), Gewürz- und Schokoladenladen, eine Kochschule und im Winter auch noch Eventgastronomie im Zirkuszelt: Alfons Schubeck lässt keine Marktlücke ungefüllt. Zu sehen ist er allerdings selten, denn meist wird er von Fernsehkameras, Trauben von Promis oder Bewundererscharen vollständig verdeckt. Innenstadt, Am Platzl 2–8, ☎ 2166900 (Südtiroler Stuben). Di–Sa 12–14.30 und ab 18 Uhr, Mo nur abends. Tram 19 Nationaltheater.

Paisano **13** Mit der 14-jährigen Tocher muss man wohl hierher kommen – der Laden gehört dem Teenie-Traum Elyas M'Barek und der soll angeblich auch manchmal da sein. Kurz nach der Eröffnung kann man sagen, dass der Plan, keine Schickimicki-Kneipe zu sein, schwer daneben gegangen ist. Innenstadt, Färbergraben 10, ☎ 25544288. Mo–Mi 8–1 Uhr, Do–Sa 8–2 Uhr. Ⓤ+Ⓢ Marienplatz.

Fernöstlich

Toshi **3** Sushi an Münchens Nobelmeile, mit die besten und optisch tollsten Rohfischkreationen der Stadt. Gutes japanisches Essen kann nicht wirklich billig sein – so teuer wie hier ist es allerdings auch nicht oft. Innenstadt, Wurzerstr. 8, Mo–Fr 12–14 und 18–24 Uhr, Sa nur abends. Tram 19 Kammerspiele.

Matsuhisa **10** Natürlich kann man immer noch einen draufpacken – in der Münchner Dependance des kulinarischen Weltstars Nobuyuki (Nobu) Matsuhisa kommt auf den Tisch, was auch die Hollywood-Celebrities so gerne essen. Die Küche firmiert unter peruanisch-japanisch, die Teller sind Kunstwerke, und wer seinen Gaumen mit echtem Kobe-Rind massieren lässt, bekommt eine Rechnung, die auch noch den gestähltesten Controller bei der Spesenabrechnung glatt vom Stuhl haut. Neuturmstr. 1 (im Hotel Mandarin Oriental), ✆ 290981875. Tägl. 19–23.30 Uhr. Ⓤ+Ⓢ Marienplatz, Tram 19 Kammerspiele.

Vegetarisch

🌿 **Tian** **21** Hier kann man auch wirklich anspruchsvolle Esser hinschicken, mit Verzicht hat das nun wirklich gar nichts zu tun. Was in Wien schon so gut funktioniert hat, geht auch hier voll auf: Vegetarische Küche auf sphärischem Niveau. Allerdings: Sogar hier schmecken die veganen Optionen bestenfalls lau – der Geschmack erwächst da wohl aus der Weltanschauung. Innenstadt, Frauenstr. 4, ✆ 885656712. Mo–Sa 12–23 Uhr. Ⓤ+Ⓢ Marienplatz.

Einkaufen

Eine textile Spezialitätentheke ist das kleine Ladengeschäft **deeply felt** **7** an der hinteren Ecke des Neuen Rathauses (Ecke Dienerstraße/Landschaftstraße). Ausschließliches Handelsgut ist der Trendstoff Filz in ungeahnter Sortimentstiefe.

Das **Kaufhaus Beck** **8** gegenüber bietet dagegen das andere Extrem – breiter aufgestellt ist wohl kein anderes Münchner Traditionsgeschäft. Legendären Ruf genießt auch die Tonträgerabteilung im 5. Stock (Klassik, Ethno und Hörspiele auch in exotischsten Pressungen, hervorragende Fachberatung).

Das neueste Gadget im Apfel-Design hat natürlich der **apple-Store** **12** in der Rosenstraße. Online-Junkies ohne Flatrate benutzen den geleckten Laden hingegen eher als Gratis-Internet-Café – die iPadPhoneMac-Aussteller haben alle Netzzugang.

Alles, was man irgendwann draußen einmal brauchen könnte, hat **Globetrotter** **20**. Wirklich alles. Das Outdoor-Großkaufhaus im Riegerblock verfügt sogar über Kälte- und Windkammern sowie eine Gegenstromanlage. Beeindruckend, was so aufgeboten wird, um Regenklamotten zu verkaufen, mindestens den gleichen Zirkus betreibt auch **Sport Scheck** im neuen Megastore vis-à-vis der Michaelskirche.

In der Altstadt
Tour 2

Südliche Halbkugel
Vom Jakobsplatz zum Stachus

Die Floskel mit dem Millionendorf ist eben doch nicht so ganz aus der Luft gegriffen: Die Straßen und Gassen des Hackenviertels sind weit mehr städtebaulicher Zufall als geplante Landeshauptstadt, und zusammen mit der recht niedrigen Traufhöhe wirkt München südlich der Einkaufsmeilen in der großen Fußgängerzone eher gemütlich als mondän. Schick und teuer ist es aber allemal, und die Pretiosen am Wegesrand – allen voran die zwar kleine, aber sonst in jeder Hinsicht bombastische Asamkirche – machen immer wieder klar, dass ein Dorf nun doch kein Kaff ist. Schon gar nicht das Millionendorf. Die zweite Tour für den zweiten Blick.

Spaziergang

Diskretes Gesamtkunstwerk
Jüdisches Zentrum München

Der Jakobsplatz (Ⓤ/Ⓢ Marienplatz; Bus 52, 131, 152 Viktualienmarkt), jahrzehntelang eine unansehnliche Brache neben Stadtmuseum und Viktualienmarkt mit lieblosem Zwischennutz als Busparkplatz und Baumateriallager, hat jüngst ein völlig anderes Gesicht bekommen. Seit November 2006 gliedern die Kuben des Jüdischen Zentrums München die urbane Fläche eindrucksvoll neu und haben den Platz in sehr kurzer Zeit zu einem der beliebtesten und stimmungsvollsten der Stadt gemacht. Verantwortlich für die Gestaltung war das Architektenteam Wandel, Hoefer, Lorch und Hirsch, das bereits mit der Dresdner Synagoge einen ästhetischen Meilenstein setzen konnte.

Natürlich stieß die moderne Architektur bei der zahlenmäßig traditionell starken ultrakonservativen Beton-Fraktion erst einmal auf kräftige Ressentiments, aber auch der letzte Stiesel schmolz dahin, als er erstmals das Lichtspiel des Sonnenuntergangs in den metallenen Strukturen des Synagogenaufbaus zu sehen bekam.

Das Jüdische Zentrum besteht aus drei diskreten Einheiten, die sich stilistisch aus fast allen Perspektiven zu einem Gesamtkunstwerk ergänzen.

Das auffälligste Element ist sicher die **Synagoge Ohel Jakob** („Das Zelt Jakobs"). Auf einem Sockel aus rauem Travertin erhebt sich ein feines, fast etwas fragil wirkendes Gespinst aus kupferfarbenen Metalltraversen, die tagsüber im Sonnenlicht funkeln und nachts beinahe mystisch von innen heraus illuminiert werden. Der etwas zerklüftete Stein erinnert viele Betrachter an die Klagemauer, und beinahe jeder meint in den Strukturen des Aufbaus Davidssterne entdecken

Ganz neues und sehr altes Highlight: Synagoge und Turm des Alten Peter

zu können – tatsächlich sind es nur recht simple Dreiecke, die diesen Eindruck hervorrufen.

Schräg versetzt zur Synagoge hat in einem verglasten Kubus das im März 2007 eröffnete **Jüdische Museum** seinen Standort gefunden. Erste Pläne für die Errichtung eines solchen Museums hatte es schon 1928 gegeben. Nach dem Krieg wurden sie wieder aufgegriffen, führten aber lediglich zu zwei Interimslösungen in den 1980er- und 1990er-Jahren. So dauerte es am Ende 78 Jahre, bis verschiedene Privatsammlungen von Judaika hier in einem museumspädagogischen Gesamtkonzept zusammengefasst werden konnten.

Mit ca. 900 m² Grundfläche nimmt sich die Schau zwar gegen das voluminöse jüdische Museum in Berlin eher bescheiden aus, anders als in der Bundeshauptstadt fahren die Ausstellungsmacher aber eine deutlich transparentere und klarere Linie. So zeichnen die gezielt sparsam gesetzten Exponate in ihrer nüchternen Alltäglichkeit ein stimmigeres Bild vom jüdischen Leben als die unübersichtliche, wenngleich prominent besetzte Kruschkiste im Berliner Libeskind-Bau.

Etwas unauffälliger, aber stilistisch dem Ensemble zweifelsfrei zuzuordnen ist das sich anschließende **Gemeindehaus.** Hier sind unter anderem ein großer Veranstaltungssaal, ein Kindergarten sowie eine öffentliche Ganztagesschule untergebracht, und auch eine der interessanteren gastronomischen Adressen der Stadt (koschere Küche!) hat sich in den Räumlichkeiten niedergelassen.

Die Besichtigung der **Synagoge** ist nur im Rahmen von Führungen möglich. Um dabei sein zu können, muss man sich vorher namentlich anmelden: ☏ 202400100, anmeldung@ikg-m.de. Da die Nachfrage groß ist, sollte man sich auf lange Wartezeiten einstellen.

Das **Museum** ist tägl. außer Mo 10–18 Uhr geöffnet. Eintritt 6 €, erm. 3 €. ☏ 23396096, www.juedisches-museum-muenchen.de.

Stadtgeschichte und Alltagskultur

Stadtmuseum

Die Nordostseite des Jakobsplatzes wird vom großen Gebäudekomplex des 1888 eröffneten Münchner Stadtmuseums geprägt. Die Gebäude selbst sind allerdings weit älter, im Kern geht der Komplex auf das 1410 errichtete Stadthaus zurück, das unwesentlich später durch Marstall und Zeughaus ergänzt wurde. Zwar wurde das gesamte Ensemble in den Bombennächten des Kriegs schwer getroffen, doch die Rekonstruktion aus den Jahren 1976/77 vermittelt einen guten Eindruck von seiner originalen Substanz (wie auch der benachbarte Sebastiansplatz ein wunderbares Ensemble Alt-Münchner Baukunst darstellt).

Film- und Stadtmuseum am Jakobsplatz

Vom Jakobsplatz zum Stachus → Karte S. 51

Synagoge Ohel Jakob und Jüdisches Museum

München im Kasten

Synagogen in München

Fast so alt wie die Stadt selber ist die Geschichte des jüdischen Lebens in München, bereits 1229 findet sich ein erster urkundlicher Nachweis über in der Stadt ansässige Juden. Nett behandelt wurden sie allerdings nicht – immer wieder kam es wegen gestreuter Gerüchte um „Ritualmorde" und „Hostienschändungen" zu Pogromen, und auch die Herrschaft hielt sich mit Sondersteuern und Spezialabgaben, Enteignungsdekreten und Berufsverboten gegenüber der mosaischen Minderheit keinesfalls zurück. Immerhin gab es seit 1380 eine Synagoge in der Gruftgasse (heute etwa die Perusastraße).

1442 erfuhr die jüdische Gemeinde in München dann ihren radikalen Exodus: Herzog Albert III. vertrieb alle Juden aus München und Oberbayern. Bis Ende des 17. Jh. blieb die Stadt Diaspora, und auch danach siedelten sich nur sehr vereinzelt jüdische Familien an. Erst mit dem Judenedikt von 1813 (nach preußischem Vorbild) gab es so

etwas wie Rechtssicherheit, und die jüdische Gemeinde konnte sich in München reetablieren. Sichtbarer Ausweis war neben der 1826 in der heutigen Westenriederstraße errichteten Synagoge vor allem die 1887 in der Herzog-Max-Straße geweihte Neue Synagoge, das immerhin drittgrößte jüdische Gotteshaus des Deutschen Reichs. Ein großer Gebetsraum von Juden osteuropäischer Herkunft befand sich in der Reichenbachstraße.

Die Synagogen Münchens wurden 1938 sämtlich demoliert oder vollständig aus dem Stadtbild eliminiert, die große Neue Synagoge sogar schon einige Monate vor der Reichspogromnacht am 9. November. Nur die Räumlichkeiten in der Reichenbachstraße blieben so weit intakt, dass dort nach dem Krieg wieder ein Anlaufpunkt für die verbliebenen Münchner Juden geschaffen werden konnte. Es waren wenige: Von 9005 Menschen (Stand 1933) überlebten den Nazi-Terror ... 84.

Ein besonders schönes Detail sind die am östlichen Gebäudeteil schön ausgeprägten zweiteiligen Zwerchgiebel – in der Münchner Mundart hat sich dafür der Begriff „Ohrwaschl" (= „Ohr") etabliert.

Prominentestes Ausstellungsstück des Münchner Stadtmuseums sind wahrscheinlich die zehn Moriskentänzer von Erasmus Grasser, die ursprünglich den Saal des Alten Rathauses schmückten und dort noch als Repliken zu sehen sind. Herausragende Bestandteile der Dauerausstellung sind außerdem die Waffensammlung (nach dem Heeresgeschichtlichen Museum in Wien die bedeutendste im deutschen Sprachraum), die umfangreiche numismatische Abteilung und – gerade bei Amerikanerinnen besonders beliebt – die Sammlung volkskundlicher Trachten und Textilien. Vor allem aber die Wechselausstellungen zur Stadtgeschichte und Alltagskultur machen das Münchner Stadtmuseum zu einem auch von Einheimischen gut frequentierten Ort.

Ausschließlich wechselnde Exponate zeigt das in den Gebäudekomplex integrierte **Münchner Filmmuseum**– für ein Kino, und um ein solches handelt es sich bei diesem Ableger des Stadtmuse-

ums, auch nicht so sehr ungewöhnlich. Der museale Gedanke offenbart sich hier ausschließlich unter cineastischen Aspekten: Das hübsche (und technisch hervorragend ausgestattete) Kino zeigt fast täglich Filme, die – sei es als Highlight oder als Randnotiz – in der Filmgeschichte eine bemerkenswerte Rolle gespielt haben. Ob Einzelretrospektiven, ganze Werkschauen oder thematische Reihen, das Filmmuseum bietet ein für München ganz gewiss einzigartiges Programm, und auch im Rest der Republik dürfte es nur wenige Lichtspielhäuser geben, die ähnlich profiliert und engagiert mit dem Medium umgehen.

Den hervorragenden Ruf dieser Institution maßgeblich begründet hat der langjährige Leiter Enno Patalas, dessen Name unter Filmkennern und -freaks auch international schon einen legendären Ruf genießt. Neben dem Projektionsbetrieb arbeiten die Mitarbeiter des Filmmuseums auch in der filmwissenschaftlichen Forschung und befassen sich mit der Restaurierung und Archivierung von altem belichtetem Material.

Das **Stadtmuseum** hat tägl. außer Mo 10–18 Uhr geöffnet. Eintritt 7 €, erm. 3,50 €, Sonderausstellungen kosten extra.

Das aktuelle Programm des **Filmmuseums** entnimmt man der Tages- oder Wochenpresse, der Eintritt beträgt – je nach Filmlänge bzw. -anzahl – zwischen 5 und 8 €.

Viel Münchner, wenig Touristen

Der Rindermarkt

Muhendes und blökendes Handelsgut wird auf dem vom Jakobsplatz aus hinter dem Stadtmuseum (im Gegenuhrzeigersinn umrunden, ca. 200 m über den Oberanger) gelegenen Rindermarkt schon lange nicht mehr feilgeboten. Bereits 1369 wechselte der Viehhandel seinen Standort an den nicht weit entfernten Anger. Der Name blieb und wurde im Lauf der Jahrhunderte zu einer bevorzugten Adresse für Familien aus Adel und Stadtpatriziat. Auch davon ist heute nicht mehr viel zu sehen.

Der Brunnen am Rindermarkt

Dafür hat sich der Rindermarkt in den vergangenen Jahren zu einem der beliebtesten Treffs in der Münchner Innenstadt entwickelt. Um den Rindermarktbrunnen herum scharen sich an den immer zahlreicher werdenden klimawandelnden Sommerabenden Shopper und Jungmünchner vor der Kneipentour. Überschaubar ist dagegen überraschenderweise die Zahl der Touristen, anscheinend ziehen sie den Marienplatz vor. Grund für die Beliebtheit des Platzes ist wohl weniger das ästhetisch mäßig überzeugende Wasserspiel (die Figur des sitzenden Hirten wurde übrigens nach Gilbert Prousch, heute Teil des Künstlerduos Gilbert & George, modelliert) als vielmehr die schlichte Tatsache, dass hier noch die letzten Sonnenstrahlen zu genießen sind, wenn die anderen Freiflächen Münchens schon längst im Schatten liegen.

Geschlechterturm am Rindermarkt

Löwenturm

Auffälligstes Bauwerk ist der Löwenturm an der Südostseite des Rindermarkts. Das aufregend alt anmutende Gemäuer aus Rohbacksteinen wird von Stadtführern gerne als Wehrturm der ersten Stadtmaueranlage vorgestellt, tatsächlich ist er aber noch gar nicht so betagt. Vielmehr handelt es sich bei dem von neugotischen Zinnen bekränzten Quader wahrscheinlich um einen Wasser- oder Geschlechterturm aus dem 15. oder 16. Jh. Bei der Generalsanierung 2006 wurden historisch bedeutende Wandmalereien freigelegt, die aber kaum jemand je zu Gesicht bekommt: Der Löwenturm hat nämlich keine Türen.

Bunter Blickfang am Rindermarkt

Ruffinihäuser

Zweiter Blickfang des Rindermarktes ist das überaus bunte Ensemble der Ruffinihäuser gegenüber dem Löwenturm. Es handelt sich um eines der relativ raren Beispiele der Heimatstilarchitektur, eines in München um die vorletzte Jahrhundertwende durchaus populären Ablegers des Historismus.

Die drei Häuser mit den äußerst reich ornamentierten Fassaden sind die Umsetzung eines erfolgreichen Architekturwettbewerbsbeitrags von Gabriel von Seidl und entstanden in den Jahren 1903–05. Die Formensprache mit den auffälligen Walmdächern und vieleckigen Erkern zitiert Elemente lokaler Bautraditionen – wo auch immer in der Münchner Umgebung von Seidl diese gefunden haben mag.

Egal, schön bunt ist es, und im Haus zur Pettenbeckstraße befindet sich ein in seiner Farbenpracht und Exotik wunderbar ins Gesamtbild passendes Münchner Traditionsgeschäft: Das *Spa-*

nische Fruchthaus mit einer fantastischen Fülle von Dörr- und Trockenobst.

Einkaufsstraße mit Traditionsgeschäften

Sendlinger Straße

Am Rindermarkt links um die Ruffinihäuser herum öffnet sich mit der Sendlinger Straße die südwestliche Hauptachse vom Altstadtzentrum hinaus zur ehemaligen Umfriedung der Innenstadt. Die Bausubstanz in dieser Einkaufsstraße ist deutlich einladender als die vorwiegend amorphen Fassaden der großen Kaufhäuser in der Fußgängerzone von Kaufinger und Neuhauser Straße, und tatsächlich gibt es in der Sendlinger Straße eine immer noch bemerkenswert hohe Zahl an alteingesessenen Familien- und Traditionsgeschäften.

Der ehemals bekannteste Anlieger des Straßenzugs hat die Altstadt verlassen: Die „Süddeutsche Zeitung", die auflagenstärkste überregionale Qualitätszeitung der Bundesrepublik ist in das neue Verlagshochhaus im Münchner Osten ausgewandert, und manch kritischer Zeitungsleser fragt sich, ob das die Edelfedern des traditionell linksliberalen Blatts nicht doch dem Alltagsleben entrückt hat. Das Grundstück wurde verkauft und münchentypisch neu bebaut: Luxuswohnungen, Arztpraxen und teure Geschäfte.

Ältestes Gasthaus der Stadt

Hundskugel

Wenige Meter abseits in der Hackenstraße öffnet seit über 550 Jahren das Wirtshaus zur Hundskugel seine geschichtsschweren Gasträume – seit 1638 allerdings in einem „Neubau"-Eckhaus mit Pultdach und Halbgiebel. Der obskure Name für das älteste Gasthaus Münchens ist nicht mehr zweifelsfrei herzuleiten. Vermutlich etablierte sich durch das alte Hauszeichen (wahrscheinlich ein Fresko über dem Eingang), auf dem sich einige Hunde schlemmend und trinkend dem bacchantischen Leben hingaben; wie-

Halbtausendjährige Schankkultur

deraufgegriffen wurde das Motiv 1980 mit einem Terrakottarelief. Eigentümer der legendären Bierschwemme war bis zu seinem gewaltsamen Tod das Münchner Modeunikum Rudolph Mosshammer. Seit Frühjahr 2011 ruht auch der Restaurationsbetrieb – das älteste Wirtshaus der Stadt findet keinen neuen Pächter.

Mit Münchner Hausgarten

Radspielerhaus

Gegenüber der Hundskugel steht das schöne Klassizismus-Ensemble des Radspielerhauses (ehemals Palais Rechberg). Der Innenhof des ursprünglich 1678 durch bauliche Fusionierung zweier Häuser entstandenen Gebäudes ist eines der letzten erhaltenen Beispiele der ehedem für München typischen Hausgärten. In dem hübschen Ladengeschäft im Erdgeschoss kaufen finanziell besser situierte Münchner seit vielen Jahrzehnten Heimtextilien und Einrichtungsgegenstände. Darunter auch Gartenmöbel: Der besagte Innenhof dient ihnen als pittoresker Präsentationsort.

Allerhöchstbarock

Asamhaus und Asamkirche

Ungefähr auf halber Höhe der Sendlinger Straße beherbergen die Hausnummern 32 und 34 zwei echte Kleinodien des Hochbarocks, ach was, des Allerhöchstbarocks: Hier errichteten die Gebrüder Cosmas Damian und Egid Quirin Asam (schon allein die Namen fließen wie gülden Geschmeide!) ab 1729 ihr üppiges Wohndomizil und gleich daneben auf engstem Raum eine Privatkapelle. Mit Asamhaus und Asamkirche (eigentlich St.-Johann-Nepomuk-Kirche) zeigten der Baumeister Cosmas und der Stuckateur und Bildhauer Egid eine Hochleistungsschau ihrer Kunst auf eigene Rechnung – mehr Gold, Putti, Säulen und Giebel dürften schwerlich an und in einem so kleinen Kirchlein zu realisieren sein.

Die Fassade des danebenliegenden Wohngebäudes entzückt mit kaum zurückhaltenderer Opulenz. Die Geschäfte der Asam-Brüder, mit vielen weiteren Zeugnissen in der Münchner und bayerischen Kunstgeschichte präsent, müssen blendend gegangen sein. Denn neben der sehr offensichtlich zur Schau gestellten Gottesfurcht zeugen die beiden Gebäude vor allem von Reichtum und Prosperität des Brüderpaars, das sich hier in seiner Heimatstadt den Traum eines komplett eigenverantwortlichen Projekts ohne die Einflussnahme eines externen Auftraggebers erfüllen konnte. Hervorzuhebende Einzelkunstwerke sind der Hochaltar und die Beichtstühle im Eingangsbereich, Letztere durch die Vita des Namenspatrons der Kirche, Johannes Nepomuk, von besonderer kirchenhistorischer Bedeutung (der Legende nach wurde er auf Betreiben Wenzels IV. von der Prager Karlsbrücke in die Moldau geworfen, weil er sich standhaft geweigert hatte, dem König ein Beichtgeheimnis preiszugeben). Die Brüder Asam selbst kann man auf Porträts über den Türen zur Sakristei links und rechts hinter dem Altarbereich in typisch idealisierter Barockmanier bewundern.

Führungen Di 16 Uhr, Gottesdienste Mo, Di und Do 17 Uhr.

Der Showroom der Gebrüder Asam

Stadttor mit Kino

Sendlinger Tor

Das Sendlinger Tor am Ende der Straße verweist wieder zurück in die Gründungsepoche der Stadt. Wesentliche Teile seiner heutigen Gestalt sind bereits im ursprünglichen Stadttor von 1310 angelegt: Mittelturm, Zwinger und die beiden äußeren Flanken schirmten die Stadt zur wichtigen Handelsstraße ins südliche Innsbruck ab. Von der ehemaligen Brückenkonstruktion über den Stadtgraben ist hingegen nichts mehr zu sehen – mit der Umgestaltung des Platzes um 1810 wurde der Graben zugeschüttet und die mittelalterliche Wehrfunktion des Sendlinger Tors preisgegeben. Dieser Entfortifizierung fiel dann auch der große Mittelturm der Anlage zum Opfer, und der Sendlinger-Tor-Platz erhielt seine heutige urbane Funktion als Freifläche vor dem Innenstadtbereich. Die Junkies und Kleindealer sind seit der Installation diverser CCTV-Anlagen unbekannt verzogen.

An Jahren wesentlich jünger und doch mit einer Seniorenstellung in München geadelt ist die Institution an der Nordseite des Platzes: Die **Sendlinger-Tor-Lichtspiele** sind das älteste noch bespielte Kino der Stadt (Programm seit 1913), und noch heute finden in dem prima plüschigen Saal große Produktionen ihren feierlichen Premierenort.

Vom Baumeister der Frauenkirche

Allerheiligenkirche am Kreuz

Auf dem weiteren Weg durch das **Hackenviertel** wird es deutlich ruhiger. Biegt man am Sendlinger-Tor-Platz scharf rechts in die Kreuzstraße (im späteren Verlauf Damenstiftstraße) ein, nimmt die Dichte an Geschäften deutlich ab. Touristen sieht man hier eher selten. Der kleine Umweg – kürzer wäre die Verbindung über die formlose Herzog-Wilhelm-Straße mit ihrer etwas trostlosen Grünanlage oder entlang der verkehrsinfarktgefährdeten Son-

Ein Haupteingang Alt-Münchens: das Sendlinger Tor

nenstraße – lohnt dennoch. Kirchen, ehemalige Stiftsgebäude und großbürgerliche Wohnhäuser vermitteln einen guten Eindruck vom vorindustriellen München, als die Stadt noch vom Klerus und Handelspatriziat geprägt war.

Zuerst passiert man die Allerheiligenkirche am Kreuz, deren kunsthistorischer Rang vor allem durch die Persönlichkeit des Baumeisters bestimmt wird: Kein Geringerer als Jörg von Halsbach, der sich mit den Plänen für die Frauenkirche und dem Saalbau des Alten Rathauses in den Annalen der Stadt unsterblich machte, ließ hier nebenbei von 1480 bis 1485 eine einschiffige Langhauskirche errichten. Nach diversen Barockisierungen und anderen Modifikationen nach den wechselnden Zeitgeisten ist aber von der Hand des Meisters heute nicht mehr allzu viel zu sehen. Ein Blick ins Innere lohnt aber schon: Das Bronze-Epitaph für den Münchner Bankier Philipp Goetz von Hans Krumper ist eines der feinsten Zeugnisse der ehedem in höchster Blüte stehenden Münchner Bronzegussschule. Allerdings ist die Allerheiligenkirche außerhalb der gelegentlich stattfindenden Gottesdienste nur selten zugänglich.

Frühklassizistisches Gebäude

Damenstift St. Anna

Einige Meter weiter auf der rechten Straßenseite erinnern die Gebäude des ehemaligen Damenstifts St. Anna an die großen monastischen Traditionen der Stadt. Bis zur Säkularisation 1803 betrieben die verschiedenen Orden bis zu zwanzig Klöster in der Stadt, sodass die Glaubensbrüder und -schwestern einen durchaus messbaren Anteil an der Münchner Gesamtbevölkerung ausmachten. Die recht kleine Stiftskirche ist vor allem mit bedeutenden Gemälden und Fresken ausgestattet (Rekonstruktionen nach starken Kriegsschäden), während das imposantere Stiftsgebäude selber eines der ersten Stilbeispiele des Frühklassizismus in München abgibt. Im 19. Jh. Heimstatt der Technischen Hochschule, hat heute hinter seinen streng regelmäßigen Mauern die Salvator-Realschule für Mädchen ihr Domizil gefunden.

Klassizistisches auch schräg gegenüber in der Hausnummer 8: Das Wohnhaus mit den Rundbogenportalen und Stuckornamenten im Empire-Stil wurde um

1800 errichtet und repräsentiert eine andere Variante dieser Epoche. Zwei Häuser weiter vorne sieht man mit dem ebenfalls reich stuckierten **Palais Lerchenfeld** ein schönes Beispiel für teures Wohnen aus dem frühen 18. Jh. Heute ist es – die Zeiten ändern sich – Sitz des Städtischen Bestattungsamtes.

Das älteste Bier Münchens

Augustiner-Bräu

Um sich die lärmige Fußgängerzone zu ersparen, biegt man nun vor dem Durchgang zur Neuhauser Straße rechts ab in die Herzogspitalstraße, wirft noch einen Blick auf eine der wenigen original und vollständig erhaltenen Empire-Fassaden Münchens am ehemaligen Gregorianischen Seminar (Hausnummer 12), ist aber schon in Gedanken bei der nächsten Pflichteinkehr im Stammhaus der ältesten Münchner Brauerei: Im Augustiner-Bräu (Eingang von der Neuhauser wie von der Herzogspitalstraße möglich) erholt man sich vom Overkill der ganzen Kirchen und Klöster bei Hopfen, Malz und Wasser, die von den Braumeistern im Zeichen des Augustinermönches seit 1328 zu Bier

fusioniert werden. Das Kloster in der Neuhauser Straße 53 gibt es seit der Säkularisation nicht mehr, aber auch das einstige Brauereistammhaus (von 1803 bis 1885, Hauptsitz heute in der Landsberger Straße) bietet authentisches Flair mit kunsthistorischem Mehrwert – Architekt des Neubaus war 1896/97 Emanuel von Seidl, der Bruder des Neugestalters des einen Steinwurf entfernten Stachus. Besonders augenfällig ist das im Muschelsaal (ja, da sind tatsächlich Tausende von Muscheln an der Wand) und im Arkadengarten der Großgaststätte, wo man über der Blume des frisch gezapften Kaltgetränks vor allem den Geist des Jugendstils einatmet. Gemütlicher und uriger ist aber die Schenke an der Stirnseite zur Neuhauser Straße (linker Eingang).

Auch dieser Spaziergang endet am Stachus (Näheres dazu → S. 58) mit seinen formidablen Anschlussmöglichkeiten des öffentlichen Nahverkehrs – wer sich aber mit den Sehenswürdigkeiten nur im Vorbeigehen befasst hat, kann jetzt auch bequem noch den nächsten Spaziergang dranhängen und den Kreis am Marienplatz wieder fast schließen.

Praktische Infos   → Karte S. 51

Cafés & Snacks

Kein Museum ohne Kaffeetanke: Das **Café Makom** im jüdischen Museum ist sogar Teil des Ausstellungskonzepts. Halbwegskoschere Snacks, vollständig koschere Weine und vor der Tür gibt es sogar einen kleinen (koscheren?) Spielplatz. Di–So 10–18 Uhr.

meinTipp Das **Stadtcafé 13**, am Jakobsplatz (mit großer Auswahl auch an internationalen Zeitungen und Zeitschriften) ist zum echten Kaffeehaus Wiener Prägung geworden. Unwiderstehlich: die Heidelbeertorte (ganzjährig!) und die Holunderschorle.

Bon Valeur 8, hält mit gutem Kaffee und netten essbaren Kleinigkeiten auf niedrigem Preisniveau, was sein Name verspricht: „guten Gegenwert". Viele Zeitungen und Zeitschriften. Tägl.

außer So 10–23, Fr/Sa bis 1 Uhr. Josephspitalstraße (zwischen Agip-Tanke und Sonnenstraße).

Wirtshäuser, Bierhallen und Schwemmen

Augustiner-Bräustuben, eine lange Halle mit riesigen blanken Holztischen – so muss eine Schwemme aussehen. Auf dem Gelände der einzigen Münchner Brauerei in Münchner Hand. Schwanthalerhöhe, Landsberger Str. 19, ℰ 507047. Tägl. 10–24 Uhr. Tram 18/19 Holzapfelstr., Ⓢ Hackerbrücke.

Hofbräuhaus 5 Wenn man schon nicht selbst hingeht, sollte man zumindest den Weg wissen – Hunderte von Japanern fragen danach! Die große Renaissance-Gewölbehalle ist auf jeden Fall sehenswert, das enthemmte Benehmen der überwiegend transatlantischen

Gäste ebenfalls. Hübsch sitzt man im Sommer auch im gar nicht kleinen Innenhof. Nur essen muss man hier nicht unbedingt. Innenstadt, Am Platzl 9, ✆ 2901360. Tägl. 9–23.30 Uhr.

Restaurants

Die Spitze

Königshof 2 Spitzengastronomie alter Schule in der Loge über dem Stachus. Küchenchef Martin Fauster hat bei Meister Haas im „Tantris" gelernt und offensichtlich nichts vergessen. Innenstadt, Karlsplatz 25, ✆ 551360. Di–Sa 12–14.30 und 18.30–22.30 Uhr. Ⓤ+Ⓢ, Tram Stachus.

Mein Tipp **Landersdorfer & Innerhofer   10** Unauffälliges Restaurant mit völlig unprätentiöser Speisekarte: Anzahl der Gänge, fertig. Die Küchenleistung lässt sich ebenso schlicht zusammenfassend beurteilen: umwerfend! Innenstadt, Hackenstr. 6–8, ✆ 26018637. Mo–Fr 11.30–14 und 18.30–1 Uhr. Ⓤ+Ⓢ Marienplatz.

Neue Deutsche Küche

Gesellschaftsraum 6 Die immer noch abgedrehteste Speisekarte der Stadt: Was sich hinter „SherryPflaumenKrokodil mit Bohnenpopcorn" verbirgt? Da hilft nur ausprobieren. Experimente auch bei der Tischordnung: Für Singles gibt es eine große Gemeinschaftstafel mit anderen einsamen Schlemmern. Innenstadt, Bräuhausstr. 8, ✆ 55077793. Mo–Fr 11.30–15 Uhr und 18–24 Uhr, Sa 18–24 Uhr. Ⓤ+Ⓢ Marienplatz.

Einkaufen

Nach langem und mitunter unsäglichem Gezänk unter den Eigentümerfamilien ist das Verlagsgebäude des Süddeutschen Verlags jetzt ratzekahl weggerissen und – endlich! – noch eine weitere arg sterile Shopping-Mall in der Altstadt installiert. Mit stylebewussten Jugendlichen kommt man an der **Hofstatt** aber kaum vorbei, denn hier sind die Flagshipstores der verschwisterten Hipsterlabel **Hollister** und **Abercrombie & Fitch 9** eingezogen, letzterer nur echt mit dem halbnackerten Six-Pack-Model vor der Tür.

Der traditionsbewusste Städtereisende kann München natürlich nicht verlassen, ohne einen Prunkbierkrug, eine echt bayerische Kuckucksuhr oder den Defiliermarsch in der Musikdose erworben zu haben. Die großartigste Auswahl dieser Devotionalien führt unbestritten **Max Krug 3** in der Neuhauser Str. 2 (Fußgängerzone zw. Frauen- und Michelskirche, Mo–Sa 9.30–20 Uhr) – auch für vorgeblich kitschresistente Skeptiker lohnt Anschauen auf jeden Fall.

Mein Tipp Unkonventionellere Reiseandenken mit eindeutigem München-Bezug gibt es bei **servus.heimat 11** (Brunnstr. 3, Mo–Sa 10–20 Uhr) und im **Museumsshop im Stadtmuseum 12** (auch So geöffnet). Mein persönlicher Favorit sind die Papierservietten mit Münchner Stadtplan.

Vom Jakobsplatz zum Stachus → Karte S. 51

Der Arkadenhof des Augustiner-Bräus

Nördliche Halbkugel
Das Kreuzviertel

Münchner Geld durfte man schon immer sehen. Das war schon so, als sich im nördlichen Teil der Altstadt Hochadel und Patriziat in Rufweite der Residenz niederließen, und das blieb auch so, als die gestopften Von-und-zus wieder wegziehen mussten. Nur der Erzbischof und die Latifundien der katholischen Kirche sind geblieben, der Glaube war schon immer ein krisenfestes Geschäft. Heute regiert hier vor allem das nackte Geld, aber das tut es in feinen Palästen und versteckt sich nicht hinter öden Rauchglasfassaden. Ausgegeben wird es auch, und zwar mit vollen Händen. Ein Spaziergang zwischen alter Noblesse und neuem Reichtum.

Spaziergang

Alle nennen ihn Stachus
Der Karlsplatz

Bis vor gar nicht langer Zeit galt der Stachus (diverse U-Bahn-, S-Bahn- und Tramlinien, Haltestelle Karlsplatz) als der verkehrsreichste Platz des gesamten alten Kontinents, dann kamen die Olympischen Spiele von 1972 und mit ihnen die umfangreiche Restrukturierung der Stadt. Augenfälligstes Ergebnis war die Schaffung der Fußgängerzone zwischen Karlstor und Marienplatz, womit die alte Salzstraße, die vormals wichtigste Lebensader Münchens, völlig trockengelegt und dem Stachus seine ursprünglich überragende urbane Bedeutung genommen wurde.

Aber auch wenn der Marienplatz heute dem Stachus den Rang als Nukleus der Altstadt abgelaufen hat, ist hier immer noch ordentlich etwas los. Besonders an heißen Sommertagen lassen sich vor allem jugendliche Besucher der Stadt von der Gischt der – unter künstlerischen Gesichtspunkten ziemlich banalen – Fontänen des großen Wasserspiels kühlen. Im Winter belebt eine geradezu disneyesk bunt beleuchtete Eislauffläche den Platz, der mindestens älteren Münchnern (so ungefähr bis Jahrgang 1950) immer noch als *der* zentrale Punkt der Stadt gilt.

So richtig Augen für die Architektur am Stachus hat zwischen Schnellbratbulettenduft und Abgasschwaden kaum jemand, dabei ist die Grundanlage der städtebaulichen Idee Karl Theodors durchaus recht gelungen.

Mit vier Münchner Originalen
Karlstor

Das Karlstor ist in seiner Substanz eines der wenigen Relikte der alten Stadtbefestigung und neben Isar- und Sendlinger Tor das letzte erhaltene Stadttor Münchens. Seine mittelalterliche Herkunft ist nach diversen gewollten und erzwungenen Umgestaltungen allerdings ziemlich stark überschminkt.

Der optisch bestimmende Hauptturm von 1302 – mittig hinter den erhaltenen Vortürmen – ging 1857 bei einer

Verlorengegangene Traumberufe

Hofnarr Nrangerl

vermutlich effektvollen Pulverexplosion in Flammen auf, die vorgelagerte Geschützfestung und die Brücke über den Stadtgraben fielen bereits 1791 der Umgestaltung im Geist der Aufklärung zum Opfer.

Heute präsentiert sich das Karlstor im Wesentlichen in der nach dem Krieg rekonstruierten neugotischen Fassung, die Arnold von Zenetti 1861 realisiert hatte. Ebenfalls wiederaufgebaut wurden die beiden angrenzenden Rondellbauten (Claudius von Seidl, 1899–1902), die mit ihrem Schwung die Physiognomie des Platzes erst herstellen.

Hübsche Aparts des Torbaus sind die vier Münchner Originale an den Ecken im Hauptdurchgang: Franz Xaver Krenkel (erntete unsterblichen Ruhm mit einer Vorfahrtverletzung im Englischen Garten – bremsen musste nämlich die Fuhre Ludwigs I.), der letzte Hofnarr Prangerl, Baron Sulzbeck

(Bassgeiger im Hofbräuhaus) und der Postillon d'Amour Finessensepperl.

Gewaltig
Justizpalast

Auf der anderen Seite des Stachus, jenseits des infernalischen Altstadtrings, erhebt sich mit dem Steingebirge des Justizpalasts „einer der prachtvollsten Bauten, die in Deutschland je für die dritte Gewalt geschaffen wurden", wie eine Jubelpublikation des Bayerischen Justizministeriums zum hundertjährigen Geburtstag lobpreisend verlautbarte. Flapsiger könnte man freilich auch sagen: Es brummt der Historismus. Friedrich Thiersch, zur Einweihung 1897 mit dem bayerischen Ritterkreuz ausgezeichnet und damit zum „von" geadelt, fühlte sich vor allem der Formensprache des Barock verpflichtet, und die hat er unübersehbar in der Opulenz der Risalite, Giebel, Kapitelle und Balkone hervorragend getroffen.

München im Kasten
Karlsplatz oder Stachus?

Im täglichen Leben benutzen nur Straßen- und U-Bahn-Fahrer die Ortsbezeichnung „Karlsplatz", allerdings nicht, ohne dann noch hastig ein (notorisch vernuscheltes) „Stachus" nachfolgen zu lassen. Auch weniger bis gar nicht in die Münchner Stadtgeschichte Eingeweihte wissen um die doppelte Benamung des Platzes – woher sie rührt, ist den meisten aber ein Rätsel. Dabei ist es doch so einfach: Ein Wirt mit dem so klingenden wie komplizierten Namen Eustachius Föderl betrieb hier (ungefähr an der Stelle des heutigen Kaufhof-Warenhauses) seit 1755 eine Kneipe, deren Wirtshausschild die Kurzform seines Vornamens zierte: „Zum Stachus" war hinfort eine beliebte Adresse für den geselligen Umtrunk.

Erst einige Jahre später kam der „Karlsplatz" auf den Stadtplan. Er war gewissermaßen ein Nebenprodukt der Aufräum-

arbeiten des aus der Pfälzer Linie der Wittelsbacher stammenden Regenten Karl Theodor, der seit 1791 die Stadtmauern Stück für Stück schleifen, die große Anlage des Neuhauser Tors auf ein symbolisches Maß zusammenstutzen und den Stadtgraben aufschütten ließ. Dadurch entstand einigermaßen plötzlich eine große Freifläche, die der Kurfürst standesgemäß nach sich selbst benannte. Wäre der aufgeklärte, zugewanderte (zwei in München seit jeher nur wenig geschätzte Eigenschaften) Herrscher nur etwas beliebter gewesen, dächte heute wohl niemand mehr an die Trinkhalle des seligen Eustachius, aber die renitenten, von Karl Theodor gepiesackten Einheimischen wollten den Namen ihres neuen Landesherrn partout nicht im Mund führen und blieben bei Stachus. A Ruah is!

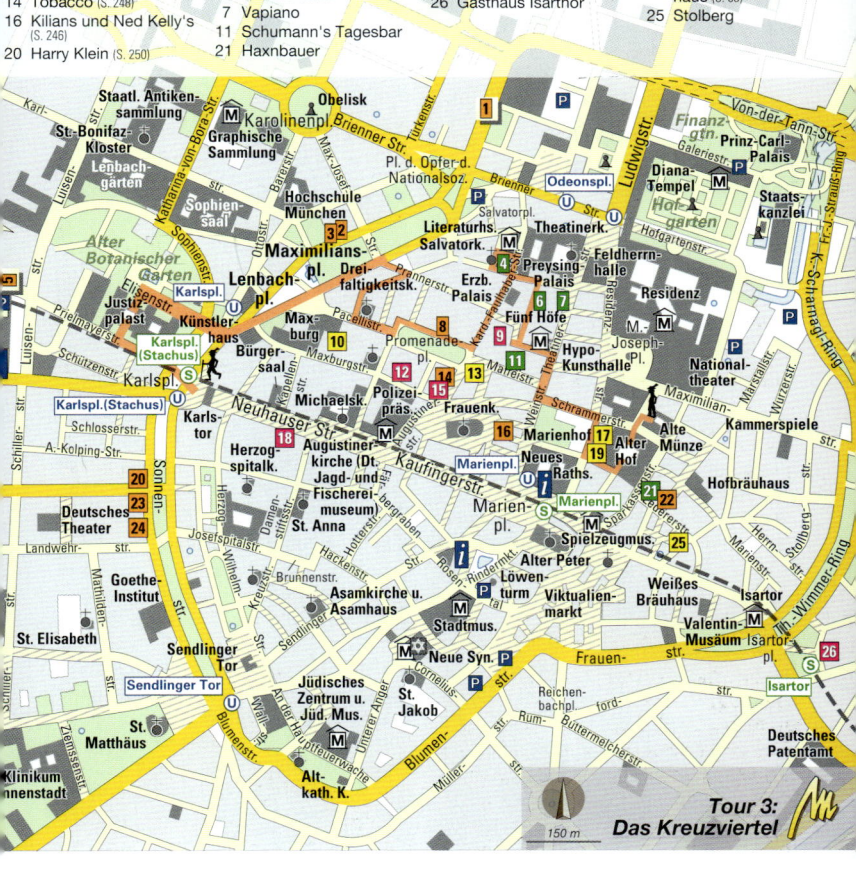

Und auch ein Hauch von Hightech – zumindest aus der Perspektive der wilhelminischen Ära – ist dabei: Die Eisen-Glas-Konstruktion der Kuppel ist Bauingenieurs State of the Art, mit ihren 66 m Höhe (Laterne, die goldene Kugel auf der Spitze liegt noch ein bisschen höher) überragt sie fast alle Bauten der Münchner Altstadt bei Weitem und ist schon aus großer Entfernung auszumachen.

Auch im Inneren dominiert die Pracht. Der prunkvollste Raum der 20 Ge-

richtssäle ist zweifellos der Schwurgerichtssaal, dessen Fresken (z. T. eigenhändig von Thiersch) leider nicht erhalten geblieben sind. Auch das Treppenhaus im großen Lichthof unter der voluminösen Glaskuppel misst sich an großen barocken Vorbildern – bei allerdings durchaus funktionaler Gestaltung. Aber das Recht ist eine Hure (alte Juristenweisheit), und auch die bayerische Justiz blieb in ihrem feschen Hauptsitz in kritischen Zeiten hinter ihren auf formaler Ebene formulierten Ansprüchen weit zurück: Hier wurde die Gerichtsfarce um Graf Arco von Valley (den Mörder Kurt Eisners, des ersten Ministerpräsidenten der nach der Novemberrevolution von 1918 ausgerufenen Republik Bayern) aufgeführt, und auch der Schauprozess gegen die Mitglieder der „Weißen Rose" wurde hier inszeniert. Da mag Justitia auf dem Giebel der Südfassade noch so unschuldig blind mit Schwert und Waage hantieren.

Der Justizpalast kann ohne weiteres betreten werden (Sicherheitskontrolle!), im Saal 253 befindet sich eine Gedenkstätte für die Verurteilten der „Weißen Rose".

Das Beste ist der Brunnen
Lenbachplatz

Nur wenige Schritte weiter im Uhrzeigersinn um den Altstadtring herum feiern am Lenbachplatz Großbürgertum und Historismus weiter fröhliche Urständ. Zu den Eigentümlichkeiten des Lenbachplatzes zählt, dass er als geplante Freifläche eigentlich gar nicht

Tolle Treppe und klasse Kuppel: Justizpalast

auffällt, sondern wie eine schlichte Straßenaufweitung wirkt. Außer einer Trambahnhaltestelle findet städtisches Leben auf ihm auch nicht statt – gäbe es nicht den hinreißenden Wittelsbacher Brunnen an der Nordseite.

(K)ein Bad für Verliebte
Wittelsbacher Brunnen

Mit voluminösen Zitaten aus Hochbarock und Antike zeigt das 1893–95 erbaute Wasserspiel die verschwenderische Lust der Prinzregentenzeit völlig unverhüllt. Das muss man stilistisch nicht schätzen, eindrucksvoll ist es aber allemal. Besonders in den späten Abendstunden heißer Sommertage ist die dann hell von innen illuminierte Fontäne einer der schmusigsten Orte der ganzen Stadt. Auch der (dann eh schon abgeflaute) Verkehr mit seinen unvermeidlichen Ausdünstungen kann dem wenig anhaben.

Nach dem Bad im Brunnen – streng verboten und trotzdem wunderbares Pflichtprogramm für verliebte Paare – kann man sich dann auf dem breiten Rand niederhocken, die Kleidung trocknen lassen und die Schaufassaden der großen Palais an der Westseite des Platzes bewundern. Bestimmend sind vor allem die Gebäude der **Deutschen Bank und Bayerischen Börse** (Nr. 2) und das daneben liegende **Bernheimer Haus** (heute nach einer Erbstreitigkeit **Lenbach-Palais**), die der Pracht der Ringstraßenarchitektur Wiens in nichts nachstehen. Während die Börse noch ganz auf die Kraft des Monumentalen setzt, ist das Bernheimer Haus mit seiner offensiv sichtbaren Stahlkonstruktion der unteren Geschäftsgeschosse schon dem Geist der Avantgarde verpflichtet.

Mit Kulturprogramm und Gastronomie
Künstlerhaus

Auf der anderen Seite des Lehnbachplatzes bot die Münchner Künstlergenossenschaft mit dem Künstlerhaus

(Nr. 8) ab 1900 der um die Jahrhundertwende äußerst aktiven Kreativszene der Stadt einen luxuriösen Sammlungspunkt. Auch die Maleraristokraten Franz von Stuck und Franz von Lenbach dürften sich in den von der italienischen Renaissance inspirierten Sälen durchaus wohlgefühlt haben. Nach diversen Grundrenovierungen und Neueröffnungen ist der ganz große Glanz etwas dahin, völlig im Originalzustand präsentieren sich nur noch das Vestibül und das Venezianische Zimmer. Letzteres ist besonders einfach zugänglich: Die Münchner Filiale der Pizza-Kette L'Osteria (gute und große Pizzen, lustloser Service) zählt diesen Saal zu ihren Gasträumen.

Eingang des Künstlerhauses

Zwischen Altstadt und Maxvorstadt

Maximiliansplatz

Der Park hinter dem Wittelsbacher Brunnen markiert eine weitere städtebauliche Verlegenheitslösung: Der Maximiliansplatz liegt als grüner Fremdkörper ziemlich verlassen zwischen Altstadt und Maxvorstadt, von Ersterer ohne rechte Straßenanbindung verschmäht und von Letzterer durch den Riegel der abweisenden Büro- und Verwaltungsbauten abgetrennt. Das hat Tradition, schon um 1800 hatte die damals gesandete Freifläche den wenig schmeichelhaften Spottnamen „Sahara", und auch die Pläne namhafter Architekten (u. a. Klenze) zur Integration des Platzes hatten wenig Erfolg. Die Begrünung erfolgte dann in der Gründerzeit nach den Maßgaben Carl von Effners, immerhin Oberhofgärtner des bauwütigen Königs Ludwig II. In dem mittlerweile ziemlich dichten Baumbestand des Platzes verstecken sich einige Skulpturen und Brunnen, aber nur ganz wenige Menschen – Flaneure und Abhänger meiden die eigentlich hübsche Anlage weitgehend.

Das kleine, merkwürdig schief stehende **Maxtor** (erbaut 1804) an der schmalen Öffnung zur Prannerstraße ist eher ein lustiges Zitat der alten Stadtbefestigung, einen kunsthistorisch interessierten Blick verdient allerdings der **Nornenbrunnen** (1907) an seiner Nordseite. Germanenkult des Wilhelminismus (die Mädels heißen Urd, Werdandi und Skuld) und Jugendstil geben sich hier formal gelungen die Hand.

Meisterwerk Giovanni Viscardis

Dreifaltigkeitskirche

Vom Maximiliansplatz sind es nur ein paar Schritte bis zur Herzkammer der Münchner Stadtaristokratie in der Pranner- und der quer dazu verlaufenden Kardinal-Faulhaber-Straße (→ S. 65). Dort konzentrieren sich die Stadthäuser, nein, die Stadtpaläste des ehemaligen bayerischen Hochadels und Geldpatriziats.

Doch bevor man sich flanierend dem reichen Spiel der Barock-, Rokoko- und Gründerzeitfassaden hingibt, sollte unbedingt ein Abstecher rechts durch die unscheinbare Rochusstraße drin sein: An der Einmündung auf die

Pacellistraße steht nämlich mit der Dreifaltigkeitskirche einer der architekturgeschichtlich bedeutendsten Sakralbauten der Stadt. 1716 vollendet, markieren sowohl äußere wie auch innere Gestaltung der Kirche bedeutende Zäsuren. Erstmals realisierte hier ein Baumeister auf bayerischem Boden eine konvex hervortretende Fassade – nicht zuletzt deshalb gilt die Kirche als Meisterwerk Giovanni Viscardis. Im wohl erst nach dem Tod Viscardis gestalteten Innenraum deutet sich dann die Wachablösung der italienischen Barockschule durch deutsche Rokokokünstler an. Bestimmend sind das Deckenfresko Cosmas Damian Asams (sein erstes Münchner Großwerk) und der Altar von Johann Andreas Wolff und Johann Degler.

Verlassen sollte man die Dreifaltigkeitskirche am besten im Krebsgang, so vermeidet man den Blick auf die 50er-Jahre-Kiste des Amtsgerichts, die schon den fiktiven zeitreisenden Chinesen aus Herbert Rosendorfers „Briefen in die chinesische Vergangenheit" zu ätzenden Abfälligkeiten über den Stand der Baukultur und Rechtspflege Münchens inspirierte. Von der dort ehemals stehenden Maxburg blieben nach dem Krieg nur unrestaurierbare Trümmer, einzig der Renaissanceturm konnte vom renommierten Architektengespann Ruf und Pabst noch in den Neubau integriert werden.

Wer ist der Mann in der Mitte?

Promenadeplatz

Zwischen Dreifaltigkeitskirche und Kardinal-Faulhaber-Straße liegt der vom exklusiven Hotel Bayerischer Hof dominierte Promenadeplatz. Die echte

---

München im Kasten

Der verjagte Koch

Gastrosophen mit ein wenig Gedächtnis packt auf dem Maximiliansplatz die Wehmut: Hier betrieb von 1979 bis 1993 Eckhart Witzigmann seine legendäre „Aubergine", Deutschlands erstes vom Guide Michelin mit der Maximalbenotung von drei Sternen geadeltes Restaurant. Witzigmann, der fraglos beste Koch des deutschsprachigen Raums, war damit Motor einer Bewegung, die in den 80er-Jahren München zur unbestrittenen Gourmethauptstadt des Landes machte. Mit ihm als Galionsfigur erkochten sich auch seine Schüler Harald Wohlfahrt, Johann Lafer, Hans Haas und viele andere Top-Stars des Gewerbes allerhöchste Weihen. 1993 war aber schlagartig Schluss mit dem Kulinarzauber in der „Aubergine", Witzigmann verlor wegen eines vergleichsweise läppischen Verstoßes gegen das Betäubungsmittelgesetz seine Schanklizenz – als ob der Koch des Jahrhunderts (außer ihm tragen nur drei weitere Chefs dieses Prädikat) seinen Gästen etwas in den edlen Wein geträufelt hätte.

Nach einem kurzen Intermezzo mit Alfons Schubeck, natürlich auch ein Witzigmann-Schüler, als Pro-forma-Geschäftsführer verlor das als schwierig bekannte Kochgenie dann die Lust und München seine führende Rolle auf der deutschen Feinschmeckerlandkarte. Noch immer kann man in München exzellent essen (verdächtig oft tragen dabei die Küchenchefs der einschlägigen Restaurants den Stallgeruch des Meisters aus Österreich), die kulinarische Spitze Deutschlands behaupten jetzt aber Orte mit so weitläufigen Namen wie Baiersbronn und Grevenbroich. Eckhart Witzigmann verkauft sich derweil mit diversen Medienaktivitäten und Dinnershows deutlich unter Wert. Ein klassisches Eigentor des Münchner Verwaltungsreferats, und so denken wir wehmütig auf einer verlassenen Parkbank des Maximiliansplatzes an Rote-Bete-Gelee, sekundengenau gedämpften Steinbutt und Kartoffelbaumkuchen.

Prominenz wohnte allerdings eins weiter: Das Gebäude mit der Hausnummer 2 wurde 1813 als Stadtresidenz des wirkmächtigen Innenministers Graf Montgelas errichtet und zeugt schon allein in seinen Dimensionen vom politischen Impact dieses Mannes. Seit 2005 ist er auch monumental auf dem Promenadeplatz vertreten, der große Silberling am Eingang zur Maffeistraße ist nach seinem Vorbild geformt. Das **Palais Montgelas** ist mittlerweile in den Bayerischen Hof integriert, und dem heute ziemlich vornehm wirkenden Promenadeplatz ist seine Funktion als ehemaliger Salzmarkt (bis 1778) und damit wirtschaftlicher Nukleus des alten München heute überhaupt nicht mehr anzusehen.

Sehr augenfällig hingegen ist das Denkmal für Orlando di Lasso, auch wenn den Barocktonsetzer heute kaum noch einer kennt – die vielen Kerzen, Blumen und säkularen Votivzettelchen („We miss you so much!") gelten **Michael Jackson**, dem dahingeschiedenen Drogenabhängigen, Pädophilen und Poptitanen.

Die Dreifaltigkeitskirche

Schöner wohnen

Kardinal-Faulhaber- und Prannerstraße

Am östlichen Ende des Promenadeplatzes geht es links in die Kardinal-Faulhaber-Straße (die Benamung ist wegen der ambivalenten Rolle Faulhabers während des Nationalsozialismus derzeit ziemlich umstritten) und damit ins Edelghetto der frühen Münchner Schickeria.

Noch ganz dem Stil italienischer Palazzi verpflichtet ist das **Palais Portia** gleich am Eck, das mit den Rokoko-Gestaltelementen der Baumeister Enrico Zuccalli und vor allem François Cuvilliés (Letzterer v. a. auch Innenausbau) stilbildend für das ganze Karree wirkte. Bezahlt wurde die teure *italianità* mit schnödem schwäbischem Geld – die Gräfin Portia war eine angeheiratete Fugger. Das Nachbargebäude, die **Bayerische Hypotheken- und Wechselbank** (heute Hypovereinsbank), entstand zwar deutlich später (1898), nimmt aber die Formensprache geschickt auf.

Wenige Häuser weiter steht das **Erzbischöfliche Palais** (Nr. 7) auf quasi exterritorialem Grund: Der Wohnsitz des obersten Klerikers der Erzdiözese München und Freising dient dem Vatikan als diplomatische Vertretung in München und genießt damit entsprechende Sonderrechte, sodass Papst Benedikt XVI. das schmucke Palais bei seinem umjubelten Münchenbesuch 2006 als Herberge nutzte. Gebaut wurde der heute schweinchenrosa verputzte Bau 1733 als Palais Holnstein, seine überragende kunsthistorische Bedeutung verdankt es seinem Architekten

François Cuvilliés, dessen Werk hier als Einziges fast unversehrt die zerstörerischen Zeitläufe überstanden hat.

Nun wieder über Eck an der Einmündung der Prannerstraße angelangt, bieten sich weitere schöne Variationen über das Thema „exklusive Stadtresidenz": **Palais Neuhaus-Preysing** (Nr. 2), **Palais Seinsheim** (Nr. 7) und **Palais Gise** (Nr. 9) zeigen eine dem Geist Cuvilliés' deutlich verwandte Formensprache – kein Wunder, waren doch die Baumeister allesamt Schüler des großen Rokoko-Meisters.

Eine andere Interpretation effektvoller Palastarchitektur zeigen Fassade und Innenraum des Gebäudes der **Bayerischen Vereinsbank** in der Kardinal-Faulhaber-Straße 1. Hier regiert der selbstbewusste und großzügige Stil der wilhelminischen Gründerzeit.

Griechisch-orthodoxe Gemeindekirche

Salvatorkirche

Geld und Macht der Bewohner des Adelsquartiers brauchten natürlich auch ihr Korrektiv, und so traf es sich gut, dass mit der Salvatorkirche (neben der Vereinsbank) bereits seit 1494 ein Ort zur Besinnung, Beichte und Buße zur Verfügung stand. Bis zur Auflassung der Nekropolen innerhalb des Altstadtrings (1788) war die Salvatorkirche vor allem eine Friedhofskirche. An der nördlichen Außenmauer erinnert noch eine Gedenkplatte an die bedeutendsten hier Beigesetzten – oder auch nicht: Cuvilliés ist hier sehr wohl vermerkt, nicht jedoch Maximilian Robespierre, der Vater des Radikaljakobiners der Französischen Revolution. Seit jeher neigt das politische München zu selektiver Wahrnehmung.

Nach dem Reichsdeputationshauptschluss verloren die katholischen Herren dann die Lust an dem schmucken Gotteshaus im Schatten der Frauenkirche und vermachten es den Münchner Protestanten. Die wiederum hatten für den Unterhalt zu wenig Geld und reich-

ten die Salvatorkirche 1829 weiter an die griechisch-orthodoxe Gemeinde, die bis heute dort Gottesdienste nach ihrem Ritus abhält. Sehenswert sind besonders die spätgotischen Fresken an der Mauer neben der oben genannten Gedenkplatte.

Umfangreiches Programm

Literaturhaus

Das traditionell reiche und geschäftige Kreuzviertel hat auch ein künstlerisches Gesicht. Von Münchens erstem Opernhaus am Salvatorplatz, 1651 von Franz Schinnagl in einen Kornspeicher eingebaut und kurz darauf von Francesco Santi mit den Insignien der Renaissance aufgehübscht, sind Überreste heute allerdings nicht einmal mehr zu erahnen, das Singspielhaus wurde 1802 wegen Baufälligkeit komplett abgetragen.

In vitaler Aktivität befindet sich seit 1997 hingegen das Literaturhaus neben der Salvatorkirche, in dem die Buch- und Intellektuellenstadt – auch das ist München – einen neuen Brennpunkt gefunden hat. Ein sehr umfangreiches Programm mit Lesungen, Podiumsdiskussionen und Publikumsgesprächen von und mit literarischen Hochkarätern und klugen Köpfen schärft das ästhetische Profil der Stadt.

Das jeweils aktuelle Programm ist unter www.literaturhaus-muenchen.de/programm abrufbar.

Die Welt des edlen Einkaufs

Theatinerstraße und Fünf Höfe

Von der Salvatorkirche sind es nur ein paar Schritte in östlicher Richtung auf der Theatinerstraße bis zur Theatinerstraße. Diese wenigen Meter verbringen Abhängige des vorbildlichen bayerischen Bildungswesens mit demütigem Fluchen: Der Komplex linker Hand beherbergt das Kultusministerium, Erfinder so herrlicher wie geliebter Errungenschaften wie der des achtjährigen

Gymnasiums, Kennern auch als G-8 geläufig. Gegen die Versuchungen heftigen Luxuskonsums nicht immune Stadtbummler sammeln sich hingegen in letzter Askese vor der großen Herausforderung – jetzt wird es richtig teuer. Auf der Theatinerstraße drängen sich die Geschäfte der Edellabels an kleine, vornehme Boutiquen, Traditionsgeschäfte des obersten Preissegments empfangen ihre Kunden der Hautevolee, und das kleine Stück (zugegeben umwerfender) Quarkstrudel kostet 4,20 €. Und ist es einmal bitterkalt und lähmen Regen oder Schnee den lässig-schnellen Griff zum hoffentlich prall gefüllten Portemonnaie – bitteschön, es geht auch drinnen: Seit 2003 bietet das nun komplette Ensemble der **Fünf Höfe** die schöne bunte Welt des edlen Einkaufs auch mit Witterungsschutz. Geschaffen haben die Mall mit den schlingpflanzenbegrünten Glaskatarakten („hängende Gärten") die Stars der modernen Zweckbaus, die Basler Architekten Herzog & de Meuron. Die Gewerbeflächen um Viscardi-, Amira-, Perusa-, Portia- und Maffeihof sind hochfrequentiert oder zumindest umlagert – manche der Flagship-Stores erzeugen mit ihrer kühlen Noblesse (und den kaufrauschhemmenden Preisschildchen) wohl doch etwas Schwellenangst. Dabei muss gar nicht unbedingt eine Erbschaft für ein erfolgreiches Einkaufserlebnis in den Fünf Höfen verjubelt werden: Bei **Muji** am Portiahof gibt es Schickes, Lustiges und Patentes aus der japanischen Designküche für vergleichsweise kleines Geld. Außerdem findet man im Untergeschoss (Eingang am Viscardihof mit der irisierenden Kugelskulptur von Olafur Eliasson) einen gut sortierten Supermarkt – den einzigen weit und breit.

Nach, zwischen oder gar anstelle von Einkäufen kann man München auch in den Fünf Höfen als Kulturstadt erleben. Die **Kunsthalle der Hypo-Kulturstiftung** (erstes Obergeschoss, Eingang an der Theatinerstraße) gehört fraglos zu den wichtigsten und sehenswertesten Mu-

Edelshoppingghetto Fünf Höfe

seen Münchens. Der potente Sponsor ermöglicht Wechselausstellungen mit wirklich erlesenen Leihgaben. Die Ausstellungsräume sind eher schlicht, die Konzepte der Kuratoren überzeugen aber oft mit cleveren Layouts.

Aber die Fünf Höfe bieten nicht nur bildende Kunst, zumindest einmal im Jahr präsentieren sie sich auch als Bühne. Zur Eröffnung der Münchner Opernfestspiele Ende Juni werden an verschiedenen Orten des Einkaufskarrees Events in verschiedenen Sparten inszeniert. Die Aufführungen decken mit konventionellen bis avantgardistischen Konzepten die ganze Bandbreite von Konzert, Lied, Literatur, Tanz und eben auch Oper ab. Das Beste ist: Die zum Teil hochkarätig besetzten Darbietungen kosten keinen Eintritt! Entsprechend ist natürlich auch der Zulauf. Bisher platzten die Höfe und Passagen jeweils bereits kurz nach Eröffnung schier aus allen Nähten.

Die **Hypo-Kunsthalle** (www.hypo-kunsthalle.de) ist tägl. von 10 bis 20 Uhr geöffnet. Eintritt je nach Ausstellung ca. 12 €, erm. ca. 6 €.

Das Kreuzviertel → Karte S. 61

Bekannt aus Funk und Fernsehen

Marienhof, Alter Hof und Alte Münze

Der Platz hinter dem Neuen Rathaus ist seit Kriegsende und der Zerstörung der vormals dichten Bebauung ein ungeliebtes Stiefkind, dabei war hier früher durchaus etwas los: Archäologen fanden hier bei der Exploration unter anderem ein sensationelles frühmittelalterliches Klo und rätseln seither über die tatsächliche Ausdehnung des alten Münchens, städtebaulich war der Marienhof aber seit 1945 Ödland. Ab und zu wurde ein (letztlich folgenloser) Architekturwettbewerb ausgeschrieben, hin und wieder ein Monumentalkunstwerk darauf abgestellt, und immer wieder stand großes Baugerät dort herum. Im Frühjahr 2007 wurde der Platz begrünt und auf einmal auch eine beliebte Liegewiese. Aber das blieb ein baumbestandenes Intermezzo, zwischenzeitlich wurde für archäologische Untersuchungen gegraben. Derzeit ist wieder zwischenbegrünt, irgendwann einmal (die Stadt München und die Staatskanzlei hacken sich über die Finanzierung noch die Augen aus) wird von hier der Tunnel für die S-Bahn-Entlastungsstrecke gebuddelt.

Zwei der meistbesuchten Ladengeschäfte Münchens haben sich hier angesiedelt: Seit dem Auszug aus den Fünf Höfen erfreut sich die Niederlassung des Edelversenders **Manufactum** (**17** → Karte S. 61) äußerst regen Zuspruchs – man will sie ja doch vor dem Kauf einmal anfassen, die schönen Dinge. Nicht minder groß ist die Anziehungskraft des Traditionsfeinkosthändlers **Dallmayr** (**19** → Karte S. 61), einschlägig bekannt aus unzähligen TV-Werbespots. Das Posieren vor den Schaufenstern der „Spezereien-Handlung" gehört zu den Pflichtfotomotiven vor allem deutscher Touristen; mancher traut sich auch hinein und genießt in den sehr stimmungsvollen Verkaufsräumen den eigentümlichen Mix aus Dekadenz (die Flusskrebse im Granitbecken sind echt und zwicken auch kleine Kinder!) und sozialistischem Service (an jeder Theke neu anstellen, der Edeleinkauf kann dauern).

Überwunden hat die Zeit der stadtplanerischen Stiefmütterlichkeit der angrenzende **Alte Hof**. Nach langer Zeit des prosaischen Zwischennutzes durch

Die Laubengänge der Alten Münze

die Münchner Finanzbehörden ist der geschichtsschwere Hof nach umfassender Renovierung endlich wieder voll zugänglich. Als letztes Relikt der ersten Stadtresidenz der Wittelsbacher markiert er den Ausgangspunkt der 800-jährigen Erfolgsgeschichte dieses Adelsgeschlechts, bereits ab 1253 hatten die Fürsten hier ihr innerstädtisches Domizil. In durchaus realistischer Einschätzung der wechselhaften Beliebtheit beim Volk wählte man bewusst ein Quartier am Rand der damaligen Stadt, um sich im Krisenfall auch vor der eigenen Bevölkerung in Sicherheit bringen zu können. Von 1325 bis 1347 war der Alte Hof gar das Zentrum des römisch-deutschen Kaiserreichs: Als erster Kaiser installierte Ludwig der Bayer hier einen festen Herrschaftssitz, vorher war das politische Gravitationszentrum des Reichs noch mit dem Regenten von Ort zu Ort gewandert. Die Bausubstanz des beinahe komplett erhaltenen mittelalterlichen Ensembles stammt im Kern aus der Zeit vom Beginn des 13. bis zur Mitte des 15. Jh. Im Detail wird das auch an Ort und Stelle erläutert; der **Infopoint Museen und Schlösser in Bayern** unterhält im Gewölbekeller der wittelsbachischen Wohnstatt eine recht informative Ausstellung zur Münchner Stadt-, Entwicklungs- und Herrschaftsgeschichte (Mo–Sa 10–18 Uhr, am Südtor des Alten Hofs). Museumsausflügler mit Hang zur akribischen Vorbereitung informieren sich im Erdgeschoss über das Angebot so ziemlich aller Museen im Freistaat.

Eines der jüngsten baulichen Elemente des Alten Hofs ist der auch als **„Affenturm"** bezeichnete spätgotische Erker rechts oberhalb der Durchfahrtsöffnung des Torturms. Seinen Namen verdankt er einer Anekdote aus dem höfischen Leben: Angeblich kletterte ein Affe, ansonsten unauffälliges Mitglied des Hofstaats, mit einem Kind auf den langen Armen der schmale Spitze empor und konnte erst nach langem Zureden zur Rückkehr bewegt werden. Bei dem Kind soll es sich um den kleinen

Der Affenturm im Alten Hof

Ludwig, den späteren „Bayern", gehandelt haben – die Diskrepanz von Lebenszeit des Kaisers (1282–1347) und Bauzeit des Affenturms (ca. 1470) entlarvt diese Geschichte als bloße Fiktion.

Der Schönste zuletzt: Die Tour durch die Trias der Höfe hinter den Rathäusern findet ihren krönenden Abschluss im Innenhof der **Alten Münze** am Hofgraben (Zugang über die Pfisterstraße schräg rechts gegenüber dem nördlichen Ausgang des Alten Hofs). Die 1567 von Hofbaumeister Wilhelm Egkl geschaffenen dreigeschossigen Laubengänge um die leicht trapezförmige Innenfläche markieren ein echtes Highlight der Renaissancebaukunst in München. Seiner überragenden architekturhistorischen Bedeutung zum Trotz ist der Münzhof (mitunter auch fälschlich als „Turnierhof" bezeichnet) immer noch fast ein Geheimtipp, nur wenige Touristen würdigen den wunderschönen Ort mit einem Besuch. Vor allem mit der westlichen Abendsonne ist der Münzhof zudem ein hervorragendes Fotomotiv.

Das Kreuzviertel → Karte S. 61

Ein ebenfalls bemerkenswerter Bestandteil des Ensembles ist der frühklassizistische Bau an der Westseite. Johann Andreas Gärtner (der Vater des Klassizismus-Heroen Friedrich von Gärtner) setze hier dem schnöden Geld ein vornehmes Denkmal: „Moneta regia" („Königliche Münze" oder eben auch „Königin Geld") steht in großen Kupferbuchstaben unter dem Relief Ludwig Schwanthalers mit weiblichen Allegorien der wichtigsten Münzmetalle Kupfer, Silber und Gold. Seit 1809 wurde hier – bis 1982, also weit in die bundesrepublikanische Zeit hinein –

das Hartgeld geprägt. In einem Vorgängerbau hatte Herzog Albrecht V. seine Bibliothek und „Kunstkammer" untergebracht. Letztere Sammlung galt als eines der ersten Museen nördlich der Alpen und ist damit, wenn auch längst verlagert, ein maßgeblicher Bestandteil des Mythos der Kulturstadt München.

Die Alte Münze beherbergt heute das Landesamt für Denkmalpflege, und damit ist auch der Innenhof den einigermaßen rigiden behördlichen Öffnungszeiten unterworfen: Mo–Do 8–16.15, Fr 8–14 Uhr, Sa/So und Feiertage geschlossen.

Praktische Infos → Karte S. 61

Cafés & Snacks

Oskar Maria 4 Brasserie im Literaturhaus. Funktioniert nicht nur als Weißweintanke für den schöngeistigen Schwatz nach den Veranstaltungen in den oberen Stockwerken, man kann hier auch ganz ausgezeichnet essen. Und fast noch schöner sitzen: Eyecatcher der Innenraumgestaltung sind die Textlaufbänder von Jenny Holzer mit Satz-

fetzen aus dem Werk des bayerischen Literatur-Urviechs Oskar Maria Graf. Salvatorplatz 1.

Auf halber Höhe der Sparkassenstraße treffen sich die Extreme: In der Traditionsadresse **Haxnbauer** 21 beißen kleine Japaner in riesige Schweinsfüße von deutschen Turbosauen.

Gastronomie in den Fünf Höfen: Natürlich gibt es in den Fünf Höfen zahlreiche gastrono-

Das Stachusrondell

mische Angebote. Am schicksten ist es wahrscheinlich im **Armani-Café** 🟦6, auf jeden Fall sind die Mineralwasserflaschen die stylishsten der Stadt. Das Essen ist in Ordnung, aber sehr teuer.

Zur Mittagszeit drängen sich die Angestellten der umliegenden Büros in Divisionsstärke bei Systemgastronomie im **Vapiano** 🟦7. Warum, weiß eigentlich keiner, aber es sind halt alle da.

Im **Kismet** 🟦12 in der Löwengrube 10 liegt garantiert kein totes Viech auf dem Teller. Unter den neuen rein vegetarischen Adressen in München ist der Laden wohl der schickste, kulinarisch ist aber noch Spielraum nach oben. Die Bar allerdings ist schon Oberklasse.

An der Außenfront zur Maffeistraße sitzen in **Schumann's Tagesbar** 🟦11 all die schön reichen Reichen und Schönen, die abends auch die Bar der Tresenlegende in der Luitpoldstraße bevölkern.

Wirtshäuser, Bierhallen und Schwemmen

Augustiner-Gaststätten 🟦18 Sehr authentische Großgaststätte in der Fußgängerzone; entzückender kleiner Innenhof. Innenstadt, Neuhauser Str. 27, 📞 23183257. Tägl. 10–24 Uhr.

Gasthaus Isarthor 🟦26 Die Sauftouristen trauen sich aus der Altstadt nicht heraus und so bleibt das Isarthor gleich nebenan ein richtiges Münchner Gasthaus mit richtig guter Münchner Küche unter Münchner Preisniveau. Lehel, Kanalstraße 2, 📞 227753. Tägl. 10–1 Uhr. Ⓢ Isartor.

Restaurants

Die Spitze

Restaurant Dallmayr 🟦19 Zwei Michelinsterne, wofür auch immer. Innenstadt, Dienerstr. 14, 📞 2135100. Di–Sa 12–14 und 19–23 Uhr. Ⓤ+Ⓢ Marienplatz.

Restaurant Pageou 🟦9 Da hat eben doch noch was gefehlt: Ali Güngörmüs zeigt uns jetzt endlich mal was für fantastische Möglichkeiten in der orientalischen Küche stecken. Dazu scheint ihm sein Status als Promi-Fernsehkoch auch völlig egal zu sein – Personenkult betreibt in dieser Stadt ein anderer. Junge und fitte Brigade und dazu noch ein schnuckliger Innenhof. Innenstadt, Kardinal-Faulhaber-Str. 10, 📞 24231310. Tägl. 12–14.30 und 18–22 Uhr. Ⓤ 3/6 Odeonsplatz.

Sehen und gesehen werden

Hugo's 🟦15 Die Pizzen sind groß und gut und gar nicht mal so teuer, aber deswegen kommt keiner her: Einmal neben einem FC-Bayern-Spieler am Teigfladen mümmeln! Wenn kein Fußballprofi da ist, haben sie ein Auswärtsspiel. Innenstadt, Promenadeplatz 1–3 (Aufhäuser Passage), 📞 221270. Tägl. ab 10 Uhr. Tram 19 Theatinerstr.

Einkaufen

Der Ritterkreuzträger unter den Edelschokoladendealern ist **Stolberg** 🟦25 in der Ledererstr. 10. Alle Sorten, alle Provenienzen und alle Kalorien: schöner war Übergewicht selten.

mein Tipp (bzw. der Tipp einer Radikalästhetin mit Staatsexamen) – darauf schwört der Eremit unter den Zweirad-Mönchen: Singlespeed und Fixies. Keine Züge, keine Hebel – nur nackertes Radl. Die schicksten Elementarbikes hat **stilrad** 🟦10 in der Neuen Maxburg (Pacellistr. 5).

Stammgast in den Einkaufstipps der großen Modezeitschriften ist **Off & Co** 🟦13 (Promenadeplatz 1). Große und kleine Labels, unter anderem führt man hier die Stücke des spektakulären Jersey-Newcomers Odeeh.

München vom Allerfeinsten
Tour 4

Die Maximilianstraße ist die zwiespältigste unter den Münchner Prachtstraßen. In der Wahrnehmung vieler besteht sie ausschließlich aus höchstpreisigen Konsumtempeln. Dass dort auch Institutionen großer Kunst, ruhmreicher Vergangenheit, politischer Relevanz und aktivsten Kulturlebens angesiedelt sind, wird dabei glatt unterschlagen.

Vom Parlament zum Adelspalast
Maximilianstraße und Residenz

„Veni, vidi, Gucci!" – so lautet, könnte man meinen, der Schlachtruf des typischen Maximilianstraßenflaneurs. Tatsächlich ist zwischen Max-Joseph-Platz und Altstadtring fast jedes international renommierte Modelabel mit einer marmor- oder edelholzgetäfelten Dependance präsent. Das macht diesen Straßenzug einerseits vornehm, andererseits auch etwas austauschbar, denn die Kollektionen der großen Couturiers gleichen denen in Paris, Tokio und Hongkong natürlich bis in die letzte Kaschmirfaser, und auch Patek, Tiffany & Co. halten keine bayernexklusiven Zeitmesser und Geschmeide vor. Einen Lebensmittelmarkt oder gar eine Drogerie sucht man vergeblich, und so ist die Maximilianstraße kein Wohnort (obwohl auch hier noch Menschen – auch mit niedrigen Steuersätzen – wirklich leben), sondern Ort für Repräsentation, Glanz und Show. Der um keine Boshaftigkeit verlegene Lokalanarchist Herbert Achternbusch meinte gar, die Straße gehöre „den vom Geld Erfrorenen".

Wie so manch andere Topadresse der Stadt auch ist die Maximilianstraße nicht gewachsen, sondern Ergebnis rationaler und kalkulierender Planung. Maximilian II., Sohn des im heftigen Unfrieden 1848 von seinem Volk geschiedenen Ludwig I., erkannte in der bis dahin zufälligen Bebauung zwischen Graggenauer Viertel und Residenz eine Chance für seine städtebauliche Profilierung. Bereits als Kronprinz ließ er recht intensiv über eine Verbindung zwischen der Altstadt und den rasch wachsenden Vororten rechts der Isar nachdenken. Kaum das Zepter in der Hand, schrieb er einen Wettbewerb aus, den 1852 die Architekten Bürklein (in Folge federführend), Gottgetreu, Riedel, Voit und Ziebland mit einem einheitlichen Fassadenentwurf gewannen und damit die Vorgaben des „Maximilianstils" festlegten. Der König lächelte zufrieden. Andere konnten sich den Spott nicht verkneifen: „Jetzt wachsen die Bäume so weit heran, dass man die Gebäude nicht mehr überall zu sehen braucht", gab etwa der Schweizer Kunsthistoriker Jakob Burckhart hämisch zu Protokoll.

Der optische Fluchtpunkt des Straßenzugs ist das Maximilianeum hoch über dem rechten Isarufer, heute – fast 30 Jahre nach Franz Josef Strauß – jeglicher monarchischen Würde beraubt und als Sitz des Bayerischen Landtags völlig demokratisiert.

Im oberen Teil – von der Maximiliansbrücke bis zu den Gebäuden der Regierung von Oberbayern und dem Museum für Völkerkunde – ist der Geist des Ursprungsentwurfs ziemlich unversehrt bewahrt. Hinter der Kreuzung mit dem Ring bis zum Max-Joseph-Platz löst sich die Geschlossenheit im Boutiquengewimmel dann etwas auf.

Ein echter klassischer Sightseeing-Knaller liegt aber nur einen Steinwurf entfernt: Zwischen Maximilianstraße und dem rechts kleinen, aber idyllischen Hofgarten erstreckt sich die riesige Anlage der Münchner Residenz, in ihrer Ausdehnung fast ein eigener Stadtteil. In etwas mehr als 300 Jahren schufen sich hier die Wittelsbacher Herrscher einen der großartigsten Wohn- und Regierungssitze Europas. Mit 130 (!)

Schauräumen, zehn Innenhöfen und drei Theatern aus allen Kunstepochen von Renaissance bis Klassizismus ist die Residenz gleichzeitig ein Kunstdenkmal und ein Museum von ganz eigener, gewaltiger Dimension und steht im Startfeld der an Sehenswürdigkeiten gewiss nicht armen Stadt ganz unbestritten auf der Poleposition.

Die vielbeschworene südliche Gemütlichkeit Münchens, sie findet zwischen monarchischem Bombast, ehrfurchtgebietender Administration und der saturierten Coolness der Edelgeschäfte im nordöstlichen Teil der Innenstadt nur wenige Refugien. Residenz und Maximilianstraße markieren im kulturellen wie sozialen Gefüge des Stadtbilds die oberen Endpunkte. Schnäppchen, im Positiven wie im Negativen, sucht man hier vergeblich, das Preisniveau ist durchgängig hoch, der Gegenwert aber meist entsprechend – ob man jetzt einkauft, chillt (schicke Clubs), ins Theater geht (Oper und zwei herausragende Sprechbühnen) oder einfach nur parkt (1 € für 12 Minuten – ein deutscher Spitzenwert!).

Spaziergang

Bayerischer Landtag

Maximilianeum

Die Maximilianstraße ist eine kurze Prachtstraße. Von der Max-Planck-Straße (der Ring um das Maximilianeum) bis zum Max-Joseph-Platz misst sie knapp 1,2 km, kann also bequem in einem Zug abflaniert werden. Für einen ersten Überblick ist der Startpunkt am hohen Isarufer ideal, deshalb beginnt diese Tour am Maximilianeum (Tram 19 Maximilianeum oder ⓤ 4/5 Max-Weber-Platz, wenige Schritte oberhalb).

Bis auf den heutigen Tag ist der Kulissenbau mit seinen großartigen Arkaden seiner Bestimmung nach eine Bildungseinrichtung, mittlerweile dominiert allerdings ein erst recht spät zugezogener Mieter die öffentliche Wahrnehmung des Komplexes: Seit 1949 ist der Bayerische Landtag in den Sälen

und Loggien des Maximilianeums zuhause. Der immer weiter steigende administrative Aufwand des Landesparlaments hat seitdem erhebliche Erweiterungen notwendig gemacht. In einem Akt ungeahnter Weisheit wurden die zusätzlichen Flügel allesamt hinter der Schokoladenseite zur Isar angefügt – die Rolle als krönender Abschluss des Maximilianstils am Ende der gleichnamigen Straße blieb dem Maximilianeum damit uneingeschränkt erhalten.

Die Planungen für den Bau nahmen schon in den ursprünglichen Überlegungen Maximilians II. zur „Stadtverschönerung" (1832) eine zentrale Stellung ein und waren auch ein Kernaspekt des 1850 schließlich ausgeschriebenen Wettbewerbs. Friedrich Bürklein, der Spiritus Rector des Maximilianstils, wurde folgerichtig mit Planung und Realisierung eines „großen Nationalbaus auf der Isarhöhe bei [!] München" zur „Hebung des monarchischen natio-

---

München im Kasten

Talentvolle bayerische Jünglinge – die Stiftung Maximilianeum

Knappes Wohnungsangebot? Teure Kneipen? Fragen, um die sich jährlich sechs bis acht Studienanfänger der Münchner Universitäten keine Sorgen machen müssen, wohnen sie doch bei freier Kost und Logis auf der Regierungsanhöhe. Lediglich ein Notendurchschnitt von 1,0 im Abitur und ein Wohnsitz in Bayern oder der linksrheinischen Pfalz (zwischen 1816 und 1945 Teil Bayerns) sind nötig, um in der feinen und sorgenfreien Adresse residieren zu dürfen. Zusätzlich muss nur noch ein rigides internes Auswahlverfahren nach den Stiftungsrichtlinien (Maximsprüfung mit dem legendären „Wiesenblumentest" – die Probanden müssen Pflanzen der heimatlichen Flora identifizieren) erfolgreich durchlaufen werden. Dann aber kann man sich

einreihen in den Kreis der Besten der Besten – „Franz Josef Strauß", „Werner Heisenberg", „Carl Amery" wispern die geschichtsschwangeren Korridore der Anstalt. Rechtliche Grundlage für die hingebungsvolle Fürsorge um den akademischen Nachwuchs ist die von Ludwig II. unterzeichnete Stiftungsurkunde vom 20. August 1876, als geistiger Vater kommt jedoch nur Max II. in Betracht, der den Neubau schon ganz am Anfang seiner Konzeption der Maximilianstraße diesem hehren Zweck designierte. Allerdings nur für Jungs – erst 1980 erlag der Stiftungsvorstand dem neumodischen koedukativen Zeitgeist und ließ auch (mit der rechtlichen Konstruktion einer Zustiftung) schlaue Mädchen für die Studienbetreuung de luxe in der WG mit dem Landtag zu.

Maximilianeum: Edelinternat und Parlament

nalen Volksgeistes" (beide Zitate von Maximilian II.) betraut. Weil das Gebäude nicht nur schön sein, sondern auch einem Zweck dienen sollte, kam bald der Gedanke an ein Spitzeninternat für die besten Schüler des Landes auf, und als solches wurde das Maximilianeum dann auch errichtet. Freilich: Nur für die Ausbildung einer zukünftigen Verwaltungselite hätte es gar so aufwendig nicht werden müssen, aber die Wittelsbacher waren der Show ja selten abgeneigt, und so prahlt die Westfassade mit 22 Büsten von Großen der Geschichte und großflächigen Mosaiken mit Spitzenleistungen der Diplomatie, Gottesfurcht und Kulturförderung des Herrscherhauses. Das Innere beherbergte neben den Räumen der Studienstiftung auch eine Gemäldegalerie (heute weitgehend ausgelagert) und einige Großfresken mit historisierenden Motiven. Das Café in den Arkaden mit seinem prächtigen Rundblick fiel nach dem Krieg leider den Sicherheitsbedürfnissen der neu eingezogenen Parlamentarier zum Opfer.

Als transparentes demokratisches Parlament kann das Maximilianeum natürlich auch betreten werden – allerdings nur zur passiven Teilhabe an Plenarsitzungen. Das Sitzungsprogramm findet man aktuell im Netz unter www.bayern.landtag.de/tagesuebersicht.index.jsp. Eine umfangreiche Begehung des Kulturdenkmals Maximilianeum mit seinen historischen Sälen und Loggien ist leider nur am Tag der offenen Tür (alle zwei Jahre!) möglich.

Zwischen Isar und Altstadtring

Das Forum

Auf der **Maximiliansbrücke** von Oberstadtbaurat Arnold Zenetti (erbaut 1857–1861) wacht seit 1906 Pallas Athene (Skulptur von Franz Drexler) in der typischen Trutzhaftigkeit des Wilhelminismus über die Elitezöglinge Bayerns. Freunde des floralen Jugendstils werden indes eher einen Kennerblick auf die schnörkeligen Steingeländer von Friedrich Thiersch (Neugestaltung der Brücke 1905) werfen – alle anderen freuen sich am Ensemble von Isaranlagen, dem auch bei mittlerem Wasserstand dramatisch brausenden Wasserfall und an der Stadtsilhouette. Wenige Meter weiter eröffnet dann das **Maxmonument**, ein Denkmal des ge-

Maximilianstraße und Residenz → Karte S. 77

staltungsfreudigen Königs, den großzü-
gigsten Abschnitt der Maximilianstraße, das sog. Forum. Die antikisierende
Bezeichnung ist etwas irreführend,
denn die halbkreisförmigen Abschlüsse
des hier sehr breiten Straßenzugs wurden nur am östlichen Ende realisiert.
Durch die Altstadtringkreuzung sind
sie heute unkenntlich, geblieben ist jedoch die boulevardeske Anmutung
durch die weit zurückgesetzten Fassaden und die begrünten Vorflächen. Mit
dem **Gebäude der Regierung von Oberbayern** zur Rechten und dem **Museum
Fünf Kontinente** ist hier der Maximi-
lianstil in ziemlicher Reinform erhalten
geblieben. Die 170 m lange Terrakotta-
front des Regierungsgebäudes (Friedrich Bürklein 1856–64) ist der in München auch andernorts recht beliebten
Neugotik verpflichtet, und tatsächlich
ist die kathedralenhafte Anmutung des
Baus nicht zu leugnen.

Das **Museum Fünf Kontinente** gegenüber hat eine recht wechselhafte Nut-
zungsgeschichte. Im ursprünglichen
Gesamtentwurf waren hier von Friedrich Bürklein drei Blöcke mit verschiedenen Bildungseinrichtungen (Maxi-

miliansgymnasium, Taubstummenins-
titut, Künstlerhaus, Polytechnikum)
vorgesehen, dann aber besann sich der
König auf seine kulturelle Verantwortung und seine vielen wertvollen
Kunstgegenstände und ließ die schon
fertiggestellten Rohbauten wieder ab-
reißen.

Ein Bayerisches Nationalmuseum
musste her – auf einer Bildungsreise
war Maximilian angefixt worden. Paris
(Musée de l'Histoire/Versailles) und
London (South Kensington Museum)
hatten den König wohl neidgelb anlau-
fen lassen und seinen Appetit auf ein
vergleichbares Objekt geweckt. Aber
schon bald nach der neuerlichen Fertigstellung 1863 war der Bau für die
vielen Preziosen zu klein geworden,
und die Sammlung zog ein paar Hundert Meter östlich in den Neubau an der
Prinzregentenstraße. In die Bresche
sprang Oskar von Miller mit seinem
ersten Deutschen Museum (1906), aber
auch der verabschiedete sich mit seinen Dampfmaschinen und Apparatu-
ren schon 1925 in Richtung Museumsinsel. Seit 1926 sind hier nun die
150.000 Exponate des Völkerkundemu-

Die Regierung von Oberbayern

Tour 4: Maximilian-
straße und Residenz

150 m

Neue bunte Intendanz

Münchner Kammerspiele

seums in wechselnden Ausstellungen zu sehen, damit ist das um einen Erweiterungsbau von 1987 ergänzte Museum die zweitgrößte volkskundliche Sammlung Deutschlands. Kinder mögen vor allem den sehr lebhaft gestalteten Nordamerikasaal (Cowboys! Indianer!!), manch andere Abteilung neigt hingegen etwas zum Staubtrockenen. Nette Ethnoaccessoires gibt es übrigens im Museumsladen „Caravanserei".

Das **Museum Fünf Kontinente** hat Di–So von 9.30 bis 17.30 Uhr geöffnet. Erw. 5 €, erm. 4 €, unter 18 J. umsonst; Sonderausstellungen kosten einen Aufpreis.

Hinter dem Altstadtring entfaltet sich neben der architektonischen auch die urbane Qualität der Maximilianstraße. Kein Quadratmeter der Erdgeschossflächen ist unvermietet – trotz oder gerade wegen der absurden Mietpreise. Münchner sieht man beim internationalen Shopping auf der Luxusmeile eher weniger, der Bedarf an Hermès-Tüchern und Chanel-Kostümen ist bei der Urbevölkerung entweder schon gedeckt oder einfach nur begrenzt.

Die beiden ältesten Gebäude dieses Straßenabschnitts tragen die Hausnummern 32 (**Haus Lorenz**) und 17 (das heutige **Hotel Vier Jahreszeiten**). Beide sind in der ersten Bauphase des städtebaulichen Gesamtvorhabens zwischen 1854 und 1857 entstanden und konnten sich – wie man den umgebenden Gebäuden ansieht – als stilbildend durchsetzen.

Auch das Gebäude der **Münchner Kammerspiele** passt in das vorgegebene ästhetische Raster, gebaut wurde es aber deutlich später, um 1900. Das allerdings sieht man so richtig erst im Inneren: Das Schauspielhaus ist (neben dem Cottbuser) das einzige Jugendstiltheater Deutschlands und lässt den Besucher darüber auch in keinem Detail im Unklaren. Zwischenzeitlich war das auch einmal anders: 1950 konnte man die ganzen Schnörkel mit dem vorgeblich modernistischen Geist der Nachkriegszeit nicht mehr vereinbaren und gab dem Haus den Charme einer Provinzturnhalle; 1971 durfte Reinhard Riemerschmid (der Großneffe des Gestalters von 1900/01) den Originalzustand wiederherstellen. Eine weitere, äußerst umfangreiche Renovierung zwischen 2000 und 2003 wurde, zumindest die Hauptbühne betreffend, in ausschließlich restaurativem Geist gehandhabt. Zeitgleich entstand im rückwärtigen Bereich zur Falckenbergstraße mit dem Neuen Haus ein hochfunktionaler Neubau, sodass die Kammerspiele heute über insgesamt fünf Spielstätten in der Innenstadt verfügen. Das Haus zählt seit seiner Gründung 1911

München im Kasten

Der Mosi – ein modernes Original

Das Erdgeschoss der Maximilianstraße 14 beherbergt heute ein vergleichsweise nüchternes Juweliergeschäft. Das Sortiment, zeitlose Zeitanzeiger Schweizer Provenienz und stilsichere Nobelaccessoires, wirkt angesichts des in jeder Hinsicht schillernden Vormieters dieser Räume fast wie ein ironischer Kommentar, denn nüchtern und zeitlos war er nie, der Rudolph Moshammer, und seine Kreationen waren es auch nicht. Ob nun München in modischer Hinsicht durch das Verschwinden seines Ladengeschäfts wirklich ärmer geworden ist, sei dahingestellt, aber die Boulevardpresse nicht nur der Landeshauptstadt vermisst ihn sehr – die unglaubliche Fönfrisur (oder war es Fiberglas? Beton?) des Rudolph Moshammer war so sehr Inbegriff der Münchner Bussi-Schickeria geworden, dass ein Artikel über das Promi-Partyleben an der Isar ohne ein Foto des selbsternannten Modekönigs irgendwie unvollständig wirkte. Nach seinem gewaltsamen Tod im Januar 2005 – eine unappetitliche Geschichte um Stricher, ein Telefonkabel und wenige Hundert Euro – wurde die Schaufensterfront des Ladens in der Maximilianstraße für Wochen zur Pilgerstätte von Lesern der Yellow Press, und ein veritables Blumenmeer blockierte den Fußgängerverkehr vor der verwaisten Auslage. Bis heute vergeht kein journalistisches Sommerloch ohne einen Artikel über den (gar nicht so) mysteriösen Tod des großen „Mosi" oder wenigstens über das einsame Schicksal Daisys, des Handtaschenersatzes des Meisters in Form eines Yorkshireterriers. Man kann das alles für Zirkus halten, sollte aber hinter dem ganzen Firlefanz und dem oft auch dummen Geschwätz Moshammers den sozial reflektierten und ungemein großzügigen Mitbürger nicht vergessen: Der im besten Wortsinn exzentrische Modemacher war ein wichtiger Sponsor der Obdachlosenzeitung BISS (→ S. 140) und aktiver Pate des Suchtentwöhnungszentrums für Alkoholkranke. Seine – selbstredend glamourös dimensionierte – Grabstätte auf dem Ostfriedhof ist nicht zuletzt deshalb ein hochfrequentierter Ort für florale Devotionsgaben.

zu den führenden Sprechbühnen des deutschsprachigen Raums. Die Intendanz Frank Baumbauers (2001–09) hat diese Position noch einmal befestigt, unter Johan Simons (2010–2015) blieb das Niveau hoch, die Farben aber waren etwas blasser. Mit Matthias Lilienthal (ab 2015) soll es jetzt wieder bunter werden.

Münchens Opernhaus
Nationaltheater

Die Maximilianstraße hätte noch schöner sein können – hätte man nur den ursprünglichen Plan von Bürklein & Co. verwirklicht, die Häuserfassaden mit Arkaden zu versehen. Das hätte nicht nur einen Hauch Italien in die Stadt gebracht, auch der Luxuseinkauf ließe sich heute im bayerischen Landregen trockenen Fußes erledigen. Wie die Arkadenlösung ausgesehen hätte, könnte man an der Frontseite der Alten Münze (→ Tour 3, S. 69) erkennen, wenn denn das Baugerüst vor der Fassade auch einmal wieder abgebaut würde. Gegenüber hält sich das Nationaltheater mit seiner etwas monotonen Seitenfassade optisch noch zurück, so richtig prunkt der Bau erst nach vorne und im Inneren: Die mit deutlichem Abstand größte Bühne Münchens öffnet ihren gewaltigen roten Vorhang ausschließlich mit musikalischer Begleitung, der Riesenbau (über 2100 Plätze! 2500 m² Bühnenfläche!! 17 m Portalbreite!!!) fungiert seit 1818 als Opernhaus der Stadt. Als Architekt wird meistens der Hofbaumeister Ludwigs I., Leo von Klenze, genannt, aber das stimmt nur zum Teil. Der Entwurf stammte nämlich von Karl von Fischer, der aber 1823, nachdem der gerade eröffnete Kulturtempel in Flammen aufgegangen war, für den Wiederaufbau nicht mehr zur Verfügung stehen konnte: Er war schon 1820 erst 38-jährig gestorben. Erst jetzt übernahm Klenze, hielt sich dabei aber weitgehend an Fischers Original, sieht man einmal davon ab, dass er die beiden Seitenflügel kappen ließ.

Im Nationaltheater

1943 brannte das Nationaltheater ein weiteres Mal völlig ab und wurde 1958–63 wieder in den Vorkriegszustand versetzt, ein Wettbewerb für einen zeitgenössischen Bau hatte kein akzeptables Ergebnis gezeigt. Auch beim Innenraum wurde eher rekonstruiert als neu geplant, und der fast orgiastische Akkord von Rot, Weiß und viel Gold blieb erhalten. Zentrum des in fünf Rängen steil in die Höhe wachsenden Zuschauerraums ist die große Königsloge im ersten Rang. Hier genoss Märchenkönig Ludwig II. seine legendären nächtlichen Privatvorstellungen.

Am Max-Joseph-Platz
Residenztheater/Hauptpost

Die Säulen-Giebel-Kaskade des Nationaltheaters dominiert die Ostseite des großzügigen Max-Joseph-Platzes. Das **Residenztheater**, ebenfalls eine große und bedeutende Bühne des Staatstheaters, verschwindet links daneben

Maximilianstraße und Residenz → Karte S. 77

optisch weitgehend. Das war wohl auch Absicht, als das Haus 1948 als Ersatzspielstätte für das total zerstörte Cuvilliés-Theater errichtet wurde – gegen eindrucksvolle Repräsentationsbauten standen die knappen Mittel und der verschüchterte Geist der Nachkriegszeit.

Die Südseite des Platzes könnte da eher punkten: Die **Hauptpost** mit ihren offenen Bogenhallen und bunten Fresken zeigt ihren klassizistischen Charme jetzt in kaum getrocknetem Lack. Der Komplex wurde völlig entkernt und einer typischen Umnutzung im Geist der Maximilianstraße zugeführt: Luxusappartements, Luxusläden, Luxusrestaurants, Luxussonstwas – das brauchte die Stadt auch grade dringend. Wechselnde Mieterschaft hat aber Tradition: Gebaut wurde es ursprünglich als Palais Toerrig-Jettenbach, Klenze machte 1838 die formidable Dienststelle des königlichen Logistikdienstleisters daraus und in bundesrepublikanischen Zeiten übernahm der Rechtsnachfolger Deutsche Bundespost. Das dritte maßgebliche Gestaltungselement des Platzes ist schließlich der nördlich abschließende Königsbau der Residenz, als Wohntrakt für Ludwig I. erbaut. Inspiriert von Renaissancepalästen in Florenz, schuf Klenze hier eine mächtige Schaufassade, die bei den Münchnern besonders an sonnigen Wintertagen sehr beliebt ist: Auch wenn es ansonsten bitterkalt um die Ecken pfeift, wärmt hier die fahle Sonne den geschützten Winkel so weit auf, dass man auch im Januar manchmal im T-Shirt von warmen Sommertagen träumen kann.

„Vater Max"

Denkmal für Max I. Joseph

Die monumentale Einfassung lässt den Max-Joseph-Platz auf den ersten Blick etwas leer erscheinen, zumal Fußgängerverkehr und Touristenstrom um die Freifläche herumgespült werden. Auch der Autoverkehr ist seit der Umwandlung der Maximilianstraße in eine fak-tische Sackgasse nur noch sporadisch präsent. Gelegentlich rollt ein Oberklassefabrikat in die bemerkenswert teure Tiefgarage (die Stellplatzmiete überschreitet bei älteren Modellen leicht einmal den Wagenwert), und abends werden in unpraktisches Tuch gewandete Opernbesucher am Fuß der Treppen des Nationaltheaters aus dem Limousinenfond gespuckt. Die Mitte des Platzes gehört so seinem Namensgeber: Maximilian I. Joseph von Bayern, dem ersten König des Landes. Den schnöden Kurfürsten- und Herzogstitel – angetreten war er noch als Max IV. Joseph – konnte er nach 1806 endlich entsorgen, Preis dafür war der gewaltige Blutzoll unter den männlichen Untertanen für die Heerfolge an Napoleons Seite. Seiner Beliebtheit tat dies keinen Abbruch, als „Vater Max" genoss er bei der Bevölkerung großes Ansehen. Das von Johann Baptist Stiglmaier aus Erz gegossene Denkmal für Max I. Joseph wurde 1835 enthüllt und zeigt den König sitzend auf seinem Thron. Der wiederum ruht auf einem hohen Bronzesockel mit allegorischer Darstellung der königlichen Lebensleistung, bewacht wird das Ganze von vier bayerischen Löwen. Der König selbst hätte sich lieber dynamischer gesehen, konnte aber keinen Einfluss mehr nehmen – er war bereits 1825 gestorben.

Ein wittelsbachisches Gesamtkunstwerk

Die Residenz

Der Stadtwohnsitz der Wittelsbacher ist durch und durch unbescheiden: Über zwölf Hektar der knappen Altstadtfläche (inkl. Nationaltheater und Hofgarten) werden von Gebäuden, Höfen und Funktionsflächen der Residenz belegt, deutlich über zwei Hektar davon sind überdacht. Damit ist die Residenz das größte Innenstadtschloss Deutschlands und eines der größten Raumkunstwerke weltweit.

Keimzelle der Anlage ist die **Neuveste**, eine Rückzugsburg für die von aufsäs-

Der Königsbau der Residenz

sigen Münchner Bürgern geplagten wittelsbachischen Herzöge. Der Baubeginn datiert von 1385, Auftraggeber waren Stephan III., Johann II. und Friedrich der Weise, die in Co-Regentschaft amtierten. Die letzten Reste dieser gotischen Stadtfestung wurden erst im 19. Jh. geschleift.

Herzog Albrecht V. brachte zwischen 1560 und 1570 erstmals den Geist der Renaissance an den nordöstlichen Stadtgraben. Mit dem Antiquarium, dem bedeutendsten und größten Raum der Stilepoche nördlich der Alpen, schuf er den Nukleus der heutigen Residenz. Seine Nachfolger, Wilhelm V. und vor allem Maximilian I., legten dann mit der Errichtung der Trakte um den Brunnen-, Apotheker- und Kaiserhof die westlichen und nördlichen Grenzen des Areals fest.

Zwischen 1651 und 1799 erlahmte die Neubautätigkeit ziemlich (die Schlösser Nymphenburg und Schleißheim banden enorme Ressourcen). Man beschränkte sich auf den Anbau des Alten Residenztheaters (heute Cuvilliés-Theater, an den Apothekenflügel verlegt) und den Innenausbau. So richtig krachen ließen es dann wieder die ersten

bayerischen Könige Max I. und Ludwig I. (1799–1848). Mit dem Königsbau (zum Max-Joseph-Platz), dem Festsaalbau mit Herkulessaal (zum Hofgarten), der Allerheiligen-Hofkirche und dem Nationaltheater war das wittelsbachische Gesamtkunstwerk dann praktisch fertig. Dem 20. Jh. blieben dann die fast komplette Zerstörung und die Rekonstruktion vorbehalten. Dabei wurde leider auch der Marstallplatz durch den Magazinbau hinter dem Nationaltheater in seiner Geometrie zerstört.

Die Schauräume

Residenzmuseum

Die Gesamtheit aller für die Öffentlichkeit zugänglichen Schauräume der Residenz bildet das Residenzmuseum. Insgesamt können 130 Räume besichtigt werden – alle absolvieren wahrscheinlich nur die hartnäckigsten Kunstgeschichtsfreaks. Für einen Erstbesuch tut es auch die folgende Rennstrecke mit den größten Knallern:

Grüne Galerie: Die prunkvolle Passage direkt hinter dem Kassenbereich gilt vor allem wegen ihrer zweigeschossigen Fassade zum Königsbauhof als

Das Antiquarium, Nukleus der Neuen Residenz

architektonisches Hauptwerk des großen Ausstatters François Cuvilliés.

Ahnengalerie: 121 Porträts mit viel Gold drum herum belegen die beeindruckend langen und edlen wittelsbachischen Blutlinien; zumindest die behaupteten – der eine oder andere Bankert wird wohl auch dabei sein. Die Porzellankammer gleich anschließend auch noch mitnehmen, dann zurück und hinauf ins erste Obergeschoss zu den …

Reichen Zimmern: Die Raumfolge vom Antichambre bis zum Chinesischen Kabinett ist eine frühe Explosion des Rokoko. Wenngleich die Epoche noch eine ganze Zeit andauerte, gilt das Werk Joseph Effners und vor allem Cuvilliés' vielen als unübertroffen. Zurück ins Erdgeschoss gelangt man über die Kurfürstenzimmer über dem Antiquarium in allerfeinstem Rokoko – alles so schön bunt hier!

Antiquarium: Der Gewölbegang war ursprünglich eine Bibliothek, deren Bestände später den Grundstock der heutigen Staatsbibliothek bildeten. Das Fehlen der Bände fällt aber nicht weiter auf, in weiser Voraussicht ließ Alb-

recht V. den Raum auch als Ausstellungshalle für seine (teilweise antiken) Skulpturen planen – und die stehen heute noch da. An den Wänden zu bewundern: die älteste topografische Ansicht Bayerns (u. a. Hans Donauer, Peter Candid).

Schatzkammer: Hier befinden sich die Hauskleinodien der Wittelsbacher und allerlei gülden Gerät – geerbt (bayerische Kroninsignien), gekauft (Schmuck für die Gattinnen) und natürlich auch geklaut (Beutestücke aus den Türkenkriegen). Separater Zugang.

April bis Mitte Okt. 9–18 Uhr, restl. Jahr 10–17 Uhr. Karten für Residenzmuseum und Schatzkammer kosten je 7 €, erm. 6 €, als Kombiticket deutlich günstiger für 11 € bzw. 9 €. Schüler mit Schülerausweis haben freien Eintritt zu den Sammlungen.

Der Kern

Die Residenzhöfe

Den **Königsbauhof** passiert unweigerlich jeder Besucher des Residenzmuseums, dessen Haupteingang und Kasse sich hinter der klassizistischen Flanke

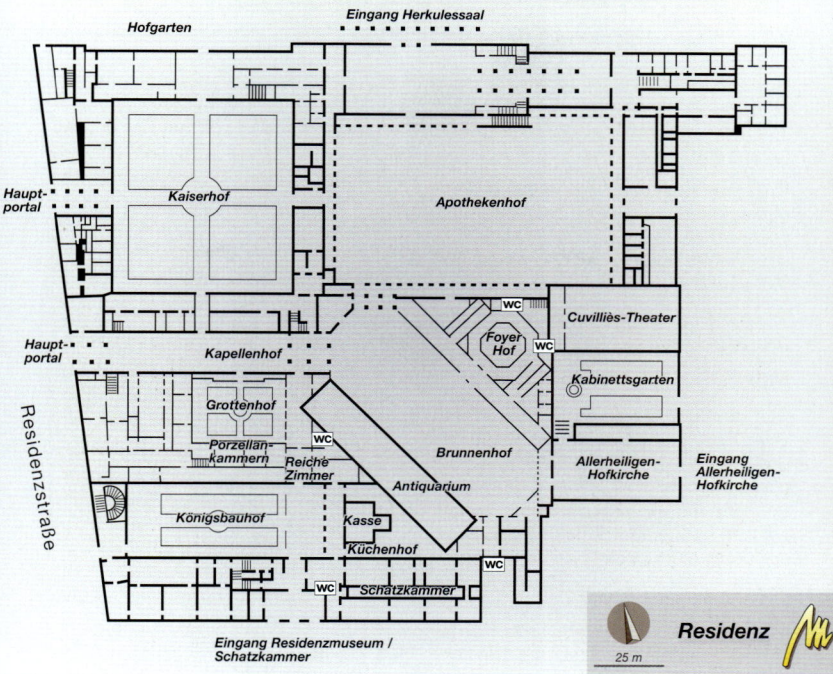

Hofgarten

Eingang Herkulessaal

Kaiserhof

Apothekenhof

Haupt-portal

Haupt-portal

Kapellenhof

WC

Cuvilliés-Theater

Foyer Hof

WC

Kabinettsgarten

Grottenhof

WC

Porzellan-kammern

Reiche Zimmer

Brunnenhof

Antiquarium

Allerheiligen-Hofkirche

Eingang Allerheiligen-Hofkirche

Königsbauhof

Kasse

Küchenhof

WC

WC

Schatzkammer

WC

Residenzstraße

Eingang Residenzmuseum / Schatzkammer

Residenz

25 m

des Königsbaus befinden. Der nächste und wahrscheinlich schmusigste Innenhof ist der **Grottenhof**, der als „geheimes Lustgärtlein" aber nur von den Räumen der Residenz her betreten werden kann. Die kleine Grünfläche stammt bereits aus der Frühzeit der Anlage unter Wilhelm V. und trägt den entsprechenden Zierrat der Renaissance. Von den beiden Bogengängen ist nach einem Umbau unter Cuvilliés leider nur noch einer erhalten, der Charme des – immer noch intimen – Grottenhofs hat darunter schon ein wenig gelitten.

Die kurze **Residenzstraße** außerhalb verbindet den Max-Joseph-Platz mit dem östlichen Odeonsplatz, dem Ausgangspunkt der Ludwigstraße, und schafft so ein Junktim zwischen dem herzoglichen Erbe der Wittelsbacher und der Neuplanung der Stadt unter der Königsherrschaft des bayerischen Adelshauses. Die Fassade der Residenz zu dieser Seite zeigt unübersehbar die Stilelemente der Renaissance aus der Ära Maximilians (ca. 1600–1650), zwei

Hauptportale führen zu den Innenhöfen. Sie werden bewacht von je zwei monumentalen Löwen im Bronzeguss, die ursprünglich die Grabstätte Wilhelms V. in der Michaelskirche zieren sollten, aber nach dem finanziellen Desaster dieses Bauvorhabens dem Pleiteherzog posthum entzogen wurden. Durch den hinteren Zugang erreicht man den quadratischen **Kaiserhof** der maximilianischen Residenz, bei dessen Restauration es leider nur zu Trompe-l'œil-Fassaden gereicht hat und der deshalb immer noch etwas abweisend wirkt.

Im östlich anschließenden **Apothekerhof** kann man am Muster der roten Pflastersteine noch recht exakt die Lage der ehemaligen Neuveste erkennen, unterirdisch sind auch noch einige Keller und die Grundmauern des gotischen Kerns der Residenz erhalten.

Eine Sonderstellung im Grundriss genießt der **Brunnenhof**: Seine diagonale Lage verdankt er dem korrespondierenden Antiquarium. Um seinen Wittelsbacher Brunnen (nicht zu verwechseln mit dem am Lenbachplatz) finden im Sommer regelmäßig Konzertveranstaltungen statt.

Über den **Kapellenhof** – eher ein Verbindungsgang – verlässt man dann die üppig dimensionierte Wohnstube des langlebigen bayerischen Herrschergeschlechts zur Residenzstraße.

Die Nebengebäude

Marstallplatz und Marstall

Den inneren Bereich der Residenz verlässt man durch das Doppelportal im Ostflügel des Apothekerhofs und tritt hinaus auf das, was einmal der Marstallplatz war (und frecherweise immer noch so heißt). Durch den Magazinbau des Nationaltheaters aus den 1960er-Jahren ist die Geometrie dieses Platzes leider völlig aus dem Gleichgewicht geraten, die hübsche **Allerheiligen-Hofkirche** ist damit in einer regelrechten Sackgasse eingemauert worden. Dieser einzige Sakralbau Klenzes in München

Der Marstall

(erbaut 1826–37) entfaltet heute mit seiner erzwungenen Kargheit im Inneren ganz besonderen Charme: Bei der Restauration (als letztes Gebäude des Residenzensembles) wurde auf die Wiederherstellung der Marmorverkleidungen und Malereien verzichtet, und so vermitteln die Ziegelwände in dieser eigentlich erzkatholischen Kirche ein geradezu protestantisches Flair. Außerdem klingt sie auch noch gut: Die Allerheiligen-Hofkirche ist akustisch wohl der beste Aufführungsort der Staatsoper für konzertante wie musikdramatische Darbietungen.

Der kleine **Lustgarten** neben der Kirche ist womöglich noch schöner als das Gotteshaus selbst. Zwar drückt ihn kein kunsthistorischer Ballast, aber das Zusammenspiel von kleinen Wasserflächen und bunten Pflanzen machen ihn zum Geheimtipp unter den stillen Hide-aways der Stadt.

Die Fläche hinter dem Versorgungsbau der Oper wird immer noch dominiert vom imposanten Gebäude des **Marstalls und der ehemaligen Hofreitschule** (Bauzeit 1817–22) – daran kann auch der merkwürdig schepps an die Südseite des Platzes gestellte Neubau des Ticketcenters der Staatsoper mit seiner Spiegelfassade nichts ändern. Baumeister war wiederum Leo von Klenze, der ganz offensichtlich schon in jungen Jahren den Bogen raushatte: Die gelungen strukturierte Fassade findet in der reichen Portalplastik mit dem Dioskurenpaar Kastor und Pollux ein gut ausbalanciertes Gegengewicht, und so ist der Marstall, der heute als Kulissenhaus und Studiobühne des Bayerischen Staatsschauspiels (Theater im Marstall) dient, eines der überzeugendsten Baudenkmäler der Stadt.

Den nördlichen Abschluss des Platzes bildet der U-förmige Neubau der **Generalverwaltung der Max-Planck-Gesellschaft**, eines der besten Beispiele für modernes Bauen in der Münchner Innenstadt. Das Flair des Platzes hat das bis heute leider nicht entscheidend befördert. Außer der gut besuchten Terrasse des „Refettorio" ist er eine bislang vom urbanen Leben ausgesparte Fläche geblieben.

Draußen

Der Hofgarten

Wenngleich die bayerischen Herzöge und Könige samt ihrer Entourage auf den langen Fluren der Residenz eigentlich genügend Bewegungsmöglichkeiten hatten, drängte sie es doch gelegentlich ins Freie – auch wenn der blasse royale Teint darunter gelitten haben mag. Bereits die mittelalterliche Neuveste verfügte seit ca. 1450 über solche Auslaufgehege für die Ritterlichkeit, den **Rosengart'**. Die kleine Grünfläche befand sich auf dem heutigen Marstallplatz, musste aber 1617 einem Neubau weichen.

Schon 1560, kurz vor dem Brand und völligen Abriss der Neuveste, ließ Albrecht V. einen weiteren Garten anlegen. Die dazugehörigen Freizeit- und Lustbauten von Hofbaumeister Egkl wurden bei Ausschachtungsarbeiten für die neue Staatskanzlei (s. u.) 1985 freigelegt. Seit 1613 trägt er zur besseren Unterscheidung die Bezeichnung **Unterer Hofgarten**, denn in diesem Jahr entstand unter Maximilian I. westlich anschließend der **Obere Hofgarten**. Das Layout dieses natürlich von den italienischen Renaissancegärten inspirierten Parkareals hat sich seitdem nicht wesentlich geändert. Auch die den Hofgarten an zwei Seiten begrenzenden Arkaden stammen im Kern aus dieser Zeit. Die westlichen (zum Odeonsplatz) wurden später von Klenze überarbeitet, der mit dem Hofgartentor hier auch seine erste Münchner Arbeit überhaupt ablieferte (1817). Die nördlichen wurden nach einer Aufstockung im Jahr 1780 zum Standort der Churfürstlichen Gemäldegalerie, deren Bestände inzwischen in anderen Sammlungen aufgegangen sind.

Optischer Fluchtpunkt des Hofgartens ist der **Hofgartentempel** (auch **Dianatempel**) von 1616 mit der üppigen Bronzeschönheit „Tellus Bavarica"

(„Bayerische Erde") auf der flachen Kuppel. Besondere Bekanntheit genießt der Pavillon nicht so sehr aus kunsthistorischen Gründen, sondern wegen der Tangotänzer, die sich hier an warmen und auch gar nicht so warmen Abenden zu den Klängen aus einem quäkigen Radiorekorder im südamerikanischen Wiegeschritt bewegen.

Höchst besichtigenswert ist das **Brunnwerk** in der nordöstlichen Ecke des Hofgartens. Die Turbinenstation ist beinahe ein technikgeschichtlicher Geheimtipp und etwas schwer zu entdecken (am Basaltdenkmal für die Widerständler im Zweiten Weltkrieg die Treppen hinunter in den Unteren Hofgarten, dann gleich links zwischen Hecken noch einmal hinab zu den Grundmauern der alten albrechtinischen Arkaden in der Verlängerung der Nordarkaden). Mit der raffinierten Anlage werden immer noch die Wasserspiele des Parks mit dem nötigen Druck versorgt.

Das Brunnwerk arbeitet von April bis Oktober täglich von 10 bis 14 Uhr. Der Eintritt ist frei.

Und da man sie hier im Unteren Hofgarten einfach nicht mehr übersehen kann, noch einige wenige Worte zur **Neuen Staatskanzlei**: Der angestammte Sitz der Staatsregierung in der Schack-Galerie (→ S. 181) war rettungslos zu klein geworden, und der Ministerpräsident hatte mit dem Prinz-Carl-Palais gleich in der Nähe ohnehin einen neuen Repräsentationssitz bekommen. So bot es sich an, die Wege etwas kürzer zu machen. Vom Königlich Bayerischen Armeemuseum war nach den Bombennächten 1944 nur noch der Mitteltrakt mit Kuppelhalle zu retten, die heute die Symmetrieachse der Staatskanzlei bildet. Über den Neubau – noch ein Relikt aus der Strauß-Ära – wurde Ende der 80er-Jahre heftig zwischen Stadt und Land gestritten: Zu groß, zu hässlich, zu sehr Fremdkörper, sagten die Münchner und erreichten einen Kompromiss. Dessen Resultat ist ein großer, hässlicher Fremdkörper, dessen unstrukturierte Gewächshaus-

Maximilianstraße und Residenz → Karte S. 77

fassade zum Hofgarten noch die schönere ist; die Ostseite (zum Franz-Josef-Strauß-Ring) ist einfach komplett misslungen. Besonders das wahrscheinlich panzerfeste riesige Haupttor verweist auf ein eigenartiges Verständnis von transparenter Demokratie. Den Touch zur Gefühlswelt des kleinen Mannes offeriert dafür eine auf Geheiß des früheren Ministerpräsidenten Max Streibl eingebaute Zirbelstube mit gedrechselter bayerischer Gemütlichkeit. Früher war

alles besser? Sicher nicht, aber vom repräsentativen Bauen verstanden die Wittelsbacher sichtbar mehr als ihre demokratisch legitimierten Nachfolger.

Die nächstgelegenen Anschlüsse an den öffentlichen Nahverkehr am Ende dieses Rundgangs befinden sich – zurück durch den Hofgarten – am Odeonsplatz. Zurück in die postaristokratische Zeit der Stadt führen von hier die U-Bahn (Ⓤ 3–6) sowie die Buslinie 100.

Praktische Infos

→ Karte S. 77

Cafés & Snacks

Rund um die Maximilianstraße

Die Dichte der Gastronomiebetriebe auf der Maximilianstraße ist in den letzten Jahren gesunken, aber natürlich gibt es ausreichend Zapfstellen für Espresso und Caffè Latte. Sinkt der Koffeinspiegel schon *vor* der Kreuzung mit dem Altstadtring unter ein kritisches Niveau, schafft das **Max2** 🔢 im Völkerkundemuseum fachmännisch Abhilfe.

Die **Kulisse** 🔢 vor den Kammerspielen ist nur für eine Espressolänge geeignet, zurückgesetzt in Seitenstraßen findet man die interessanteren Adressen:

MeinTipp Das **Blaue Haus** 🔢 an der Ecke Falckenberg-/Hildegardstraße ist zugleich Kantine der Kammerspiele und bietet sehr gute Gerichte auf – für die Gegend – sehr preiswertem Niveau.

Das **Brenner's** 🔢 im Maximilianshof schöpft den Rahmen dagegen voll aus. Das Open-Cuisine-Konzept in den alten Säulenhallen ist aber wirklich todschick und endangesagt.

Der **Spice Bazaar** 🔢 am hinteren Ende des Marstallplatzes ist nun schon der dritte Versuch, der komatösen Freifläche gastronomisches Leben einzuhauchen, diesmal mit einem orientalischen Küchenkonzept. Schöne bunte Teller, hübsche ruhige Terrasse – vielleicht klappt es ja diesmal.

Tambosi in der Ludwigstraße

Sparfüchse mit dem Hang zum Ungehorsam belügen dreist den Cerberus am Hintereingang des Nationaltheaters und stehlen sich in die **Opernkantine** 7 mit ihrer legendären Leberknödelsuppe. Vorsicht, nicht verlaufen: Die Innereien des Opernhauses sind labyrinthisch!

Am Hofgarten

Unten Schnickschnack kaufen, oben Snacks essen und Smoothie saufen – das Konzept des **Stereo Café** 5 kann man durchaus etwas bemüht finden, trotzdem ist der Gastraum im ersten Stock mit seinen großen Fenstern sehr kuschelig geworden, der Blick auf die Residenzfassade und die Touristenströme ist fast unbezahlbar. Noch netter ist es freilich im kleinen Hinterhof, schon weil man da nur durch die kleine Küche hingelangt. Prima Roastbeef-Sandwiches!

Luigi Tambosi 4, gegründet als freiberufliches Standbein des gleichnamigen Hofkellermeisters Ludwigs I. Bediente das Münchner Schicki-Publikum, als es noch gar nicht so hieß. Seit 1810 mahlt man hier ununterbrochen Kaffeebohnen für aromatische Getränke, und mittlerweile gibt es neben der Terrasse zum Odeonsplatz auch wieder Bänke und Tische im Hofgarten. Einer der schönsten Wirtsgärten der Stadt, und das wird er wohl auch in Zukunft bleiben, auch wenn die etwas ungewiss ist: neuer Pächter ab 2017.

Restaurants

Italienisch

Albarone 12 Keine Szene und gar nicht cool: ein gediegenes Ristorante an Münchens Edelmeile. Kompetent zubereitete italienische Hochküche zu gehobenen, aber dennoch zivilen Preisen (6-Gänge-Menü ca. 50 €). Weinkarte mit hervorragenden Standards und gelegentlichen Schnäppchen bei den Offenen. Elegant und gediegen – das Publikum übrigens auch. Innenstadt, Stollbergstr. 22, ☎ 29168687. Mo–Sa 18–23, Mo–Fr auch 12–14 Uhr. Tram 19 Kammerspiele.

Sehen und gesehen werden

Schumann's Bar am Hofgarten 3 Seit einer gefühlten Ewigkeit Teil oder Mittelpunkt des Abendprogramms für Wichtige, Schöne, Schlaue, Geldadlige, Neureiche, Berühmte und Graue Eminenzen. Die Gästeliste ist verdienter Lorbeer, Schumann's ist und bleibt eine der besten Bars der Stadt – auch wenn der Style

mit dem Umzug an den Hofgarten etwas auf der Strecke geblieben ist. Distinguiert-lässiger Service, solides Barfood. Innenstadt, Odeonsplatz 6–7, ☎ 229060. Tägl. 17–3, Sa/So erst ab 18 Uhr. Ⓤ 3–6 Odeonsplatz.

Zum Goldenen Kalb 17 Der Schicki von heute isst wieder Fleisch, aber natürlich nur vom Besten. Die Blitzlichter der Paparazzi beleuchten die Brandspuren der bistecca fiorentina vom High-Tech-Grill, in den Gläsern schwappt der neueste Modedrink. Innenstadt, Utzschneiderstr. 1, ☎ 23542290. Mo–Sa 12–1 Uhr. Ⓤ+Ⓢ Marienplatz.

Fernöstlich

Emiko (im Louis Hotel) 16 Japanisches Essen ist mehr als roher Fisch auf Reissockeln. Euphorisch-glückliche Rinder gibt es da nämlich auch und deren marmoriertes Wagyu-Beef steht hier auf der Karte. An einem Fensterplatz sieht man auch noch auf den Viktualienmarkt. Natürlich teuer, Japan-Kuh ist eine der exklusivsten Zutaten überhaupt. Innenstadt, Viktualienmarkt 6, ☎ 4111908. Tägl. 18.30–1 Uhr. Ⓤ+Ⓢ Marienplatz.

Einkaufen

Wenn der Strudelteig schon wieder beim Ausziehen reißt, liegt es vielleicht doch nicht an den ungeschickten Wurstfingern, sondern am Mehl. Das feinste gemahlene Korn verkauft seit vier Generationen die **Hofbräuhaus-Kunstmühle** 10, die letzte Getreidemühle im Großraum München. Mehlnostalgiker mögen bemängeln, dass die Walzen mittlerweile elektrisch quetschen und mahlen, aber der antreibende unterirdische Stadtbach wurde 1967 trockengelegt. Das schmeckt man beim bzw. nach dem Backen aber nicht wirklich durch. Neuturmstr. 3, Tram 19 Kammerspiele.

Einkaufen in und um die Maximilianstraße ist ansonsten vor allen Dingen teuer und irgendwie langweilig – der übliche Teure-Marken-Brei. Außerdem läuft man ständig Gefahr, unter die Stampede eines kaufwütigen Harems saudischer Prinzen zu geraten. Aber Reichtum hat auch einen Nachteil: Er langweilt schnell, und deswegen müssen die ganzen Designerstücke auch schnell wieder weg, um Platz im Schrank zu schaffen, und die ganzen Haute-Couture-Stücke landen im Second-Hand-Laden, bevorzugt bei **MD First & Second** 15 in der Hildegardstr. 9 oder bei – wie einfallsreich – **Second & First** 8 in der Wurzerstr. 9.

Maximilianstraße und Residenz → Karte S. 77

Münchens dunkle Vergangenheit
Tour 5

Auf einen seiner vielen Hauptstadttitel hätte München sicher gerne verzichtet: „Hauptstadt der Bewegung". 1935 von Hitler verliehen, sollte das braune Adelsprädikat die Vorreiterfunktion der Stadt bei der Nazifizierung Deutschlands festschreiben.

Haus der Kunst, pompöser Auftakt zur Umgestaltung Münchens zur Führerstadt, S. 90

Platz der Opfer des Nationalsozialismus, eine Verlegenheitsadresse, S. 93

Königsplatz, Schaltzentrale einer kriminellen Vereinigung, S. 95

Eine Tatortbesichtigung
Das „braune" München

Spuren aus 1000 Jahren sind geblieben, aber so lange hat es ja dann doch nicht gebraucht, um die zum Kainsmal gewordene Auszeichnung als „Hauptstadt der Bewegung" wieder loszuwerden. Dabei war München von den Grundvoraussetzungen gar nicht so viel brauner, so viel völkischer und so viel nationalsozialistischer als andere Städte Deutschlands. Während der industriellen Revolution im Kaiserreich war die Stadt vor allem durch die rasant wachsende Industriearbeiterschaft zur Millionenmetropole herangewachsen; entsprechend stark entwickelt war die Machtposition der Parteien des linken und sogar ultralinken Spektrums in der Hauptstadt des ansonsten stockkonservativen Bayerns. Nach dem Ersten Weltkrieg kam es sogar zur Bildung einer Räterepublik nach sowjetischem Vorbild, die aber schon nach kurzer Zeit von rechtsradikalen Freikorpsverbänden äußerst blutig zerschlagen wurde. Was folgte, war die zutiefst antirepublikanische Regierung unter Gustav Ritter von Kahr, der Bayern zu einem stramm rechten, autoritär geführten Unfreistaat mit Vorbildcharakter für das gesamte Deutsche Reich umgestalten wollte – alles mit freundlicher Unterstützung entsprechend gesinnter Kreise aus Militär, Justiz, Industrie und Großbürgertum. Bayern und insbesondere die Landeshauptstadt München wurden so Anfang der 1920er-Jahre zum lebhaft bevölkerten Sammelbecken rechtsextremer Aktivisten.

Einer davon war Adolf Hitler, und der hatte Größeres im Sinn, als sich die traurige Gestalt Ritter von Kahr in seinen kühnsten Träumen auszudenken gewagt hätte. Bereits vor dem Krieg aus Österreich zugereist und nach dem desolaten Ausgang des Waffengangs als Veteran in seine Wahlheimat München zurückgekehrt, schloss er sich einer lachhaften Splitterpartei (DAP) an, formte sie nach seinem Gusto um und machte sie in den folgenden Jahren unter neuem Namen (NSDAP) nach und nach salonfähig. Mit perfidem Gespür aktivierte Hitler die Urmünchner Ressentiments gegen alles Fremde, Neue und Aufgeklärte, vermixte sie mit Antisemitismus und völkischer Weltanschauung und garnierte das Ganze mit zeitpolitischen Milchmädchenrechnungen.

Im ersten Versuch, der dilettantischen Imitation eines Staatsstreichs 1923, ging die Rezeptur noch nicht auf (→ „Die Feldherrnhalle" S. 91). Doch mit wohlwollender Duldung von Administration und Justiz und später üppig gesponsert von Magnaten aus den ersten Kreisen der deutschen Wirtschaft, durften es die Putschisten von einst 1933 noch einmal probieren – diesmal auf formal legalem Weg per Reichstagswahl. Der Erfolg war durchschlagend.

Der Schwerpunkt der Parteiaktivität war bereits vor der Machtübernahme in Berlin sukzessive in die Reichshauptstadt verlegt worden. München aber blieb der Mythos der „ersten Stunde" und wurde von Hitler und der NSDAP dafür gebührend belohnt. Die wichtigsten Parteiinstitutionen bekamen hier ihren Standort, die Schranzen der „Kampfzeit" (zwischen 1920 und 1933) wurden in höchste Ämter gehievt, und auch der Jubeltross der braunen Spinner machte jährlich hier halt, um mit dem „Gedenktag der Gefallenen der Bewegung" einen der vier wichtigsten Feiertage NS-Deutschlands zu begehen. München wurde genau wie Linz, Berlin, Hamburg und Nürnberg zur „Füh-

rerstadt" erklärt und als solche mit einem überaus ambitionierten Neugestaltungsplan beglückt. Die Realisierung der selbstbesoffenen Megaprojekte hätte das Gesicht der Stadt völlig verändert – am Ende türmten sich aber keine hakenkreuzbeflaggten Steingebirge in den bayerischen Himmel, sondern es rauchten die Trümmer des alten München, und das kulturelle und geistige Erbe von Jahrhunderten war dahin.

Der folgende Spaziergang führt zu Orten, die in der Zeit von 1918 bis 1945 für die Geschichte der NSDAP und Hitler von besonderer Bedeutung waren. Teils handelt es sich dabei um originäre NS-Bauten und teils um bereits vorhandene Architektur, deren klassizistische Formensprache sich gut für NS-ideologische Zwecke funktionalisieren ließ.

Die braune Prunkmeile bzw. das, was von ihr übrig ist, konzentriert sich auf einen ziemlich begrenzten, fußläufig gut erfassbaren Bereich. Für Opfer und Widerständler – von Ersteren gab es bedauernswert viele, von Letzteren bedauernswert wenige – lässt sich das nicht sagen. Ihr Schicksal oder Wirken wird deshalb in einem eigenen Abschnitt am Schluss dieses Kapitels dargestellt.

Spaziergang

„Griechischer Bahnhof"

Haus der Kunst

Das Haus der Kunst (Haltestelle von Tram 17, Bus 100; ca. 5 Min. Fußweg von den U-Bahnhöfen Lehel oder Odeonsplatz) war der erste große Repräsentationsbau der neuen totalitären Machthaber in München. Genau genommen reicht die Entstehungsgeschichte noch weiter zurück: Seit dem Brand des Glaspalasts im Alten Botanischen Garten (→ Tour 9, S. 148) verfügte München über keine große Ausstellungshalle mehr, für eine Stadt mit so lebhaften Malertraditionen ein unhaltbarer Zustand. Die Ergebnisse des Wettbewerbs für einen Neubau an gleicher Stelle fegte Hitler nach Führerart vom Tisch und entschied sich für einen Neubau am südlichen Ende des Englischen Gartens. Architekt seiner Wahl war Paul Ludwig Troost, bis zu seinem Tod 1934 der Protegé des gescheiterten Künstlers und verhinderten Baumeisters Hitler. Troost, der sich vorher als Innenarchitekt von Kreuzfahrtdampfern einen Namen gemacht hatte, löste seine Aufgabe durchaus respektabel: Auch wer den neoklassizistischen Stil der Zeit nicht mag (damals in ganz Europa en vogue), kann nicht umhin, den Ausstellungsräumen mit den großen Oberlichtern hohe praktische Qualität zu attestieren. Nicht zuletzt deswegen gehört das Haus der Kunst auch heute noch zu den führenden Adressen der Münchner Museumslandschaft. Auch die Zeitgenossen waren einigermaßen gnädig: Die Spottnamen fielen mit „Griechischer Bahnhof" und „Weißwurstgalerie" (wegen der dicken Säulen an den Längsportalen) recht milde aus.

Zur Grundsteinlegung im Oktober 1933 erklärte Hitler München zur „Hauptstadt der Deutschen Kunst" und die neue Ausstellungshalle zu deren Tempel. Entsprechend diente das Haus der Kunst nach seiner Fertigstellung 1937 bis in die späten Kriegsjahre als Veran-

Kriegerdenkmal im Unteren Hofgarten

staltungsort der wichtigsten Schau des Deutschen Reichs, der „Großen Deutschen Kunstausstellung". Keine von den dort präsentierten Monumentalplastiken, Kitsch-Tryptichen und Arier-Idyllen und auch nur einer (Arno Breker) von den ausstellenden Künstlern hat den Sprung in den kunsthistorischen Kanon des 20. Jh. geschafft. Das blieb den verfemten „entarteten" Künstlern vorbehalten, die die Nazis mit einer speziellen Denunziationsausstellung vergeblich zu desavouieren versuchten (→ „Hofgarten/Galeriestraße").

Nach der Auslagerung der Bestände der Staatsgalerie moderner Kunst in die Pinakothek der Moderne zeigt das Haus der Kunst heute ausschließlich Wechselausstellungen vor allem zeitgenössischer Künstler von Weltrang. Daneben gibt es eine kleine, aber sehenswerte Dauerausstellung zur Geschichte des Hauses. Tägl. 10–20, Do bis 22 Uhr. Eintritt je nach Ausstellung ab 5 € (Kombitickets für mehrere Ausstellungen und in Kombination mit dem Bayerischen Nationalmuseum günstiger), Besucher unter 18 J. 2 €. Der Zutritt zur Dauerausstellung ist kostenlos.

Schmähschau „Entartete Kunst"

Hofgarten/Galeriestraße

Für den weiteren Weg überquert man den Altstadtring und passiert die sog. „Harmlos-Wiese" zur Residenz. Rechter Hand liegt das Prinz-Carl-Palais, ein in Dimension wie Gestaltung hinreißend frühklassizistisches Adelspalais (Kaufanfragen zwecklos – es ist der Amtssitz des Ministerpräsidenten). Man betritt den Hofgarten der Residenz von der Nordostseite her. Vor der Kuppelhalle der Neuen Staatskanzlei im Unteren Hofgarten befindet sich in einem abgesenkten Ehrenhof das **Kriegerdenkmal für die Münchner Gefallenen des Ersten Weltkriegs**, zu Zeiten der Weimarer Republik ein beliebter Pilgerort rechter, völkischer und paramilitärischer Gruppen des antidemokratischen Spektrums. Zur Einweihung der an ein Hünengrab in konstruktivistischer Ausführung erinnernden Gedenkstätte im Jahr 1924 waren ursprünglich die Na-

men aller 13.000 getöteten Soldaten in die Einfriedungsmauern gemeißelt; nach der weitgehenden Zerstörung im Zweiten Weltkrieg verzichtete man auf die individuelle Nennung der Toten und brachte dafür eine weitere Inschrift an, die an die Toten der Luftangriffe gemahnt. Für die Opfer des Naziterrors fand sich offensichtlich kein Platz.

In den Galerien über den maximilianischen Arkaden, der nördlichen Begrenzung des Oberen Hofgartens, wurde am 19. Juli 1937 eine der groteskesten Kunstausstellungen in der Geschichte der Malerei überhaupt eröffnet: die Schmähschau **„Entartete Kunst"**, kuratiert von Adolf Ziegler, dem Präsidenten der Reichskammer der bildenden Künste (im Volksspott wegen seiner Vorliebe für nackte, dralle Arierschönheiten auch „Reichsmeister des deutschen Schamhaars" genannt). Die Ausstellung umfasste 650 in deutschen Museen konfiszierte Bilder zeitgenössischer Künstler wie George Grosz, Ernst Kirchner, Paul Klee oder Ernst Barlach. Zum Teil flankiert von Zeichnungen geistig Behinderter und versehen mit Schmähkommentaren wurden die Werke auf primitiv-dumpfe Art abgewertet und die moderne Malerei so insgesamt als vorgeblich kranker Irrweg gebrandmarkt. Die Hetze hatte Erfolg: Über drei Millionen Menschen besuchten die Ausstellung, die nach der Eröffnung in München bis 1944 durch die deutschen Großstädte tourte. Unter ihnen werden freilich auch einige gewesen sein, die den Propagandaaspekt einfach ausblendeten – eine dermaßen hochkarätige Sammlung von Expressionismus, Kubismus, Fauvismus, Dadaismus und Surrealismus gab (und gibt!) es selten zu sehen.

Putsch und Kitsch

Die Feldherrnhalle

Auf dem Odeonsplatz befinden wir uns im Auge des Nazi-Orkans. Hier erlebten die noch junge Partei und ihre Protagonisten ihren ersten ganz großen Auftritt auf der politischen Bühne der Weimarer Republik – allerdings wurde die stümperhafte Farce des Hitlerputsches vom 9. November 1923 zu einer ausgebuhten Pleite. Am Abend vorher hatte Hitler, als politischer Redner in den großen Bierhallen der Stadt schon eine beachtete lokale Größe, zusammen mit dem Weltkriegsheros Ludendorff und seinem dicken Paladin Göring eine Veranstaltung des Generalstaatskommissars Ritter von Kahr gesprengt und die „Nationale Revolution" ausgerufen. Nach dem Vorbild des in Italien nach ähnlichem Muster bereits erfolgreichen Faschistenführers Mussolini sollte dann am nächsten Morgen der „Marsch auf Berlin" und die Machtübernahme in ganz Deutschland beginnen.

Ausgangspunkt dafür war die Feldherrnhalle am Odeonsplatz, die Hitler offensichtlich als Ort des Aufbruchs in guter Erinnerung behalten hatte: Ein Schnappschuss vom 1. August 1914 zeigt den späteren Diktator hier in einer ekstatisch jubelnden Menschenmenge bei der öffentlichen Verlesung der Kriegserklärung. An eben jener Stelle lieferte sich nun, neun Jahre später, der braune Mob eine Schießerei mit der Polizei. Am Ende lagen vier Polizisten und 14 Putschisten tot auf dem Platz, die NSDAP hatte ein Debakel erlebt. Und doch: Für den Aufstieg zur Staatspartei wurde an jenem Morgen die Saat ausgebracht. Hitler, in Folge zu fünfjähriger Festungshaft verurteilt (aber sehr zeitig begnadigt), zog die richtigen Schlüsse aus der Revolutionspleite. Die Toten seiner Sturmtruppe promovierten zu „Blutzeugen der Bewegung" und wurden als Märtyrer zum Kern der NS-Märchenstunde.

Der Gedenkmarsch am Jahrestag des Aufstands, als „Tag der Gefallenen der Bewegung" von 1933 bis 1944 eines der Hochämter des NS-Feierjahrs, führte denn auch über die (zur Mitternacht von Feuerpylonen illuminierten) Ludwigstraße zur Feldherrnhalle mit dem etwas klopsigen Mahnmal des ersten Nazi-Hofarchitekten Paul Ludwig Troost in den Arkaden (1945 entfernt).

Zum Schreien: Feldherrnhalle!

Als quasi-sakrale Stätte des Nationalsozialismus mit 24-Stunden-Ehrenwache und Ewiger Flamme waren Feldherrnhalle und Denkmal auch von zivilen Passanten mit erhobenem rechtem Arm zu grüßen – wer sich diesem Mummenschanz entziehen wollte, nahm den Weg durch die dahinterliegende Viscardigasse, die daraufhin im Volksmund als „Drückebergergasserl" firmierte. An die Grußverweigerer erinnert heute die Spur der bronzenen Pflastersteine, ein ästhetisch recht gelungenes, aber in seiner Abstraktheit nur schwer zu deutendes Bodendenkmal, das deshalb kaum zur Kenntnis genommen wird. Schräg gegenüber an der Residenzfassade findet sich noch eine kleine Gedenktafel für die vier Mitglieder der Bayerischen Landespolizei, die bei der Staatsstreichtölpelei Hitlers ihr Leben ließen. Eine späte Ehrung: Erst 1994 konnte sich die Stadt München zu dieser Erinnerungsgeste durchringen.

Eine Verlegenheitsadresse

Platz der Opfer des Nationalsozialismus

Der westliche Ausgang des Odeonsplatzes ist die **Brienner Straße**, die erste der großen Prachtstraßen Münchens, die im Zug der topografischen Neuorganisation der Stadt zu Beginn des 19. Jh. fertiggestellt wurde. Nach modernen Maßstäben ist die Brienner Straße mit Ausnahme des großartigen Ensembles am Königsplatz eher von bescheidenen Ausmaßen. Auch ihre königliche Noblesse hat sie sich nur in ersten Abschnitt bis zum Durchbruch mit dem Altstadtring (hier: Oskar-von-Miller-Ring) erhalten – und selbst das nur teilweise. Dem **Wittelsbacher Platz** mit dem Reiterstandbild des Kurfürsten Maximilian I., einem der schönsten klassizistischen Plätze Münchens, fehlt durch die absolute Dominanz von Büros jede großstädtische Belebtheit.

Der **Luitpoldblock,** einst glanzvoller Treff der (geld)adligen Hautevolee ist heute zu einer zwar teuren, aber dennoch vergleichsweise austauschbaren Ladenpassage geworden, und just dort, wo es am lautesten wird, hat das stille Gedenken an die **Opfer des Nationalsozialismus** seinen Ort gefunden. Eine Verlegenheitslösung, schon in der Namensgebung: „Opfer" ist reichlich beliebig, die singuläre Qualität von Holocaust und Genozid wurde damit weitgehend ausgeblendet, erst mit der kürzlichen Umgestaltung ist der Gedenkbezug deutlich spezifischer geworden und die Freifläche hat jetzt auch endlich eine echte Struktur. Immer noch streiten kann man freilich über die Flammschalästhetik der 1985 aufgestellten Stele, gehörten doch lodernde Feuer schon zu den beliebtesten Accessoires an den Denkmälern auch der Täter. Postalisch ist der Platz ein Unikum, er fungiert nur als Kranzabwurfstelle, Hausnummern sind ihm nicht zugeteilt. Schade irgendwie, damit hätte man auch einen peinlichen Eintrag auf den Stadtplänen der NS-Zeit konterkarieren können: Seit 1935 firmierte die Brienner Straße als Adolf-Hitler-Straße.

Die gefürchtetste Adresse Münchens stand schräg gegenüber auf der anderen Straßenseite. Hier befand sich von 1843 bis zu seinem Abriss 1950 das Wittelsbacher Palais, der neugotische Alterssitz des nach den Querelen um seine Geliebte Lola Montez zurückgetretenen Königs Ludwig I. 1919 zog dann die bayerische Räteregierung ein, und ab 1933 – sicher auch als symbolische Siegesgeste – requirierte die Politische Polizei Bayerns unter den Schlächtern Heydrich und Himmler

Obelisk am Karolinenplatz

das Gebäude. Ab 1935 war es dann offiziell das Hauptquartier der Gestapo und als solches leidvolle Durchgangs- oder auch schon Endstation im Leben vieler Linker, Juden und Widerstandskämpfer. Heute ist das ganze Areal großflächig von der Bayerischen Landesbank bebaut, lediglich eine kleine Bronzeplatte am Haus Nr. 18 erinnert an die furchtbare Vergangenheit dieses Orts.

Rund um Karolinen- und Königsplatz

Parteiviertel

Die Straßenzüge um den Karolinen- und Königsplatz bargen das Herz der NS-Parteiherrschaft und waren entsprechend mit Verwaltungsgebäuden, den Zentralen verschiedener Reichsorganisationen und auch den repräsentativen Niederlassungen von Lobbyistengruppen besetzt. Hier residierten in mitunter ziemlich prachtvollen Häusern und Palais beispielsweise die Industrie- und Handelskammer und die Standesvertretung der deutschen Ärzteschaft (beide in der Brienner Straße), die oberste SA-Führung und die Reichsleitung der SS (Barer Straße/Karlstraße), der NS-Studentenbund und die NS-Frauenschaft sowie Dutzende andere Ämter und Vertretungen. Auch die Kirche suchte sich ein Plätzchen in der kuscheligen Nähe zu den braunen Machthabern: Die päpstliche Nuntiatur befand sich in Augenhöhe mit dem Braunen Haus, der Parteizentrale der NSDAP (→ Kasten S. 96), und die Evangelische Landeskirche hatte ihren Sitz nur wenige Meter weiter in der Katharina-von-Bora-Straße.

Außerdem war die Gegend in der Maxvorstadt schon immer eine noble Wohnlage. Am Karolinenplatz mit Blick auf den Obelisken, den Ludwig I. schamvoll für die 30.000 Söhne des Landes errichten ließ, die im Russlandfeldzug die napoleonische Zeche für das Königtum der Wittelsbacher mit dem Leben bezahlt hatten, wohnte z. B. Elfriede Bruckmann. Die reiche rechte Verlegerwitwe zählte schon in den ganz

Münchens zentrale Kranzabwurfstelle

frühen Jahren zu den Finanziers und Verehrern Hitlers und seiner Partei.

Ihre Herkunft nicht verleugnen kann auch die **Oberfinanzdirektion** in der Meiserstraße: Dem großen Adler an der Nordseite zum Alten Botanischen Garten wurde nach dem Krieg nur eilig das große Hakenkreuz aus den Fängen gemeißelt, heraldisch ist er aber nur allzu leicht der Nazi-Emblematik zuzuordnen. Die Oberfinanzdirektion spielte eine führende Rolle bei der in München besonders rasch vorangetriebenen „Arisierung" jüdischen Eigentums. Dieser Euphemismus für den staatlich organisierten Diebstahl von Immobilien und Sachvermögen hatte den Bauplatz überhaupt erst möglich gemacht: Das Gelände war im Tausch für ein enteignetes jüdisches Grundstück in den Besitz der Finanzverwaltung gekommen und demonstrierte so zynisch die Leistungskraft dieser Behörde.

Die Ansammlung von Neubauten der NSDAP mag in der Blütezeit der Partei durchaus reichhaltig gewesen sein, im Vergleich zu dem, was noch kommen sollte, war das aber ein Klacks: Der noch auf Paul Ludwig Troost, den ersten Hofarchitekt Hitlers, zurückgehende Bebauungsplan sah noch weit Pompöseres für die nördliche Maxvorstadt vor. Krieg und Zusammenbruch des Regimes machten den abgedrehten Träumen von gewaltigen Steingebirgen aber ein kleinlautes Ende.

Bei den „Blutzeugen der Bewegung"

Der Königsplatz

Kein Ort in München wird so intensiv mit Selbstinszenierung, Kult und Willkürherrschaft der Nazis in Verbindung gebracht wie der Königsplatz. Seine geistigen Urheber, Ludwig I. als Baumeister und Klenze als verantwortlicher Architekt, sind daran natürlich völlig schuldlos. Zwar hatten beide Großes, aber dennoch Harmloses im Sinn, als sie die repräsentative Bebauung dieses Areals konzipierten (zur klassizistischen Bausubstanz des Königsplatzes → Tour 9, S. 149). Die historisierende Formensprache des Ensembles passte allerdings vordergründig gut zu den neoklassizistischen Träumereien Hitlers, der den Königsplatz zur wichtigsten Aufmarschzone machte. Damit die schweren Soldatenstiefel besser klapperten, wurde die gesamte Grundfläche mit Granitplatten gepflastert. Der „Plattensee" (Münchner Bürgerspott) blieb bis 1986 Oberflächenrealität, erst dann wurden die Grünflächen renaturiert und der Platz erhielt wieder das von Klenze vorgesehene Layout.

Die Ostseite war das Spielfeld Hitlers, der seinen Hofarchitekten Troost dort bereits kurz nach seiner Machtübernahme zwei quadratische Klötze errichten ließ: Nördlich der Brienner Straße steht der sog. **Führerbau** (1933–35), der mit der Unterzeichnung des Münchner Abkommens 1938 (Abtretung des Sudetenlandes an Nazideutschland und faktische Preisgabe

München im Kasten
Erinnern und Vergessen – das Braune Haus

Erst seit Kurzem wieder zu erahnen ist der Standort des Braunen Hauses, seit 1930 Parteizentrale der NSDAP. Bevor die Nazis hier einzogen, war die Adresse Brienner Straße 45 den Lesern der Münchner Klatschpostillen als Palais Barlow ein Begriff – die noble Villa (erbaut 1829/30 nach Plänen von Métivier) gehörte dem englischen Industriellen William Barlow. Der verkaufte das Anwesen für happige 800.000 Goldmark an die aufstrebende Partei: Sponsoren waren Friedrich Thyssen aus der deutschen Stahldynastie und Prescott Sheldon Bush, der Großvater des vormaligen US-Präsidenten. Hitler war begeistert, ließ später Troost etwas daran herumbauen und steuerte fortan von hier die Aktivitäten seines braunen Haufens. Unter anderem wurde hier die wichtigste Reliquie der Bewegung aufbewahrt, die sog. „Blutfahne", also der Wimpel, den der lasch organisierte Mob beim Putschversuch 1923 mitführte. Der Name Braunes Haus, abgeleitet von den Kampfanzügen der SA, war auch die offizielle Bezeichnung im Stadtplan. Die solcherart in Misskredit gebrachte Adresse schien den Münchnern nach dem Krieg wenig wiederaufbauwürdig (Bombentreffer hatten das Anwesen stark beschädigt), und so machte man die Überreste 1947 dem Erdboden gleich und ließ (buchstäblich) Gras über die Sache wachsen.

Der Vergessensmodus blieb auch in den folgenden Jahrzehnten der bevorzugte Umgang mit der Vergangenheit. Erst in den 1980er-Jahren mehrten sich die Stimmen, die vorübergehende Nutzung durch die Nazis auch für folgende Generationen zu dokumentieren. Rasende Begeisterung ernteten diese Pläne nicht, über Grundsatzüberlegungen kam das Vorhaben viele Jahre lang nicht hinaus. Erst am 30. April 2015, dem 70. Jahrestag der Eroberung Münchens durch Einheiten der 7. US-Armee öffnete das NS-Dokumentationszentrum seine Türen für den allgemeinen Besucherverkehr und informiert im außen wie innen sehr nüchternen Duktus über den schwarzen Fleck der Stadtgeschichte. Schon arg nüchtern, wie Kritiker meinen, nur sehr eingefleischte Leseratten werden sich wohl durch die ganze Masse der Schautafeln auf drei Etagen ackern wollen und auch die haben danach Rückenschmerzen, da ein beträchtlicher Teil der Displays horizontal auf Tischen angeordnet wurde. Mein Tipp: Den sehr guten Katalog kaufen, daheim lesen und stattdessen diesen Spaziergang mit den Audiorundgängen des Dokumentationszentrums anreichern.

Das NS-Dokumentationszentrum ist tägl. (außer Mo) von 10 bis 19 Uhr geöffnet; Eintritt 5 €, erm. 2.50 €, unter 18 J. frei. Der armdicke Katalog kostet 38 €, die Audiodateien gibt es als kostenfreien Download unter www.ns-dokumentations zentrum-muenchen.de/bildungsangebote/tgp ns/themengeschichtspfad-audioversion und wenn noch Platz im Smartphone-Speicher ist, die Podcasts der **Memory Loops** (www. memorylops.net) noch dazu packen.

Führers große Treppe im Führerbau

der staatlichen Integrität der Tschecho-slowakei) Eingang in die Geschichts-bücher gefunden hat. Gegenüber liegt das ehemalige **NSDAP-Verwaltungsge-bäude**, eine nahezu identische Kopie des Führerbaus; hier wurde unter ande-rem die (peinlich umfangreiche) Mit-gliederkartei der Partei geführt. Beide Gebäude beherbergen heute Institutio-nen der Universität: Im Führerbau hat die Hochschule für Musik Quartier ge-funden, das Verwaltungsgebäude wird von den Kunsthistorikern genutzt.

Spiritueller Mittelpunkt des Platzes waren die beiden **Ehrentempel**, die beidseitig die Brienner Straße stadtein-wärts flankierten. In 16 Sarkophagen waren hier die toten Aufständischen des Hitlerputsches beigesetzt, als „Blut-zeugen der Bewegung" genossen sie den Luxus einer 24-Stunden-Ehrenwa-che, Fackelbeleuchtung inklusive. Tot waren sie trotzdem. Die Ehrentempel wurden 1947 von den Amerikanern ge-sprengt, die Sockel kann man aller-dings noch gut erkennen.

Praktische Infos   → Karte S. 93

Cafés & Snacks

So richtig Appetit dürfte die düstere Thematik wohl kaum gemacht haben, andererseits sollte man sich von einem lustfeindlichen Vegetarier wie Hitler nun auch nicht den Schweinsbraten vermiesen lassen. Gastronomisch-thematisch ein sinnvoller Abschluss dieses Spaziergangs ist daher der **Schelling-Salon** 🄢 (→ Karte S. 153, Tour 9). Hier versoff auch die junge Par-teispitze der NSDAP ihre *after hour* nach den

Sitzungen in der nahegelegenen Parteizentrale (Schellingstr. 54, immer noch am Nazi-Adler über dem Eingangstor erkennbar). Bis sie we-gen schlechten Benehmens rausgeschmissen wurden – allein das macht den Laden schon sympathisch. Die Wirtsfamilie ist bis heute die gleiche geblieben, legendär das Kneipensport-angebot von Billard (Pool & Karambolage!) bis Tischtennis. Tägl. (außer Di/Mi) 10–1 Uhr. Wäh-rend der Sommer- und Winterferien geschlossen.

Der Einzelgänger: Georg Elser

Hitler war unberechenbar, seine Launen sprunghaft, seine Marotten garantierten überraschende Volten, aber eines war sicher: Am 8. November 1939, dem Vorabend des Jahrestags des Hitlerputsches, sprach er vor ausgewählten Repräsentanten und der Führungsclique des Reichs im Münchner Bürgerbräukeller von seinem zum Heldenepos umgedichteten stümperhaften Putschversuch von 1923. Das wusste auch Georg Elser, ein Schreiner aus dem Württembergischen. Und er wusste noch mehr: dass das Geschwätz des Führers von der Eroberung von Lebensraum im Osten und der gnadenlosen Vernichtung anderer Rassen kein leeres Gerede waren – der Zweite Weltkrieg und mit ihm die Vernichtungsmaschinerie der Nazis hatten am 1. September mit dem Überfall auf Polen eine neue Qualität bekommen. Die Offensichtlichkeit dieses monströsen Verbrechens, von den meisten seiner Landsleute ziemlich gleichgültig hingenommen, veranlasste Elser zum Handeln. In wochenlanger akribischer Vorarbeit bastelte er einen Sprengsatz, den er in den Nachtstunden in einer Säule des Bürgerbräukellers verbarg und der zu gegebener Stunde Hitler und seine Entourage unter den Trümmern der Bierhalle begraben sollte. Die Arbeit des geschickten Bastlers funktionierte präzis, der Bürgerbräukeller fiel in sich zusammen wie ein Kartenhaus, und Augenzeugen vermuteten unmittelbar nach der Explosion keinen einzigen Überlebenden in den Trümmern.

Aber Hitler war schon weg. Völlig entgegen seinen Gewohnheiten dauerte seine Tirade an diesem Abend nur 20 Minuten (das Wetter war schlecht, und deshalb musste er mit dem Zug zurück nach Berlin), und die Detonation ereignete

Faksimiles der Flugblätter der Weißen Rose vor der Uni

sich in einem bereits weitgehend ge- leerten Saal. Acht Tote (darunter eine unbeteiligte Saalkraft) und 63 Verletzte waren die unmittelbare Folge, der Fort- bestand des Regimes war damit natür- lich nicht im Mindesten angetastet.

Elser floh nach Südwesten und wurde beim Versuch des Grenzübertritts in die Schweiz verhaftet. Als „Sondergefan- gener des Führers" wurde er in ver- schiedenen KZs inhaftiert, zuletzt in Dachau, wo er am 9. April 1945 auf Weisung aus der Reichskanzlei er- schossen wurde – knapp einen Monat vor dem endgültigen Aus des Traums vom „Endsieg". Seine Alleintäterschaft, heute unbestritten, wurde von Himm- ler immer angezweifelt: Der notorisch paranoide SS-Chef vermutete ein von England gesteuertes Komplott.

Den Verrätermalus ist Elser auch post- hum lange nicht losgeworden. Immer stand der charakterstarke Einzelgänger im Schatten der elitären Offiziere des 20. Juli – die immerhin erst fünf Jahre und Millionen Tote später aktiv gewor- den waren. Erst 1989 wurde eine Ge- denkplatte an der Stelle des mittler- weile abgerissenen Bürgerbräukellers (zwischen dem Kulturzentrum am Gas- teig und dem Hotel Hilton City) ein- gelassen, 1997 wurde ein Platz an der Schwabinger Türkenstraße nach Elser benannt und seit 2009 erinnert dort auch eine Lichtinstallation (täglich um 21.20 Uhr, dem Zeitpunkt der Detona- tion, in Betrieb) an den mutigen Schreiner.

Die Weiße Rose

Willi Graf, Alexander Schmorell, Chris- toph Probst, der Universitätsprofessor Kurt Huber, Hans Scholl und allen voran dessen Schwester Sophie gehö- ren heute zu den Symbolfiguren des gewaltfreien politischen Widerstands. Sie bildeten den innersten Kreis der Weißen Rose, eines heimlichen Zusam- menschlusses von Freunden und Stu- dienkollegen, die seit Sommer 1942 dem Schlachten und Morden an und hinter

Hitlers Fronten nicht mehr nur zusehen wollten. Ihre Waffe war das Wort. Nur sechs Flugblätter benötigte die kleine Gruppe aus dem akademischen Milieu, um die braunen Machthaber so richtig nervös zu machen. Gedruckt auf einer altersschwachen Presse und zum Teil auf mechanischen Schreibmaschinen abgetippt, erreichten sie insgesamt wohl kaum eine Auflage jenseits der 100.000; durch fleißige Versand- aktivität schafften sie es aber in im- merhin 16 Städte des noch großdeut- schen Reichs.

Mit großer analytischer Schärfe und klarer Sprache, mit Leidenschaft und Eifer gegen Genozid und Vernichtungs- krieg anschreibend, bezog die Weiße Rose unmissverständlich Position und strafte all diejenigen Lügen, die hinter- her von nichts gewusst haben wollten. Dabei war die Informationslage der Studenten (die Männer hatten als ein- fache Soldaten Fronterfahrung in Russ- land gemacht) keinesfalls privilegiert; lediglich der Mut, den eigenen Verstand

auch wirklich zu benutzen, war ausgeprägter als bei der erschlagenden Mehrheit der Volksgenossen.

Die Konsequenz ihrer Haltung wurde ihnen schließlich zum Verhängnis: Obwohl sie wussten, dass das Netz des Repressionsapparats von Politischer Polizei und Gestapo sich zuzog, legten sie am 18. Februar 1943 (die Wehrmacht hatte gerade ihr historisches Desaster in Stalingrad erlebt) ihr letztes Flugblatt im Treppenhaus der Universität aus und wurden prompt vom eifrigen Pedell des Hauses ertappt. Bereits vier Tage später, am 22. Februar, lebten Probst und die Geschwister Scholl nicht mehr, ein eiliges Verfahren hatte sie zum Tod durch das Fallbeil verurteilt. Vorsitzender der Gerichtsfarce war Roland Freisler, der berüchtigte Präsident des Volksgerichtshofs. Hitler hatte den ranghöchsten Kettenhund der deutschen Justiz nach München geschickt – keine Frage, die Nazis hatten mächtig Angst vor den Studenten bekommen.

Spur der Erinnerung
in der Viscardigasse

Die anderen Mitglieder des inneren Kerns der Gruppe wurden dann in einem zweiten Prozess im Juni ebenso final abgeurteilt.

Die Aktivitäten der Weißen Rose zielten nicht auf faktische Einflussnahme und Tyrannenmord, und wahrscheinlich war auch der jugendliche Romantik eine nicht unbedeutende Triebfeder ihres Handelns: Beides wurde den jungen Widerständlern immer wieder vorgeworfen, und so dauerte es eine ganze Weile, bis die Weiße Rose gebührende Würdigung in der Kultur Münchens fand. Seit 1968 trägt das Institut für Politische Wissenschaft der LMU den Namen „Geschwister Scholl", und auch der Platz vor der Universität wurde nach ihnen (westliche Hälfte) bzw. Professor Huber (östliche Hälfte benannt). Die einfachen Gräber der Mitglieder der Weißen Rose befinden sich auf dem Perlacher Friedhof im Südosten der Stadt.

Vor dem Haupteingang des Justizpalasts in der Prielmayerstraße (→ Tour 3, S. 60) erinnert eine zierliche geschmiedete weiße Rose an die Widerstandsgruppe. Im Sitzungssaal 253 (vormals 216) des Gebäudes, in dem der zweite Prozess gegen die „Weiße Rose" geführt wurde, ist jetzt außerdem eine Dauerausstellung zur Willkürjustiz des Dritten Reichs eingerichtet.

Werktags 9–16 Uhr, nicht vom 10. 4. bis 31. 5. und vom 10. 10. bis 31. 11. Einritt frei.

Last minute heroes – die Freiheitsaktion Bayern

Ende April 1945: Ein Reich liegt in den letzten Zügen, eine Stadt pfeift aus dem letzten Loch. Aber den Nazis sind die Trümmergebirge noch immer nicht hoch genug, und einige glühende Parteigänger Hitlers machen sich buchstäblich mit Feuereifer daran, den „Nero-Befehl" ihres in Berlin unter meterdickem Beton verkrochenen Führers umzusetzen. Danach sind „alle militärischen, Verkehrs-, Nachrichten-, Industrie- und Versorgungsanlagen so-

Arbeitsplatz auch furchtbarer Juristen

wie Sachwerte [...] zu zerstören". Hauptmann Rupprecht Gerngroß, Kompaniechef einer in München stationierten Dolmetschereinheit, hat nun endgültig genug vom braunen Irrsinn und sucht innerhalb der Wehrmacht nach Mitstreitern gegen die Verbrannte-Erde-Strategie.

Realistisch geht man von einem raschen Vormarsch der amerikanischen Verbände aus und entschließt sich für den Tag X – Codename „Fasanenjagd" – zum „Widerstand auf Mittelwelle". Das Halali kommt bald: Am 28. April besetzen Gerngroß und einige Kameraden den Sender Erding im Norden Münchens und bleiben mit ihrem Aufruf gegen die Sabotage der Lebensgrundlagen Deutschlands einige Stunden auf Sendung, bis SS-Verbände die Kontrolle über die Radiostationen zurückerkämpfen und die Fasanenjäger fliehen müssen. Gerngroß überlebt die letzten Tage bis zum nahen Kriegsende auf einer Berghütte, andere (zum Teil auch völlig Unbeteiligte) haben weniger Glück: Schergen des untergehenden Reichs veranstalten eine letzte Hetz-

jagd auf die „Wehrkraftzersetzer" und „Drückeberger" der Freiheitsaktion Bayern. 40 Menschen fallen den Standgerichten dieser finalen Raserei noch zum Opfer.

Ihnen zu Ehren wurde der Feilitzschplatz im Herzen Schwabings 1947 in **Münchner Freiheit** umbenannt. Während der finsteren zwölf Jahre zuvor hieß er – zur zweifelhaften Ehre einer rechtsradikalen Truppe aus Ostdeutschland – „Danziger Freiheit".

Man mag der Freiheitsaktion Bayern vorwerfen, sich erst reichlich spät den Sand aus den Augen gewischt zu haben. Immerhin aber ist der Aktion unter anderem die Verschonung Augsburgs zu verdanken, denn wegen der von ihr durchgeführten Entwaffnung noch kampfbereiter Wehrmachts- und SS-Einheiten konnte die Stadt kampflos an die Alliierten übergeben werden. Außerdem: Viele andere sind diesen Schritt nie gegangen, manche pöbelten sogar noch Jahrzehnte später gegen die vorgeblichen Verräter des deutschen Widerstands von Scholl bis Stauffenberg.

Auf dem Weg nach Norden
Tour 6

Schwabing – das sagenumwobene
Dorf im Norden. Erst 1890 eingemeindet, galt es seitdem unter
verschiedenen Vorzeichen immer
wieder als Zentrum des anderen,
intellektuellen München.

Feldherrnhalle und **Odeonsplatz**,
der klassizistische Traum von der
nördlichsten Stadt Italiens, S. 105
und 106

Ludwigstraße, Münchens gute
Stube – kaum benutzt, aber auf
Hochglanz, S. 108

Englischer Garten, siebtgrößter
und allerschönster Park der Welt,
S. 113

Hundert Jahre Hipstertum
Ludwigstraße, Leopoldstraße und Schwabing

Boheme und Literaten des Fin de Si-
ècle, Studenten und Hippies der wilden
Sechziger (die auch hier so wild gar
nicht waren) schufen in Schwabing einen Mythos, in dem man sich noch
heute sonnt – auch wenn die Physiognomie des Viertels sich mittlerweile
der Reststadt angepasst hat. Im Herzen
Schwabings um die Münchner Freiheit
und den Wedekindplatz geht es zumindest in den späten Abendstunden immer noch wild zu – aber doch nicht un-
gezügelt: Zwischen Starbucks, Döner-
buden und zahllosen Bierkneipen sucht
die Jugend aus den Vorstädten den
anarchischen Reiz der alten Tage in
streng geregelten Bahnen mit Dress-
code und Parkscheibe, gerne auch im
verordneten Rahmen organisierter
Großveranstaltungen. Streetlife-Festi-
val (die Institutionalisierung des WM-
Rauschs von 2006), Corso Leopold und
Straßenfest sind bestens besuchte
Events in heißen Sommernächten, und
der obligatorische Autokorso nach Erfolgen des FC Bayern – die Löwen würden wohl auch gerne, gewinnen aber
nix – findet hier seinen Höhepunkt im
orgiastischen Verkehrsinfarkt. Die
Kneipendichte auf der Leopoldstraße
zwischen Herzog- und Franz-Joseph-
Straße erreicht in der allgemein aus-
gehfreudigen Stadt den absoluten
Höchstwert, Flaneure, Voyeure und andere Seh- und Zeigefreudige finden
hier den längsten Laufsteg.

Tagsüber geht man am besten einkaufen: Was auch immer auf den Fotostre-
cken hipper Szenemagazine zu sehen
ist – die Chance, es hier zu bekommen,
ist hoch. Vor allem die die Leopoldstraße
kreuzende Hohenzollernstraße ist mit
einer Vielzahl von schicken, schrägen,

exklusiven und gediegenen Boutiquen eine der konzentriertesten und attraktivsten Einkaufsstraßen der ganzen Stadt. Kulinarisch hängen die Trauben hier dagegen eher in Greifhöhe. Das Bar- und Kneipenpublikum verschafft sich die solide Grundlage bevorzugt bei den Filialisten der großen Fast-Food-Ketten oder begnügt sich mit gastronomisch nicht ganz so bemerkenswerten Tapas, Sushis oder Pizzen.

Der Straßenzug mit dem heute bewegten Nachtleben beginnt knapp zweieinhalb Kilometer südlich als prächtigste der Prachtstraßen Münchens. Die Ludwigstraße – der Namenspatron ändert sich recht unbemerkt hinter dem Siegestor – ist von den vier Hauptachsen der wittelsbachischen Stadtschöpfung des 19. Jh. sicher die majestätischste, gewagteste und eindrucksvollste. Italien- und Geschichtsbegeisterung der bayerischen Könige und ihrer wichtigsten Baumeister

Die Münchner Rück im Sauseschritt

(Klenze und Gärtner) wurden hier am intensivsten ausgelebt. Kopien und Zitate florentinischer, venezianischer, römischer oder antiker Baukunst belegen ziemlich unverhohlen, wo nach Meinung der regierenden Dynasten Architekt Bartel den Most zu holen hatte. Resultat ist „eine der monumentalsten Straßen Europas" – so meinte zumindest in ganz unhelvetischer Euphorie der Schweizer Kunsthistoriker Heinrich Wölfflin. Aber eben auch ein urbaner Fremdkörper. Die langgestreckten, hohen Fassaden der Gebäude öffnen sich dem Passanten nur allzu selten, und auch dann fühlt man sich eher vorgelassen als eingeladen: Ministerien, Archive und Universitäten müssen wohl so sein. Für Ladengeschäfte ist in der Ludwigstraße nur wenig Platz geblieben, und deshalb ist der Fußgängerverkehr auch äußerst spärlich. Wer sich nicht gerade intensive Blicke auf die fantastische Bausubstanz gönnen möchte, nimmt vom Odeonsplatz zum Siegestor wahrscheinlich eher die U-Bahn. Von dort steigert sich die städtische Aktivität bis zur Münchner Freiheit gemächlich bis zum bereits erwähnten gewaltigen Crescendo.

Spaziergang

Barock und Klassizismus

Theatinerkirche und Feldherrnhalle

Konzeptioneller Ursprung der Achse Ludwig-/Leopoldstraße ist der Platz vor der Feldherrnhalle an der nordwestlichen Ecke der Residenz (Ⓤ 3 + Ⓤ 6 Odeonsplatz und Buslinie 100). Bis zu Beginn des 19. Jh. war München hier zu Ende. Das Schwabinger Tor, seit 1319 Teil der Stadtbefestigung, markierte den nördlichen Eingang der Stadt.

Bald jedoch wuchsen Stadt und Umland immer weiter zusammen, und die Integration der unmittelbar umliegenden Dörfer wurde zur drängenden infrastrukturellen Herausforderung. Die nahm Ludwig I. gerne an, kramte alte Pläne von Karl Theodor (dem ungeliebten pfälzischen Aufklärer) hervor und ließ eine breite Trasse nach Norden skizzieren. Bezugspunkt war das Schloss Oberschleißheim. Dieselbe Funktion übernahm in westlicher Richtung die Brienner Straße als Verbindungsachse mit dem Schloss Nymphenburg. Nach dem Abriss des Schwabinger Tors (1815) und der Planierung des dortigen Areals wurde mit den ersten Bauvorhaben des neuen Prachtboulevards Ludwigstraße begonnen.

Ein wesentliches Gestaltungselement des durch die Schleifung des alten Stadttors entstandenen Platzes war allerdings schon lange vorhanden: Seit 1688 stand hier bereits die allerhöchstbarocke **Theatinerkirche** (offiziell St. Kajetan), eine großartige Danksagung des damals nachwuchsarmen Hauses Wittelsbach anlässlich der Geburt Max Emanuels (1662). Die italienischen Baumeister Agostino Barelli (bis 1669), Enrico Zuccalli (bis 1675) und Antonio Spinelli bedienten sich aus ihrem heimischen Reservoir: Die Frontgestaltung folgt der Theatinermutterkirche Sant'Andrea della Valle in Rom, die beiden Fronttürme mit den kecken Helmchen hatte man sich bei Santa Maria della Salute in Venedig abgeschaut. Zusammen mit der riesigen Kuppel bilden sie ein wesentliches Element der Silhouette Münchens. Die Fassade entspricht nicht so ganz dem spätbarocken Ideal – kein Wunder, sie wurde erst ca. 100 Jahre später verputzt. Verantwortlich war François Cuvilliés, und der spielte am liebsten mit dem Rokoko-Baukasten. Im Inneren wirkt die Theatinerkirche durch die fehlenden Farbakzente auf den ersten Eindruck etwas eintönig, die Eleganz der Stuckaturen und Altäre erschließt sich erst nach etwas längerer Betrachtung.

Mit der Frauenkirche und St. Michael gehört die Theatinerkirche zu den drei wichtigsten Grablegen der Wittelsbacher. In der Fürstengruft wurden u. a. Prinzregent Luitpold, Otto I. von Griechenland und Max I., erster bayerischer König, beigesetzt. Nach der Säkularisation diente die Kirche einige Jahre als (ziemlich großer) profaner Heuspeicher, die Gebäude des nebenan liegenden Konvents wurden von der kurfürstlichen Regierung übernommen, heute beherbergen sie das Bayerische Kultusministerium.

In mancherlei Hinsicht besonders typisch für die Baugeschichte der Ludwigstraße ist das Gebäude an ihrem Ausgangspunkt, die **Feldherrnhalle** (1841–44). Um die geistige Urheberschaft der Jubelhalle zu Ehren des militärischen Genies der Bayern stritten sich im Vorfeld die beiden bedeutendsten Münchner Architekten der Epoche, Leo von Klenze und Friedrich von Gärtner. Letzterer hatte am Ende die Nase vorn, und dann fiel ihm nichts Besseres ein, als eine nahezu deckungsgleiche Kopie der Loggia dei Lanzi in Florenz zu errichten und damit den eklektizistischen Neoklassizismus des gesamten

Design geklaut in Venedig: Theatinerkirche

Ludwigstraßenensembles auf die Spitze zu treiben. Die damals noch nicht so weit gereisten Münchner bemerkten das Plagiat nicht – oder störten sich

München im Kasten
Der gekränkte Ex-König

Zwischen Odeon und Leuchtenberg-Palais thront hoch zu Ross der Spiritus Rector des ganzen Ensembles: König Ludwig I. in Bronze, flankiert von zwei Schildträgern, die das Motto des Monarchen präsentieren: „beharrlich und gerecht". Ungerecht behandelt fühlte sich Ludwig bei der Aufstellung 1862 trotzdem: Der sinnenfrohe Ex-König – er hatte im Revolutionsjahr 1848 nach der Lola-Montez-Affäre abgedankt – galt allgemein als sehr schlechter Reiter und fand sich mit der großen Schwanthaler-Skulptur veräppelt, zumal die beiden Pagen sein Pferd ursprünglich auch noch am Zügel führen sollten. Lediglich die Umgestaltung der beiden

Knabengestalten zu Mottoträgern und der Hinweis auf das berühmte Vorbild des Standbilds, den Magdeburger Reiter, das Kaiser Otto den Großen zeigt, konnten Ludwig besänftigen – in historische Kontinuität mit den Großen der deutschen Geschichte gesetzt zu werden schmeichelte ihm sehr. Trotzdem handelt es sich künstlerisch um eine Zweitverwertung: Gestalterische Grundlage war ein bereits früher realisiertes Standbild Schwanthalers für Stephan von Ungarn. Der war wenigstens schon lange tot (Regierungszeit 937–1038) und deshalb nicht so pingelig mit den Ausstattungsdetails.

Ludwigstraße, Leopoldstraße und Schwabing → Karte S. 106/107 wenigstens nicht dran. Stattdessen amüsierten sie sich über die beiden Heroen der Kriegskunst bayerischer Machart, war doch von den mit überlebensgroßen Skulpturen verewigten bayerischen Feldherren einer kein rechter Feldherr (Fürst Wrede) und der andere schon gar kein Bayer (Graf Tilly) – ein Spott, den Lion Feuchtwanger in seinem grandiosen Zeitroman „Erfolg" gerne aufgriff, um das zur Beliebigkeit neigende Geschichtsverständnis der Bayern zu illustrieren.

Auftakt zur Ludwigstraße

Odeonsplatz

Der Odeonsplatz, der sich als Adresse noch ein ganzes Stück rechts und links der Fahrbahn der Ludwigstraße hinzieht, verdankt seinen Namen dem **Odeon**, einem Ball- und Konzertsaal mit legendärer Akustik. Der ist allerdings Geschichte. 1944 wurde das Gebäude komplett eingeäschert, und bei der Rekonstruktion (1951–54) blieb von der Stätte musikalischer Lustbarkeiten nur noch der Umriss in Gestalt des offenen Innenhofs. Der Nutzer dieser Tage ist weniger für sein schöngeistiges Engagement als für scharf formulierte Positionen bekannt: Der Komplex mit der Nr. 3 beherbergt heute das Bayerische Innenministerium. Die Fassadengestaltung zeigt wenig zufällige Ähnlichkeit mit dem benachbarten **Leuchtenberg-Palais** (Nr. 4), dem Sitz des Finanzministeriums: Sie entspringen dem ursprünglichen Bebauungsplan Klenzes, der mit diesen beiden Neorenaissanceprojekten eine frühe und verbindliche Stilvorgabe (1816) für die weitere Gestaltung der Ludwigstraße formulierte. Das Leuchtenberg-Palais ist die größte aller Münchner Stadtresidenzen, was problemlos mit dem ersten Bewohner in Verbindung zu bringen ist: Eugène Beauharnais, hauptberuflich Stiefsohn Napoleons und nur im Nebenjob Herzog von Leuchtenberg, importierte das Repräsentationsbedürfnis der Pariser Hautevolee in die bayerische Hauptstadt.

E ssen & Trinken (S. 116/117)

1 Tantris
2 Aumeister
4 Osterwaldgarten
5 Seehaus-Biergarten
6 Kaisergarten
9 Scheidegger
11 Werneckhof
16 Piatsa
17 Ignaz
18 Kalypso
20 Crêperie Cabus
23 Biergarten am Chinesischen Turm
24 Osteria Italiana

C afés (S. 115/116)

7 Bartu Eis (S. 145)
21 Mensa
22 Max-Emanuel-Brauerei
26 Schelling-Salon
27 Uni-Lounge
28 Gelateria Adria
29 Alter Simpl
30 Der Verrückte Eismacher (S. 145)
31 Konditorcafé Schneller
32 Café an der Uni
33 Atzinger
34 Café Puck
35 Pommes Boutique
36 Zum Koreaner
37 Fräulein Grüneis
38 San Francisco Coffee Company
39 Café Arzmiller

E inkaufen (S. 117)

8 Buchhandlung Lehmkuhl
10 Berufskleidung Bertrand
12 Sunday in Bed
13 Optik Hartogs
14 Kinderzimmer
19 Concept-Store Falkenberg

N achtleben

3 Zum Jennerwein (S. 246)
15 Crash (S. 250)
25 Garibaldibar (S. 248)

Tour 6: Ludwigstraße, Leopoldstraße und Schwabing

Stadtgeburtstag auf dem Odeonsplatz

Zwischen den beiden Gebäuden führt ein Durchgang auf den Wittelsbacher Platz und gibt den Blick frei auf das **Palais Ludwig Ferdinand**, in dem dieser Tage die oberste Management-Ebene des Siemens-Konzerns Unbillen der Konjunktur und Skandalen ritterlich trotzt.

Auf der anderen Straßenseite schließt das **Bazargebäude** den Odeonsplatz zum Hofgarten hin ab. Die noble Adresse hat so gar nichts von orientalischwuseliger Einkaufsatmosphäre, in den feinen Geschäften unter den Augen Ludwigs (→Kasten S. 105) wird nicht gehökert, sondern dezent offeriert. Vergleichbares gilt auch für die Gestaltung des im Ludwigstraßenkontext eher flach gestreckten Baus selber: Klenze verzichtete hier auf effektheischende Zitate und ersann eine zwar glatte, durch Fenster und Niveauunterschiede der Gebäudeteile aber optisch interessant gegliederte Fassade.

Münchens gute Stube

Die obere Ludwigstraße

Hinter der Kreuzung mit dem Altstadtring wird es ziemlich einsam um den Ludwigstraßenflaneur. Das der dynas-tischen Show verpflichtete Baukonzept Klenzes sah Dinge wie Läden, Restaurants und Cafés schlicht nicht vor. Deshalb trifft man in diesem Abschnitt eigentlich nur noch – vorzugsweise radelnde – Studenten und Benutzer der Staatsbibliothek. Ruhig geht es deswegen aber nicht zu: Die sechsspurige Straße ist (wie schon von Ludwig und Klenze geplant) eine der Verkehrshauptachsen der Stadt und völlig baumfrei, und so können sich die Geräuschemissionen des lebhaften Verkehrs unreflektiert ausbreiten.

Das Ensemble ist in seiner optischen Wirkung davon unbetroffen, die großartigeren Schaustücke stehen vor allem auf der rechten (stadtauswärts gesehen) Seite. Die **Staatsarchive** (Nr. 16) machen den Anfang: Ihre offenen Arkadengänge, Trophäenreliefs und Horizontalbänder weisen sie als eines der originellsten und gelungensten Werke Leo von Klenzes aus. Der **Landeszentralbank** (Nr. 13) schräg gegenüber geht diese Eleganz weitgehend ab – woran allerdings auch die Nazis mit einer tiefgreifenden Umgestaltung erheblich Mitschuld tragen.

Mit der **Bayerischen Staatsbibliothek** (Nr. 16) beginnt der maßgeblich von

Friedrich von Gärtner gestaltete Teil der Ludwigstraße. Ursprünglich war die Büchersammlung für den Königsplatz vorgesehen, der Rivale Klenzes – in den Jahren ab 1828 in der Gunst des Königs vorne liegend – konnte Ludwig aber den Bauplatz an der neuen Achse schmackhaft machen. Zwar wurde ihm die aufwendige Fassadengestaltung vom König persönlich zusammengestrichen, dafür durfte er sich aber im Inneren mit einem prächtigen Treppenhaus – inspiriert von der Scala dei Giganti des Dogenpalasts in Venedig – so richtig austoben. Die eigentlichen Bibliotheksräume, eher Hallen, sind in Neubauten an der abgewandten Ostseite untergebracht. Für deutlich mehr als sechs Millionen Bände war die Stabi (der Kurzname hat sich quasioffiziell etabliert) auch nie gedacht. Sogar mit erheblich geringeren Beständen war wohl der Bibliotheksalltag nicht einfach. Bereits Johann Andreas Schmeller, als Mundart- und Handschriftenkoryphäe einer der ersten leitenden Mitarbeiter des Hauses, kritisierte die mangelhafte praktische Eignung des Baus. Trotzdem ist aus der Stabi noch die zweitgrößte Bibliothek Deutschlands geworden. Nebenbei ist sie auch noch der größte Blankziegelbau im Land.

Den entscheidenden Akzent in der Hochachse der ansonsten mit einheitlicher Traufhöhe bebauten Ludwigstraße setzt die **Pfarr- und Universitätskirche St. Ludwig** gegenüber der Einmündung der Schellingstraße. Ihre Errichtung war notwendig geworden, weil die alte Pfarrkirche dem Neubau des Kriegsministeriums hatte weichen müssen. Doch obwohl sich König Ludwig mächtig für sein Prestigeprojekt ins Zeug legte – immerhin sollte die Kirche seinem eigenen Namenspatron geweiht werden –, gab's bei Planung und Realisierung reichlich Gezänk. Zunächst musste Ludwig mit dem Umzug von Regierungssitz und Universität drohen, bevor ihm der – ansonsten durchaus gefügige – Stadtrat den eine Million Gulden teuren Neubau überhaupt erst genehmigte. Dann zogen sich die 1829

Die Ludwigskirche an der Ludwigstraße

nach Plänen von Gärtner begonnenen Bauarbeiten unverhältnismäßig lange hin, nicht zuletzt weil der mit der umfangreichen Freskenmalerei beauftragte Peter Cornelius ein eher gemächliches Tempo vorlegte. Und als die Kirche 1844 endlich fertig war, war es eben jenes Werk des säumigen Künstlers, das den finalen Stein des Anstoßes bildete. Zwar hatte Cornelius mit seinem „Jüngsten Gericht" hinter Michelangelos Endzeitvision in der Sixtinischen Kapelle das zweitgrößte Wandfresko der Welt geschaffen (18,3 m mal 11,3 m), doch Ludwig war dennoch nicht amüsiert: Es gefiel ihm nicht, und so kriegten sich König und Künstler bei der ersten Besichtigung des fertigen Werks dermaßen in die Wolle, dass Letzterer sein Tätigkeitsfeld in der Folge vorsichtshalber nach Berlin verlegte.

Wissenschaft, Kunst und Prunk

Universität, Siegestor und Kunstakademie

Ein Eckpfeiler der ludovizianischen Stadtplanung war es, München auch als Metropole von Wissenschaft, Kunst und Kultur zu etablieren. Odeon und Staatsbibliothek repräsentierten dieses Anliegen schon im unteren und mittleren Abschnitt der Ludwigstraße, aber so richtig vollständig konnte das Bild natürlich erst mit einer zünftigen Universität werden – und München hatte keine. Ludwig beugte sich daraufhin über eine Karte seines Reichs und wurde fündig: Landshut! Dorthin hatte Ludwigs Vater Max die 1472 von Ludwig dem Reichen in Ingolstadt gestiftete Hochschule verlegt. Wittelsbach hatte also gegeben – und konnte folglich auch wieder nehmen. So wanderte die Uni 1826 nach München.

Die ersten Jahre mussten sich die Studenten noch im Jesuitenkolleg an der Neuhauser Straße seminieren lassen, bis dann 1840 das Gebäude an der neuen Prachtmeile fertig wurde. Der ausgeschriebene Wettbewerb war ergebnislos (oder nicht mit dem von königlicher Seite erwünschten Ergebnis) verlaufen, deshalb durfte wieder Friedrich von Gärtner ran. Der entschied sich für eine Forumslösung: Stadtauswärts links konzipierte er eine dreiflügelige Anlage – der Stammsitz der **Ludwig-Maximilians-Universität** – mit weit zurückgesetzter Bogenvorhalle, auf der gegenüberliegenden Seite fassen die beiden Winkelbauten des **Georgianums** (Priesterseminar und Kunstsammlung) und des **Max-Joseph-Stifts** (heute juristische Fakultät) den nahezu quadratischen Platz ein. Für die beiden Brunnen in den Vorhöfen ließ sich Gärtner – einmal mehr – von römischen Vorbildern inspirieren. Diesmal zitierte er selbstbewusst die Fontänen auf dem Petersplatz des großen Bernini.

Am **Siegestor** ist Schluss mit lustig und Ludwigstraße – hier zeigte das Königreich Bayern noch einmal die Muskeln. Mit dem Prunkbogen verwiesen die Wittelsbacher auf den wichtigsten aller Machtfaktoren: Triumph auf dem Schlachtfeld. Der Straßenverlauf befin-

Münchens feines Stück Postmoderne: die Neue Akademie

det sich damit gewissermaßen in kriegerischer Umklammerung: Sowohl die martialisch auftrumpfende Feldherrnhalle zu Beginn wie auch das dreitorige Monument für das bayerische Heer am Ende betonen Kraft, Stärke und Wehrwillen des bayerischen Volks – die Kultur wird in der Fluchtlinie wieder zum schmückenden Beiwerk.

Eine deutliche Demutsgeste war dann 1945 fällig: Nachdem das Siegestor den Traum vom Endsieg mit massiven Zerstörungen gebüßt hatte, wurde beim Wiederaufbau der triumphalen Widmung an der Nordseite („Dem Bayerischen Heere") eine fast pazifistische Mahnung an der Südseite entgegengesetzt („Dem Sieg geweiht, vom Krieg zerstört, zum Frieden mahnend"). Das Siegestor war der letzte Bau Friedrich von Gärtners in München, noch vor der Fertigstellung 1850 verstarb der Baumeister. Auch im Spätwerk blieb er seiner Linie treu und wählte ein römisches Vorbild: mit dem Konstantinsbogen diesmal ein antikes.

Jenseits der Georgenstraße

Die Leopoldstraße

Die Leopoldstraße kommt viel freundlicher und einladender daher als ihre monumentale Verlängerung nach Süden, die Ludwigstraße. Geschuldet ist dies nicht nur dem Fehlen der ganz großen Repräsentationsbauten, sondern vor allem auch der hier realisierten Alleebegrünung – zumindest im Sommer hat die Straße damit einen fast gartenhaften Anstrich. Ursprünglich als „Alter Schwabinger Weg" eher ein Verbindungspfad mit dem außerhalb gelegenen Vorort, bekam der Straßenzug nach der Eingemeindung Schwabings (1890) gehobene infrastrukturelle Bedeutung und wurde auf das heutige vierspurige Maß gebracht. Namensgeber war übrigens ein nicht so sonderlich bedeutender Sohn des späteren Prinzregenten Luitpold – wohl auch, um das Werk Ludwigs I. in seiner Einzigartigkeit nicht zu beschädigen.

Schikane auf der Flaniermeile: Siegestor

Deshalb nimmt die Sehenswürdigkeitsdichte hinter dem Siegestor dramatisch ab, in kunsthistorischer Sicht fällt sie genauer gesagt fast auf Nullniveau. Markantestes Artefakt ist wahrscheinlich der **Walking Man**, eine 17 m hohe Stahl-Fiberglas-Skulptur des Amerikaners Jonathan Borofsky vor dem Eingang der Münchener Rückversicherungs-AG (international börsianisch: Munich Re). Neben seiner volkswirtschaftlich zweifelsohne bedeutenden Funktion als – mit Abstand – größter Rückversicherer weltweit ist das Unternehmen auch noch ein großer Kunstmäzen: In den zahlreichen Gebäuden des Assekuranzgiganten (die Münchener Rück ist eigentlich ein eigener Stadtteil, dessen Gebäude mit kilometerlangen unterir-

Endspiel an der Münchner Freiheit

dischen Gängen verbunden sind) befinden sich Werke sehr renommierter
zeitgenössischer Künstler wie Jenny
Holzer, Gerhard Richter und James
Turell. Leider ist die Münchener Rück
ungefähr so transparent wie der Vatikan und kein Museum, die – enorm
lohnende – Besichtigung der Bestände
bleibt so Mitarbeitern vorbehalten.
Kennen Sie einen?

Architekturgeschichtlich fällt die Zeit
der kulturellen Blüte Schwabings mit
dem Aufkommen des Jugendstils zusammen, und so finden sich im Stadtbild dieses Viertels einige sehr schöne
Anschauungsobjekte aus dieser Epoche. Allerdings nicht so sehr auf der
Leopoldstraße als vielmehr in den
westlichen Seiten- und Parallelstraßen.
Ein kurzer Abstecher in die Zeit um die
vorletzte Jahrhundertwende führt links
in die **Ainmillerstraße** (etwa Höhe
U-Bahn Giselastraße), dort sind es vor
allem die Hausnummern 20 und 22, die
durchgängig nach den Gestaltungsvor-
gaben dieser Stilrichtung gebaut wurden. Besonders auffällig ist schon bei
nur flüchtigem Passieren die lebhaft
bunte Farbgebung der Fassaden – den

Architekten des etablierten Historis-
mus, der es in München ja fast zum De-
signstandard brachte, ein besonderer
Stachel im Fleisch. Friedrich von
Thiersch etwa war schlicht der Mei-
nung „Farbe ist unfein". Sein Schüler
Martin Dülfer, einer der Begründer des
Jugendstils, war unübersehbar anderer
Meinung.

Weitere schöne Beispiele befinden sich
an verschiedenen Adressen in der Nähe
der Ainmillerstraße: Römerstraße 11
(Querstraße, links einbiegen), Franz-
Joseph-Straße 38 (südliche Parallelstraße) und Kaiserstraße 14 (nördliche
Parallelstraße).

Fündig wird man schließlich auch um
die **Münchner Freiheit.** Interessant sind
hier besonders die Leopoldstraße 77,
ein sehr auffälliges Werk Dülfers, und
die evangelische **Erlöserkirche** in der
Ungererstraße 13 (nördliches Ende der
Münchner Freiheit). Letztere entstand
1901 nach Plänen Theodor Fischers, einer weiteren Schlüsselpersönlichkeit
des Jugendstils in München. Von außen
wirkt die Erlöserkirche wie eine einfache Dorfkirche, das Innere ist geprägt

von der schwungvollen Ornamentik des Jugendstils.

Vieles wurde im Lauf der Jahrzehnte wegmodernisiert oder zerstört – besonders die Nazis konnten mit der leichten Eleganz naturgemäß wenig anfangen –, und so finden sich viele Spuren des Jugendstils nur noch in Details wie Beschlägen, Toren und Dekorationen. Auch Treppenhäuser äußerlich schlichter Bauten zeugen mit floraler Verspieltheit und geometrischem Kachelwerk oft noch vom Geist der Epoche.

Die Leopoldstraße endet nicht an der Münchner Freiheit, wird aber in ihrem weiteren Verlauf bis zum Mittleren Ring zur reinen Ausfallstraße mit Tankstellen und Großmärkten. Wer hier abbrechen will, steigt an der gigantischen iPod-Dockingstation, die aber bloß eine grotesk grün-weiße Bushaltestelle ist, in ein öffentliches Verkehrsmittel und fährt zurück in die Stadtmitte. Die Alternative ist ein Spaziergang durch den Englischen Garten.

Vom Militärgarten zum Volkspark

Der Englische Garten

Ein flächenmäßig bedeutsamer Teil Schwabings ist von der grotesken Immobilienentwicklung dieses Stadtteils gänzlich ausgeschlossen, denn der Englische Garten gehört dem Volk bzw. der Staatlichen Schlösser- und Gärtenverwaltung, was in diesem Fall ausnahmsweise dasselbe bedeutet. Dieses Besitzverhältnis gehört zum Münchner Traditionsbestand: Lust- und Wandelgärten für Adel und Geldadel gab es überall – auf die Idee, dass auch gemeine Bürger gelegentlich etwas Grün vor die Stadtnasen brauchen, kam erst Karl Theodor, der ungeliebte Wittelsbach-Import aus der Pfalz. Genau genommen war es nicht der Kurfürst selber, der die Umwandlung des ehemaligen Hirschgeheges in einen „Volksgarten" anregte, sondern sein cleverer amerikanischer Berater Benjamin Thompson (als Graf von Rumford präsent in Geschichts- und Kochbüchern,

seinen Überlegungen zur Volksernährung verdanken wir das Rezept für die Rumford-Suppe).

Thompson/Rumford hatte 1785 allerdings gar nicht so sehr das Erholungsbedürfnis der Stadtbevölkerung im Sinn. Vielmehr war der Englische Garten erst einmal eine landwirtschaftliche Übungsfläche für Soldaten, eine Vieharzneischule und ein Heilkräutergarten für die Feldärzte der bayerischen Armee, kurz: ein Militärgarten. Mit der sich verbreitenden Kunde von der Französischen Revolution bekam man in der Residenz aber allmählich etwas Bammel vor der Kraft des kollektiven Aufbegehrens der Massen, und so gewährte Karl Theodor 1792 den Münchnern freien Zutritt zu den Grünanlagen – die Geburtsstunde des ersten europäischen Volksparks. Undankbar, wie der Bayer so ist, konnte sich aber die Bezeichnung „Karl-Theodor-Park" nicht durchsetzen, es blieb beim ursprünglichen Namen „Englischer Garten".

Das Parklayout zumindest des südlichen Teils (in etwa bis zum Mittleren Ring) legte schon recht frühzeitig Freiherr von Werneck fest, der um 1800 die Militärgärten völlig auflöste und den Kleinhesseloher See ausheben und fluten ließ. Als oberster Gartengestalter folgte ihm Ludwig von Sckell, der mit einiger Berechtigung als der eigentliche Schöpfer des Englischen Gartens gelten kann. Er erweiterte die Anlage um die sog. Hirschau erheblich nach Norden, ersann das System der vom Isarwasser gespeisten Bäche (Eis-, Oberstjägermeister- und Schwabinger Bach) und ließ den Kleinhesseloher See auf seine heutige Größe mit den drei Inseln erweitern. Dafür bekam er am Ufer (vor den Bänken der Neuen Seehauses) auch ein Denkmal spendiert, das würdigerweise von Leo von Klenze, dem großen Meister des Münchner Klassizismus, gestaltet wurde.

Der durfte sich auch sonst hier im Grünen betätigen: Der **Monopteros**, ein kleiner Rundtempel auf einer künstlichen

Anhöhe (die Aufschüttung war noch eine Idee von Sckell), stammt von ihm.

Auffälligstes Bauwerk der Parkanlage ist sicher der **Chinesische Turm**, in seiner Popularität durch den umliegenden Biergarten ins Unermessliche gesteigert. Die fünfstöckige Pagode wurde bereits 1790 errichtet und dient bis heute als Musikpavillon. Die Großchinoiserie ist ein ziemlich direktes Plagiat der Pagode in den Königlichen Botanischen Gärten in London – allerdings mit ca. 26 m nur halb so hoch.

Am südlichen Ende, gleich vor dem Haus der Kunst (→ Tour 5, S. 90), hat die Städtepartnerschaft mit Sapporo den Münchnern einen **japanischen Garten** samt authentischem **Teehaus** beschert. Wenngleich die Stadt akustisch

Klenze im Grünen: Monopteros im Englischen Garten

noch präsent ist, taucht das exzessiv angewandte Feng-Shui den Besucher hier in entspannte Kontemplation (unbedingt ein Haiku schreiben!). Von April bis Oktober hat man einmal im Monat (Termine unter www.urasenke-muenchen.de) die Möglichkeit zur Teilnahme an einer japanischen Teezeremonie (8 €/erm. 4 €).

Völlig anderer Natur sind zwei weitere Sehenswürdigkeiten des Englischen Gartens: die Nackerten und die Surfer. Erstere sind ein Relikt aus vergangenen, vorgeblich wilden Schwabinger Zeiten, als die bewegten Studenten der Spätsechzigerjahre schnell spitzbekamen, dass im unbekleideten menschlichen Körper noch erhebliches Provokationspotential steckte. In den 80ern war der FKK-Spaß dann schon so weit etabliert, dass die nahtlos Gebräunten sich bis zur nächsten Trambahnhaltestelle treiben ließen, um dann mit selbiger wieder heimzufahren – das fanden dann wenigstens noch einige sittenstrenge Senioren skandalös. Heute guckt keiner mehr, was auch daran liegen mag, dass das Personal seit den frühen Jahren weitgehend dasselbe geblieben und mittlerweile in die Jahre gekommen ist … Amerikanische Touristen finden allerdings auch das noch unglaublich sensationell, ultraliberal und aufregend.

Wirklich etwas verwegen und verboten ist das Treiben der Surfer am Austritt des unterirdisch verlaufenden Stadtbachs an der Prinzregentenbrücke (neben dem Haus der Kunst). Je nach Wasserstand bis zu einem Meter hoch wird die stehende Welle, die sich über einer Betonkante aufbaut – genug, um bei entsprechendem Geschick auf dem Board in lässiger Pose zwischen den Randmauern hin- und herzupendeln. Oder effektvoll ins Wasser zu klatschen, hundert Meter weiter hinten wieder herauszukrabbeln und sich in die (bei schönem Wetter lange) Schlange für den nächsten Turn einzureihen. Bis in den „Stormriders Guide", die Referenz der besten Surfsites der Welt, hat es die kleine Stadtwelle schon geschafft – gleich hinter Maui/Hawaii. Und auch die Stadt München hat nach 24 Jahren den spektakulären Wert des institutionalisierten Events erkannt: Seit 2010 gehört die Welle nach einem Grundstückstausch der Stadt, und das nicht ungefährliche Posen auf der Welle ist jetzt sogar legal.

Jenseits des Schrillen oder Extremen trifft sich fast ganz München im Englischen Garten zum Bräunen, Walken, Trommeln, Frisbeewerfen, Grillen (nur nördlicher Teil!), Kicken, Joggen, Picknicken, Rugbyspielen und natürlich zur kollektiven Einnahme der einen oder anderen Maß Bier. Die Biergärten (am Chinesischen Turm, Seehaus Biergarten, Aumeister und Hirschau) sind zwar alles andere als Geheimtipps, aber in den Freilufttrinkcharts immer noch ganz vorne dabei. Außerdem erfüllen sie eine wichtige interkulturelle Funktion: Nicht-Münchner treffen Münchner.

Praktische Infos

→ Karte S. 106/107

Cafés & Snacks

Am Odeonsplatz

Café Arzmiller 39 im Theatinerhof, ein Oma-Café, gewiss, aber wohlbeleibte Künstlerinnen schwören Stein und Bein, dass es hier den besten Quarkstrudel der westlichen Hemisphäre gibt. Stimmt wahrscheinlich.

San Francisco Coffee Company 38 auf dem Odeonsplatz, für die schnelle Koffeinzufuhr durchaus in Ordnung.

Rund um die Universität

Eine uralte Regel im Gewimmel der Universitätsbiotope: Studenten und Gastronomie leben in enger Symbiose. Deshalb gedeiht um die Institute der LMU eine beinahe unerschöpfliche Kneipen- und Cafélandschaft. Für den kurzen Überblick hier nur einige Klassiker:

Das **Café an der Uni 32** in der Ludwigstraße 24 besticht vor allem durch seine unschlagbar zentrale Lage direkt neben dem Professor-Huber-Platz, Ähnliches gilt für die **Uni-Lounge 27** gleich gegenüber (Geschwister-Scholl-Platz 1), die durch ihre Lage in den ehemaligen Pferdeställen des Unigebäudes auch noch für echtes Campusflair bürgt. Ungewöhnlich preisgünstig.

So richtig brummt es dann in den westlichen Parallelstraßen. Seit der Renovierung vor ein paar Jahren hat das **Konditorcafé Schneller 31** (Amalienstr. 59) zwar seinen urigen Vorkriegscharme gegen etwas farblose Resopalästhetik eingebüßt, seiner Beliebtheit tut dies aber keinen Abbruch. Legendäre Kuchen und auch noch günstig.

Hoch im Kurs steht seit Jahren auch das **Café Puck 34** (Türkenstr. 33) – warum, ist allerdings nicht so ganz klar. Vielleicht sind es die vielen Zeitungen oder der WLAN-Access-Point. Im Wettbewerb der besten Eisdielen Münchens ganz vorne dabei ist die **Gelateria Adria 28** in der Türkenstr. 59, während der **Alter Simpl 29** nebenan vor allem vom Boheme-Ruch längst vergangener Zeiten zehrt.

Theologen mit hohen Karriereambitionen mischen sich unter das interdisziplinär gemischte Volk des **Atzinger 33** (Schellingstr. 9) und planen den Umzug nach Rom. Hat der Megastar der katholischen Kirche nämlich auch so gemacht: Der asketische Joseph Ratzinger galt in seinen Tagen an der LMU hier als Stammgast.

Noch mehr, allerdings säkulare Tradition beansprucht der **Schelling-Salon 26** 400 m weiter westlich (Nr. 54, → S. 97). Die Standardlösung für den Hunger tagsüber ist natürlich die **Mensa 21** hinter dem sog. „Schweinchenbau" in der Leopoldstr. 13a. Gäste benötigen allerdings eine Guthabenkarte für das elektronische Bezahlsystem, die für 10 € (7 € Pfand + 5 € Guthaben) in der Verwaltung erhältlich ist. Das Speisenangebot der großen Innenstadtmensa gilt als durchaus genießbar bis ziemlich gut.

Unkonventioneller und ebenfalls bezahlbar sind der sehr authentische Imbiss **Zum Koreaner 36** (Amalienstr. 51) und die **Pommes Boutique 35** (Nr. 46 unmittelbar gegenüber) mit ökologisch voll korrekten Hermannsdorfer Currywürsten und sehr dynamischem Kartoffelrohmaterial.

Und schließlich noch ein Biergarten: Die **Max-Emanuel-Brauerei 22** (Adalbertstr. 33) ist ein erstaunlich lauschiger und großer Innenhof mitten in Schwabing und seit vielen, vielen Semestern Pflichtveranstaltung in so ziemlich allen Studiengängen.

Ludwigstraße, Leopoldstraße und Schwabing ↓ Karte S. 106/107

An der Leopoldstraße

Die Kollekte der Gastro-Szene an der Leopold-straße ist von den Gläubigen des immerwährenden Amusements gut gefüllt, an Cafés und Ähnlichem besteht wahrlich kein Mangel. So richtig charmante, urige oder ganz besonders schmackhafte Tipps fallen jedoch schwer, der unvermeidliche Latte Macchiato unterscheidet sich von Cafébar zu Cafébar nur wenig.

Am Englischen Garten

25 Jahre surften die Brettlfahrer vom Eisbach kulinarisch auf dem Trockenen, jetzt kann Mutti endlich das Stullenschmieren einstellen: Das putzige **Fräulein Grüneis** **37** (knapp 50 m von der Welle entfernt) kocht und bäckt von 8 Uhr früh bis in die Nacht Kaffee, Kuchen und kleine Snacks, alles sehr regionalbiologisch. Auch Männer gehen bei „Frauen" rein: Das kleine Häuschen war einmal eine öffentliche Bedürfnisanstalt.

Biergärten

Biergarten am Chinesischen Turm **23** Der Klassiker im Englischen Garten. Ca. 7000 Plätze, zünftige Blasmusik. Tram 17 und Bus 54/154 Chinesischer Turm.

Aumeister **2** Der mutmaßliche Erfinder der Radlermaß. 2500 Plätze. Sondermeierstr. 1. Ⓤ 6 Freimann und ca. 15 Min. zu Fuß. Am besten mit dem Radl kommen.

Wirtshäuser, Bierhallen und Schwemmen

Kaisergarten **6** Die etwas feinere Spielart des Wirtshauses. Sehr gute neue bayerische Küche, viel schickes Medien- und Szenevolk aus dem Viertel. Hübscher, aber an schönen Tagen stets knallvoller Garten. Nicht billig. Schwabing, Kaiserstr. 34, ☎ 34020203. Tägl. 10–1 Uhr. Ⓤ 3/6 oder div. Buslinien Münchner Freiheit.

Scheidegger **9** Der Urahn der vielen über die Stadt verteilten -eggers. Ambiente und Essen deftig, Bier würzig (Augustiner), Publikum zahlreich. Schwabing, Bauerstr. 16, ☎ 2714828. Tägl. 10–1 Uhr. Ⓤ 2, Tram 12/27 Hohenzollernplatz.

Osterwaldgarten **4** Hinreißend schöner Wirtsgarten am Rand des Englischen Gartens, unverschnörkelte bayerische Küche. Den netten Gastraum kennt kaum jemand, weil alle immer draußen sitzen wollen. Schwabing, Keferstr. 12, ☎ 38504040. Tägl. 10–1 Uhr (Garten bis 23 Uhr). Bus 53/153 Osterwald.

Restaurants

Die Spitze

Tantris **1** Seit Jahrzehnten an der Spitze, nach dem Ende des „Aubergine" unangefochten die Nr. 1. Allein ein Blick auf die atemberaubend rote Dekoration des Sternetempels (selten war der Begriff angebrachter) ist einen Abstecher wert. Schwabing, Johann-Fichte-Str. 7, ☎ 3619590. Di–Sa 12–15 und 18.30–1 Uhr. Ⓤ 6 Dietlindenstr.

Werneckhof **11** Die ziemlich sicher intelligentesten und handwerklich aufregendsten Küchenleistungen in München vollbringt derzeit Tohru Nakamura. Klingt japanisch, ist er auch und wie er die Präzision Nippons in die lokalen Kulinartraditionen einkreuzt, sollte man mal probiert haben. Auch wenn man lange drauf sparen muss. Altschwabing, Werneckstr. 11, ☎ 38879568, Di–Sa 18–24 Uhr, Sa auch 13–16.30 Uhr. Ⓤ 3/6 Münchner Freiheit.

Französisch

Crêperie Cabus **20** Ein paar Galettes oder Crêpes (dazu einen der großen und guten Salate) oder eine kleine Schweinerei von der Tageskarte machen auch satt und glücklich. Seit vielen Jahren eine Institution bei den jungen Maxvorstädtern. Günstig. Isabellastr. 4, ☎ 2710330. Tägl. 18–24 Uhr. Ⓤ 2 Josephsplatz.

Italienisch

Osteria Italiana **24** Der älteste Italiener Münchens (Eröffnung 1890 unter einem Patron mit dem altitalienischen Namen Deutelmoser). Seine Tradition pflegt das Haus mit konservativer italienischer Hochküche, die in München ihresgleichen sucht. Förmlich, aber nicht steif der Service, klassisch, aber nicht rigide die Teller. Leider teuer. Schwabing, Schellingstr. 62, ☎ 2720717. Tägl. 12–14.30 und 18.30–23 Uhr. Tram 27 Schellingstr.

Sehen und gesehen werden

Seehaus im Englischen Garten **5** Als Biergarten getarnter Catwalk am Kleinhesseloher See. Ein bisschen zu teuer. Schwabing, Kleinhesselohe 3, ☎ 3816130. Tägl. 10–1 Uhr. Tram 17 und Bus 54/154 Chinesischer Turm.

Vegetarisch

Ignaz **17** Vegetarismus avant la lettre: Als der Ignaz vor fast 30 Jahren öffnete, glotzte so mancher

Schwabinger perplex durch die Scheibe: „Die ham no ned amoi an Schweinsbratn!" Haben sie immer noch nicht, aber jetzt ist der Laden eine Institution, die Schlange für's Take-away zur Mittagszeit lang und die Tiere weiden glücklich auf grüner Aue. Schwabing, Georgenstr. 67, ℡ 2716093. Tägl. 8–23 Uhr, Di Ruhetag. Ⓤ 1 Josephsplatz.

Griechisch

Piatsa 16 Auch ohne Souflaki kann es griechisch sein: Auch hier dekliniert sich die Speisekarte nicht durch die immer gleichen griechischen Standards, sondern es wird richtig gekocht. Vor dem Lokal sitzt nur, wer die Ferraris auf der Leopoldstraße röhren hören will, viel netter ist der begrünte Hinterhof. Schwabing, Leopoldstr. 33, ℡ 348000. Täglich 12-23 Uhr, Fr/Sa bis 0.30 Uhr. Ⓤ 3-6 Giselastraße.

Kalypso 18 Ein Gyros-Konto eröffnen? Ist hier nicht Ouzo – die philhellenische Kreativenschar (gerne noch mit Alt-68er-Mitkämpfer-Narben) der Maxvorstadt speist hier mit Vorliebe ganz frischen Fisch in lobenswert puristischer Zubereitung und steckt die nicht kleinen Preise locker weg (ganze Fische um 20 € zzgl. Garnituren). Agnesstr. 8, ℡ 2710900. Tägl. 11–1 Uhr. Ⓤ 2 Josephsplatz.

Stadtstrand vor der Uni

Einkaufen

In Schwabing stehen die Boutiquen, Schuhläden und Optiker Tür an Tür, aber die Mieten sind gewaltig und so balgen sich auf den Spielplätzen der Topadressen fast ausschließlich die großen Jungs, also Filialisten und Franchisenehmer großer Ketten. Einige individuelle oder traditionelle Einsprengsel finden sich dennoch im Einerlei der großen Marken.

„Pädagogisch wertvoll" – das Spielzeugprädikat klebt heute auf fast jedem Plastikschrott, richtig verstanden hat es schon vor 45 Jahren das **Kinderzimmer 14** (Kurfürstenstr. 55). Viel Holz und Murmeln und Bücher, garantiert halbleiterfrei und höchster Spielwert. Gegenüber wird der Nachwuchs auch noch eingerichtet, stilvoll mit den Möbeln der deutschen Architektenlegende Egon Eiermann.

Einmal pro Woche lässt es auch der ärgste Gschaftlhuber ein bisschen langsamer angehen, und weil man ja nicht ständig im Cabrio sitzen kann, bleibt man halt ein bisschen länger im Bett. Aber in style, **Sunday in Bed 12** (Ainmillerstr. 28) designt den Schlummer.

Fetzige Klamotten gibt es natürlich auch, Schuhe erst recht und überhaupt schöne Sachen: Die Latscherei mit den schweren Tüten spart man sich im **Concept-Store Falkenberg 19** (Franz-Joseph-Str. 21) – Paul Smith, Nymphenburger Porzellan und Schokolade auf benachbarten Regalbrettern. Ganz billig ist freilich woanders: zum Beispiel bei **Berufskleidung Bertrand 10** (Nr. 19) – auch wenn der Warnjackentechnolook schon länger passé ist, findet man hier manches interessante Teil zur flippigen Ergänzung. Außerdem großes und günstiges Jeansangebot.

Sollten Sie zufällig nackt – das heißt in Schwabing: ohne Sonnenbrille, egal welche Lichtverhältnisse – aus dem Haus gegangen sein, ziehen Sie sich eine: aus dem Automaten vor **Optik Hartogs 13** (Leopoldstr. 27). Zumindest um die Frisur zusammenzuhalten, taugen die Shades-to-go auf jeden Fall.

Nachwuchsautoren zieht es zu **Lehmkuhl 8** (Leopoldstr. 45): Falls es ihre Titel bis zur Dekoration auf dem Flügel im Erdgeschoss geschafft haben, dürfen sie sich getrost zum Kanon der deutschen Gegenwartsliteratur zählen. Ganz normale Leser freuen sich über die sehr kompetente Beratung in der Münchner Traditionsbuchhandlung (seit 1903).

Im Kreativkiez
Tour 7

Kaufen! Essen! Trinken! Tanzen!
Sehen! Gesehen werden! Schon
vor Jahren hat die Karawane der
Trendigen und Kreativen in den
Straßen um den Gärtnerplatz und
im Glockenbachviertel haltge-
macht und ist seitdem nicht mehr
weitergezogen – das Kleine-Leute-
Quartier scheint sich dauerhaft als
In-Viertel etabliert zu haben.

Jeder Bürgersteig ein Laufsteg
Viktualienmarkt und Glocken-bachviertel

Seit ziemlich genau 200 Jahren decken
Münchner Hausfrauen und -männer
auf dem Viktualienmarkt ihren Bedarf
an frischen Lebensmitteln. Über die
elementare Grundversorgung mit Roh-
produkten ist das Marktkarree mittlerweile freilich weit fortgeschritten,
kaum eine kulinarische Spezialität des
Globus, die sich an den opulent deko-
rierten Ständen nicht erwerben ließe. Hier
kauft auch die gastronomische Crème:
Wer in den frühen Morgenstunden gemeinsam mit dem Kochmythos Eckart
Witzigmann vor der Fischvitrine anstand, zweifelt nicht mehr länger an der
Qualität – allerdings auch nicht mehr am
Preisniveau der Haute Cuisine.

Über der anderen Seite des Altstadtrings, der hier nur ein dauerverstopftes
zweispuriges Sträßchen ist, wölbt sich
der Regenbogen: Gärtnerplatz- und
Glockenbachviertel haben eine mittlerweile internationale Reputation als Ho-
mosexuellendorado. Special-Interest-
Shops der Lack- und Lederfraktion,
gleichgeschlechtliche Pärchen Arm in
Arm und eine starke Fraktion der Rosa
Liste im zuständigen Bezirksausschuss
(14 %!) untermauern diesen Ruf auf
sehr unterschiedlichen Ebenen des
urbanen Lebens. Was aber nicht heißt,
dass Heteros sich hier als Randgruppe
verstehen müssten – ganz im Gegenteil: Völlig unabhängig von der sexuel-
len Präferenz hat sich hier eine ungeheuer attraktive und dichte Kneipen-
und Einkaufslandschaft entwickelt.
Junge Modemacher betreiben hier ihre
kleinen Label-Shops, Barflies müssen
zwischen den verschiedenen Tresen
noch nicht einmal abheben, und mehrere

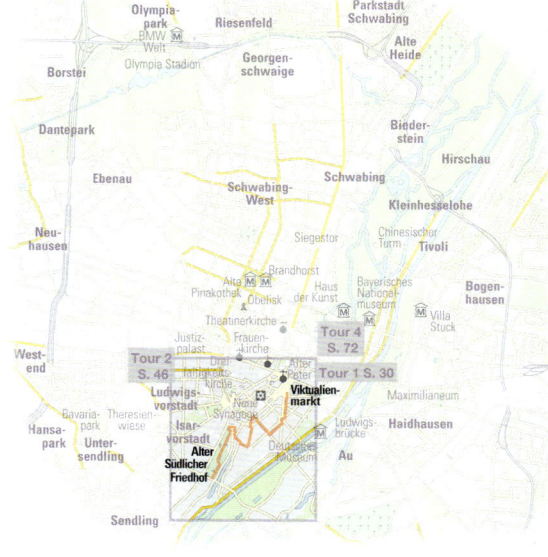

Clubs wetteifern mit renommierten DJs um die Vorherrschaft auf dem Dancefloor. Die Attraktivität des Viertels bemisst sich auch in klingender Münze: Die enorme Nachfrage beschert ihm ein auch für Münchner Verhältnisse erhebliches Miet- und Immobilienpreisniveau. Trotzdem haben die vielen gut verdienenden (oder zumindest gut ausgebenden) Werber, Schreiber und freiberuflichen Kreativen den Wohnraum mittlerweile ziemlich knapp werden lassen. Und teuer: Schon weit vor der Fertigstellung ging die Rooftop-Suite des umgebauten MVG-Hochhauses (jetzt: „The 7-Tower") über den Tisch – für kolportierte 22 Mio. Euro, die teuerste Wohnung Deutschlands.

Die Aufwertung der Quartiere ist stadtgeschichtlich ein ziemlich neues Phänomen. Bis zur Jahrhundertwende galt der Süden der Kernstadt als kleinbürgerliches und auch proletarisches Wohngebiet, in der Zwischenkriegszeit etablierte sich in der Blumenstraße auch ein lebhaft frequentierter Straßenstrich. In der ersten Phase der Industrialisierung (ab 1850) siedelte sich eine namhafte Menge kleiner und mittlerer Unternehmen an, in denen viele eingesessene Handwerksbetriebe samt Belegschaft aufgingen. Entsprechend dünn ist die historische Bausubstanz des Viertels – zumindest gemessen an den geschichtsschwangeren Prachtstraßen Münchens und der Altstadt mit ihrem teilweise noch mittelalterlichen Gepräge. Lediglich der Reichtum der Industriebarone aus der Gründerzeit manifestiert sich in zeittypisch üppigen Stadthäusern, besonders auffällig ist die Konzentration dieser noblen Anwesen in der Hans-Sachs-Straße. Für ein Highlight der frühen modernen Architektur sorgte dagegen die Stadt selbst, die 1929 mit dem Technischen Rathaus das erste Münchner Hochhaus errichten ließ.

Die größte Grünanlage der Gegend (die lang gestreckten Isarauen einmal ausgenommen) entbehrt nicht der Kuriosität – es handelt sich um einen Friedhof! Und was für einen: Der Alte Südfriedhof war die zentrale Nekropole der Stadt, bis ihn die Bevölkerungsexplosion an seine Kapazitätsgrenzen stoßen ließ. Die großen Namen der Münchner Geistes- und Wissenschaftsgeschichte sind hier im Tod versammelt. Zwischen ihren teilweise großartigen Epitaphen traben heute die Jogger und Walker. Alles ist eitel. Hier sowieso.

Spaziergang

Obst und Gemüse
Der Viktualienmarkt

Der zur Präzision verpflichtete Stadtbeschreiber muss zunächst darauf hinweisen, dass „Viktualienmarkt" in München keine eindeutige Adresszuordnung möglich macht: In Pasing, einem westlichen Vorort, gibt es nämlich noch eine Freiverkaufsfläche gleichen Namens. Aber den kennen wirklich nur Einheimische, und an Reichhaltigkeit und Raffinesse kann er mit dem Markt in der Altstadt naturgemäß nicht entfernt mithalten. Hier (Ⓤ/Ⓢ Marienplatz, Bus 131 Viktualienmarkt) zwischen Heiliggeistkirche und Altstadtring gibt es so ziemlich alles, was man in der westlichen Welt für essbar hält, und das auf zumeist erheblichem Qualitätsniveau. Der Viktualienmarkt gehört sicher zu den schönsten grünen Märkten in Deutschland.

An seinem heutigen Standort befindet er sich seit fast genau 200 Jahren. Damals war es auf seinem Vorgänger, dem Marienplatz, zu eng geworden, und so befahl König Max I. den Abriss einiger Benefizhäuser des Heiliggeiststifts und den Umzug der Stände auf das neu geschaffene Areal. Bis 1885 wurde die Fläche noch sukzessive vergrößert, seitdem hat der Viktualienmarkt seine heutige Ausdehnung.

Mit klassischen Straßenmärkten, mit fliegenden Bauten hat der Viktualienmarkt wenig gemein, fast alle Stände haben feste Aufbauten, einige sogar einen Keller. Die Nutzungsgebühren für die Händler sind entsprechend hoch, trotzdem ist der Standort überaus beliebt, und so geht es bei der Flächenzuweisung beinahe zu wie bei der Schankrechtvergabe auf dem Oktoberfest:

Gibt ein Standbetreiber auf, wird aus einer langen Vormerkliste ein passender Kandidat ausgewählt, der nach den Kriterien Sortiment, wirtschaftliche Potenz und Erfahrung in das bestehende Marktkonzept passt. Über die ausgewogene Verteilung der verschiedenen Produktgruppen und die Einhaltung der allgemeinen Marktordnung (gilt auch für Besucher – nicht beim Fahrradfahren erwischen lassen!) wachen die „Markthallen München", ein Betrieb der Stadtverwaltung.

Wenngleich die Standbetreiber in den Wintermonaten mit Heizstrahlern, Plastikplanen und Luftschleusen erheblichen Aufwand betreiben, um den Marktbesuch noch mit Restkomfort auszustatten, bleibt der Viktualienmarkt doch eine Freiluftveranstaltung mit entsprechender Witterungsabhängigkeit. Deshalb wurde weithin der Bau

Viktualienmarkt

100 m

einer Markthalle begrüßt, umso mehr, da es sich um die authentische Rekonstruktion eines historischen Gebäudes handeln sollte. Bereits von 1853 bis 1932 stand am Rand des Viktualienmarkts die **Schrannenhalle**, der erste Stahlbau Münchens nach einem Entwurf von Karl Muffat. Stück für Stück war dieses Industriedenkmal verschwunden, bis nur noch der Kopfbau mit der Freibank (eine Art Billigmetzger) übrig blieb. Ein über 100 m langes Stück der Stahl-Glas-Konstruktion wurde eingelagert und moderte 50 Jahre lang vor

sich hin, bis ein findiger Architekt den Schatz entdeckte und den Anstoß für den teilweisen Wiederaufbau gab. Das Bauvorhaben zog sich noch endlos hin, aber im September 2005 wurde die „Schranne" für den Publikumsverkehr freigegeben. Mit einem desaströsen Bewirtschaftungskonzept: Die Prosecco-Häppchen-Abfüllstationen sorgten verlässlich für eine allzeit verwaiste Halle. Deshalb wurde noch mal umgebaut (der notorische Großgastronom Käfer machte es aber kaum besser) und noch mal; jetzt ist eine Großfiliale des

München im Kasten
Faschingshochburg Viktualienmarkt

Die Epizentren des närrischen Treibens liegen nicht unbedingt in Bayern, aber mit dem höchstorganisierten Karneval im Südwesten und Westen will München auch nicht konkurrieren: Hier gibt es schließlich Fasching. Der findet seit über 20 Jahren seinen Höhepunkt mit dem **Tanz der Marktweiber** auf dem Viktualienmarkt. Stichtag ist der Faschingsdienstag, wenn in den rheinischen Metropolen schon die Pappnasen verkatert von den Bürgersteigen gekehrt werden. Bereits in den frühen Morgenstunden wird das Marktareal von Kostümierten und Schaulustigen geflutet, die um 11 Uhr die Beine der Standlfrauen fliegen sehen wollen. Die da tanzen, schlagen tatsächlich an den übrigen Tagen des Jahres Suppengrün und Äpfel in alte Zeitungen und sind keine Folklore-Imitate! Der erst seit 1986 institutionalisierte Brauch geht wahrscheinlich auf eine deutlich ältere Tradition zurück: Schon in früheren Zeiten haben die nicht eben für ihre zurückhaltende Art bekannten Marktfrauen das eine oder andere Tänzchen zwischen den Obstkisten gewagt.

Mittlerweile ist der Tanz fest im Münchner Eventkalender etabliert und entsprechend kommerzialisiert. Riesige Boxenwände beschallen die über 10.000 dicht gedrängten Besucher, die sich nach dem Ende des offiziellen Programms

vorzugsweise in der 200-ccm-Klasse (Piccolo) dem freien Trinken widmen. Das Spektakel geht ungefähr bis zum frühen Abend, dann verteilt sich die Horde auf umliegende Kneipen oder schwankt nach Hause. Düsseldorf? Wo liegt eigentlich Düsseldorf?

Auf zum Tanz!

Viktualienmarkt und Glockenbachviertel → Karte S. 122/123

weltweit für propere Italianità sorgende Kette von Eataly eingezogen und kann tatsächlich den nach wie vor hinreißenden Raum endlich mit schlemmenden Massen füllen – am Servicekonzept an den zahlreichen Verköstigungsstationen muss aber noch gearbeitet werden. Umbau droht auch dem Viktualienmarkt selber, Brandschutz- und Hygieneverordnungen werden den festen Standln wohl verlässlich den Garaus machen und auch die fliegenden Bauten sind Ex-OB Ude („Zeltlager am Hindukusch") ein Dorn im Auge. Wie und mit welchem Ergebnis die Umgestaltung durchgeführt wird, ist momentan so heftig umstritten wie unklar. Zumindest für die Bauarbeiten gilt: Es wird wohl furchtbar werden.

Kreativ- und Regenbogenviertel

Um den Gärtnerplatz

Gut gestärkt oder wenigstens gut bevorratet beginnt südlich des Viktualienmarkts der Einkaufsflash im Kreativen- und Regenbogenviertel. Ein prima Einstieg ist die Utzschneiderstraße (gegenüber der östlichen Seitenfront der Schranne). In der kurzen Passage zur Reichenbachstraße – neben der Klenze- und Corneliusstraße eine der drei geometrischen Hauptachsen des Viertels – befinden sich mindestens drei Shoppinginstitutionen. Nr. 10 beherbergt **Alexas Secondhand**. Den Überblick zwischen dem ganzen Retroschick behält – na, wer wohl? – Alexa, die sich ungeheuer liebevoll und sehr kompetent ihren Kunden widmet. Die Preise sind fair, und wenn's was ganz Schrill-Ausgefallenes sein soll, hat Alexa wenn schon nichts im Laden, dann wenigstens einen guten Tipp.

Auf der anderen Straßenseite verkauft **Schrauben-Preisinger** jedes, wirklich jedes genormte Befestigungselement – und das auch in kleinsten Mengen mit Expertenberatung! Dazu gibt es das passende Profiwerkzeug im Verkauf und im Verleih. Ehefrauen und Freundinnen stehen zwar mitunter etwas ratlos

Gepflegtes Gemüse

vor dem Traditionsgeschäft, aber hier werden Schrauberaugen feucht vor Rührung.

Der kleine Reichenbachplatz (kurz hinter der Einmündung der Utzschneiderin in die Reichenbachstraße) wird eher als Straßenkreuzung wahrgenommen. Als urbaner Sammlungsraum ist er zu klein und zu dunkel, außerdem ist der Sog des nahe gelegenen Gärtnerplatzes einfach zu stark. Prima Einkaufsadressen gibt es trotzdem, etwa in der kreuzenden Rumfortstraße: Die Möbel und Accessoires von **ab ovo** (Rumfordstraße 8) schaffen es regelmäßig in die Wohn- und Lifestyle-Beilagen der großen Zeitungen und Magazine. Die einschlägige Spezialliteratur selbst gibt es in selten gesehener internationaler Mannigfaltigkeit bei **soda** (Rumfordstraße 3).

In der Reichenbachstraße 13 residiert ein Stück Münchner Subkultur: Das **Hotel Deutsche Eiche** gilt spätestens seit den wilden Tagen der Queen-Ikone Freddy Mercury als der In-Treff der schwul-lesbischen Szene; in der Sauna des hoteleigenen Badehauses nebenan wird denn auch nicht in erster Linie geschwitzt. Gänzlich unberührt davon offeriert die Dachterrasse einen hinreißenden Blick in die Penthouses der

Umgebung und über die ganze Stadt (auch für externe Gäste!).

Der **Gärtnerplatz** ist schließlich der unumstrittene Fokus des nach ihm benannten Viertels – auch wenn man in den letzten Jahren versucht hat, ihm das auszutreiben. Die bis 2006 mit flächigem Grün bewachsene Verkehrsinsel wurde zugunsten einer „Piazetta-Lösung" mit Blumenbeeten und Parkbänken verhunzt, der Beliebtheit hat das aber zum Glück wenig Abbruch getan: An warmen Abenden quetschen sich bis zu 1000 Menschen zwischen das Sentimentalitätsgemüse vor der Großbaustelle des Gärtnerplatztheaters, ratschen, lachen, trinken und machen nach Ansicht der Anwohner zu viel Lärm. Leute, zieht halt auf's Land!

Im Inneren des Theaters geht es weit gesitteter zu, manchem vielleicht sogar ein bisschen zu sehr: Das Haus gehört zum Verbund der Bayerischen Staatstheater Münchens, ist die Bühne der leichten Muse und zeigt Ballett-, Operetten- und Musicalaufführungen auf hohem handwerklichen Niveau – so richtig aufregend oder gar kontrovers sind die Inszenierungen des Hauses nur selten.

Auch wenn es der Name des Viertels nahelegt – aktiv hat der große Münchner Baumeister Friedrich von Gärtner hier nicht mehr Hand angelegt. Die Benennung erfolgte posthum und ehrenhalber. Gebaut wurde das Gärtnerplatzviertel ab 1861 als reines Wohnquartier mit Mietshäusern in recht einheitlichem Stil (beim Wiederaufbau nach 1945 leider nicht mehr durchgehalten) und durchgängiger Traufhöhe. Anders als die bis zur Mitte des 19. Jh. durch das Königshaus gelenkten Stadtplanungsprojekte war seine Errichtung eine rein privatwirtschaftliche, renditeorientierte Unternehmung. Auch das Theater wurde zuerst kommerziell betrieben, doch schon drei Jahre nach seiner Eröffnung (1865) war das „Münchner Actien-Volkstheater" pleite und wurde vom prall gefüllten Kulturetat Ludwigs II. aufgefangen. Fortan firmierte es als „Königliches Volkstheater", ab 1937 als „Bayerische Staatsoperette".

Am Gärtnerplatz

Angesagt
Am Glockenbach

Vom Gärtnerplatz geht's über die südwestlich abzweigende Klenzestraße in ein paar Minuten zur Frauenhoferstraße. Jenseits davon liegt der derzeit angesagteste Münchner Stadtteil, das Glockenbachviertel. Das merkt man nachts, wenn die Bürgersteige zwischen den vielen, vielen Kneipen zu gedrängten Catwalks werden (oder zu Wartezonen: viele Bars haben zumindest am Wochenende recht selektiv orientierte Türsteher). Das merkt man aber auch tagsüber, wenn Myriaden von Architekten, Werbern und Filmproduzenten ihre bedeutenden Meetings in den hiesigen Cafés abhalten oder zunehmend frustriert ihre Runden um den Block drehen, weil für das neue Cabrio partout kein Parkplatz zu finden ist.

Außerdem kann man auch im Glockenbachviertel wunderbar Geld ausgeben. Verschärft gilt das wiederum für die Regenbogenfraktion, die sich hier – mehr noch als im angrenzenden Gärtnerplatzviertel – konzentriert und offensichtlich sehr wohl fühlt. Einer der höchsten Feiertage des Quartiers ist dementsprechend der Christopher Street Day (Ende Juli/Anfang August; auf jeden Fall nach dem historischen Datum am 28. Juni), aber auch bei anderen Kollektivfröhlichkeiten wie dem Hans-Sachs-Straßenfest zeigt die bunte Gemeinschaft ihr erhebliches Feierpotenzial.

Klassisches Sightseeing findet im Glockenbachviertel wenig Anhaltspunkte. Ausnahme ist das zwischen 1927 und 1929 errichtete erste Hochhaus der Stadt, einer der bis heute eher zaghaft unternommenen Versuche, die Stadt mehr in die Höhe als in die Breite wachsen zu lassen. Verbindliche Obergrenze für alle Neubauten sind nämlich nach wie vor die 99 m der Frauenkirche, festgelegt in einem Stadtratsbeschluss vom 1. Februar 1921, der 2004 in einem Bürgerentscheid bestätigt wurde. Der notwendig massive, dennoch in keiner Weise massige Bau an der Ecke Blumenstraße, An der Feuerwache (rechts in die Frauenhoferstraße hinein und ein Stück geradeaus) kommt bei Weitem nicht an diese Höhe heran, das oberste, zwölfte Stockwerk endet bei 45,5 m.

Errichtet als **Technisches Rathaus**, ist das Gebäude bis heute Sitz diverser Ämter der technischen Abteilungen der Münchner Stadtverwaltung. Als volkstümliche Bezeichnung hat sich daher auch **Städtisches Hochhaus** etabliert. Stilistisch ist es ein besonders gelungenes Beispiel für das „Neue Bauen" der Weimarer Zeit – in München auch so ziemlich das einzige. Die Werkstoffe der Fassade (Ziegel und Nagelfluh) zitieren die alte Münchner Bausubstanz und korrespondieren so auf selbstbewusste, aber doch nicht auftrumpfende Art mit den anderen bestimmenden Punkten der Münchner Skyline. Besonderes Schmankerl ist der im Inneren verkehrende Paternosteraufzug – einer der sieben letzten der Stadt und, zumindest inoffiziell, frei zugänglich. Nicht nur für Kinder – was passiert wohl an den Umkehrpunkten? – eine spannende Begegnung mit der Technikgeschichte.

Der Weg zur letzten Station dieses Rundgangs, dem Alten Südfriedhof, führt über die Angertorstraße, Hans-Sachs-Straße, Westermühlstraße, den Holzplatz und die Pestalozzistraße (an der Ampel links in die kurze Stephanstraße zur Friedhofskirche) durchs Bar- und Boutiquenepizentrum des Viertels. Dabei lohnt – vor allem in der Hans-Sachs-Straße – schon einmal der Blick weg von den Schaufenstern in die Vertikale auf die Fassaden der schön restaurierten Gründerzeitbauten des Viertels. Andererseits wurden in der Nachkriegszeit bei der Beseitigung der Bombenschäden auch einige neue Explosivkörper gezündet, diesmal allerdings ästhetischer Art – der Wohnhochbunker in der Ickstattstraße (von der Hans-Sachs-Straße links ab) ist da ein besonders abschreckendes Beispiel.

Tour durch die jüngere Stadtgeschichte

Alter Südfriedhof

Der Grundgedanke ist nicht ganz unumstritten: ein Friedhof, Ruhestätte der Toten und gleichzeitig Erholungsanlage für die Lebenden? Picknickdeckchen auf alten Epitaphen? Die Einwände gegen die Zusatznutzung sind wohl nicht abseitig, aber letztlich gegenstandslos, denn die Bewohner der angrenzenden Viertel sind sehr wohl in der Lage, die Besonderheit des Ortes zu respektieren. Sie schätzen die Gräberfelder hinter den hohen efeubewachsenen Mauern an der Kapuzinerstraße als Stätte der Kontemplation, zum Grillen

1. Friedhofskirche St. Stephan
2. Johann Schmeller (Stabi)
3. Friedrich v. Sckell (Englischer Garten)
4. Carl Spitzweg
5. Franz Gabelsberger
6. Friedrich Bürklein (Maximilianstr.)
7. Georg Pranger (Hofnarr, Stachus)
8. Georg Simon Ohm
9. Franz Krenkl (Stachus)
10. Joseph v. Fraunhofer
11. Joseph von Maffei
12. Leo v. Klenze
13. Friedrich v. Gärtner
14. Ludwig v. Schwanthaler
15. Max v. Pettenkofer
16. Justus v. Liebig

Alter südlicher Friedhof

Neuer südlicher Friedhof

Südlicher Friedhof

50 m

gehen sie lieber an den nahe gelegenen Flaucher (→ S. 142).

Angelegt wurde der Alte Südfriedhof 1563 als Pestfriedhof; das damals noch ziemlich weit außerhalb gelegene Gelände garantierte sichere Distanz zur Kernstadt. Bis Ende des 18. Jh. blieb er der Gottesacker der Kranken, Armen und Namenlosen (auch die 682 Hingemetzelten der „Sendlinger Mordweihnacht" von 1705 wurden hier in einem Massengrab beigesetzt; → Stadtgeschichte S. 237), dann verbot die Stadt München sämtliche Beisetzungen innerhalb der Stadtmauern, ließ die Friedhöfe um die Kirchen der Altstadt einebnen und erkor das Areal 1788 zum „Centralfriedhof" der Stadt. Die in den folgenden Jahren anstehenden Erweiterungsmaßnahmen fanden ihren formalen Abschluss in der Anlage der halbkreisförmigen Arkaden im Südosten, die das Layout des Friedhofsgeländes in eine symbolisch angemessene Sarkophag-Gestalt brachten.

Zum „Alten" Südfriedhof wurde das formal geschlossene Gräberfeld im Anschluss an die große Cholera-Epidemie von 1836/37, die die Gestaltung eines unmittelbar südlich angrenzenden weiteren Friedhofsareals notwendig machte. Die Konzeption des „Neuen Südlichen Friedhofs" – ein quadratisches, von hohen Mauern umgebenes Gelände – oblag dem Starbaumeister der Epoche Friedrich von Gärtner. Für das Vorhaben

München im Kasten
Die Münchner Stadtbäche

Der Glockenbach ist einer der letzten überirdisch verlaufenden Stadtbäche im Münchner Stadtgebiet. Vor der Entwicklung leistungsfähiger Hygienestandards dienten die Bäche – ursprünglich wilde Nebenläufe der Isar – zugleich der Trinkwasserversorgung und der Entsorgung von Abwässern und Abfällen. Bei der beständig wachsenden Bevölkerung führte das im frühen 19. Jh. nicht nur zur massenhaften Verstimmung von Geruchsnerven, sondern hatte natürlich auch epidemiologisch einschlägige Folgen. Mit der Industrialisierung wurden die Bäche folgerichtig durch ein kommunales Kanalisationsnetz ersetzt.

Übrig geblieben sind so nur einige wenige Vertreter der Spezies, darunter der Große Stadtbach, der den Westermühlbach speist, und eben der Glockenbach, von dessen weiteren Abzweigungen nur der Westliche Stadtgrabenbach (unterirdisch) verblieb. Dieser wiederum speist den Köglmühlbach, der seit 1992 die Staatskanzlei umspült und zusammen mit anderen unterirdischen Wasserlinien in den Schwabinger Bach im Englischen Garten fließt.

Rechts der Isar ist es vor allem der Auer Mühlbach, der über den Isarkanal ins Hochwasserregulierungssystem der Isar eingebunden ist. Seit über 100 Jahren weitgehend zugedeckt, wurde er 2002 auf seinem Weg durch Untergiesing und die Au wieder teilweise an die Oberfläche verlegt.

Am Glockenbach

Viktualienmarkt und Glockenbachviertel → Karte S. 122/123

suchte er sich – wie so oft – ein italienisches Vorbild und entwarf einen „Campo Santo" nach dem Muster des Monumentalfriedhofs Certosa in Bologna.

Ein Spaziergang über den Alten Südfriedhof mit der dem Pestpatron Stephan geweihten Kapelle am Nordeingang ist auch eine Tour durch die jüngere Stadtgeschichte. Sehr viele Namen auf den Grabsteinen finden sich auf dem Münchner Stadtplan wieder (Klenze, Fraunhofer, Pettenkofer etc.), die Berufsbezeichnungen variieren vom Großindustriellen bis hin zum Hofnarren – bei Letzterem handelt es sich um das Münchner Original Prangerl, der auch im Durchgang des Karlstors aus der Ecke feixt.

Mit den Friedhofsmauern zur Kapuzinerstraße endet auch das Glockenbachviertel und der ihm jüngst zugewachsene schrille Chic (das angrenzende Dreimühlenviertel und die Isarvorstadt sind immer noch ziemlich bodenständige Münchner Wohnviertel mit hohem Lebenswert, aber ohne nennenswerte städtebauliche Höhepunkte).

Zurück in die Altstadt geht es am besten mit dem Bus (Linien 58 und 152) vom Kapuzinerplatz, die nächsten U-Bahn-Stationen Goetheplatz und Fraunhoferstraße sind doch relativ weit entfernt.

Praktische Infos → Karte S. 122/123

Cafés & Snacks

Rund um den Viktualienmarkt

Das gastronomische Angebot um den großen Lebensmittelmarkt ist überreichlich, vom Hamburger bis zu Hummer gibt es so ziemlich alles auch zum „Glei-Essn" – also auf die Hand. Der bayerische To-go-Klassiker ist natürlich die **Leberkässemmel**, stilecht im Würzdialog mit Hausmacher-, d. h. süßem Senf. Im Angebot haben ihn alle Metzgereien an der Metzgerzeile (alles über 2 € ist Nepp) und um den **Biergarten 1**. Der wiederum ist ein Unikum unter den Münchner Freiluftbierstationen, denn hier hat keine Brauerei das Ausschankprivileg, turnusmäßig befüllt ein anderer ortsansässiger Hopfen-&-Malz-Konzern die neutralen Maßkrüge; wer grade dran ist, zeigt ein Tafelanschrieb.

Pflichtprogramm für alle, die auch nur gelegentlich eine Süßigkeit vertragen, sind die frisch ausgebackenen Krapfen und Rohrnudeln (Stück 1,80 €) des **Cafés Frischhut 2** in der Prälat-Zistl-Str. 8. Bereits ab 7 Uhr früh schaffen sich hier gestresste Zechermägen eine neue Grundlage.

Und was machen wir in der Utzschneiderstraße 12? **Wirmachencupcakes! 7** Münchens erster Cupcake-, Cakecup- (wo auch immer da der Unterschied ist) und Macaron-Bäcker. Trendy, süß und delikat.

mein **Tipp** Tolles, wenn nicht das beste Thai-Fingerfood hat **Yum2take 3** (Prälat-Zistl-Str./ Sebastiansplatz) – aber warum sind die Damen an der Theke immer so schlecht gelaunt?

And now to something completely different: Afternoon tea, scones and clotted cream im **Victorian House 4** (Frauenstr. 14). Splendid isolation!

Im Gärtnerplatzviertel

Zahlreiche bis unzählige Cafés buhlen um die Shopper und Flaneure des Viertels. Zur Einstimmung bietet sich ein Glas Weißwein bei **Walter & Benjamin 9** (Rumfordstr. 1) an – die Preisschilder der umliegenden Boutiquen wirken nach drei Riesling dann auch nicht mehr so furchterregend.

Links neben der **Deutschen Eiche** (auch ein nettes Restaurant im EG) befindet sich mit der **Gelateria Al Teatro 12** die traditionellste Eisdiele des Viertels.

Gleich gegenüber trotzt das **Café Wiener 15** (Reichenbachstr. 6) jedem anglophonen Zeitgeist. Die Torten heißen noch Torten und schmecken auch so: Voll, fett und ganz bestimmt nicht to go. Zum Mitnehmen bitte!

Seit Urzeiten eine Institution ist das **Baader-Café 51** (einmal um die Ecke in der Baaderstraße). An den Tischen unter der Weltkarte bekakelt mittlerweile die vierte Schüler- und Studentengeneration Lust und Frust des Erwachsenwerdens.

Im Glockenbachviertel

mein **Tipp Loretta Bar 25**, kompetente Baristi, exklusiver Kaffee (Danesi) und Bezzera (der Maserati unter den Kaffeemaschinen), dazu ein breit gestreutes Zeitungs- und Zeitschriftenarsenal – so und nicht anders sieht die perfekte Café-Bar aus. In den Mittagsstunden helfen qualitätsvolle Panini aus dem Unterzucker, und ab 18 Uhr vertreiben hausgemachte Tapas den ersten Hunger bei einem guten Begleitwein. Müllerstr. 50.

Ähnlich, nur schmusiger ist das **Hoover & Floyd 47** in der Ickstattstraße 2, das schon um 8 Uhr die Kaffeemaschine anwirft und Cornettos zum Tunken bereithält. Auch die Szene muss manchmal früh raus.

Das **Aroma 42** in der Pestalozzistraße 24 hat sich als tendenziell weiblicher Kreativtreff (gerne auch mit Nachwuchs) etabliert; die Kernklientel verliert über den herausragenden selbstgebackenen Kuchen und das liebevoll im Körbchen arrangierte Pausebrot vorübergehend gerne ihr Figurbewusstsein.

Recht weit vorn im Wettbewerb um den albernsten Kneipennamen liegt derzeit das **Fei Scho 41** in der Kolosseumstr. 6. Es gibt natürlich bayrisch-asiatisches Fusion-Cooking, die ansässige Klientel ist trotz gelegentlicher Schwächen am Salzfass und holprigem Service entzückt!

Jedes Diätvorhaben wird völlig zur Farce, überschreitet man die Schwelle der **Götterspeise 57**. Ein Kompendium der Chocolaterie: Pralinen, Tafeln der weltbesten Schokokünstler und prima selbstgemachtes Eis.

Einen echten Biergarten hat das Glockenbachviertel nicht, aber ein großzügiges Freisitzangebot auf Bierbänken und Strandsesseln offeriert das **SAX 44** in der Hans-Sachs-Str. 5.

Der nächste lupenreine Biergarten liegt bereits auf dem Gebiet der Isarvorstadt, wobei sich die Einkehr im **Paulaner Bräuhaus 63** (Kapuzinerplatz 5, gegenüber dem Arbeitsamt) nicht in simplem Draußentrinken erschöpfen muss – mit Schwemme, Stüberl und Restaurant bietet die großgastronomische Institution im ehemaligen Thomasbräu (1899 Erfinder des Münchner Hellen) einen repräsentativen Querschnitt durch die bayerische Gasthauskultur.

Der Snack auf die Kralle in den Abendstunden hat sich zur Ur-Münchner Currywurst verlagert, und auch wenn der Trend ein bisschen durch ist, gesetzt, etabliert und in den Kultrang erhoben, hat ihn der **BergWolf 40** (Fraunhoferstr. 17).

Biergärten

Viktualienmarkt 1 Der rechte Ort, um den Rohmilchkäse und die teuren Radieserl von den Ständen ringsum gleich vor Ort herunterzuspülen. 800 Plätze. 3 Min. vom Marienplatz.

Treffpunkt der Glockenbachmuttis: das Aroma

Wirtshäuser, Bierhallen und Schwemmen

Gaststätte Großmarkthalle 65 Fürs Weißwurstfrühstück nach durchzechter Nacht. Neben einigen verlorenen Nachtschwärmern und Sandlern professionelles Publikum aus dem Bauch Münchens. Isarvorstadt, Kochelseestr. 13, ✆ 764531. Mo–Fr 7–17, Sa bis 13 Uhr. Ⓤ 3/6 Implerstr.

Rumpler 62 Wirtin Karin hatte in der Au einfach zu wenig Platz für eine ordentliche Freischankfläche, deshalb ist sie mit ihrem Team zu den Hipstern am Glockenbach gezogen und siehe da: Auch die Gstopften essen gern Schweinsbraten und Pressack. Massig Platz auf der Terrasse. Baumstr. 21. Bus 58 Hohenzollernplatz.

Fraunhofer Wirtshaus 26 Sehr beliebte und gemütliche Schenke mit langer Tradition (seit 1774). Viel (aber nicht nur) Fleisch und – natürlich – gutes Bier. Gärtnerplatzviertel, Fraunhoferstr. 9, ✆ 266460. Tägl. 16.30–1 Uhr, So Weißwurstfrühstück mit Blasmusik ab 10 Uhr. Ⓤ 1/2 Fraunhoferstr., Tram 17, 18, 27 Müllerstr.

Weinbars

mein Tipp **Walter & Benjamin 9** Lange haben wir uns nur durch die verlockende Auswahl an hervorragenden offenen Weinen gepichelt, bis wir herausgefunden haben: Hier kann man auch ganz wunderbar essen, und zwar nicht nur Kleinigkeiten zur Weinbegleitung. Weine von preiswert bis exklusiv, Hauptgerichte um 15 €. Gärtnerplatzviertel, Rumfordstr. 1, ☎ 26024174. Mo 10–20, Di–Sa 10–23 Uhr. Tram 17/18 Reichenbachplatz.

Restaurants

Italienisch

Cooperativa 🔢60 Ob es sich wirklich um eine alternative Unternehmensform handelt, weiß ich nicht, aber das Essen ist klasse und für Szeneviertelverhältnisse geradezu discountpreiswert. Die ansässige Kreativen- und Regenbogenszene honoriert das und findet sich täglich zahlreich ein. Vorsicht: Nichts für Hungrige mit Distanzbedürfnis, wenn's voll wird (fast immer), fordert der Wirt zum Zusammenrücken auf. Glockenbachviertel, Jahnstr. 35, ☎ 20207620. Tägl. 17–1 Uhr. Tram 17, 18, 27 Müllerstr.

Nero 🔢8 10 Leute, 10 Meinungen: Wo gibt's die beste Pizza? In München keine Frage, denn die herausragenden belegten Teigfladen gibt es hier und nur hier. Man kann aber auch zur lardierten Ochsenlende aus dem Pizzaofen greifen und mit dem Fleisch auf der Zunge vor Glück zergehen. Chic- und Szenefaktor: am Anschlag. Die sehr großen Pizzen kosten 8–12 €. Gärtnerplatzviertel, Rumfordstr. 34, ☎ 21019060.

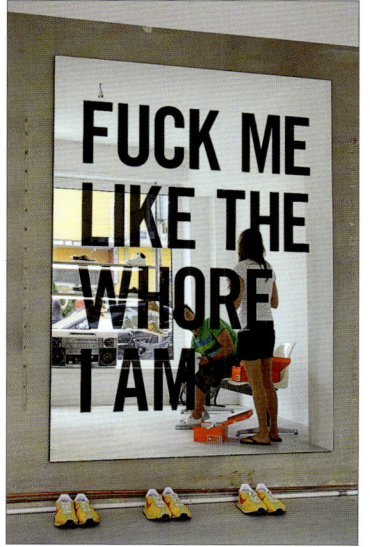

Kunst im Schuhladen

Tägl. 18–2, Fr/Sa bis 3 Uhr. Ⓤ+Ⓢ und Tram 17/18 Isartor.

pasta e basta 🔢43 Wenn's wirklich nur um die Grundlage für einen intensiven Zechabend geht und das Geld sehr knapp ist. Nudeln und Pizza ab 5 €, preislich konkurrenzlos. Isarvorstadt, Fraunhoferstr. 19. Tägl. 11.30–23.30 Uhr. Ⓤ 1/2 Fraunhoferstraße.

Fernöstlich

Haguruma 🔢49 Lange bevor selbst Vorschulkinder den Unterschied zwischen Sushi und Sashimi erklären konnten, hat man hier mit Kennerschaft rohen Fisch auf Reissockeln drapiert. Das Restaurant hat zwar einmal den Namen (vielleicht auch den Besitzer?) gewechselt, ist aber immer noch eine der besten Adressen für japanisches Fingerfood – und das hat weit mehr zu bieten als nur Sushi! Durchaus schonende Preise, kleine Sushiplatte 20 €. Gärtnerplatzviertel, Baaderstr. 62, ☎ 2016911. Mo–Sa 12–15 und 18–23.30 Uhr. Ⓤ 1/2 Fraunhoferstr.

Yum 🔢5 Wie auch der Fast-Food-Ableger **Yum2take** 🔢3 auf der anderen Seite der Schrannenhalle (Viktualienmarkt) ein Muster der Möglichkeiten thailändischer Küche. Eingehüllt in Zitronengras-Ingwer-Wolken, weiß man auf einmal wieder, warum die Küche aus Vajiralongkorns Reich ihren Siegeszug durch Europa angetreten hat. Ganz frisch ist freilich nicht ganz billig. Publikum: jung, urban, erwerbstätig. Innenstadt, Utzschneiderstr. 6, ☎ 20230660. Tägl. 18–1 Uhr. Ⓤ+Ⓢ Marienplatz.

Mein Tipp **Kirschgarten** 🔢59 Sehr schlichte und sehr kleine Kneipe mit ungekünstelter vietnamesischer Küche. Gerade richtig gewürzt, gerade richtig große Portionen, gerade richtig netter Service – mehr Restaurant braucht eigentlich kein Mensch. Hauptgänge um 10 €. Gärtnerplatzviertel, Ickstattstr. 26, ☎ 20207650. Mo–Fr 10–15 und 18–20 Uhr. Ⓤ 1/2 Fraunhoferstr.

DuDu 🔢27 Noch ein „Franzose des Ostens" (= Vietnamese). Völlig unspektakuläre, vielleicht sogar langweilige Kneipe, aber wunderbares Essen. Beinahe zwingender Tipp: „goi cuon", Reispapierrollen zum Selberbasteln (ca. 6 €). Isarvorstadt, Thalkirchener Str. 20, ☎ 24292576. Mo–Fr 11.30–14.30 u. 18–23 Uhr, Sa/So nur abends. Ⓤ+Ⓢ, Tram Sendlinger Tor.

Griechisch

Taverna Molos 🔢56 Griechisches Essen kann doch toll sein. Kein Ölfilm, kein dringend benötigter Zwangs-Anisschnaps, sondern moderne mediterrane Küche. Hauptgänge 10–15 €. Isarvorstadt, Maistr. 26, ✆ 54880756. Tägl. 17–1 Uhr. Bus 152 Waltherstr.

Soul- und Trendfood

Little Wolf 🔢 Grillen kann jeder Proll – der Hipster smokt. Das 24 Std. heißgeräucherte Fleisch im Little Wolf ist ganz bestimmt der heißeste Gastrotipp unter denen, die schon immer bei jedem Trend ganz vorne mit dabei waren. Reservierung im Dreischichtbetrieb zeugt von der enormen Popularität des kleinen Ladens. Es riecht auch nach verbranntem Pflaumen-, Kirschen- oder Buchenholz, die Portionen sind groß, aber so ganz kann man sich nach dem Verzehr eines Fleischbergs nicht des Eindrucks erwehren, dass die ganzen coolen Leute vor allem da sind, weil die anderen coolen Leute auch schon da waren. Pestalozzistr. 9, ✆ 85636152. Di–Sa 17–22 Uhr. Ⓤ+Ⓢ und Tram 16/17/18/27 Sendlinger Tor

Einkaufen

Abends testet der Szenemensch in den Bars und Clubs, was reingeht – tagsüber wird in den Boutiquen, Label Stores und Fachgeschäften gecheckt, was rausgeht: Zeit für den Kreditkartenbelastungstest!

Tragbares Getragenes vor allem für Mädels hat die kruschige **Alexa** 🔢 (Utzschneiderstr. 10), etwas sortierter und feiner ist der **Fundgruber** 🔢 in der Klenzestr. 58. Gleich gegenüber bei **Antonetty** 🔢 findet sich dann bestimmt etwas schick Lederenes zum exklusiven Aufpeppen des billigen Vintage-Kaufs. Jungs werden eher glücklich bei **Gerdismann** 🔢 (Fraunhoferstr. 9).

Wenn's doch eher was Neues sein soll, geht man für den sportiven Lässiglook zu den **Blutsgeschwistern Sportskitchen** 🔢 (Gärtnerplatz 6) und kauft den neuesten Sneaker-Schrei (meine Mutter nennt die Dinger trotzdem „Turnschuhe") bei **tint** 🔢 in der Klenzestraße oder bei **AMEN** 🔢 (Corneliusstr./Müllerstr.). Bei Zweitgenanntem kann man sich auch noch eine passende Sehhilfe zum Sportschlappen kaufen, man teilt sich die Ladenfläche mit den Brillenprofis von **Freudenhaus** 🔢. Fashion Victims aus meinem persönlichen Umfeld sind immer wieder beglückt von der bezahlbaren Mode bei **Clara Nissl** 🔢 (eher Damen, Rumfordstr. 8).

Kein Limit im Budget? Dann Haute Couture bei **Sonja Kiefer** 🔢 (Baaderstr. 28). Designer-

ware mit schlicht-italienischer Note auch für Herren schneidert **Michael Wagner** 🔢 in der Fraunhoferstr. 4, gar nicht einmal so teuer.

Leder fürs Mopedfahren ohne Papageienkombi-Verirrungen gibt es in der **Gasoline Alley** 🔢 (Corneliusstr. 5); Leder für die ganz harte Gangart und dazu unaussprechliche Instrumente für den High-Tech-Sexualtrieb bei **Spexter** 🔢 (Müllerstr. 54).

Sollte der Kleiderschrank schon voll sein, aber im Bücherregal noch Platz, dann aber schnell aufs **Glatteis** 🔢 mit seiner erstklassigen Krimiauswahl oder in die **Wortwahl** 🔢 mit seinem exquisiten Kunstbuchsortiment – auch tolle Kinderbücher (Reichenbachstr. 15). Fast jede Neigung im literarischen Sub-Segment des bebilderten Erzählens befriedigt die **Comic Company** 🔢 (Fraunhoferstr. 21). Bloß hören geht auch: DJs, Vinyl-Nostalgiker und auch sonst alle mit tanzmusikalischem Restgeschmack landen früher oder später im legendären **Optimal** 🔢 (Kolosseumstr. 6).

meinTipp Ist zwar nicht unbedingt exklusiv Glockenbach, aber den Kühlschrank im halbierten Fiat 500 von **smeg** 🔢 (Hans-Sachs-Str. 22) muss ich unbedingt im neuen Loft haben. Fehlt bloß noch das neue Loft.

Etwas Nettes auch für das provinzielle Heim findet sich immer bei **Carmen's Interieur** 🔢 (v. a. Jugendstil und Art Deco, Müllerstr. 31), fantastische Panoramafotos hängen verkaufsfertig an den Ziegelwänden der **Galerie Nischke** 🔢 (Baaderstr. 52). Aber früher war sowieso alles besser und deshalb kauft der Retro-Designaktive dann doch bei **Delicatessen** 🔢 (Reichenbachstr. 24) ein Stück, das vermutlich seine Eltern vor Jahren aus der Wohnung verbannt haben.

Über das nach dem Einkaufsexzess hemmungslos überzogene Konto tröstet sich der nun hoch Verschuldete mit einem exotischen Gin, und wer die fast obszöne Auswahl von **Szenedrinks** 🔢 (Baaderstr. 15) durchprobiert hat, braucht eh kein Konto, sondern eine Lebertransplantation.

meinTipp Fast vergessen: Schuhe! Ohne einen Karton mit edelstem Rahmen- oder Zwiegenähtem ist jedes Shopping bloß ein trauriger Bummel, deshalb unbedingt zu **Schuh Bertl** 🔢 (Kohlstr. 3). Vom Bergstiefel über den Brogue bis zum Haferlschuh, alles unbestechliche Maßarbeit aus dem besten Schuhladen nördlich der Alpen.

Viktualienmarkt und Glockenbachviertel → Karte S. 122/123

Ein Spaziergang am Wasser

Tour 8

Wien = Donau, Köln = Rhein, Hamburg = Elbe und eben auch München = Isar: Oft wird bei der Nennung von Metropolen der Name des durchfließenden Stroms gleich mitgedacht. Wie aber schafft es die Isar, dieser pubertierende Gebirgsbach, im Reigen der großen Stadt-Fluss-Koalitionen mitzuhalten?

Praterinsel, heimeliges Plätzchen zwischen den leise gurgelnden Armen der Isar, S. 135

Ludwigsbrücke, Flussübergang an schwer historischer Stelle, S. 136

Deutsches Museum, glückstränenfeuchte Ingenieursaugen und experimentierende Kinderhände, S. 139

Die südlichsten Strände Deutschlands

An der Isar

In der Wassermenge, der Breite, der Bedeutung als Handelsweg oder als Demarkationslinie kann der Reiz dieses fließenden Gewässers nicht begründet sein, in dieser Hinsicht schmiert die Isar schon gegen deutlich weniger prominente Flüsse wie den Main oder die Oder ab. Was ist also dran am großen Bach der bayerischen Landeshauptstadt?

Zuerst einmal: Geschichtlich betrachtet ist die Isar die Raison d'être der ganzen Stadt. Als im 12. Jh. die Versorgung der Gebiete mit Salz ein immer lohnenderes Geschäft wurde, war die Isar – schmal hin, schmal her – ein beinahe unumgängliches Verkehrshemmnis: Wer den Hallweg, die wichtigste Versorgungsroute für Salz und andere Güter aus dem Süden, heraufkam, musste hier irgendwo übersetzen. Bis 1157 war die gängige Passage eine Brücke bei Oberföhring auf dem Gebiet des Erzbischofs von Freising, der für die Überquerung einen sehr einträglichen Zoll verlangte. Auf diese Pfründe war Herzog Heinrich, später als „der Löwe" geehrt, ordentlich neidisch. Und so brannte er des Klerikers Brücke im Handstreich einfach ab, um etwas weiter oben einen eigenen Übergang zu schaffen und den Zoll selber zu kassieren. An besagter Stelle befindet sich noch heute eine Brücke: die Ludwigsbrücke beim Deutschen Museum, die damit ohne Übertreibung als Keimzelle des heutigen München betrachtet werden muss.

Auch war die Isar – seicht hin, seicht her – für Flöße durchaus schiffbar und band München so auch aus anderer Richtung durchaus effektiv an das Wasserverkehrsnetz an. Sogar heute noch fahren an heißen Sommertagen kleinere Flotten dieser archaischen Gefährte den Flusslauf hinunter, das schwimmende Gut hat sich aber wesentlich gewandelt: Statt mit schnödem

Holz sind die Flöße nun mit Touristen und Amüsierwilligen beladen – viel Bier, deftige Schmankerln und Folklore inklusive.

Stadtplanerisch war der geringe Platzbedarf der Isar durchaus ein Vorteil. Anders als die manchmal kilometerbreiten Ströme anderer Städte teilt sie München nicht, sondern fügt sich weich ins Stadtbild ein – allerdings erst seit der Isarbefestigung gegen Ende des 19. Jh. Vorher suchte sich die Isar gelegentlich ziemlich willkürlich verschiedene Betten im nachgiebigen Terrassenschotter der Münchner Ebene und überflutete bei den zyklischen Hochwassern anliegende Stadtviertel immer wieder, vor allem zur Schneeschmelze.

Ein letzter Grund für das innige Stadt-Fluss-Verhältnis ist sc5hwieriger auf den Punkt zu bringen. Vermutlich trifft es am besten ein inflatorisch gebrauchter Begriff: Die Isar ist einfach gemüt-

lich. Münchner aller Schichten und Generationen treffen sich an ihren grünen Auen, grillen auf den ausgedehnten Schotterbänken und -inseln, radeln, joggen, skaten und walken entlang der für den motorisierten Verkehr gesperrten Uferstraßen. Wäre München ein Wohnzimmer, dann wäre die Isar von ihrem kreativen Schöpfer als Wasserelement ins Feng-Shui-Konzept weise eingeplant. Womit dann auch das Qi der Stadt hinreichend erklärt wäre.

Spaziergang

Die Erkundung der Isar lässt sich mit dem eigenen oder gemieteten Radl nahezu beliebig ausdehnen: Von Freising bis Wolfratshausen machen die mehr als 60 km Flusslandschaft eigentlich überall Spaß. Das kaum wahrnehmbare Gefälle der Isar stellt auch flussaufwärts nicht einmal ungeübte Radler vor irgendwelche Probleme, lediglich bei Grünwald muss man sich sich einmal aus dem dann schon recht tief eingeschnittenen Flusstal – fast schon eine Schlucht – hinaufstrampeln. Statt Epo tut's folglich auch eine Radlermaß.

Wem es nicht so sehr auf den Naturaspekt des in manchen Bereichen immer noch erstaunlich unzivilisiert daherkommenden Flusses ankommt, begnügt sich mit dem domestizierten Flussabschnitt innerhalb der Stadtgrenzen, der auch als Kurzspaziergang problemlos machbar ist. Als Start bieten sich zwei Punkte an: Der längere Weg (ca. 5 km) beginnt an der Max-Joseph-Brücke (auch Tivoli-Brücke), gut zu erreichen mit der Tram 17 (Haltestelle Tivolistraße), der im Folgenden beschriebene kürzere Spaziergang startet an der Luitpoldbrücke unterhalb des Friedensengels (Tram 18) und ist ca. 3 km lang. Die Touren verlaufen jeweils rechts der Isar, also am Ostufer des Flusses, Endpunkt ist in beiden Fällen die Wittelsbacherbrücke in Untergiesing mit dem nahe gelegenen U-Bahnhof Kolumbusplatz (Ⓤ 1 und Ⓤ 2) oder der Haltestelle der Buslinie 58 am Baldeplatz/Claude-Lorraine-Straße.

Park am Ufer

Die Maximiliansanlagen

Die ersten 500 m von der Luitpold- bis zur Maximiliansbrücke führt der Weg über einen von Flaneuren und Freizeitsportlern gut frequentierten Schotterweg unmittelbar am Ufer der Isar. Über dem Ganzen wacht die 1899 feierlich enthüllte geflügelte Botin vom dauernden Schweigen der Waffen (Näheres → Tour 11). Wie schon der Namenspatron des Parks am Fluss andeutet, war die Gestaltung der Isaranlagen innerhalb des unmittelbaren Stadtgebiets Bestandteil der städtebaulichen Ambitionen Maximilians II. (siehe auch S. 72). Skizziert hatte er das Projekt bereits 1832 als Kronprinz, realisiert wurde die erste Ausbaustufe zwischen Maximiliansbrücke (unterhalb des Maximilianeums) und Luitpoldbrücke (Isarbrücke der Prinzregentenstraße) aber erst in den Jahren 1856 bis 1861; als Landschaftsarchitekt fungierte Carl von Effner junior. In den folgenden Jahren wurde der breite Parkstreifen rechts der Isar immer wieder erweitert, sodass er heute von der Museumsinsel bei der Ludwigsbrücke bis zum Tucherpark am Englischen Garten reicht.

Neben ästhetischen Zwecken diente die Parkanlage vor allem der Domestizierung der in ihrem Wasserstand erheblich schwankenden Isar. Erste Anstrengungen zur Regulierung des Flusses datieren bereits aus dem Jahr 1806, die damals in Angriff genommene Begradigung war allerdings nur zum Teil

Spätsommer am Isarstrand

erfolgreich: Das nun deutlich fixer dahinfließende Gewässer fräste sich in den kommenden 100 Jahren bis zu 5 m tief ein – mit entsprechend erodierenden Folgen für die Uferbebauung. Erfolgreicher war die Mitte des 19. Jh. begonnene Anlage eines Mittel- und Hochwasserbetts (45 bzw. 145 m breit) mit einer steinernen Einfassung. Die Hochwassergefahr war aber erst 1904 endgültig gebannt, als die beidseitigen Mauern entlang des Isarbetts von der Cornelius- bis zur Max-Joseph-Brücke fertiggestellt waren – die Zerstörung der Ludwigsbrücke 1899 blieb denn auch der letzte Hochwassererfolg der einstmals wilden Isar.

Zwischen den Armen der Isar

Die Praterinsel

Das malerischste Bild der Isar im Stadtbereich vermittelt wahrscheinlich der Abschnitt zwischen Maximilians- und Ludwigsbrücke. Der Fluss teilt sich hier

in mehrere Arme und umfasst so die Praterinsel, außerdem empfängt er an dieser Stelle einen Rückkehrer: Der Auer Mühlbach, einer der letzten Münchner Stadtbäche, vereint sich hier wieder mit seinem Ausgangsgewässer.

Ab der Wasserwalze unterhalb der Maximiliansbrücke wird der Hang des Hochufers so steil, dass eine Trasse darauf keinen Halt mehr fände. Weiter geht es deshalb auf einem schmalen Steg, der den Auer Mühlbach auf seinen letzten eigenständigen Metern vom Bett der Isar abtrennt. Vorschriftentreue Radler schieben ihr Gefährt, Fußgänger schimpfen über weniger vorschriftentreue Radler – aber die Passage auf den hölzernen Planken des stählernen Damms ist trotz des Zwistpotentials der schönste Ort der ganzen Stadt (eine zugegebenermaßen subjektive Wertung). Wieder auf festem Boden am Fuß des Hochufers führt dann – nach dem Spielplatz – der Kabelsteg, eine schmiedeeiserne Kleinbrücke, rechts hinüber zur Praterinsel.

Ihren Namen verdankt die Praterinsel ihrer früheren Nutzung als Vergnügungspark mit Tanzpavillon, Schaukel und Karussell. Der an das berühmte Wiener Vorbild angelehnte Münchner Prater war die Idee des geschäftstüchtigen Gastwirts Anton Gruber, der das Areal 1810 von den wegsäkularisierten Franziskanermönchen übernahm, die hier vorher einen Gemüse- und Erholungsgarten betrieben hatten. Grubers Lustpark tanzte ein knappes halbes Jahrhundert lang, dann konnten die Münchner dank der Entwicklung des öffentlichen Nahverkehrs auch Erholungsziele weiter außerhalb ansteuern, sodass der Prater seine Attraktivität verlor und 1867 seine Pforten schließen musste.

Zwei Jahre später, 1869, wurde die Praterinsel dann industrialisiert: Die Likör- und Essigfabrik der Familie Riemerschmid fand hier bis 1984 einen Produktionsstandort für ihre Erzeugnisse (darunter der legendäre giftgrüne Kräuterlikör „Escorial"); auch der berühmte Chemiker Justus von Liebig betrieb hier Grundlagenforschung im Dienst des Unternehmens.

Nach einem kurzen Dornröschenschlaf wurde in den 1990er-Jahren schließlich erneut umgenutzt: Jetzt fanden Künstler in der klassizistischen Bausubstanz der alten Fabrikhallen Platz für Ateliers und Ausstellungen. 2010 kamen dann die Eventmanager, seitdem ist die Praterinsel eine fetzige – freilich exklusive – Location für das ungebremste Feierbedürfnis der kreativen oder auch nur umsatzstarken Klassen. Ein paar Künstler gibt es aber immer noch, unter anderem hat hier auch Wolfgang Flatz, der selbstzerstörerische Berserker unter den Aktionskünstlern, ein Domizil gefunden.

Eine Ausstellung ganz anderer Art hat der Deutsche Alpenverein in einem Gebäude an der Südspitze der Praterinsel im Angebot. Das bereits 1907 eröffnete **Alpine Museum**, das bedingt durch Kriegsschäden zwischenzeitlich nahezu 50 Jahre geschlossen war, präsentiert seit 1996 wieder Exponate zur Geschichte des Alpinismus.

Das Museum ist Di–Fr 13–18 und Sa/So 11–18 Uhr geöffnet. Eintritt 4,50 €, erm. 3 €, Kinder von 7 bis 14 J. 1 €, darunter frei.

Münchner Urknall
An der Ludwigsbrücke

Die nächste Insel (ehemals Kohlen-, heute **Museumsinsel**) erreicht man auf dem **Wehrsteg** zwischen dem domestizierten Isarkanal rechter und dem Schotterbett des Flusses linker Hand. Nach der je nach Wasserstand leise plätschernden bis tosend rauschenden Gefällestufe zwischen den Flussarmen passiert man zunächst den **Vater-Rhein-Brunnen** und erreicht dann das Straßenbett der nächsten Isarbrücke, die **Ludwigsbrücke**, gewissermaßen den Münchner Urknall. An dieser schwerst historischen Stelle ließ Heinrich der Löwe 1157 einen Überweg über die Isar errichten, um sich und sein Herzogtum mit den Wegezöllen auf die

Cafés (S. 144/145)
1 Café Isarlust
2 Biergarten Muffathalle
3 Melcher's
4 Café Stör
5 Da-Me
6 Pizzesco
7 Burg Pappenheim
9 24h-Bude an der Reichenbachbrücke
10 Jessas Eis
11 Maria
12 Café Hüller
13 Standerl an der Wittelsbacherbrücke
15 Charlie
18 Kiosk unterhalb der Braunauer Eisenbahnbrücke

Essen & Trinken (S. 144/145)
8 Wirtshaus in der Au
14 Türkitch
16 Biergarten zum Flaucher
17 Wawi
19 Isar Bräu
20 Menterschwaige
22 Upper Eat Side

Nachtleben (S. 145)
21 Löwenstüberl

Einkaufen (S. 144)
9 24h-Bude an der Reichenbachbrücke
18 Kiosk unterhalb der Braunauer Eisenbahnbrücke

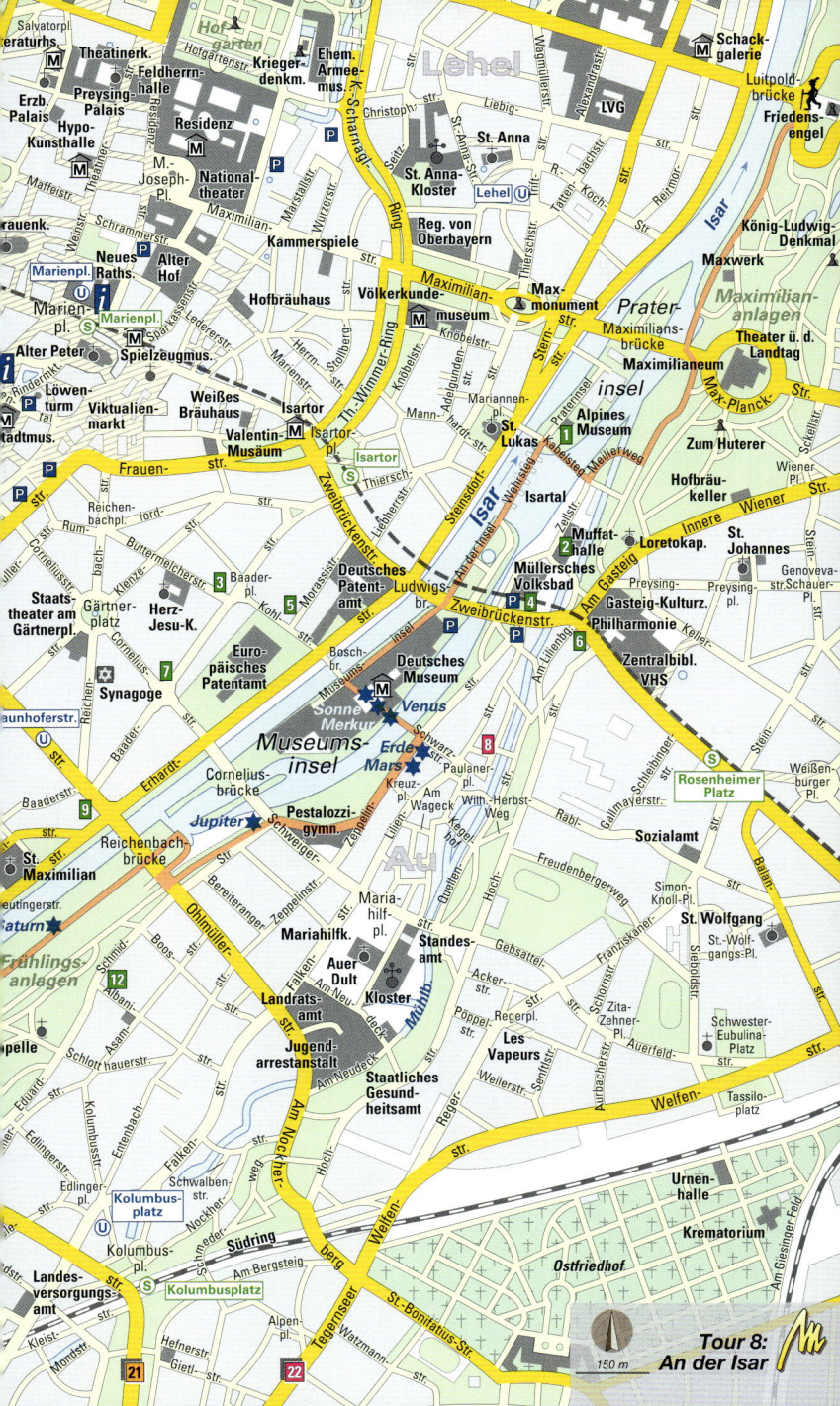

Warenströme aus dem Süden dick und fett zu mästen. Renditesteigernd zerstörte er gleichzeitig die Brücke des Freisinger Herzogs Otto I., der sich bis dahin exklusiv an diesen Pfründen gelabt hatte. Mit dem vermutlich ziemlich wackligen Holzsteg von einst hat die heutige Ludwigsbrücke baulich natürlich nichts mehr zu tun; in ihrer jetzigen Gestalt entstand sie 1934/35, wobei einige dekorative Elemente des Vorgängerbaus von Friedrich von Thiersch übernommen wurden.

Die beiden allegorischen Sitzfiguren auf den stadtseitigen Pylonen („Flößerei" und „Industrie") überlebten auch den Krieg und verleihen der viel befahrenen Brücke ihr geschichtsschweres Gepränge.

Dominiert wird das Ludwigsbrückenensemble allerdings von den beiden Großbauten in der Mitte und am Ostufer: Sowohl der Komplex des Deutschen Museums wie auch das Müllersche Volksbad sind mustergültige Beispiele ihrer Epochen. Die großartigen Sammlungen des Deutschen Museums

Portal der Ludwigsbrücke

fanden ab 1925 in den von Gabriel von Seidl konzipierten Ausstellungshallen ihren dauerhaften Präsentationsort. Seidl, der auch andernorts in der Münchner Baugeschichte sehr präsent ist (u. a. Lenbachhaus, Bayerisches Nationalmuseum und Ruffinihäuser), zeigte in seinem Spätwerk – er starb 1913 vor Vollendung des Baus – eine deutliche Abkehr vom überladenen Historismus und fühlte sich den Vorgaben der neuen funktionalistischen Sachlichkeit verpflichtet; auch bei den später folgenden Anbauten, der Bibliothek (1932), dem Kongresssaalbau (1935) und der Kraftfahrzeughalle (1937), wurden die Stilvorgaben weiter eingehalten. Ganz vom historischen Zierrat konnte der Meister dennoch nicht lassen, und so verweisen antikisierende (der Turm an der Ostseite) und barockisierende Elemente (z. B. die Kuppeltürme an der Eingangsfassade) auf die künstlerische Sozialisation des Architekten. Etwas verstörend wirken in diesem Zusammenhang die plumpen Adler auf dem Kongresssaalbau an der Ludwigsbrücke, das NS-Erbe hat auch hier seine Spuren hinterlassen.

Am Fuß des Gasteigbergs am rechten Isarufer ist von solcher Strenge wenig zu sehen: Das Müllersche Volksbad gilt als Deutschlands schönstes Jugendstilbad und schwelgt entsprechend in den verspielten Formen dieser Epoche. Trotzdem ist auch diesem Bau das funktionale Design nicht abzusprechen, nur so ist erklärlich, wie das erste öffentliche Hallenbad Münchens mit nur wenig Änderungen immer noch die Bäderlandschaft der hiesigen Stadtwerke bereichern kann. Natürlich spielt der Aspekt der Volkshygiene heute eine untergeordnete Rolle, aber mit römisch-irischem Schwitzbad, Sauna, Dampfbad und vor allem der hinreißenden großen Schwimmhalle mit den maurischen Arabesken kann es sich unter den Spaßbädern der Republik durchaus sehen lassen. Die Wurzeln sind jedoch noch präsent: Immer noch kann man sich im Volksbad auch eine Badewanne mieten, es ist damit das letzte Münchner „Tröpferlbad". Den deutschen Durchschnittsnamen trägt die Badeanstalt mit der freundlich gelben Fassade nach ihrem Stifter, dem Münchner Ingenieur und Großbürger Karl Müller.

Schwimmhallen tägl. 7.30–23 Uhr, Eintritt 3,10–4,30 €; Saunalandschaft 9–23 Uhr, ab 12,10 €; Wannen- und Brausebad Mo 17.30– 20.30, Mi/Fr 8–13.30 Uhr, ab 2,10 €.

Ein weiteres Baudenkmal der Jugendstilära ist das nördlich ans Volksbad anschließende **Muffatwerk**. Ab 1894 wurde hier in Münchens erstem Dampfheizkraftwerk der Strom für die Straßenbeleuchtung und die Oberleitungen der Tram bereitgestellt. Seit der umfassenden Restaurierung 1992 ist die Muffathalle mit ihrem weithin sichtbaren Kamin nicht nur ein sehenswertes Industriedenkmal , sondern vor allem eine der schönsten Konzerthallen der Stadt (mit leider lausiger Akustik). Die leitende gestalterische Kompetenz für beide schmuckvollen Zweckbauten, Volksbad und Muffatwerk, lag bei Karl Hocheder.

Viel Holz
Deutsches Museum

Mit ca. 30.000 Exponaten ist das „Deutsche Museum von Meisterwerken der Naturwissenschaft und Technik" – so der offizielle Name – die größte naturwissenschaftlich-technische Sammlung der Welt. Und ziemlich genau das sollte es nach dem Willen seines Initiators auch werden. Oskar von Miller, ein Münchner Ingenieur mit Visionen und edlem Stammbaum (sein Vater war der Erzgießer Ferdinand von Miller, berühmt geworden als Schöpfer der „Bavaria" auf der Theresienwiese), war ein Technikpionier mit pädagogischem Eros, der die Leistungen der modernen Ingenieurswissenschaft dem Volk transparent und begreifbar machen wollte. Angeregt durch die in der Gründerzeit sehr erfolgreichen Technikausstellungen und -museen vor allem in Frankreich, fasste er schon früh den

Im Turm schwingt ein Foucault'sches Pendel

An der Isar → Karte S. 136/137

Plan, eine disziplinenübergreifende Dauerausstellung auf die Beine zu stellen. Spätestens seit Juni 1903 war sein Projekt nicht mehr aufzuhalten: Auf der Hauptversammlung des Bundes Deutscher Ingenieure präsentierte von Miller seine Ideen, und kurz darauf bildete sich ein Komitee zur Realisierung des Vorhabens. Gönner und Mäzene wurden gefunden, als Schirmherr präsidierte der bayerische Prinz Ludwig, unter dessen nobler Patronage bereits 1906 eine provisorische Ausstellung im heutigen Nationalmuseum (Prinzregentenstraße) eröffnete. Im selben Jahr wurde der Grundstein für den endgültigen Standort auf der sog. Kohleninsel gelegt – standesgemäß von Kaiser Wilhelm II. eingemauert – und damit auch der Name der Sandbank in der Isar geändert. Aus dem einstmals größten Floßhafen („Floßlände") Europas wurde die **Museumsinsel**. Rund 20 Jahre später, im Mai 1925, wurde das neue Haus eröffnet, Nobelpreisträger Gerhart Hauptmann verfasste gar ein eigenes Bühnenstück zu diesem Anlass.

Maßgeblich für das museumsdidaktische Konzept war das damals revolutionäre „Mitmachprinzip", dem die lehrreiche Anstalt bis heute treu geblieben ist und das ihren Erfolg an vorderster Stelle begründet – sinnliche Erfahrung macht schlau. Auch politisch war Oskar von Miller kein typisches Kind seiner Zeit. Zum Glück: So blieb dem Deutschen Museum der lähmende Hypernationalismus der Epoche erspart, der republikanisch-aufgeklärte Miller fühlte sich ausschließlich der Sache verpflichtet, und die war nun einmal international. Technik und Innovation machten schon damals vor Ländergrenzen nicht halt. In der Weimarer Republik machte sich Miller mit dieser Haltung wenig Freunde, der Chauvinismus der alten und neuen Rechten interessierte sich mehr für das „Deutsche" als das „Museum". Doch wegen des großen Publikumserfolgs – seit der Eröffnung des Hauptbaus auf der Kohleninsel kamen jährlich 750.000 Besucher (heute 1,5 Millionen) – blieb von Miller vorerst fest im Sattel. Der rege Zuspruch rettete ihn allerdings nur bis zum Mai 1933. Dann hissten die Nazis ihre Flaggen auf den Dächern des Museums und verpassten seinem ungeliebten, mit dem zusätzlichen Malus des „Novemberverbrechers" belasteten

Gründer (von Miller war Mitglied der technischen Delegation bei den Versailler Friedensverhandlungen) die Rolle des einflusslosen Frühstücksdirektors. Oskar von Miller starb am 9. April 1934 an der Stätte seiner wahr gewordenen Vision: im Deutschen Museum.

Vor dem Besuch des Museums empfiehlt es sich dringend, einen Plan nach den persönlichen Präferenzen zu erstellen – sämtliche Abteilungen von A wie Agrartechnik bis Z wie Zeitmessung abzuklappern gelänge wahrscheinlich nur marathongestählten Ausdauerläufern und wäre sicher auch wenig erkenntnisfördernd. Einige Highlights sollten auf der Route aber unbedingt dabei sein:

Pflichtprogramm ist auf jeden Fall die Demonstration der Hochspannungsanlage um 11, 14 und 16 Uhr, wenn die blauen Blitze mit ohrenbetäubendem Knallen aus den Isolatoren zucken (wirklich sehr laut – kleinen Kindern besser die Ohren zuhalten!). Auch die Kommentare und Scherze des durchführenden Personals sind vielfach bewährt – manche haben sich seit 30 Jahren frisch gehalten.

Ganz besonders eindrucksvoll ist die Runde durch die große **Bergbauabteilung** tief im Keller des Gebäudes. In den

---

München im Kasten
Dem sozialen Abstieg die Zähne zeigen: BISS

Obdachlosenzeitschriften und ihre Verkäufer gehören heute zum Straßenbild beinahe jeder deutschen Großstadt. Schrittmacher war München, wo bereits seit 1993 „Bürger in sozialen Schwierigkeiten" (= BISS) an zentralen Punkten und in den Kneipen der Stadt das gleichnamige, monatlich erscheinende Magazin verkaufen. Die älteste Straßenzeitung Deutschlands hat eine Auflage von fast 40.000 Exemplaren, setzt derzeit über hundert Verkäufer, davon 35 festangestellte, in Lohn und Brot und gibt zwischenzeitlich gescheiterten Existenzen eine neue Startgrundlage. Das Konzept ist so einleuchtend wie

simpel: Vom Heftpreis (derzeit 2,20 €) verbleibt die Hälfte bei den Verkäufern, die durch als Spenden eingeworbene Patenschaften gegebenenfalls darüber hinaus unterstützt werden. Einer der namhaftesten und aktivsten Förderer des Projekts war der schräge Modezar Rudolph Moshammer.

Aus dem ehrgeizigen Projekt Hotel BISS, einem Hotelbau im ehemaligen Frauengefängnis „Am Neudeck", ist leider nichts geworden. Das sozial engagierte München dankt den Landtagsfraktionen von CSU, FDP und Freien Wählern für ihre kameralistische Kurzsicht.

dunklen Gängen kommt so richtig Stollenatmosphäre auf. Und auch ein bisschen Mitleid: Kumpel sein war über die Jahrhunderte ein hartes Los.

Eine recht neue Attraktion ist das **Kinderreich**: Speziell für die ganz besonders experimentierfreudige Klientel der Drei- bis Achtjährigen gibt es hier Grundlagenversuche mit ausgesucht hohem Actionfaktor. Besonders beliebt: Wasserfall, Wehr, Kanäle und Staudamm. Was sich so großspurig unter Hydrodynamik zusammenfassen lässt, ist realiter eine lustige Riesenplanscherei (vorsichtshalber Ersatzklamotten mitbringen!).

Etwas ältere Besucher können die Projektionen des **Planetariums** abends durch eigene Anschauung auf der hauseigenen **Sternwarte** ergänzen – natürlich nur bei klarem Himmel.

Technik war schon immer auch Fortschritt und der hört ja nie auf. Deshalb wird das Deutsche Museum im Rahmen der „Zukunftsinitiative" einem konsequenten Update (geschätzte Gesamtinvestition 400 Mio. €) unterzogen, folglich sind bis auf Weiteres immer wieder Abteilungen für die Neugestaltung gesperrt (Infos hierzu finden sich auf der Website des Hauses). Abteilungen mit besonders hohem Platzbedarf wurden schon früher ausgesondert: Seit 1992 ist Luftfahrtgerät aller Art von der Montgolfière bis zur MIG auf der Flugwerft Schleißheim untergebracht, und fast alles, was so rollt und fährt, ist seit 2006 in den alten Messehallen im Westend vertreten. Auf über 12.000 m² haben in der bildschön restaurierten Bausubstanz die Geniestreiche und Irrwege der Mobilität einen eigenen Standort gefunden.

Stammhaus auf der Museumsinsel tägl. 9–17 Uhr. Eintritt 11 €, Kinder/Jugendliche (6–15 J.) 4 €, noch kleinere Technikadepten haben freien Eintritt. Aufpreis Planetarium 2 €, Übersichtsführung (tägl. 13.15 Uhr) 3 €. Verkehrszentrum auf der Theresienhöhe und Flugwerft Schleißheim tägl. 9–17 Uhr. Eintritt 6 €, erm. 3 €. Kombiticket für alle drei Museen (auch an getrennten Tagen nutzbar) 16 €. www.deutsches-museum.de.

Ausgangspunkt des Planetenwegs – die Sonne

Maßstabsgetreu

Der Planetenweg

Auf dem weiteren Weg – wieder am rechten Isarufer entlang – befinden sich Stadtwanderer auf astronomischer Exkursion. Ausgangspunkt ist die messingfarbene Kugel im Innenhof des Deutschen Museums, die den Licht- und Energiespender unseres Sonnensystems symbolisiert. In maßstabsgerechter Entfernung (gewählt wurde das zwar unübliche, doch in diesem Zusammenhang praktische Verhältnis 1:1,29 Milliarden) finden sich nun im weiteren Verlauf des Rad-Fuß-Wegs (vom Innenhof wieder auf das rechte Flussufer) in den Isarauen dreieckige Säulen, die die relative Lage der einzelnen Planeten anzeigen. Ungefähr auf halbem Weg zum Jupiter passiert man die **Corneliusbrücke**, auf deren Mittelpfeiler sich in den Sommermonaten ganz hervorragend Freiluftbelustigungen von Fußball gucken bis Beach Bar veranstalten lassen – wenn es nicht notorisch empfindlichen Anwohnern zu laut wird.

An der Isar → Karte S. 136/137

Keine Spaßveranstaltung hingegen am linken Ufer: Der rauchglasdunkle Komplex des **Deutschen und Europäischen Patentamts** hütet die wichtigsten Assets der kontinentalen Wissensgesellschaft. Millionen von Patenten, Gebrauchsmustern und Ideen werden hier in Hängeschränken, auf Festplatten und Fileservern aufbewahrt und gegen fiese Klauer geschützt. Vielleicht Münchens bedeutendste Behörde!

Die **Wittelsbacher Brücke**, vielbefahrener Übergang zwischen Isarvorstadt und Au/Untergiesing, hat es aus ganz anderen Gründen sogar bis zu medialer Prominenz gebracht. Jahrelang kampierten hier Münchner Obdachlose in selbst gezimmerten Verschlägen. Nachdem sichtbare Armut in dieser vorgeblich so reichen Stadt nicht sichtbar sein darf, sind die Sandler mittlerweile verscheucht worden. Geblieben ist der Angstseufzer von Wohnungssuchenden, wohl bald „unter der Wittelsbacher" wohnen zu müssen, wenn der gnadenlose Mietmarkt wieder einmal gar nichts hergibt.

Oberhalb der Wittelsbacher Brücke – auf dem Planetenweg befinden wir uns schon längst in der Unendlichkeit hinter Jupiter – hört die Uferbebauung der Isar völlig auf, beidseits des Flusses zieht sich nun ein deutlich breiterer Grünstreifen bis weit über die Stadtgrenzen hinaus nach Süden. Gleich zu Beginn liegt dort, etwas versteckt, eine der unterschätztesten Parkanlagen der Stadt: Der **Rosengarten**, ursprünglich eine Versuchsfläche der Münchner Stadtgärtner, ist zur Blütezeit der Rose (bei der schier unendlichen Sortenvielfalt ist das praktisch ständig) ein wunderbar bunter und entspannter Hangout. Als botanische Lehrangebote stehen zusätzlich ein Gift- und ein Duftgarten bereit, außerdem verfügt das Areal noch über einen Tastgarten für Blinde.

Am **Flaucher** schließlich (3,5 km vom Deutschen Museum entfernt, etwa auf Höhe Neptun) zeigt die Isar noch ihr ursprüngliches Gesicht. Der vorher recht schmale Fluss weitet sich ziemlich plötzlich zu einem Kiesbankdelta von annähernd 300 m Breite aus. An warmen Sommerabenden liegt über dem Flaucher eine dicke weiße Wolke, unablässig gespeist von Tausenden kleiner und großer Grillfeuer. Die „Isar-Riviera" ist eindeutig der Fleischröstspot No. 1 Münchens, das auch im Hochsommer recht kühle Isarwasser ermöglicht sogar bei Hitzewellen adäquate Bierkühlung.

Der naturschützerische Konflikt liegt da natürlich auf der Hand: Das von der EU geschützte Flora-Fauna-Habitat mit seiner erstaunlichen Biodiversität und das Erholungsbedürfnis der Münchner gehen nicht wirklich gut zusammen.

Jahrzehntelang war der Konflikt zwischen Natur- und Anwohnerschutz am Flaucher auszuhalten, spätestens aber im Hitzesommer 2015 ist die Lage eskaliert. Weit über 10.000 Griller hinterließen bis zu vier Tonnen Müll täglich. Die kann man ja noch wegräumen, was aber bleibt, sind die Scherben zwischen den Isarkieseln und in der Folge unzählige Schnittwunden in unbeteiligten Füßen. Die Nachbarn haben von der Dauerberäucherung auch die Nase voll. Ob die Stadt ausgesprochenen Regeln und Verbote dem Röstfleischexzess ausreichend Einhalt gebieten können, bleibt aber zweifelhaft.

Den Abschluss des Planetenwegs bildete früher der **Tierpark Hellabrunn**. Seit aber Pluto auf den Status eines Zwergplaneten zurückgestuft worden ist, befinden sich die Gehege gewissermaßen im extrasolaren Nichts. Die Tiere stört das vermutlich nicht. Sie leben komfortabel in komplexen Gemeinschaftshaltungen auf einem weitläufigen Areal, das recht genau den Vorgaben der Weltkarte folgt: Lebensraum „Europa", Lebensraum „Asien" und so fort. Zum Zeitpunkt seiner Einweihung 1911 war Hellabrunn der erste Tierpark der Welt, der nach diesem Prinzip gestaltet wurde; inzwischen hat das Konzept Geo-Zoo zahlreiche Nachahmer gefunden.

Oiwei chillig: Isar vor dem Müllerschen

Architektonische Highlights sind vor allem das Elefantenhaus im byzantinischen Stil von 1914 und die Großvoliere, eine kühne Konstruktion aus Edelstahldraht, die zum Wahrzeichen Hellabrunns geworden ist. Unbedingt se-

henswert ist auch das neue Dschungelhaus mit den üppigen Affengehegen.

April–Sept. 9–18 Uhr, Okt.–März 9–17 Uhr. Erw. 14 €, erm. 10 €, Kinder 4–14 J. 5 €. Mit Ⓤ 3 und Buslinie 52 zum Bahnhof/Haltestelle Tierpark.

Praktische Infos   → Karte S. 136/137

Cafés & Snacks

Die Maximiliansanlagen sind gastronomiefreie Zone, nicht einmal ein Kiosk versorgt mit dem Nötigsten. Auch auf der Praterinsel – einst ein Ort der massenhaften bukolischen Verlustigung – sieht's mau aus, nur noch das **Café Isarlust** 🚩 im Garten des Alpinen Museums hält die Fahne hoch. Gastronomisch der Rede wert ist sie nicht, aber was für ein idyllischer Ort!

Wer nett fragt, kriegt auch einen Liegestuhl und kann beim Rauschen der Isar wegdösen. Im Dezember besteht außerdem die Chance auf einen Glühwein auf dem hübschen kleinen Weihnachtsmarkt hinter dem Alpinen Museum.

Rund um die Ludwigsbrücke

Sehr jugendstilvoll, manchmal aber ganz schön eng sitzt man im **Café Stör** 🚩 im Müllerschen Volksbad.

🌿 Wenige Schritte weiter ist der **Biergarten der Muffathalle** 🚩 fast noch ein innenstädtischer Geheimtipp: Er offeriert Bioküche deutlich über dem sonst bescheidenen Biergartenniveau.

Ein paar Meter den Berg hinauf (Rosenheimerstr. 12) bäckt **Pizzesco** 🚩 wunderbare Pizzen und die auf Wunsch auch aus Kamut, Dinkel oder glutenfrei. Angesichts der Nachbarschaft – Gasteig und Hochfrequenzverkehr – nicht unbedingt stimmungsvoll, aber die belegten Fladen entzücken nicht nur Allergiker.

Cafés und Restaurants des Deutschen Museums empfehlen sich eher für die ambulante Bekämpfung von Unterzuckerattacken während des Museumsmarathons, nach dem Besuch sollte man auf die andere Seite der Isar wechseln und ein Bistro im gastronomisch gut bestückten Gärtnerplatzviertel aufsuchen: z. B. gleich hinter dem Patentamt das **Da-Me** 🚩 mit schnuckligen Italo-Snacks (Morassistr. 11), das **Melcher's** 🚩 (Buttermelcherstr. 21) mit seinen hausgebackenen Kuchen oder die kernig bayerische **Burg Pappenheim** 🚩 (Baaderstr. 46) mit Augustiner vom Holzfass.

Am Planetenweg

Was die Isarauen anbelangt, findet man gastronomische Angebote (zumindest bis zur Wittelsbacher Brücke) nur in den ufernahen Bereichen der anliegenden Stadtviertel: links der Isar z. B. das Kiezcafé **Maria** 🚩 in der Klenzestraße 97 oder am anderen Ufer bei **Türkitch** 🚩 (Humboldtstr. 20) einen der wenigen wirklich guten Döner und klasse Falafel.

Wenn die Kühlung des mitgebrachten Biers im frischen Isarwasser zu lange dauert, holt man sein Helles oder Radler eben an einem der Kioske: Zur Wahl stehen die **24h-Bude an der Reichenbachbrücke** 🚩, das – angeblich – **älteste Standerl Münchens an der Wittelsbacherbrücke** 🚩 sowie der **Kiosk unter der Braunauer Eisenbahnbrücke** 🚩.

Am rechten Isarufer hält das sehr sympathische **Café Hüller** 🚩 in der Eduard-Schmid-Straße 8 (gute Kuchen und kleine Speisen) die Fahne der Kaffeehauskultur hoch, asiatisch und bei jungen Familien sehr beliebt ist **Charlie** 🚩 am Schyrenbad.

Am Flaucher selbst schnorrt man sich entweder durch die zahllosen Grillpartys oder bewegt sich einige Meter zurück in Richtung Stadtmitte und kehrt im **Biergarten zum Flaucher** 🚩 ein.

Biergärten

Waldwirtschaft Großhesselohe (kurz: Wawi) 🚩 Die Keimzelle der Biergartenrevolution – mehr muss man wohl nicht sagen. Über 2000 Plätze, täglich spielen Jazzbands. Georg-Kalb-Str. 3. Ⓢ 7 Großhesselohe-Isartalbahnhof und ca. 15 Min. Fußweg. Wenige Parkplätze.

Flaucher 🚩 Gegen die Austrocknung nach dem Sonnenbad auf dem Isarschotter. Ca. 2000 Plätze. Isarauen 8. Ⓤ 6 Brudermühlstr. und ca. 10 Min. zu Fuß.

Menterschwaige 🚩 Noch etwas weiter südlich am anderen Ufer der Isarauen. Sehr beliebtes Ausflugsziel im Villenviertel, recht gutes Essen, besonders netter Spielplatz. Menter-schwaigstr. 4. Tram 27 Menterschwaige, kniff-lige Parkplatzsuche.

Wirtshäuser, Bierhallen und Schwemmen

Wirtshaus in der Au  Gute bayerische Küche mit riesigen Knödeln. Gemütlicher Gastraum, im Sommer auch draußen – auf dem Vorplatz in der ruhigen Au kommt richtig Dorfgefühl auf. Vom freundlichen Service nicht zu einer Schnapsorgie überreden lassen – außer Sie planen einen Komplettabsturz. Au, Lilienstr. 51, ☏ 4481400. Tägl. 17–1, Sa/So 10–1 Uhr. Tram 18 Deutsches Museum.

Isar Bräu **19** Kleinstbrauerei im alten Isartalbahnhof Großhesselohe. Der Knaller sind vor allem das Weißbier „Isargold" aus eigener Produktion und das Ambiente zwischen Kupferbraukessel und stillem Bahngleis. Pullach, Kreuzeckstr. 23b, ☏ 798961. Tägl. 16–1, Sa/So 11–1 Uhr. Ⓢ 7 Großhesselohe-Isartalbahnhof.

Fußballkneipen

Löwenstüberl **21** Die Vereinsgaststätte des TSV 1860 ist eine Kultstätte der Fußballtradition. Unter den patinagewellten Fotos von Helden der Vereinsgeschichte kann man sich an Spieltagen besten Zweitligafußball anschauen und sich dabei mit üppigen Fleischportionen pflegen lassen. Sympathieäußerungen für den FC Bayern tunlichst unterdrücken! Giesing, Grünwalder Str. 114, ☏ 6422289. Tägl. 9–20 Uhr (an Spieltagen ggf. länger). Ⓤ 1 und Tram 15/25 Wettersteinplatz.

Burg Pappenheim **7** Sehr nettes Wirtshaus mit großem Flatscreen. Augustiner-Bier vom Holzfass und gute deftige Küche. Der Schweinsbraten tröstet auch über Debakel des Lieblingsclubs hinweg. Gärtnerplatzviertel, Baaderstr. 46, ☏ 20019030. Tägl. 16–1 Uhr. Bus 52/152 Baaderstraße.

Restaurants

Neue deutsche Küche

Upper Eat Side **22** Zum richtig gut Essen nach Giesing zu fahren war bislang eine eher verwegene Idee, aber jetzt ist auch das südliche Hochufer der Isar erschlossen. Sehr geradlinige Küche mit regionalen Spitzenprodukten. Vielleicht nicht unbedingt der brandheiße Tipp für Vegetarier und ganz sicher nicht für Freunde der gesetzten Atmosphäre. Giesing, Werinherstr. 15, ☏ 39292689, Di–Sa ab 18 Uhr. Ⓤ 2 Silberhornstr.

Türkisch

Türkitch **14** Die Frage muss natürlich trotzdem noch geklärt werden: Wo gibt's den besten Döner? Und die besten Falafel? Und die besten Köfte auf die Hand? Hier in Untergiesing, nur einen kurzen Hüpfer entfernt von der Isar. Humboldtstr. 20, ☏ 89056963. Tägl. 11–22 Uhr. Ⓤ 1-2 Kolumbusplatz.

Das beste Eis

Über diese Frage können sich harmonische Münchner WGs in Krisengebiete afghanischen Zuschnitts verwandeln. Deshalb nur in vorsichtiger Näherung die häufigsten Nennungen ohne Wertung: Die längsten Schlangen hat **Ballabeni** **15** (→ Karte S. 153) in der Maxvorstadt, das gleiche Frostgut gibt es auch bei **Jessas** **10** (→Karte S. 136/137) in der Klenzestraße. Traditionalisten rümpfen da die Nase und verweisen indigniert auf **Sarcletti** **13** (→ Karte S. 166/167) am Rotkreuzplatz mit seinen über 100 Sorten. Den blasiertesten Service – keine schnöden Kugelstecher, sondern Spatel – und trotzdem gutes, fettes Eis hat **Bartu** **7** (→ Karte S. 106/107) in der Wilhelmstr. 23 (Schwabing) und auch die Krake vom Platzl ist mit **Schubeck's Eis** **9** (→ Karte S. 32/33) im Spiel. Keine Geschmacksrichtung zu albern ist dem **Verrückten Eismacher** **30** (→Karte S. 106/107), Gyroseis und Zazikieis hat die Welt unbedingt noch gebraucht; die konventionellen Sorten sind aber sehr zu empfehlen (Amalienstr. 77). Und endlich gibt es auch auf der Schwanthaler Höhe etwas anderes als konfektioniertes Stangerleis: Im **Punto Gelato** **7** (→ Karte S. 196/197) modelliert der hinreißend charmante Florian das Schoko-Ingwer-Eis in die Waffel (Schwanthaler Str. 131). Die Kugel kostet überall um 1,40 €.

An der Isar → Karte S. 136/137

München vom Reißbrett
Tour 9

Nichtmünchner sind sich einig: Der Stadtsektor nordwestlich der Altstadt zwischen Ludwigstraße und Dachauer Straße heißt Schwabing. Urmünchner schreien da regelmäßig auf, denn schließlich muss aus vielerlei Gründen klar unterschieden werden: hier die elegante Maxvorstadt, da das prollige Schwabing.

Lenbachhaus, die Heimat des Blauen Reiters, S. 152

Königsplatz, das griechische Prachtstück mit herausragender Antiken- und Skulpturensammlung, S. 149

Die Pinakotheken, das eherne Fundament des weltweit strahlenden Ruhms der Kunststadt München, S. 155

Von Museen und Universitäten
Die Maxvorstadt

Die geografische Lage ist administrativ eindeutig geregelt: Der Stadtbezirk 3 „Maxvorstadt" erstreckt sich von der Arnulfstraße (am Gleiskörper der Bahn) im Süden bis zur Georgenstraße im Norden und der Lothstraße im Westen bis zur Königinnenstraße am Englischen Garten im Osten. Mit der historischen Entwicklung hat diese geografische Einteilung – ein Resultat der Neuorganisation der Münchner Stadtbezirke 1992 – nicht mehr viel zu tun, die kleinteilige frühere Gliederung in Königsplatz-Marsfeld, Universität und Josephsplatz war da wesentlich anschaulicher.

Die nordwestliche Stadterweiterung war erst durch die Entfestigung der Stadt 1791 unter Kurfürst Karl Theodor überhaupt auf die stadtplanerische Agenda gekommen. Das Stadtgebiet hinter den trutzigen Mauern war zwar auch schon lange vorher dringend erweiterungsbedürftig, aber eben nicht wirklich ausbaufähig. Die Lorbeeren für diese Neuschöpfung fuhr aber – einmal mehr – nicht der ungeliebte Pfälzer Karl Theodor ein, sondern sein Nachfolger Max I., der die Ehre hatte, als Namensgeber für den neuen Stadtteil dienen zu dürfen.

Beim Blick auf den heutigen Stadtplan ist der rationalistische Gestus im Geist der Aufklärung gut zu sehen. Er zeigt ein stark geometrisches Raster, das in seinen Grundzügen auf die Arbeit der ersten Baukommission Münchens zurückgeht. Der von diesem edel besetzten Gremium (u. a. der Schöpfer des Englischen Gartens Ludwig Sckell, Karl Fischer und Andreas Gärtner, der Vater des später omnipräsenten Oberhofbaumeisters) erarbeitete und 1812 verabschiedete Generalplan sah ein Rechteckmuster vor, dessen Strenge durch landschaftsgärtnerische Elemente aufgelockert werden sollte. Die großen

Repräsentations-
bauten, die heute
maßgeblich das Ge-
sicht dieses Stadt-
viertels prägen, wa-
ren allerdings nicht
Teil dieser Konzep-
tion. Erst die entfes-
selte Bauwut Lud-
wigs I. und dessen
großer Baumeister
Klenze sorgten für
die Monumental-
bebauung des Kö-
nigsplatzes und der
unteren Brienner
Straße. Nach dem
Willen der Kommission
sollte die Hochbauaktivi-
tät im Neubauviertel ei-
gentlich privater Initiative
vorbehalten bleiben – in den
nordwestlichen Teilen der Maxvorstadt
hat das dann etwas später (ca. ab 1850)
auch ganz gut geklappt.

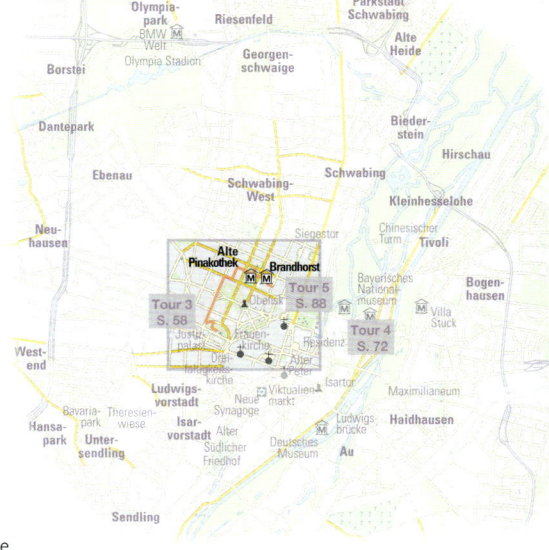

Aus (kultur)touristischer Sicht liegt
der Fokus beim Besuch der Maxvorstadt sicher im Kreuzungsbereich

München im Kasten

Staatliches Museum Ägyptischer Kunst

Jüngster Zugang im Kunstareal ist das
Staatliche Museum Ägyptischer Kunst
in dem mit der Alten Pinakothek korrespondierenden Riegel südlich der Gabelsbergerstraße. Schon beim Eintritt
durch die monumentale Pforte fühlt
man sich wie ein frisch verschiedener
Pharao auf dem Weg zu Anubis. Die
sehr große Sammlung belegt stilecht
die Katakomben des Baus, die Präsentation ist museumsdidaktisch state-of-
the-art. Der Hauptmieter hat sich schon
eingelebt: Die Hochschule für Film und
Fernsehen (HFF) durfte ihr viel zu
enges Domizil in Giesing 2011 verlassen und nun in der Stadtmitte die
nächsten Wenders, Eichingers und
Donnersmarcks heranzüchten.

Sammlung Di–So 10–18 Uhr (Di bis 20 Uhr),
Eintritt 7 €, erm. 5 € (So 1 €). Der gut gemachte
Audioguide – ein Tabletcomputer – kostet
sonntags 2 €, umsonst ist der Rucksack mit einer Schnitzeljagd für Kinder. www.aegyptisches-
museum-muenchen.e. Ein Museumscafé gibt
es nicht, aber man kann in der HFF mit den Studenten in der Cafeteria einen Latte schlürfen.

Auf zu Anubis

Theresien-/Barer Straße: Mit der Alten und Neuen Pinakothek, der Pinakothek der Moderne, der Sammlung Brandhorst und dem endlich vom Baustaub befreiten und wesentlich erweiterten Lenbachhaus befinden sich hier in Rufweite fünf der herausragendsten Kunstsammlungen Deutschlands. Hinzu kommen in unmittelbarer Umgebung noch die Glyptothek, die Antikensammlung und als mineralogischer Außenseiter das Museum „Reich der Kristalle".

Leider ist die überwältigende museale Fülle im sog. Kunstareal München auch für routinierte und konditionsstarke Museumsbesucher kaum an einem Tag sinnvoll zu bewältigen, erst recht nicht bei Sonnenschein: Dann entwickeln nämlich die Wiesen vor und hinter der Alten Pinakothek ein so bacchantisches Muße-Potenzial, dass auch die Breughels im Inneren der Prachtgalerie kaum dagegen ankommen. Und da die Maxvorstadt mit zahlreichen Instituten von Technischer und Ludwig-Maxi-milians-Universität der wichtigste Campus der Stadt ist, stehen auch Cafés und andere Verlockungen der Gastlichkeit in mehr als ausreichender Fülle zur Verfügung.

Überhaupt, die Studenten: Ihre Population sorgt maßgeblich für das urbane Leben im Viertel, in dem sich zumindest tagsüber leicht viermal so viele Menschen wie Bewohner aufhalten. Zusammen mit den zahlreichen Angestellten und Selbstständigen aus verschiedensten Dienstleistungsunternehmen der Old und New Economy garantieren sie die lückenlose Besetzung aller Parkplätze (inklusive der verbotenen) und für reichlich Nachfrage auf dem Miet- und Immobilienmarkt. Die Bausubstanz ist zwar nicht ganz so gediegen wie beispielsweise im Lehel (→ Tour 11, S. 178) – das Viertel entstand nach den Zerstörungen des Weltkriegs quasi neu –, aber für den Wohnwert und das Prestige eines Domizils im Edelkiez tut's dann auch ein Neubau.

Spaziergang

Schlichte Grünanlage

Alter Botanischer Garten

Startpunkt dieses Spaziergangs ist die nordwestliche Ecke des Stachus (Ⓤ, Ⓢ) sowie Tram Karlsplatz/Stachus). Dem Justizpalast (→ Tour 3, S. 60) gegenüber liegt der ab 1808 nach Plänen von Ludwig von Sckell gestaltete Alte Botanische Garten, heute eine eher unauffällige Grünanlage.

Seine größte Attraktion entstand 1853/54 und hatte mit Botanik rein gar nichts zu tun: ein riesiger Glaspalast nach dem Vorbild des Londoner Crystal Palace, gebaut anlässlich der Ersten Allgemeinen Deutschen Industrieausstellung, auf der Bayern seine Qualität als Hightech-Standort dokumentieren wollte. Da der kühnen Stahl-Glas-Konstruktion ein Gutteil der Gewächshäuser zum Opfer gefallen war, verlor die Grünanlage schon bald ihre designierte Funktion, sodass sie 1912 durch den Neuen Botanischen Garten beim Schloss Nymphenburg ersetzt werden musste.

Der Glaspalast stand noch bis 1931, um dann in einem Großbrand sein schnödes Ende zu finden. 1937 nahmen sich die Nazis des inzwischen zum Park umgewidmeten Areals an, klatschten den pompösen Neptunbrunnen hinein (angeblich Michelangelos David nachempfunden – merkt aber keiner) und bauten zur bis heute währenden Freude der Münchner Jeunesse dorée das Parkcafé, jetzt eine schicke und loungige Bar. Einziges originales Relikt der ursprünglichen Substanz ist das Eingangsportal an der Südwestseite, ein frühklassizistischer Torbau von Joseph Emanuel von Herigoyen (1811).

Der westliche Teil des Parks ist in den Nachtstunden übrigens kein wirklich

Der letzte Überrest des Alten Botanischen Gartens

schmusiger Ort, das angrenzende Glas-scherbenviertel um den Hauptbahnhof entsendet da so manch sinistres Personal in die Rabatten der Gartenanlage.

Klassizistisches Feuerwerk

Königsplatz

Ein Grundgedanke des ursprünglichen Maxvorstadtkonzepts von 1812 war das stete Wechselspiel von Grünanlagen und lockerer Bebauung, und so sind es vom Alten Botanischen Garten nur wenige Hundert Meter die Katharina-von-Bora-Straße hinauf nach Norden bis zur nächsten begrünten Freifläche, dem Königsplatz. Sieht man einmal von den Rasenflächen ab, entspricht dessen Gestaltung allerdings kaum noch den zurückhaltenden Planvorgaben Fischers und Sckells: Nachdem Ludwig I. sein Thronerbe angetreten hatte, ließ er seinen Stararchitekten Klenze von der Kette, und der entfesselte auf dem majestätischen Geviert – nomen est omen – ein wahres klassizistisches Feuerwerk. Herausgekommen ist das wahrscheinlich eindrucksvollste

Ensemble der königlichen Residenz-stadt, die drei bestimmenden Bauten sind ein Schnelldurchlauf durch die klassisch-griechischen Baustile: Die Propyläen, der riesige Torbau an der Westseite des Platzes, sind im dorischen Stil gehalten, die Glyptothek im Norden folgt der ionischen Ordnung, und die Antikensammlung gegenüber schließlich ist dem korinthischen Muster verpflichtet. Die Übernahme von hellenischen Baumustern war nicht allein ästhetischen Überlegungen geschuldet, sondern wurde ganz maßgeblich auch von der damals geradezu grassierenden Griechenlandbegeisterung angeschoben – schließlich saß von 1832 bis 1862 mit Otto I. ein veritabler bayerischer Prinz (Sohn Ludwigs I.) auf dem Thron von Hellas.

Der Königsplatz hatte unter den Nazis ästhetisch ziemlich gelitten (→ Tour 5, S. 95), ist aber spätestens seit Wiederansaat der Rasenflächen 1988 als meisterhaftes klassizistisches Ensemble wieder intakt und trotz seiner relativen urbanen Isoliertheit belebt und beliebt.

Sonnenbäder auf dem dreistufigen Stylobat (Treppensockel) der Glyptothek tragen seinem Freizeit- und Erholungswert ebenso bei wie die im Sommer geradezu beängstigende Dichte an kulturellen Großveranstaltungen („Klassik am Königsplatz", Kino-Open-Air und auch Popkonzerte).

Ein bayerisches Remake

Propyläen

Ein besonderer Kniff der Platzgestaltung – auch beim zweiten Hinsehen kaum zu bemerken – ist die leichte Absenkung der Innenfläche zur Mitte hin. Damit rücken die Bauwerke an den Seiten auf „Anhöhen" – ganz wie das Vorbild der griechischen Akropolis, die ja auch immer oberhalb der eigentlichen Stadt positioniert war. Besonders inspiriert wurde Klenze von der bekanntesten griechischen Oberstadt, der Akropolis in Athen. Und damit das auch niemand übersah, wählte er für seinen letzten Bau am Königsplatz eine in Stil wie Dimension fast originalgetreue Kopie: Die Propyläen (Bauzeit 1842–62) sind ein bayerisches Remake des gleichnamigen antiken Bauwerks in Athen und ansonsten von geradezu entzückender Nutzlosigkeit (als Stadttor taugte der Riesenbogen nur symbolisch, denn seit der Schleifung der Stadtbefestigung eine Generation vorher war München ohnehin eine offene Stadt). Das philhellenische Motiv kommt in den Ornamenten und Gestaltelementen am stärksten zur Geltung: In der mittleren Durchfahrt sind die Namen von Freiheitskämpfern eingemeißelt, die Giebelplastiken Schwan-

Heute wär's ein Copyrightvergehen: die Propyläen

thalers preisen den bayerischen Griechenkönig Otto und setzen ihm ein Denkmal.

Antike Skulpturen
Glyptothek

Die Marmorstatuen in den Nischen der Fassaden verdeutlichen das Programm des Hauses schon bei der Außenansicht: Hier geht es um Bildhauerei.

Der Bau der Glyptothek verdankt sich der Sammlerleidenschaft Ludwigs I. Noch als Kronprinz erwarb er 1813 die Giebelfiguren des Aphaiatempels in Ägina, die als Grundstock einer Sammlung nach einem angemessenen Ausstellungsbau verlangten. Die „Ägineten" gehören auch heute noch zu den Prunkstücken der Glyptothek. Andere

bedeutende Exponate dieses hinreißend stillen Museums sind z. B. der „Münchner Kouros" und der weltberühmte „Barbarinische Faun".

Di–So 10–17 Uhr, Mi bis 20 Uhr, Mo geschlossen. Kombiticket mit Antikensammlung 6 €, erm. 4 € (sonntags 1 €). www.antike-am-koenigsplatz.mwn.de.

Vasen, Keramik und Goldschmuck
Staatliche Antikensammlungen

Die Staatlichen Antikensammlungen gegenüber der Glyptothek legen das Augenmerk eher auf die kunstgewerblichen Erzeugnisse sehr viel früherer Zeiten. Ausgangspunkt auch dieses Museums war der Sammeleifer des bayerischen Herrscherhauses, das seine Kunstagenten in mittlerer Kompaniestärke zu den Auktionen und Ausgräbern in ganz Europa scheuchte. Errichtet wurde der etwas massige Tempel (Bauzeit 1838–48) mit Portikus über einer prominenten hohen Freitreppe allerdings mit der eher vagen Zweckbestimmung „Ausstellungsgebäude". Architekt war Friedrich Ziebland, Klenze konnte ja schließlich nicht alles machen.

Die alten Schätzchen des Königs kamen erst 1869 ins Haus, das dann als Königliches Antiquarium firmierte. Später wurde es Sitz der Münchner Secession und danach Neue Staatsgalerie. Eine Antikensammlung von Donnerhall – insbesondere die Vasensammlung steht auf Augenhöhe mit der des Louvre und des British Museum – ist sie erst seit der Wiedereröffnung nach Beseitigung der Kriegsschäden 1962. Eines der bedeutendsten Exponate ist die Bauchamphora des Andokides, die den Halbgott Herakles bei einer sehr münchnerischen Beschäftigung zeigt: Der antike Superheld kippt sich ordentlich einen rein.

Di–So 10–17 Uhr, Do bis 20 Uhr, Mo geschlossen. Kombiticket mit Antikensammlung 6 €, erm. 4 € (sonntags 1 €). www.antike-am-koenigsplatz.mwn.de.

Die Maxvorstadt → Karte S. 153

Schwerpunkt Blauer Reiter

Lenbachhaus

An sonnigen Wintervormittagen reicht der Schattenwurf der monumentalen Propyläen bis auf das benachbarte Grundstück an der Luisenstraße 33, auf dem sich das nächste Museum von herausragender Bedeutung befindet: die **Städtische Galerie im Lenbachhaus**. Sowohl die Sammlung wie auch das Gebäude markieren interessante Gegenpole zum höchstklassizistischen Areal des Königsplatzes.

Nach dem Tod Ludwigs II., der die Bauwut seiner Vorväter bis zur Raserei gesteigert hatte, war den Wittelsbachern Lust und Geld an neuen architektonischen Highlights vergangen. Das aufstrebende Bürgertum und die kräftig prosperierende Industrie konnten das aber in der Breite mehr als auffangen. Eines der prunkvollsten Stadthäuser dieser Zeit baute sich der mit seiner Kunst steinreich gewordene Maler Franz von Lenbach – im kleinen Schrobenhausen zwischen Augsburg und München noch ohne „von" zur Welt gekommen. Zusammen mit seinen Zeitgenossen Franz Stuck und Friedrich Kaulbach stellte er das Triumvirat der Münchner Malerfürsten und definierte damit den wahren Adelsbegriff dieser Zeit – die Gloria der Wittelsbacher war nach fast 800 Jahren doch schon etwas abgenutzt.

Für den Entwurf von Atelier und Wohnstatt verpflichtete Lenbach den Stararchitekten Gabriel von Seidl, konnte es aber auch nicht lassen, eigenhändig ein wenig in den Plänen herumzumalen – wofür ist man schließlich Künstlerfürst? Nach vierjähriger Bauzeit war die noble Stadtresidenz 1891 schließlich fertig. 1924 erwarb die Stadt München das Anwesen von der Witwe Lenbachs – der Maler war bereits 1904 gestorben – und ließ es ein paar Jahre später um einen westlichen Gebäudeflügel erweitern; 1929 schließlich wurde der Komplex als „Städtische Galerie" der Öffentlichkeit zugänglich gemacht. Dem Königsplatz zugewandt ist die Schauseite mit dem wunderschönen Garten vor einer Villa im Renaissancestil (mit ein paar Barockschnörkeln). Der Münchner, er wäre halt schon immer am liebsten ein Italiener gewesen – Lenbach hat das zumindest in seiner häuslichen Umgebung ganz ausgezeichnet umgesetzt.

Seit 2013 ist das Lenbachhaus wieder zugänglich, erweitert um einen zusätzlichen Ausstellungsbau. Warum der unbedingt von Norman Foster entworfen werden musste, ist unklar, aber der quadrische Goldklops beherbergt eine der großartigsten Sammlungen der deutschen Avantgarde. Mit der Stiftung von über 1000 Werken des „Blauen Reiters" schoss Gabriele Münter, selbst eminentes Mitglied der Gruppe und auch noch Muse Kandinskys, die Städtische Galerie in den internationalen Museumsolymp. Später kamen noch Werke der Neuen Sachlich-

Lenbachs schnuckliges Gärtchen

Cafés (S. 160)
- 2 Barer 61
- 4 Gegenüber
- 7 Café Jasmin
- 8 Steinheil 16
- 9 Easy Eating
- 11 StuCafé
- 13 Katzentempel
- 15 Ballabeni Icecream (S. 145)
- 16 Café Vorhoelzer
- 17 Löwenbräubiergarten
- 18 Ella
- 19 Café in der Glyptothek
- 20 Parkcafé

Essen & Trinken (S. 161)
- 5 Schelling-Salon
- 10 Deeba
- 20 Parkcafé

Nachtleben (S. 161)
- 3 Stadion an der Schleißheimer Straße
- 20 Parkcafé

Einkaufen (S. 161)
- 1 Munich Readery
- 6 Maloja
- 12 Zuerl
- 14 Word's Worth

Tour 9: Maxvorstadt

150 m

keit und vor allem eine der namhaftesten Kollektionen des rheinischen Größtkünstlers Joseph Beuys als Schwerpunkte dazu. Wenn für den Museumsbesuch keine Zeit ist, sollte man wenigstens in die Lobby schauen, der Glaswirbel von Olafur Eliasson ist den Stopp unbedingt wert.

Di–So 10–20 Uhr,. Eintritt 12 €, erm. 6 € inkl. Audioguide. www.lenbachhaus.de.

Ingenieursschmiede mit Café

Technische Universität (TU)

Zwischen und neben den Gravitationszentren der Hochkultur um den Königsplatz und an der Barer Straße ist der Maxvorstadt auch das zweite Standbein des ludovizianischen Ideals erhalten geblieben: die Wissenschaft. Im westlichen Teil des Viertels ist es die Technische Universität, die die Fahnen von Forschung und Lehre hochhält. Allerdings haben die Not-wendigkeiten und Segnungen der Interdisziplinarität die früher ziemlich deutliche räumliche Trennung zwischen den Instituten von TU und Ludwig-Maximilians-Universität (→ Tour 6, S. 110) mittlerweile verwischen lassen.

Ausgeprägte Schöngeister verirren sich in das Stammgelände der TU zwischen Arcis- und Theresienstraße dann aber doch ziemlich selten. Der alte Kernbau von 1877/78 (auch das Gründungsjahr der TU) mit dem markanten Turm zur Gabelsbergerstraße vermittelt aber

München im Kasten

Die Reaktorhalle

Der braun gekachelte Quader an der Kreuzung Luisen-/Gabelsbergerstraße wirkt zunächst einmal wie eine der vielen Schnellbausünden aus der Zeit des Wiederaufbaus in den 1950er Jahren. Was Bauzeit und Ausführung angeht, ist er das sicher auch. Er birgt allerdings auch ein echtes Juwel der Münchner Wissenschaftsgeschichte: Allen Ernstes wollten die Verantwortlichen aus Politik (die Bundesrepublik hielt sich einen Atomminister: Franz Josef Strauß) und Hochschulleitung hier, mitten in der Stadt, den ersten deutschen Forschungsreaktor bauen und in Betrieb setzen. Die Atombegeisterung kannte damals ganz offensichtlich noch keine echten Schamgrenzen bzw. verführte in der seligen Fortschrittsbegeisterung zum Verlust jedweder Technikfolgenabschätzung.

Kunst statt Atom

Der Enthusiasmus hielt allerdings nicht allzu lange vor, und der Standort des Kleinreaktors mit der vergleichsweise läppischen Leistung von 4 MW wurde ins nördliche Münchner Vorland nach Garching verlagert, wo er als „Atomei" von 1957 bis 2000 vor sich hin spaltete – Kerne und Öffentlichkeit. Der 1952 errichtete Bau in der Maxvorstadt wurde zunächst von den Instituten für Maschinenbau der TU genutzt. Als die Bausubstanz am Ende schien, gingen die Ingenieure, und die Kunst zog ein. Seit 1999 ist die Hochschule für Musik und Theater der Hauptmieter und München um einen überaus spannenden Bühnenraum reicher: Im weitaus größten Raum (ein Kubus von über 20 m Kantenlänge!) finden nun Opern, Theaterstücke und Konzerte statt, gelegentlich auch wilde und verstörende Inszenierungen – aber insgesamt doch wesentlich beruhigender als leise vor sich hin glimmendes Uran 235 in einem Wohnviertel.

noch viel von der universitären Würde der großbürgerlichen Epoche des zweiten deutschen Kaiserreichs. Ein besonders interessanter Kontrast ergibt sich im Innenhof: Mit dem Neubau des **Audimax** (nach einem Sponsor aus der Elektrobranche auch „Werner-von-Siemens-Hörsaal") hat sich die TU ein sehr gelungenes Beispiel für modernes Bauen zugelegt, das mit seinen kühlen Materialien und weichem Schwung die etwas spröde Atmosphäre des alten Campus erheblich auflockert. In den Nachkriegsjahren war man da weniger erfolgreich – die Komplexe in den angrenzenden Straßenblocks sind entweder sehr stark renovierungsbedürftig oder wurden in den letzten Jahren schon abgerissen.

Höchste Kunst im Dreierpack
Die Pinakotheken

Auch für gestählte Museumsfreaks kommt es zwischen Arcis- und Türkenstraße wirklich dicke: Hier konzentrieren sich die drei bedeutendsten Gemäldesammlungen einer Stadt, die an relevanten Kunstausstellungen wahrlich keinen Mangel leidet. Gäbe es in München einzig Alte und Neue Pinakothek sowie die Pinakothek der Moderne – auch dann hätte sich München spielend und dauerhaft in der Königsklasse der Kunststädte der Welt etabliert. Jedes der drei Häuser kann in zumindest einer Hinsicht Superlative für sich beanspruchen; das gilt nicht allein für die Sammlungen, sondern auch in architektonischer bzw. bauhistorischer Hinsicht. Auf dem vorgeschlagenen Rundgang betritt man das Platzgeviert (erstaunlicherweise kein eigener Name auf dem Stadtplan) um die Pinakotheken durch die Eingangshalle der TU und stößt so unvermeidlich auf die Westfassade der Alten Pinakothek.

Alle vier Häuser haben Di–So von 10 bis 18 Uhr geöffnet, Di bis 20 Uhr, Mo ist Ruhetag (Ausnahme Neue Pinakothek: Ruhetag Di).

Die Alte Pinakothek wird derzeit aufwendig saniert, bis auf Weiteres gelten reduzierte Eintrittspreise von 4 € und erm. 2 €. Neue Pinakothek 7 €, erm. 5 €, Brandhorst und Pinakothek der Moderne 10 €, erm. 7 €; Sonderaustellungen mit variablen Aufschlägen. Billigheimertag ist der Sonntag: Alle vier Häuser verlangen dann nur 1 € (exklusive Sonderausstellungen und Audioguide), da ist es dann aber auch entsprechend knackevoll.

Die Maxvorstadt → Karte S. 153

Der ehemalige Haupteingang der Alten Pinakothek

Zwar ist der Besuch aller vier Häuser an einem Tag bei ungetrübtem Bewusstsein kaum machbar, ein Ticket dafür gibt es trotzdem für 12 € und da ist dann auch noch die Schack-Galerie (→ S. 181) mit dabei.

Alte Meisterschaften
Alte Pinakothek

Über Fragen der Schönheit soll hier nicht entschieden werden, auf jeden Fall ist dieser Museumsbau aber der historisch bedeutendste. Architekt war – einmal mehr – der immens produktive Leo von Klenze, der auch bei diesem Vorhaben seines Bauherrn Ludwig I. so gar nicht sparen musste: Standesgemäß durfte er die zur Zeit der Eröffnung (1836) größte Gemäldegalerie

Alte Pinakothek – neues Treppenhaus

der Welt bauen. Auf 137 m Länge erstreckt sich der Riegel zwischen großen Grünflächen, ca. 800 Gemälde kommen in den 19 Sälen und 47 Kabinetten gleichzeitig zur Ausstellung. Im frühen 19. Jh. werden es bei der seinerzeit üblichen Hängung wohl noch ein paar mehr gewesen sein, alles auf einmal konnte aber auch damals nicht gezeigt werden.

Das Haus Wittelsbach widmete sich schon lange vor dem Bau der Pinakothek intensiv dem Mäzenatentum und Ankauf. Ausgangspunkt war wohl ein Zyklus von Historienbildern, die Wilhelm IV. Mitte des 15. Jh. in Auftrag gab, darunter auch die „Alexanderschlacht" von Altdorfer. Maximilian I. (der Herzog, nicht der König!) kaufte fleißig Dürer, Max Emanuel die großen Holländer und Flamen (u. a. Rubens, van Dyck), und spätestens als die Sammlungen der Pfälzer Linie aus Düsseldorf, Mannheim und Zweibrücken um 1800 nach München kamen, waren die alten Galerien am Hofgarten viel zu klein für die Bestände geworden und ein Neubau in dieser Dimension eine durchaus sinnvolle Idee.

Im Zweiten Weltkrieg wurde die Alte Pinakothek schwer getroffen, das heute – zumindest nach außen – authentisch alt wirkende Gebäude ist im Wesentlichen das Resultat restauratorischer Arbeit. Die allerdings ist hervorragend gelungen: Hans Döllgast, der den Wiederaufbau von 1952 bis 1957 leitete, verzichtete bewusst auf die Rekonstruktion der vormaligen Stuck- und Marmorpracht und realisierte im Inneren einen zwar entkleideten, durch die jetzt offen liegenden Ziegel aber keineswegs kalten Kunstbau.

Gravierendste Maßnahme war die Verlegung des Treppenhauses von der schmalen Ostseite zur Barer Straße in die geometrische Mitte der Längsachse (Eingang von Norden).

Zur Sammlung selbst: Rubens, Breughel d. Ä., Botticelli, Canaletto, Tizian, van Dyck, Rembrandt, Cranach, Bosch,

Raffael, Holbein, Grünewald und, und, und – angesichts der Überfülle an großen Alten Meistern lassen sich keine wirklichen Empfehlungen für den Besuch der Alten Pinakothek geben. Trotzdem ein persönlicher Tipp: Das lustig hüpfende Frühstücksei auf Breughels „Schlaraffenland" lohnt allein den Eintritt (Erdgeschoss, Kabinett 19/20).

19. und 20. Jahrhundert
Neue Pinakothek

Die Neue Pinakothek gegenüber ist eigentlich auch eine ziemlich alte Pinakothek: Bereits während der Errichtung des Klenze-Baus merkte Ludwig I., dass die Kapazitäten der entstehenden Galerie der Ergiebigkeit seiner Einkaufsaktivitäten nicht gewachsen sein würden. Der bereits mit den Hufen scharrende Konkurrent Klenzes, Friedrich von Gärtner, machte sich 1843 auf die Suche nach einem Standort für ein weiteres Museum und entschied sich für die Cluster-Lösung auf der anderen Straßenseite. Von der 1853 eröffneten Neuen Pinakothek ist leider gar nichts mehr übrig, die zerbombten Reste wur-

den 1949 völlig abgetragen und die Bestände – ohnehin während des Kriegs ausgelagert – auf andere Sammlungen verteilt.

Das Neubauvorhaben zog sich ziemlich lange hin. Vom ersten Architekturwettbewerb 1960 dauerte es über 20 Jahre bis zur Eröffnung 1981. Obsiegt hatte ein Entwurf Alexander von Brancas, der ansonsten in der deutschen Baugeschichte eher mit Kirchen und Warenhäusern auffällt. Der postmoderne Bau zeigt deutlich die Vergänglichkeit architektonischer Moden – was vor 20 Jahren schick war, wirkt heute schon etwas wie die Zentrale einer Kleinsparerbank. Freundlicherweise versperrt aber der recht dichte Baumbestand den freien Blick auf den Gesamtkörper. Funktionalität ist indes der Neuen Pinakothek nicht abzusprechen, die vielen Oberlichter sorgen für prima Betrachtungsbedingungen.

Wie auch gegenüber ist der Bestand in Qualität und Größe eminent. Aus der ursprünglichen Sammlung Ludwigs I. mit Werken zeitgenössischer Kunst (damals ein revolutionäres Konzept!) ist eine der bedeutendsten Galerien der

Die Maxvorstadt → Karte S. 153

Kunsttümpel vor der Neuen Pinakothek

bildenden Kunst des 19. Jh. geworden, in Deutschland nur vergleichbar mit der Nationalgalerie in Berlin. Stets gut besucht sind die Säle mit den Impressionisten und der Malerei des ganz frühen 20. Jh. – von Renoir und Manet über van Gogh und Klimt bis zu Picasso fehlt hier kaum ein großer Name mit bedeutenden Beiträgen. Mancher empfindet die Hängung als etwas sehr dicht, auf jeden Fall ist auch die Tour durch die Neue Pinakothek fordernd und gewinnt durch selbstbeschneidende Vorbereitung sicher erheblich.

Der Gebäudeentwurf Brancas mag kontrovers sein – richtig gut gelungen ist die Chillout-Area an der südöstlichen Ecke. Das große Wasserspiel im afrikanischen Licht der dichten Bäume erzeugt an heißen Tagen ein angenehm kühles Mikroklima. Dazu planscht Henry Moores „Große Liegende" im Becken ...

Klassische Moderne und Gegenwart

Pinakothek der Moderne

Glück für Stephan Braunfels: Nachdem die Alte und Neue Pinakothek in Sachen Größe schon ordentlich vorgelegt hatten und ja schließlich nichts kleiner

werden darf, konnte der Stararchitekt bei der Pinakothek der Moderne mal so richtig hinlangen – die 2002 eröffnete Galerie wurde denn auch pflichtgemäß das größte Kunstmuseum Deutschlands. Der Neubau wurde und wird in Fachkreisen sehr gelobt. Tatsächlich ist die Vielzahl der Perspektiven, die sich aus der raffinierten Punktsymmetrie der mittigen Rundhalle ergeben, eine wirklich außergewöhnliche Lösung. Auch die Südfassade lässt – Sonnenschein und Laubgrün an den mittlerweile gut gewachsenen Bäumen vorausgesetzt – die schiere Größe des Baus aus der Distanz beinahe vergessen. Die schlechter ausgeleuchtete und unverstellte Nordseite zeigt dann aber schon ziemlich große Fläche blanken Betons und wirkt dadurch einigermaßen abweisend. Dafür hat die Rotunde über der Eingangshalle allerdings auf jeden Fall das Zeug zum Detailklassiker und es entsprechend schon zu Postkartenruhm gebracht.

Der sündteure Bau – das Budget von 200 Mio. Euro wurde um mindestens 20 % überschritten – bekam die Finanzierung durch die Bayerische Staatsregierung erst zugesagt, als bereits 10 Mio. Euro aus Privatstiftungen und

München im Kasten
Keine Kunst?

Die Kinder mopsen sich, der Gatte gähnt bei Goya? Bilder gucken fesselt nicht unbedingt jeden. Ein Ersatzprogramm für nörgeligen Anhang, der beim kontemplativen Kunstgenuss nervt, liegt im Kunstareal gleich nebenan: Das geowissenschaftliche Institut der LMU gegenüber der Pinakothek der Moderne beherbergt den öffentlich zugänglichen Teil der Mineralogischen Staatssammlung. Weil das ein bisschen spröde klingt, ersann ein findiger Museumspädagoge dafür den kraftvollen Namen Museum „Reich der Kristalle"". Wer glaubt, das sei nur schales Bier in neuen Fässern, irrt: Es ist erstaunlich,

welche Lebhaftigkeit die kleine Ausstellung den vorgeblich totesten aller toten Exponate abringt. Ein didaktisch gut aufbereitetes Konzept macht die Ausstellung richtig interessant. Die Sammlung geht zurück auf das Mineralienkabinett Eugène de Beauharnais (Herzog von Leuchtenberg). Dass sie 1944 durch Luftangriffe und 1972 durch Diebstahl große Teile ihres Bestands und auch einige ihrer Prunkstücke verloren hat, ist zwar schade, tut der Qualität des Museums aber keinen Abbruch.

Das Museum hat tägl. außer Mo von 13 bis 17 Uhr geöffnet. Eintritt 1,50 €, erm. 1 €, Kinder 0,50 €, Sonderaustellungen kosten extra.

Sammlung Brandhorst in 22 Farben

Spenden zusammengekommen waren. Die Pinakothek der Moderne ist damit auch ein Baudenkmal des kunstsinnigen Bürgergeists und der kulturellen Solidarleistung. Die Realisierung des zweiten Bauabschnitts der Pinakothek der Moderne (Erweiterungen nach Süden und Osten) musste nach der Kostenexplosion jedoch bis auf unbestimmte Zeit zurückgestellt werden, auch weil erst einmal die Renovierung bezahlt werden muss: Gerade einmal 11 Jahre nach Eröffnung schloss das Haus 2013 für über ein halbes Jahr – die fugenlose Betonrotunde der formal durchaus gelungenen Lobby krümelte zu gefährlich vor sich hin.

Genau genommen sind es eigentlich vier Museen, die sich horizontal und vertikal ineinanderschieben; auf den 22.000 m² Grundfläche haben nämlich gleich vier Sammlungen aus den prall gefüllten Kunstarchiven des Freistaats hier einen neuen Standort gefunden: Die Staatliche Graphische Sammlung (Zeichnungen und Drucke seit 1500), die Neue Sammlung (Design und

Kunstgewerbe), das Architekturmuseum der Stadt München und die Sammlung für Moderne Kunst. Bedeutend sind sie alle, Letztere hat es mit den Unterabteilungen Klassische Moderne, Gegenwartskunst und Neue Medien sogar zu Weltrang gebracht. Am Ende der institutionalisierten Münchner Finanzkrise (mehrfach verschoben) entsteht dann wohl auch noch der zweite Bauabschnitt der Pinakothek der Moderne.

Moderne und zeitgenössische Kunst
Museum Brandhorst

Sammelleidenschaft ist ganz offensichtlich kein königliches Privileg, auch der deutsche Geld- und Industrieadel vertreibt sich die Zeit gern auf Auktionen.

Besonders oft waren da wohl Anette (Henkel-Erbin) und Udo Brandhorst und haben es damit zu einer hochkarätigen Sammlung gebracht. Diese haben sie der Stadt München vermacht, mit der Auflage, dass diese ein schickes

Museum darumbaut – eine Stadt, ein Wort: Da steht es nun, eröffnet im Jahr 2009, das Museum Brandhorst. Schwerpunkte sind Cy Twombly, Andy Warhol und Picasso, aber auch von den ganz großen Namen der zeitgenössischen Kunst hängt und steht so einiges herum. Museumsvollverweigernde Kul-turdefätisten (pfui!) bleiben bockig draußen und verpassen echt etwas, haben aber trotzdem ihren Spaß: Das Gebäude – in der Kubatur eher konservativ – ist mit seinen über 36.000 sehr bunten Keramikstäben ein Highlight im Münchner Stadtbild geworden. www.museum-brandhorst.de.

Praktische Infos   → Karte S. 153

Cafés & Snacks

Am Alten Botanischen Garten

Das **Parkcafé 20** (Eingang von der Sophienstraße) gilt als etwas geschniegelt, das nährt sich aber vor allem vom Ruf vergangener Zeiten. Besonders nett ist auf jeden Fall der Biergarten zur Parkseite, aber auch Bar und Restaurant sind durchaus zu empfehlen. Abends gibt es Musik, zu der man sich auch bewegen kann. Programm unter www.parkcafe089.de.

Im Kunstareal

Für Heißgetränke und Gebäck im unmittelbaren bildenden Kunstkontext drängt sich natürlich auch hier das **Café in der Glyptothek 19** auf. Ziemlich schick und italienisch (und auch ganz schön teuer) ist die Gastronomie im Lenbachhaus geworden, aber dafür kann man bei **Ella 18** im Lenbachhaus auch recht gut essen… kerniger ist der **Löwenbräubiergarten 17** am nahegelegenen Stiglmaierplatz.

mein Tipp Etwa 200 m die Barer Straße nach Norden findet sich mit dem **Barer 61 2** das netteste Kiezcafé der Maxvorstadt, neben den Standards aus der Kaffeemaschine und dem Sandwichtoaster kommt man auch wegen der Saftkreationen (Barry's Mix!) hierher. Der dazugehörige Laden **Gegenüber 4** (sinnreicherweise gegenüber) hat auch noch einen leistungsfähigen Pizzaofen. Die auffallend hübschen Bedienungen tragen den Teigfladen auch gerne über die Straße.

mein Tipp Schon lange kein Geheimtipp mehr und entsprechend voll ist das **Café Vorhoelzer 16** auf dem Dach der TU. Der Kaffee, das Speiseangebot – na ja, in Ordnung. Aber deshalb kommt man nicht her: Der Blick vom fünften Stock in die Alpen und auf die Skyline ist schlicht sagenhaft! Im Hauptgebäude der TU,

Arcisstr. 27 (linker Flügel, Aufzug im hinteren Treppenhaus). Im Sommer tägl. 9–22.30 Uhr, im Winter bis 21 Uhr.

Um die Technische Universität

Studenten technischer und naturwissenschaftlicher Studiengänge sind allgemein auch in Nahrungsdingen rational, deshalb gibt es hier auch echte Budget-Optionen: das **StuCafé 11** im Audimax der TU mit Bierbänken im wunderbar ruhigen Innenhof. Hier kann man auch billigst frühstücken: Das Paar Weißwürste inkl. Weißbier für 3,60 € dürfte ansonsten im Innenstadtbereich nicht zu finden sein.

Nicht ganz so prosaisch, aber auch billig und dabei auch noch total biokorrekt ist das **Easy Eating 9** bei Luise (nur mittags 10–15 Uhr) in der Luisenstr. 49.

Katzentempel 13 Türkenstr. 29. Tierfleisch liegt hier neben dem Teller und es lebt auch noch. Ayla, Balou, Gizmo, Jack, Robin und Saphira dürfen und wollen gekrault werden. Der Trostort für den Katzenliebhaber mit dem bösen Vermieter. Wenig erstaunlich, dass die Karte strikt vegan ist.

mein Tipp Ein Klassiker der Studentenkneipen ist das **Steinheil 16 8** in direkter Nachbarschaft. Die Riesenschnitzel („Elefantenohren") sind billig und gut, und nach dem vierten Augustiner Hell ist die Quantentheorie immer noch rätselhaft, aber irgendwie auch egal.

mein Tipp Unendlich stilvoll ist das **Café Jasmin 7** kaum 50 m weiter (Augustenstr. 74). Bis vor Kurzem noch eins der letzten 50er-Jahre-Cafés mit Filterkaffee und Cremetortengebirgen, jetzt ein Retro-Knaller: Die Einrichtung ist geblieben, aber statt Fanta gibt's jetzt Bionade und statt Eierlikör Prosecco-Aperol.

Biergärten

Parkcafé 20 Trendig-szenige Adresse, trotzdem ein echter Biergarten. Wenig Schatten, aber das Partyvolk trinkt sich ohnehin erst nach Sonnenuntergang warm. 2000 Plätze, bis 1 Uhr geöffnet. Sophienstr. 7, gleich beim Stachus.

Augustiner-Keller 1, Karte S. 196/197. Höher als die Mammutkastanienbäume ist nur das benachbarte Hochhaus des BR. Riesig, schon bei mäßigem Wetter knackevoll (natürlich viel Medienvolk) und trotzdem wahnsinnig gemütlich. 5000 Plätze, davon ca. 200 Stammtische. Arnulfstr. 52, 5 Min. vom Hauptbahnhof.

Wirtshäuser, Bierhallen und Schwemmen

Schelling-Salon 5 Man kann auch bloß ein gutes und preiswertes Schnitzel essen und dazu ein paar Halbe trinken – oder in Ehrfurcht dem Wispern der Wände lauschen: Die Wirtsfamilie Mehr verköstigt hier seit 1872 neben Zechern aus der Nachbarschaft auch eine schrille bis sinistre Klientel. Im (imaginären) Gästebuch stehen Lenin, Tito und der Blödmann mit dem kleinen Schnurrbart, Rilke, Kandinsky, Franz-Josef Strauß (Papa hatte eine Metzgerei gleich gegenüber) und alle anderen Künstler, Sandler und Originale dieser Stadt. Schellingstr. 54. Tägl. (außer Di/Mi) 10–1 Uhr. Während der Sommer- und Winterferien geschlossen.

Fußballkneipen

mein.Tipp **Stadion an der Schleißheimer Straße 3** *Die* Fußballkneipe Münchens – ein kleines Wunder, dass man die großen Projektionsflächen vor lauter Devotionalien überhaupt noch sehen kann. Keine dezidierte Weltanschauung, aber zu Bayernspielen natürlich gestopft voll, Reservierungen möglich. Maxvorstadt, Schleißheimer Str. 82, ☎ 529763.

Restaurants

Pakistanisch

Deeba 10 Auf dem Subkontinent werden das die meisten wohl nicht gern hören, aber Pakistan ist das bessere Indien. Zumindest in der Küche und zumindest hier – scharf und mild und knackig und sämig und fruchtig und erdig. Den austauschbaren Kitsch des Gastraums nimmt man da gar nicht mehr wahr. Hinreißend netter Service, und das auf sehr ge-

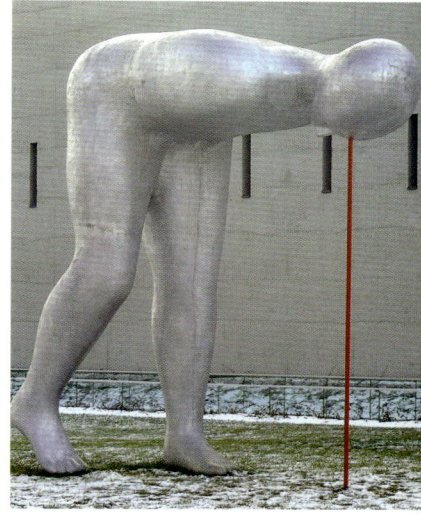

Silberling mit scharfem Blick vor der HFF

mäßigtem Preisniveau. Maxvorstadt, Barer Str. 42, ☎ 283407. Mo–Fr 12–15 und 18–24 Uhr, Sa nur abends. Tram 27 Pinakotheken.

Einkaufen

Die unmittelbare Nähe zu den geisteswissenschaftlichen Fakultäten hat die Maxvorstadt zu einem Biotop für Antiquariate und Fachbibliotheken werden lassen. Zwei persönliche Favoriten sind die **Munich Readery 1** (Augustenstr. 104, Mo–Fr 11–20, Sa 10–18 Uhr), „the largest english-language secondhand-book-shop in Germany" (Eigenwerbung, es sind aber wirklich viele Bücher), sowie **Word's Worth 14** in der Schellingstr. 3, wo schon Generationen von Anglistikstudenten ihre Seminarlektüre gekauft haben.

Werkzeug zum stilvoll Selberschreiben handelt seit 25 Jahren **Zuerl 12** (jetzt Türkenstr. 48), und damit sind nicht irgendwelche doofen Angeberfüller gemeint, sondern allerfeinstes Papier.

Maloja 6 in der Amalienstr. 67 ist technisch gesehen wohl ein Flagship-Store, aber den Marketing-Zirkus sollte das kleine oberbayrische Label doch den Angebern auf der Maximilianstraße überlassen. Die Adrenalinfraktion der Radler, Ski- und Snowboardfahrer kauft hier Bunt-Funktionales, richtig schick geht aber auch: Die Trachtenjanker aus Walk und Filz jodeln garantiert nicht!

Über das Oberwiesenfeld
Tour 10

Die zweitgrößte Grünanlage München chens ist weit mehr als ein schnö der Park: Das Gesamtkonzept des Areals, die darauf errichteten Bau werke und die damit verknüpften Ereignisse markieren wichtige Zä suren in der Bau- und Politikge schichte der Landeshauptstadt.

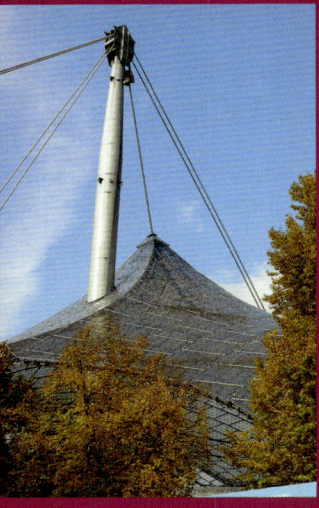

Tollwood, der Ökorummel mit kulturellem Mehrwert, S. 165

Olympiastadion, zeitlose Eleganz unter schwebenden Dächern, S. 171

BMW, der Motor Münchens mit Markentempel und Museum, S. 175

1972: München definiert sich neu
Der Olympiapark

Als Bundespräsident Gustav Heine mann am 26. August 1972 das Hoch amt des Amateursports (damals stimm te das sogar noch ein bisschen) im Sta dionneubau am Mittleren Ring eröff nete, hatte München bereits einen tief greifenden Transformationsprozess hin ter sich gebracht – im Selbstverständ nis ebenso wie in der internationalen Wahrnehmung. Seit der Vergabe der Spiele durch das IOC im April 1966 mussten nicht nur Sportstätten und Unterkünfte gebaut werden, der zu er wartende Besucheransturm verlangte auch nach einem neuen Verkehrskon zept. Die bereits 1965 begonnenen Ar beiten an einem Schnellbahnnetz (U- und S-Bahn) wurden durch den Zu schlag des Gremiums aus Lausanne er heblich beschleunigt; das bis zur Eröff nungsfeier schließlich realisierte Linien netz bildet bis heute das Rückgrat des öffentlichen Münchner Nahverkehrs.

Dass die gründlichen und fleißigen Deutschen alle logistischen Aufgaben stemmen und die anfälligen Arbeiten pünktlich zum Abschluss bringen wür den, hatte wohl niemand ernsthaft be zweifelt. Überraschend, ja geradezu sen sationell war aber, wie der Aufgaben katalog umgesetzt wurde: Die großen Kernbauten – Olympiastadion und Olympiahalle – bestachen durch geradezu grazile schwebende Architektur, und der grüne Campus darum herum wurde ein Musterbeispiel für grünen Land schaftsbau im großstädtischen Umfeld. Voilà: Die Rahmenbedingungen für die „heiteren Spiele" waren hervorragend.

Nach den letzten Olympischen Spielen auf deutschem Boden und noch viel mehr wegen den neun folgenden Jah ren war das auch bitter nötig: Hitlers Gigantopropagandaspiele von 1936 waren – gerade einmal 27 Jahre nach Kriegs ende – vielen noch in böser Erinne rung. München, mit dem Kainsmal der

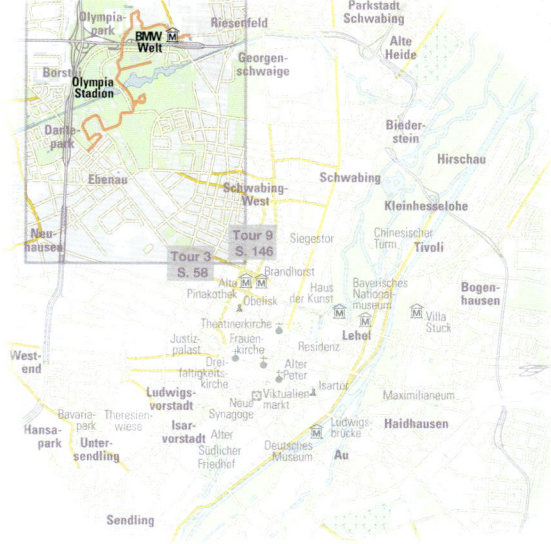

„Hauptstadt der Bewegung" schwer gezeichnet, war davon gewiss nicht ausgenommen – es galt, etwas gutzumachen.

Bis zum 5. September gelang das auch, dann setzten acht Aktivisten der palästinensischen Terrorgruppe „Schwarzer September" dem Spaß ein Ende. Getarnt als Sportler kletterten sie in den frühen Morgenstunden des elften Wettkampftages über den Zaun des Olympischen Dorfs, drangen in das Quartier der israelischen Mannschaft ein, töteten zwei Sportler und nahmen neun als Geiseln. Nachdem die Forderungen der Geiselnehmer (Freilassung von über 200 in Israel inhaftierten Gesinnungsgenossen und der deutschen Terroristen Andreas Baader und Ulrike Meinhof) erwartungsgemäß nicht erfüllt worden waren, verlangten sie, zusammen mit den in ihrer Gewalt befindlichen Sportlern nach Kairo ausgeflogen zu werden.

Auf dem Militärflughafen Fürstenfeldbruck kam es dann zur finalen Katastrophe: Die von der Polizei dort geplante Geiselbefreiung endete in einer wilden Schießerei, bei der alle Geiseln, ein Polizist sowie fünf der acht Terroristen starben.

Behnischs großer Wurf: das Olympiaensemble

Die lockeren Sicherheitsbestimmungen – das olympische Dorf war lediglich von einem leicht überwindbaren Maschendrahtzaun umgeben, um Polizeistaatsassoziationen und Erinnerungen an die deutsche NS-Vergangenheit gar nicht erst aufkommen zu lassen – und ein mit terroristischen Irren völlig überforderter Apparat hatten eine breite Blutspur auf die „heiteren Spiele" gespuckt. „München 1972" wurde so nicht nur zu einer deutschen Visitenkarte neuer demokratischer Entspanntheit, sondern bis heute auch zu einem Synonym für gewalttätigen Extremismus. Immer noch ist die Katastrophe präsent, Steven Spielberg machte sie neulich gar zum Filmsujet, und Terror ist spätestens seit 9/11 leider zum Megathema unserer Dekade geworden. Den grundsätzlichen Imageerfolg der Spiele in München konnte das alles aber nicht zunichte machen.

In der Alltagswahrnehmung der Münchner spielt die – positive wie negative – Affektbelastung des Geländes um die Sportstätten heute keine Rolle mehr, zu sehr hat sich das Areal zwischen Dachauer Straße, Landshuter Allee und Georg-Brauchle-Ring als fröhlicher Ort

im Stadtleben etabliert. Man verbindet das Olympiagelände mit Konzerten, Events, Freizeitsport und bis vor Kurzem natürlich mit Fußball.

Gar nicht mehr so viele Bewohner der Stadt wissen noch, dass es um Olympiaberg und Wasserwolke (s. u.) nicht immer so lustig zuging. Von 1887 bis 1945 standen hier auf dem damals noch prosaisch-ländlich Oberwiesenfeld genannten Gelände Kasernen, ab 1925 kam noch der erste Verkehrsflughafen Bayerns hinzu. Flugzeuge landeten hier aber nur bis 1939, dann brauchte Hitlers Mordmaschine mehr Kasernen und längere Landebahnen, sodass der Luftverkehr weiter in die Außenbezirke nach Riem verlagert wurde.

Nach 1945 war das Oberwiesenfeld dann erst einmal eine Bauschuttbrache und später ein Bauschuttgebirge – irgendwo mussten die ganzen Trümmer der zerbombten Stadt ja schließlich hin. Im Nachhinein eine glückliche Fügung, denn Erdbewegungen dieses Ausmaßes hätten auch die emsigen Olympiaplaner von 1972 überfordert, und die schöne Landschaftsarchitektur von Günther Grzimek und Günter Behnisch wäre so nicht möglich gewesen.

Die große Party im Olympiapark: Tollwood

Spaziergang

Der Rundgang über die Anlage beginnt dort, wo noch ein Hauch der alten Geschichte des Oberwiesenfelds zu spüren ist: bei den Gebäuden der Wehrbereichsverwaltung Süd der Bundeswehr an der Dachauer Straße (Tram 20/21 Goethe-Institut; aus Schwabing kommend tut es auch die Tram 12 Leonrodplatz). Die ersten knapp 400 m wähnt man sich in einer noch unbesiedelten Retortenstadt, auf dem Weg zwischen den trutzig-modernen Gebäuden der Bundeswehrverwaltung ist außer vereinzelten Hunden und ihren Haltern schlicht niemand zu sehen. Die (möglicherweise zahlreichen) Angestellten des Militärs verschanzen sich zu allen Tageszeiten unsichtbar hinter ihren Rauchglasfensterfronten. Die beiden korrespondierenden Stahlskulpturen in der Mitte und am Ende der schmalen Asphaltstraße bilden in diesem leicht kafkaesken Ambiente eine interessante, doch rätselhafte optische Flucht.

Rechts in die Hedwig-Dransfeld-Allee abbiegend, gelangt man nach knapp 250 m auf einen kleinen Kreisverkehr. Hier verlässt man den asphaltierten Weg nach links und gelangt auf dem Hohlweg zwischen den Gebäuden der veterinärmedizinischen Stallungen auf die karge Schotterfläche der Tollwood-Wiesn.

Zu Gast bei Timofej

Tollwood-Wiesn und West-Ost-Friedenskirche

Vorweg: Die Bezeichnung „Tollwood-Wiesn" für die Fläche südlich des Olympiabergs ist eine ziemlich willkürliche

Der Olympiapark → Karte S. 166/167

München im Kasten

Alte Kämpfer und Neues Wohnen

Einigen Gebäuden an der **Hedwig-Dransfeld-Allee** (Hausnummern 9, 11, 17 und 21–25) sieht man das gründerzeitliche Baudatum noch an. Heute wohnen dort aber keine Soldaten mehr, vielmehr haben sich die ehemaligen Militärunterkünfte nach einer Generalsanierung zu charmanten Wohnhäusern gemausert. Gleiches geschah – in noch deutlich größerem Umfang – mit der Bausubstanz an der **Schwere-Reiter-Straße** weiter südlich. Um die kernsanierten Gebäude balgen sich heute Medien- und IT-Firmen.

Und noch zwei weitere interessante Projektsiedlungen finden sich im unmittelbaren Umfeld: Die **Borstei** nördlich des Mittleren Rings ist ein sehr gelungenes Beispiel für visionären Wohnungsbau in der Zwischenkriegszeit. Die jetzt denkmalgeschützte Anlage wurde als völlig autonomes Wohnensemble konzipiert, ihre Versorgungsstruktur umfasst sogar ein eigenes Heizkraftwerk (noch in Betrieb). Geistiger Vater der Borstei war der Bauunternehmer Bernhard Borst, der hier auch selber wohnte. Sozialer Wohnungsbau für die Unterschicht war das Projekt jedoch nicht: In die geschmackvollen Mietshäuser zogen vor allem Angestellte des mittleren Bürgertums.

Ein anderes Konzept wurde in der **Barbarasiedlung** zwischen Schwere-Reiter-Straße und Infanteriestraße realisiert. Für die Unteroffizier des Bekleidungskorps (Textilwerke des Heeres befanden sich in der nahen Umgebung) entstand hier eine in die Breite gebaute Gartenstadt mit ziemlich putzigen Einzelhäusern, Gärten und viel Grün.

Die Geschichte der Borstei dokumentiert das Borstei-Museum in der Löffzstr. 10. Es ist Di, Do und Sa von 15 bis 18 Uhr geöffnet (in den Schulferien geschlossen). Eintritt frei.

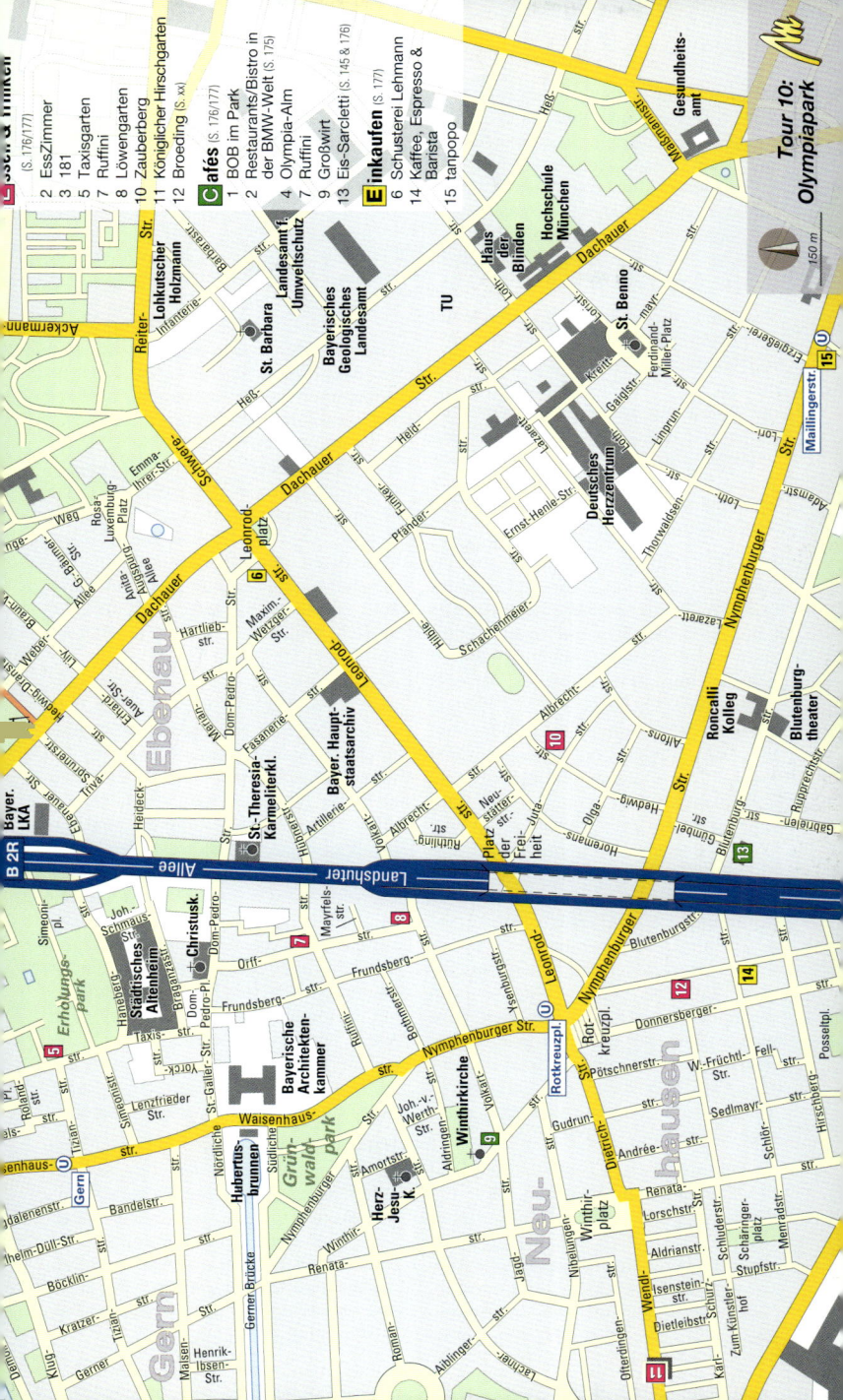

Setzung, denn erstens handelt es sich nicht um eine Wiese – die karge Schotterfläche ist eher ein Überbleibsel aus der Zeit des Oberwiesenfelds als Schutthalde –, und zweitens hat es das ebendort stattfindende Tollwood-Festival noch nicht geschafft, der ansonsten ungenutzten Brachfläche einen Namen im Stadtplan zu bescheren.

Nachdem hier aber abgesehen vom Multikulti-Jahrmarkt in den ersten drei Juli-Wochen gar nichts weiter zu finden ist als eben kleine Steinchen, ist die Bezeichnung für die allermeisten Münchner unter 45 Jahren sicher hinreichend für eine präzise Verortung. Denn Tollwood gehört mittlerweile zum Traditionsbestand des Münchner Festkalenders.

Seit 1988 schlagen hier die Esoterik-Dealer, Ethno-Folklore-Marketender und Öko-Trödler regelmäßig ihre Zelte auf, um das mittlerweile riesige Veranstaltungsprogramm in mehreren Zelten politisch korrekt zu begleiten. Die Acts reichen von Shakespeare bis Hip-Hop, Künstler von namenlos bis Superstar und das Preisniveau von umsonst (70 % der Veranstaltungen sind kostenlos) bis sehr gemäßigt. Das Konzept ist höchst erfolgreich: Knapp eine Million Besucher strömen jährlich auf das drei Hektar große Tollwood-Areal mit jetzt schon sieben Großzelten, die Stimmung ist sommerlich heiter, und der fröhliche Hippie-Charme der Veranstaltung beschert München das einzige Volksfest ohne Legionen von alkoholkomatösen Zombies. Seit 1991 gibt es Tollwood auch im Winter. Der Schlammschlacht im Olympiapark entfloh man aber durch die Verlagerung auf die Theresienwiese, statt Bier gibt's dann Glühwein.

Im Sommer durch das dichte Blattkleid der Bäume kaum zu sehen, birgt der kleine Hain inmitten der Schotterfläche eine der skurrilsten Sehenswürdigkeiten Münchens. Auf dem Fundament einer ehemaligen Flak-Stellung verwirklichte der einzig offizielle Münchner Eremit Timofej Vasiljevič Prochorow

1952 seine Vision einer **Ost-West-Friedenskirche**. Pardon – nicht seine, sondern die Vision der Muttergottes, die ihm 1943 im Orkan des deutschen Vernichtungskriegs im Osten erschien.

Informationen zu Tollwood (Sommer und Winter) findet man auf der Website www.tollwood.de und in allen Tages- und Veranstaltungszeitungen.

Timofej machte sich unverzüglich auf den Weg und probierte es zunächst in Wien, aber dort hatte man wenig Verständnis für den frommen Russen. Die Gottesmutter aber schon: Sie schickte ihn weiter nach München. Begleitet wurde er nun von Natasha, die er in Wien kennengelernt hatte. Domizil fanden die beiden zwischen den Trümmern des Oberwiesenfelds, wo sie sich peu à peu aus Sperrmüll und Holz eine kleine russische Enklave einrichteten. Natürlich mit Gotteshaus: eine kleine Kapelle und dann gar eine Basilika mit orthodoxen Zwiebeltürmchen. Die Heilige Jungfrau war offensichtlich zufrieden ob der erfolgreichen Mission, weniger waren es die Planer des Olympiageländes, denn wo sich das russische Pärchen so putzig eingerichtet hatte, sollten eigentlich die Reitwettbewerbe stattfinden. Timofej und Natasha samt „liebenswürdigstem Schwarzbau Münchens" (so Jahrzehnte später OB Christian Ude) sollten weg. Aber die Münchner lieben ihre Originale, Bürger- und Medienprotest erhob sich, und schließlich durften sie bleiben, die Reiter wurden nach Riem und Nymphenburg geschickt. Später wurde das niedliche Ensemble legalisiert und bekam sogar eine Postadresse: Spiridon-Louis-Ring 100.

Natasha bekam nur bis 1977 Post, dann starb sie. Timofej wurde derweil zum „Methusalem vom Oberwiesenfeld" und starb erst 2004, sage und schreibe 110 Jahre nach dem Ausstellungsdatum seiner Geburtsurkunde in Bohajewskaja am Don. Auch wenn die Echtheit dieses Papiers strittig war – er ist sehr, sehr alt geworden.

Die Parzelle Timofejs mit Kapelle, Wohnhaus (mit kleinem Museum), Basilika, Bienenhaus und Geräteschuppen kann auch besichtigt werden. Geöffnet ist sie ziemlich oft – genauer kann man es leider nicht sagen. Der Eintritt ist auf jeden Fall kostenlos.

Aus Schutt und Asche

Olympiaberg

Das landschaftsarchitektonisch auffälligste Element des Olympiaparks wirkt wie ein von einer Laune der Natur hingewürfelter Hügel. Natürlich ist am Olympiaberg allerdings nichts, seine Entstehung verweist vielmehr auf ziemlich abgründig Menschliches. Der ca. 65 m über das Umgebungsniveau aufragende Kleingipfel ist eine direkte Kriegsfolge: Ganze kleingebombte Häuserzeilen wurden hier im Zuge des Wiederaufbaus der Stadt entsorgt und staubten dann zwei Jahrzehnte völlig nutzlos vor sich hin. Die gezielte Begrünung und Bepflanzung (vorwiegend Bergkiefer) erfolgte erst mit der Umsetzung des Gestaltungskonzepts von Günter Grzimek nach der Vergabe der Spiele an München. Das satte Grün seiner Hänge sorgt maßgeblich für die gelungene Illusion von „Olympia im Grünen" mitten in der Stadt. Außerdem fängt die Masse des Olympiabergs die optische Gewalt der Großbauten am gegenüberliegenden Ufer des Olympiasees auf und gibt ihnen einen menschlich fassbaren Maßstab. In praktischer Hinsicht erfüllt der grüne Hügel heute drei Funktionen: Zum Ersten ist er ein schöner (und kostenlos erreichbarer!) Aussichtspunkt über die ganze Stadt. Besonders spacig ist der Blick nach Norden, wenn die neue Allianz-Arena bei Abendspielen voll illuminiert wie ein UFO über der Fröttmaninger Heide zu schweben scheint. Zweitens trägt sein Höhenprofil wesentlich zum sportlichen Freizeitwert des Parks bei: Die oft in Bataillonsstärke über das Gelände hechelnden Walker, Jogger und Läufer können an den steilen Auffahrtswegen gezielte Trainingsspitzen setzen, und Mountainbiker merken, wofür das kleine Blatt an der Kurbelgarnitur doch gut sein kann. Drittens ist die Nordwestflanke eine prima Tribüne für Schwarzhörer bei Großkonzerten im Olympiastadion, die Akustik ist hier ziemlich gut.

In der Basilika der Ost-West-Friedenskirche

Der Olympiapark → Karte S. 166/167

Mit Wasserwolke

Olympiasee

Zwischen Olympiaberg und den Sportstätten wurde der Nymphenburg-
Biedersteiner-Kanal aufgestaut: Das Ergebnis ist ein 8,6 Hektar großes Kunst-
gewässer, das ausschließlich dekorative Zwecke erfüllt. Für jegliche wasser-
sportliche Aktivität ist der Olympiasee
zu dreckig (Baden verboten) und mit
1,40 m an der tiefsten Stelle zu flach.
Nach lang andauernden Frostperioden
kann man im Winter auf der zugefro-
renen Wasserfläche immerhin Schlitt-
schuh laufen (muss offiziell genehmigt
werden und kommt ziemlich selten
vor), und im Sommer stehen Tretboote
zur Verfügung, mit denen man die **Wasserwolke** umrunden kann – besser in
vorsichtiger Distanz, will man nicht einige der 74.000 Liter Wasser, die das
Kunstwerk von Heinz Mack minütlich
in die Luft pustet, in Kahn und Kragen
bekommen.

Kunst auch am Nordufer, hier aber tö-
nend oder darstellend: Die in den See
hineingebaute Kreisbühne des **Thea-
trons** ist als Veranstaltungsort des
Pfingstfestivals des Münchner Jugend-
werks (www.theatron.de) und beim
Musiksommer (www.theatron.net) im
August immer bestens gefüllt – und
das sicher nicht nur, weil zu beiden
Veranstaltungen kostenloser Zutritt
gewährt wird.

> Ein Neuzugang am Olympiasee sind die
> Großaquarien des **Sea-Life**, in dem sich
> Münchner Kinder Meeresbewohner auch
> jenseits der Auslagen der Delikatessen-
> geschäfte und lebendig ansehen können.
> Zu Stoßzeiten (Ferien) vermeidet man
> durch Online-Reservierung der – happig
> teuren – Tickets (18,95 €, erm. 15,50 €;
> online billiger) lange Anstehzeiten. www.
> visitsealife.com.

Unter Denkmalschutz

Die Sportstätten

Die ohne jeden Zweifel bekanntesten
Bauten des Olympiaparks gruppieren
sich um den Coubertinplatz auf der Anhöhe nördlich des Olympiasees. Die
Zeltdacharchitektur von Behnisch &
Partner hat sich quasi aus dem Stand
in den Rang eines der Wahrzeichen

Münchens größte Halle

Die Haupttribüne unter dem Dachzelt

Münchens katapultiert. Die unverwechselbare Silhouette des visionär gestalteten Ensembles, präsent auf Briefmarken, Postkarten und als Logo, wird gezeichnet von der 75.000 m² großen, geschwungenen Acrylglas-Stahl-Haut, die von zwölf großen Pylonen (50–80,5 m) über Olympiastadion, Olympiahalle und Olympia-Schwimmhalle gespannt wird und die umgebende Landschaft auf einzigartige Weise reflektiert und neu choreografiert. Die auch auf den zweiten Blick wagemutige Konstruktion entstammt dem Zeichenbrett von Frei Otto, der seine theoretischen Überlegungen zu biomorpher (d. h. naturgestaltiger) Architektur damit erstmals in ganz großem Maßstab umsetzen konnte. Die gesamte Anlage steht heute unter Denkmalschutz – ein Umstand, der bei den (teilweise auf armseligem Niveau geführten) Debatten Schlimmes verhüten konnte. So wünschte sich etwa die hauptamtliche Lichtgestalt Franz Beckenbauer ein paar „Terroristen, die das Ding wegsprengen". Sensibel und kulturbewusst, der Franz.

Einfach schön
Olympiastadion

Beckenbauers einfühlsamer Lösungsvorschlag bezog sich vor allem auf das Olympiastadion, von 1972 bis 2005 Austragungsort der Heimspiele des gemischt ruhmreichen FC Bayern und gelegentlich auch der ohne jede Einschränkung ruhmlosen Löwen. Mit einer Kapazität von über 80.000 Zuschauern (nach diversen Sicherheitsauflagen heute noch 69.250) ist es immer noch das drittgrößte Stadion Deutschlands, aber auch das leerstehendste. Seit die Münchner Großvereine ihre Spiele in der Schlauchbootarena auf den Fröttmaninger Panzerwiesen austragen, bleiben für die Arena im Olympiapark nur noch Trostveranstaltungen wie Großkonzerte (sehr mäßige Akustik), Trendsportevents (Snowboard, Motocross u. Ä.) und das jährliche Leichtathletikmeeting. Diese Vielseitigkeit wurde dem Olympiastadion letztlich sogar zum Verhängnis, war es doch vor allem die Tartanbahn, die nach Meinung der Offiziellen des

FC Bayern die gewünschte Hexenkesselatmosphäre verhinderte. Eine Absenkung der Rasenfläche (wie von einem naseweisen Funktionär gefordert) kam nicht in Frage, da die Ränge bereits tief unter dem Umgebungsniveau in den Untergrund gegraben sind – ein Kunstgriff Behnischs, um den Riesenbau weniger bombastisch in der Landschaft stehen zu lassen. Auch die Erweiterung der Überdachung auf alle Sitzplätze wäre mit dem ästhetischen Gesamtkonzept nicht vereinbar gewesen, und so hat sich die Schönheit des Olympiastadions zumindest funktionell leider das eigene Grab geschaufelt.

Falls nicht gerade eine Veranstaltung ansteht, steht das Olympiastadion täglich von 9 bis 20 Uhr (Herbst 9–18, Winter 11–16 Uhr) zur Besichtigung offen. Eintritt 3 €, erm. 2 €, Kinder unter 6 J. frei. Richtig spektakulär (leider auch richtig teuer) ist die Begehung des Zeltdachs: Die urban-alpinistische Erfahrung dauert ca. 2 Stunden und kostet 43 €, für Kinder (Mindestalter 10 Jahre!) 33 €. Noch zu wenig Kick? Dann buchen Sie die Abseiltour vom Zeltdach über der Haupttribüne – 40 m am Seil in die Tiefe kosten 53 bzw. 43 € oder den Flying Fox für eine Fahrt am Drahtseil über das Spielfeld (37 bzw. 32 €). Für alle Touren ist eine Voranmeldung zwingend erforderlich, mehr unter www.olympiapark.de.

Größte Veranstaltungshalle der Stadt

Olympiahalle

Immer noch im vollen Saft steht die Olympiahalle auf der gegenüberliegenden Seite des Coubertinplatzes – mit einem Fassungsvermögen von bis zu 14.000 Zuschauern ist sie bis heute die größte Veranstaltungshalle Münchens. Genauso wie das Stadion ist die Halle weit in das Erdreich des Oberwiesenfelds hineingebaut und täuscht so über ihre erhebliche Größe hinweg. Hier findet von Opern über Springreitturniere bis zu Konzerten der wirklich harten und lauten Metal-Fraktion so ziemlich alles statt, was viele Zuschauer oder Fans anlocken kann. Für Musikveranstaltungen aller Art muss aber gesagt werden: Die Akustik ist bestenfalls mediun, daran konnten auch jüngste Umbauten wenig ändern.

Nur Mark Spitz ist nicht mehr da

Olympia-Schwimmhalle

Die Olympia-Schwimmhalle dient immer noch dem Zweck, zu dem sie einst gebaut worden ist: Sie ist ein Hallenbad. Nur mit dem Unterschied, dass dort, wo einst der legendäre Mark Spitz sieben Goldmedaillen aus dem Wasser quirlte, heute jedermann seine Bahnen ziehen bzw. in effektvollen Schrauben und Salti aus bis zu 10 m Höhe ins Wasser springen kann. Und natürlich mit dem Unterschied, dass sie dort, wo andere öffentliche Anlagen als reine Zweckbecken im Chlormief langweilen, ästhetische Akzente setzen kann. Die bis auf das Nullniveau heruntergezogene Glasfront nach Süden lässt die Grenze zwischen innen und außen verwischen, was ganz besonders im Winter seinen vollen Charme entfaltet: Über dem verschneiten Olympiapark klirrt der Frost, während man es sich innen in der dampfigen Wärme unter dem Zeltdach gemütlich machen kann. In der Sommerzeit gibt es eine große Liegewiese, leider jedoch kein Freischwimmbecken.

Seit 2007 gehört die Olympia-Schwimmhalle zum Bäderimperium der Stadtwerke München. Drei Stunden Training (oder Planschen) kosten 4,60 €, erm. 3,40 €, Tageskarte 8,20 €, erm. 5,50 €. Die Wellnessfraktion findet außerdem eine üppige Saunalandschaft und einen Whirlpool vor. Geöffnet ist das Schwimmbad tägl. von 7 bis 23 Uhr; die Sauna von 8 bis 23, Mo erst ab 10 Uhr.

Mit Aussicht und Drehrestaurant

Der Olympiaturm

Die 291,28 m hohe Nadel des Olympiaturms ist – wie das Zeltdach – ein Wahrzeichen des Olympiaparks, gehört aber eigentlich gar nicht dazu. Vergleichsweise schlichte fernmeldetechnische Gründe veranlassten die Deutsche Bundespost 1965 zum Bau eines

Wie aus einem Guss – auch wenn es drei ganz
unterschiedliche Bauvorhaben waren

Fernmeldeturms, der bereits 1968 fertiggestellt wurde und deshalb ein vorgegebenes Element des Behnisch-Konzepts war. Merkt man aber nicht, ohne den starken vertikalen Akzent würde dem Ensemble einfach etwas fehlen. Funkanlagen und öffentlich zugänglicher Teil (Besucherplattformen und Restaurant) sind auf zwei verschiedenen Plattformen voneinander getrennt, Zwistigkeiten zwischen Post und der Stadt München auf Design-ebene sorgten für den doch recht dicken Knubbel auf zwei Drittel Höhe.

Die Aussicht von Münchens höchstem Bauwerk ist selbstverständlich bemerkenswert, und natürlich kann man – klassischer München-Satz – die Alpen sehen (sogar ohne Föhnwetterlage). Dem saturierten Gourmet ist aber das Herumlaufen zu anstrengend und deshalb setzt er sich ins 181 (das ist die Höhe über Grund) und lässt das Panorama an sich vorbeigleiten: Das Restaurant – nach dem Abschied Otto Kochs immer noch gut, aber nicht mehr top – dreht sich nämlich. Vielleicht ist übermäßiges Schlemmen aber eher nicht angezeigt: Die mofaschnellen Aufzüge lassen den Magen kräftig nach oben oder unten sacken. Die Selbstertüchtigungsvariante über das Treppenhaus steht leider nicht zur Verfügung – bei kolportierten 1230 Stufen wohl auch kein echtes Defizit.

Der Turm ist tägl. von 9 bis 24 Uhr (letzte Auffahrt 23.30 Uhr) geöffnet. Eintritt 5,50 €, erm. 3,50 €. Bereits eingeschlossen ist darin der Besuch des **Rockmuseums** auf der Besucherplattform; die eher dürftige Sammlung lohnt aber nur für wirklich enthusiastische Fans des harten Akkords.

Komplett rekonstruiert

Das Olympische Dorf

Der nördliche Hauptzugang zu den Wettkampfstätten ist die **Hanns-Braun-Brücke** über den Mittleren Ring. Sie verbindet das olympische Dorf, den Wohnort der meisten Sportler, mit dem Kernbereich der Olympischen Spiele.

Auch die Brücke ist in das Gesamtdesign der Anlage eingebunden; zur Hälfte wird sie noch vom Zeltdach überspannt, und an ihrem nördlichen Widerlager ist eins der gewaltigen Spannschlösser für die Verspannung der Überdachung einbetoniert. Davor streckt sich der **Klagebalken** mit den Namen der Terroropfer des Anschlags vom 5. September 1972.

Am olympischen Dorf – zweifellos architektonisch ein großer Wurf – hatten nicht nur die Sportler von 1972 ihre Freude. Wohnraum in München ist nämlich knapp und teuer, attraktiver Wohnraum noch viel mehr – gesegnet ist der Mieter, der sich diesem Problem durch die Quartiernahme im olympischen Dorf entziehen kann. Einfach ist das nicht, denn die ca. 6100 Bewohner der ehemaligen Athletenquartiere geben das eroberte Terrain nur ungern wieder Preis: 90 % aller Umzüge finden innerhalb des Dorfes statt. 1800 Wohneinheiten sind für Studenten reserviert, als ganz besonderes Schmankerl gelten die 800 Bungalows des ehemaligen Frauendorfs (heute: Studentendorf), dessen Gassengewirr sich wie eine nordafrikanische Kasbah vor den Hochhausgürteln, dem sog. Oberdorf, ausbreitet. Die zwar kleinen, aber hochfunktionalen Häuschen sind bunt bemalt, was das anarchistisch-fröhliche Lebensgefühl noch unterstreicht. Die heutige Anlage ist eine Komplettrekonstruktion, wurde doch beim Erstbau etwas arg geschlampt und die Substanz rottete schnell dahin. Jetzt sieht es aus wie vorher – bloß schöner und neuer –, zusätzlich zeigen jetzt Tafeln, in welchem Bungalow welcher Athlet seinen Muskelkörper zur Ruhe bettete.

Auch an und zwischen den terrassierten Großbauten des Oberdorfs geht es ziemlich bunt zu. Viele Bewohner haben auf ihren allesamt nach Süden ausgerichteten Balkons fast schon wuchernde Biotope angelegt, und den Weg zu den verschiedenen Komplexen weisen die „Medialinien" Hans Holleins: bunt lackierte Rohre in den olympischen

München im Kasten

Die schöne neue BMW-Welt

Hollywood-, Broadway- und West-End-Musicals können einpacken: So viele spektakuläre Windungen und Stufen wie die Showtreppe, die glückserfüllte Neuwagenkäufer zu ihrem Neufahrzeug hinabführt, hat auch die aufwendigste Musical-Produktion nicht. Warum auch, hier geht es ja auch um Wichtigeres als Unterhaltung, hier geht es um die großartigste Ingenieursleistung, die der Freistaat überhaupt zu bieten hat, hier geht es um Autos – ach was, Autos: Hier geht es um BMW!

In Sachen emotionale Kundenbindung war BMW zwischenzeitlich ins Hintertreffen geraten, die VW-Autostadt, die Mercedes-Benz-Welt und dann auch noch die oberbayerische Konkurrenz aus Ingolstadt mit dem Audi-Forum lagen mit ihren bereits eröffneten Palästen eindeutig auf den vorderen Startplätzen. 2007 sprang dann aber die Ampel auf Grün und die Türen öffneten sich. Die sensationelle Architektur von „coop himmelb(l)au" war schon lange kein Geheimnis mehr, zu auffällig präsentierte sich bereits während der Bauzeit der 28 m hohe Spiral-Doppelkegel auch Durchreisenden auf dem Mittleren Ring. Der mächtige Komplex (16.000 m² Dachfläche) ist nicht nur ein Dom für die Übergabefeier von Neufahrzeugen. Er präsentiert auch die gesamte Modellpalette des Hauses und bietet darüber hinaus noch didaktisch prima aufbereitete Einblicke in hoch- und höchsttechnologische Zusammenhänge sowie einen aufwendigen Junior Campus (mit der wahrscheinlich tollsten Murmelbahn der Welt).

Die historische Dimension der Fahrzeugherstellung im Zeichen des blauweißen Propellers wird nebenan thematisiert. Nach endlos scheinender Umbauphase hat seit 2008 auch das BMW-Museum (in und unter dem salatschüsselartigen Gebäude auf der anderen Straßenseite) wieder geöffnet. Die Dauerausstellung mit vergangenen und legendären Modellen (M1! 3.0 CSi!! 507!!!) ist wieder sehr schick geworden; fast so sehr wie die klug und sparsam gesetzten Exponate beeindruckt die fetzige Lichtregie.

Fazit: Werksausstellungen neigen fast definitionsgemäß zur Selbstbeweihräucherung, und auch die BMW-Welt ist davon nicht gänzlich frei. Aber Qualität und museumsdidaktische Kompetenz stehen unzweifelhaft auf sehr, sehr hohem Niveau. Ein Besuch ist deswegen nicht nur für Marken- und Technikfreaks ein lohnendes Erlebnis.

Der Eintritt in den tägl. von 7.30 bis 24 Uhr (sonntags ab 9 Uhr) geöffneten Markentempel ist frei. Der Besuch des BMW-Museums kostet ziemlich happige 10 € (erm. 7 €, Familienticket 24 €, geöffnet ist Di–So von 10 bis 18 Uhr. Das Angebot an kulturellen Veranstaltungen – die BMW-Welt verfügt auch über einen Konzertsaal für 800 Personen – und Führungen (auch durch die Produktionsanlagen) ist groß. Die Nachfrage auch: BMW verzeichnete 2014 drei Millionen Besucher. Interessenten sollten sich deshalb vorher online auf www.bmw-welt.com informieren und entsprechend vorbuchen. Der Einzelpreis für einen Werksrundgang beträgt 8 € (erm. 5 €, zahlreiche Gruppentarife). Unter dem großen Dach der BMW-Welt gibt es zwei **Restaurants**, ein **Bistro** und ein **Café** (**2** → Karte S. 166/167) – das Preisniveau ist allerdings erheblich.

Der Olympiapark → Karte S. 166/167

Farben. Die Häuser des Oberdorfs stehen auf Stelzen, nur so konnte der motorisierte Individualverkehr komplett in den Untergrund verlagert werden. Autolärm erreicht die Anlage nur sehr gedämpft vom gut abgeschirmten Mittleren Ring.

Praktische Infos

→ Karte S. 166/167

Cafés & Snacks

Ganzjährig geöffnet ist der kleine Biergarten der **Olympia-Alm 4** über dem Südhang, die damit den topografischen Superlativ „höchster Biergarten Münchens" beanspruchen kann. Ansonsten lässt sich das Verköstigungsangebot auf dem Olympiagelände wohlwollend als „Ausflugsgastronomie" charakterisieren. Das **181 3** (s. o.) wiederum sitzt doch sehr weit außen auf der teuren Seite des gastronomischen Waagebalkens, noch mehr gilt das – auch qualitativ – für das mit zwei Michelin-Sternen dekorierte **EssZimmer 2** in der BMW-Welt. Für mehr als ein schnelles Bier, Softdrink oder Eis empfiehlt sich daher vor oder nach dem Spaziergang durch den Olympiapark der angrenzende Stadtbezirk Neuhausen (am schnellsten mit Ⓤ 1 und Ⓤ 7 vom OEZ bis zum Rotkreuzplatz).

In unmittelbarer Nähe des U-Bahnhofs verführt **Eis-Sarcletti 13**, eine von Münchens besten Eisdielen, mit über 60 Sorten Gelati, darunter die subjektiven Favoriten Campari-Orange und Ziegenkäse (vielleicht nichts für kindliche Geschmacksnerven).

Nach 25 Jahren zur Gastro-Legende gereift ist das **Ruffini 7** (Orffstr. 22–24, Nähe Mittlerer Ring). Das Kochkollektiv beeindruckt mit profunder italienischer Hausmannskost auf Ökobasis und noch mehr mit den süchtig machenden Kuchen und Torten.

Der **Löwengarten 8** könnte auch als Wirtshaus durchgehen (es gibt tatsächlich auch einen 1-a-Schweinsbraten von der Öko-Sau), küchentechnisch aber einfach einen Tick eleganter als die Beizn um die Ecke. Speisekarte mit asiatischen Exkursionen, Hauptgänge um 14 €. Schlicht-gemütlicher Gastraum und ein paar Tische draußen. Neuhausen, Volkartstr. 32, ☏ 161373. Ⓤ 1/2 Rotkreuzplatz.

Der **Großwirt 9** in Neuhausen (Volkartstr. 2) existiert seit 425 Jahren und zuletzt hat man ihm das leider deutlich angemerkt. Jetzt aber

Die Museumsschüssel im Zeichen des Propellers

unter neuer Leitung und die hat renoviert, ein neues Team zusammengestellt und das Soßenpulver rausgeschmissen.

Natürlich gibt es auch im Olympischen Dorf einige irgendwie-so-lala Kneipen, aber auch einen echten Knüller: **BOB im Park** 🔳 (an der Tennisanlage zwischen Mittlerem Ring und Olympiadorf) ist nicht bloß die Rettung, wenn man den marodierenden Grillhorden am Flaucher entfliehen möchte und sich eben hier für schmales Geld einen Grill mietet. Für Nichtmitbringer gibt es nette Kleinigkeiten, vor allem aber den großartigen Kubitschek-Kuchen; dazu Hollywoodschaukeln, Tennisplätze, Tischtennisplatten und ganz viel Sommer. Aber nur im Sommer: April–Sept., je nach Wetterlage. Grill unbedingt vorher reservieren: ☎ 37961400.

Biergärten

Königlicher Hirschgarten 🔳 Der größte Biergarten Münchens (und angeblich der Welt). Macht nichts, trotzdem sehr nett. Gutes SB-Speisenangebot und im angrenzenden Gehege echte Hirsche (übergewichtig von der vielen Fütterei). 8000 Plätze. Tram 16/17 Steubenplatz. Ist die Nacht sehr warm und der Durst auch nach 22.30 Uhr noch nicht gelöscht, kann man im Biergarten des Backstage ein paar Hundert Meter entfernt bis um 5 Uhr früh noch weiter open-air trinken.

Taxisgarten 🔳 Die kuschligere Alternative zum Hirschgarten. Versteckt im Wohngebiet von Neuhausen/Gern (Taxisstr. 12), deshalb fast ausschließlich Einheimische. 1500 Plätze. Ⓤ 1 Gern.

Restaurants

Neue deutsche Küche

Zauberberg 🔟 Das junge Team serviert aufregend unaufregende Küchenleistungen zu recht entspannten Tarifen auch auf der Weinkarte (3-Gänge-Menü für 45 €, mit Weinbegleitung 66 €). Wenn es die Außentemperaturen erlauben, auch auf der Terrasse im gutbürgerlichen Wohnviertel Neuhausen. Hedwigstr. 14, ☎ 18999178. Di–Do 12–14 Uhr und Di–Sa 19–1 Uhr. Tram 12, Bus 53 Albrechtstr.

Italienisch

meinTipp **Ruffini** 🔳 Eine gastronomische Instanz! Seit 1978 hat sich das Ruffini von einer kollektiv geführten Szenekneipe zu einer kons-

tanten Größe unter den Restaurants mit italienisch inspirierter Küche entwickelt. Das heute schon fast altlinks anmutende Modell der Kooperative hat sich dennoch gehalten. Neben dem Restaurantbetrieb auch Kaffeehaus mit guten (ach was: den besten!) Kuchen und schöner Dachterrasse. Außerdem Ladengeschäft, ein – sehr empfehlenswerter – Catering-Service und ein lebhaftes Kulturprogramm. Reelle Preise – Hauptgänge um 10 €. Neuhausen, Orffstr. 22–24, ☎ 161160. Di–So 10–24 Uhr. Ⓤ 1 Rotkreuzplatz.

Österreichisch

Broeding 🔳 Auch Regional-, vor allem aber Spitzenküche – schlicht eins der besten Restaurants der Stadt. Mit den wunderbaren, gelegentlich sogar gekonnt ironischen Speisenfolgen und zahlreichen Exponenten des österreichischen Weinwunders der letzten Jahrzehnte (viele davon auch im glasweisen Ausschank) eine kulinarische Leistungsschau des kleinen Alpennachbarn. Großes Menü (6 Gänge) ca. 60 €. Neuhausen, Schulstr. 9, ☎ 164238. Di–Sa 19–1 Uhr. Ⓤ 1 Rotkreuzplatz.

Einkaufen

Schuhläden gibt's viele, aber nur noch wenige flicken die aus dem Leim gegangenen Latschen noch. Seit Jahren beweist die **Schusterei Lehmann** 🔳 (Leonrodstr. 91, Mo–Fr 9–12.30 und 14–18 Uhr) bei der Restauration unserer Bergschuhe unermüdliches Geschick. Nicht billig, aber selten.

Wenn die neue Espressomaschine nicht nur chromblitzend prunkvoll aussehen, sondern auch Spitzen-Kaffeeextrakt liefern soll, führt kaum ein Weg an **Kaffee, Espresso & Barista** 🔳 (Schlörstr. 11, Mo–Fr 9–18.30, Sa bis 13 Uhr) vorbei. Neben Topmodellen aktueller Bauart – vom Haustechniker mitunter noch liebevoll getunt – besticht vor allem die Sammlung von Vintage-Maschinen aus Bars des romanischen Kulturraums.

meinTipp Ein bisschen abgelegen, aber für jeden Patisserie-Freak ein Pflichtschlenker: **tanpopo** 🔳 (Maillingerstr. 6, U-Bahn Maillingerstr.), die AAA-Törtchen und Tartelettes überstrahlen sogar das Strahlen der kleinen japanischen Konditormeisterin. Unbedingt einen Kleinvorrat in der Hotel-Minibar deponieren und vor dem Schlafengehen noch reinschieben.

Der Olympiapark → Karte S. 166/167

Rechts der Isar
Tour 11

Auf der Anhöhe rechts der Isar erstrecken sich keineswegs bereits die Schneefelder des Hochalpenlands – auch wenn das viele Besucher der Stadt zu glauben scheinen, denn immer noch sind die Viertel östlich des Altstadtrings weitgehend touristenfreie Zone.

Friedensengel, die griechische Göttin feiert Preußens Gloria, S. 182

Villa Stuck, Jugendstil beim Malerfürsten, S. 182

Gasteig, der große rote Klotz von Kulturzentrum am Isarufer, S. 189

Bei Bürgern und Großbürgern
Lehel, Bogenhausen, Haidhausen

Hauptverbindungsachse mit den Stadtvierteln rechts der Isar ist – neben der Maximilianstraße – die Prinzregentenstraße, die letzte der großen Prachtstraßen aus der Zeit der wittelsbachischen Neukonfiguration der Stadt im 18. und 19. Jh. Das 1891 umgesetzte Vorhaben verbindet das Hofgartenareal mit dem Prinzregententheater und ist durch seine unmittelbare Anbindung an die Autobahn eine der Hauptausfallachsen der Stadt – mit entsprechendem Verkehrsaufkommen. Das ursprünglich geplante Konzept einer Auffahrtsallee durch den Grüngürtel um die Altstadt hatte sich durch die dichte Bebauung mit Großvorhaben bald erledigt; im unteren Teil bis zur Luitpoldbrücke teilt die Prinzregentenstraße deshalb das Schicksal der noch aufwendigeren Leopoldstraße: Urbanes Leben findet zwischen Haus der Kunst, Ministerien und Bayerischem Nationalmuseum nicht wirklich statt.

Oberhalb des Friedensengels – optischer Fluchtpunkt der Prinzregentenstraße – weichen die Repräsentations- und Verwaltungsgebäude normaler Wohnbebauung. Na ja, was heißt schon normal: In den großbürgerlichen Häusern **Bogenhausens** residiert eindeutig der wohlhabendere Teil der Münchner Mieter und Wohneigentumsbesitzer. Nach Norden wird die Traufhöhe der Häuser sukzessive niedriger, dafür werden die Immobilien immer exklusiver: Das Villenviertel oberhalb der Isar ist eines der vornehmsten der ganzen Stadt, der Herzogpark ziemlich sicher sogar das edelste überhaupt. Die Infrastruktur des Viertels ist entsprechend – Gault-Millau-Punkte: insgesamt 56, Imbissbuden: 0.

Das südlich der Prinzregentenstraße angrenzende **Haidhausen** hat dagegen eine ausgesprochen proletarische Geschichte. In den engen Straßen um die St.-Johann-Baptist-Kirche lebten vor allen Dingen Tagelöhner, Handwerker und Kleinhändler. Typisch für das Viertel waren die sog. Herbergshäuser, eine frühe Möglichkeit zum Erwerb von Wohneigentum für sozial minder privilegierte Klassen. Ein paar dieser niedrigen Häuser stehen heute noch und sind, entkernt und schmuck saniert, eine Zierde des Stadtbilds und begehrte Immobilien.

Das verweist schon auf die Entwicklung, die der Stadtteil durchgemacht hat: Mitte der 1980er-Jahre entdeckte die Szene das ehemalige Arbeiterviertel, mit ihr kamen Kneipen, schicke Läden und steigende Mieten. Als die junge Meute zehn Jahre später in das aufstrebende Gärtnerplatz- und Glockenbachviertel weiterzog, hatten viele der damals Zugezogenen den Charme

Reit- und Kampfsport vor der Villa Stuck

des mitunter fast ländlich wirkenden Haidhausen entdeckt und blieben. Die Lebensqualität ist hoch, die kulturelle und gastronomische Infrastruktur gut entwickelt und der Stadtteil so eines der attraktivsten Quartiere der Stadt.

Den gleichen Gentrifizierungsprozess hat auch das links der Isar gelegene **Lehel** (Urmünchner geben sich durch die Aussprache „Lächl" zu erkennen) hinter sich, allerdings ist das schon länger her. Bis weit ins 19. Jh. hinein war es – damals noch unter dem Namen St. Anna Vorstadt – ein Viertel der kleinen Dienstleister mit geringem So-

zialprestige, spätestens seit dem Wiederaufbau der Stadt nach dem Zweiten Weltkrieg fand dann die großbürgerliche Elite hier ihre Heimstatt. Die wohnt in fein restaurierten Gründerzeithäusern, kauft in den zahlreich vorhandenen italienischen Feinkostläden ein und parkt die raren Stellplätze mit Nobelkarossen zu. Das darf sie auch, denn die Parkplätze im Lehel sind fast sämtlich Anwohnerparkplätze. Das Viertel war bundesweit das erste, in dem (Anfang der 1980er) dieses Modell zur Regelung des stehenden Verkehrs umgesetzt wurde.

Spaziergang

Diese Tour durch die Viertel östlich der Altstadt ist als Rundweg konzipiert – allerdings als ziemlich langer. Vom Ausgangspunkt Bayerisches Nationalmuseum bis zum Ende ebendort sind es über 5 km reiner Fußweg – die können allerdings an mehreren Stellen durch öffentliche Verkehrsmittel deutlich abgekürzt werden.

Am Anfang geht es erst einmal auf der Prinzregentenstraße stadtauswärts über die Schackgalerie, den Friedensengel und die Villa Stuck auf dem Hochufer über der Isar bis zum Prinzregententheater, eine Etappe, die man sohlenschonend auch mit der Buslinie 100 (die sog. „Museumslinie") zurücklegen kann.

Von dort geht es über eine sightseeingtechnisch wenig ergiebige Verbindungspassage ins südlich gelegene Haidhausen (die kann man sich mit einem Transfer via Ⓤ 4 zum Max-Weber-Platz auch sparen). Natürlich kann man den Spaziergang von vorneherein gleich zweiteilen und die Tour durch Haidhausen separat vom Max-Weber-Platz aus angehen.

Von der Kulturtrutzburg am Gasteig gönnt man sich entweder eine kurze Grünphase durch die Maximiliansanlagen bis ins Lehel auf dem linken Ufer oder kombiniert die Tram 18 mit Ⓤ 4/5

(Umsteigen am Max-Weber-Platz) zur konditionsschonenden Rückkehr an den Ausgangspunkt. In jedem Fall: Eine Leberkässemmel mehr sollte danach locker drin sein.

Musealer Gemischtwarenladen

Das Bayerische Nationalmuseum

Sammlungsgegenstand des Bayerischen Nationalmuseums (Bus 100 Reitmorstraße; Ⓤ 4/5 Lehel, etwa 5 Min Fußweg), dessen Kernbestand sich einmal mehr der wittelsbachischen Kauf- und Requirierungslust verdankt, ist die Kunst und Kultur des bayerischen Raums – von prähistorischen Funden über kunstgewerbliche Artefakte wie Möbel und Trachten bis hin zur bildenden und liturgischen Kunst, also ein rechter musealer Gemischtwarenladen. Gemischt ist auch die Architektur des beherbergenden Gebäudes, das nach Plänen Gustav von Seidls errichtet und 1900 seiner Bestimmung übergeben wurde (vorher waren die Bestände im heutigen Völkerkundemuseum an der Maximilianstraße untergebracht). Dem barocken Mittelbau mit dem schmuckvollen, aber funktionslosen Turmaufsatz stehen der romanisierende Ostflügel und die Renaissance- und Rokokofassaden des Westflügels zur Seite. Der durch den Stilmix notwendig aufkommende Eindruck von Verspieltheit wird im Straßenbild durch die recht strenge Front des **Wirtschaftsministeriums** gegenüber aufgefangen. Der Bau aus der Nazizeit ist zwar einer der gelungeneren der finsteren Ära, ist aber maßgeblich für den monumental-unbelebten Eindruck der Prinzregentenstraße verantwortlich.

Wegen der recht knapp bemessenen Ausstellungsfläche wirkt das Bayerische Nationalmuseum mitunter etwas vollgestellt und behindert die einzelnen, zum Teil hochkarätigen Stücke ein wenig an der Entfaltung. Mein persönlicher Favorit: die eher ethnografisch ausgerichteten Ausstellungsräume zu bäuerlicher Kunst und Lebenswelt im Untergeschoss.

Di–So 10–17 Uhr (Do bis 20 Uhr), Mo geschlossen. Eintritt 7 €, erm. 6 €, sonntags 1 €, Besucher unter 18 Jahren haben freien Eintritt. Die Sammlung Bollert (bedeutendste private Skulpturensammlung des 14./15. Jh. in Deutschland) ist im Eintrittspreis mit inbegriffen; Sonderausstellungen kosten extra. www.bayerisches-nationalmuseum.de.

Das Bayerische Nationalmuseum

Malerei des 19. Jahrhunderts

Die Schack-Galerie

Etwas eingequetscht steht an der nächsten Kreuzungsecke die wahrscheinlich bemerkenswerteste Privatgalerie Münchens. Graf Adolf von Schack sammelte mit sicherer Hand Meisterwerke der Romantik. Die in ihrem Umfang bis heute unangetastete Sammlung vereint bedeutende Werke von Spitzweg, Feuerbach, Böcklin (allein 16 Bilder!), Lenbach und anderen großen und auch nicht ganz so großen Meistern der Malerei des 19. Jh. Ursprünglich im Palais des Grafen an der Brienner Straße untergebracht, wanderte der komplette Bestand 1907 in den Neubau der Preußischen Gesandtschaft – Graf von Schack hatte seine Galerie Kaiser Wilhelm II. vermacht, und der Hohenzoller verfügte in einer seltenen bajuwarophilen Anwandlung,

die freundliche Gabe in München zu belassen. Hitler scherte sich um die Stiftungsbedingungen wenig und verleibte 1939 alles der Bayerischen Staatsgemäldesammlung ein, unter deren Kuratel die Schackgalerie bis heute offiziell auch steht.

Der private Charakter der Sammlung wurde indes nach dem Krieg wiederhergestellt und die Werke wieder zusammengeführt. Allerdings musste sich die Kunst bis 1993 die Räumlichkeiten teilen: Bis zur Fertigstellung der Neuen Staatskanzlei residierte hier die bayerische Ministerpräsident.

Die recht spärliche Besucherschar (die Schack-Galerie ist eher etwas für Museumsspezialisten) kommt Mi–So 10–18 Uhr. Eintritt 4 €, erm. 3 €, sonntags gilt der Billigtarif von 1 €. www.sammlungschack.de.

25 Jahre nach Sedan

Der Friedensengel

Das wilhelminische Deutschland neigte zu Euphemismen und Paradoxien: Der Friedensengel ist eigentlich ein Kriegsengel. Der Grundstein für die weithin sichtbar über die Bäume der Maximiliansanlage hinausragende Goldfigur auf korinthischer Säule wurde 1896 gelegt – anlässlich des 25. Jahrestages des militärischen Siegs über Frankreich im Krieg von 1870/71, des Gründungsmythos des letzten deutschen Kaiserreichs. Die militärische Kodierung des Denkmals wird unmissverständlich klar, betrachtet man die Namen jener, die mit Porträts an den Pfeilern des Sockels geehrt werden: Neben dem obligatorischen Herrscherlob (die Hohenzollern Wilhelm I. und II., Friedrich III.) findet man die Konterfeis der wichtigsten Kommandeure der Feldzüge des Deutsch-Französischen Kriegs (Moltke, von der Tann etc.) und natürlich Reichskanzler Bismarck, der seinen Kampfnamen „der Eiserne" ja auch nicht durch exzessive Friedensliebe abbekommen hatte.

Der namensgebende Engel krönte das Denkmal erst zur offiziellen Einweihung 1899, sein Vorbild fand er in der Nike des Paionos am Zeustempel von Olympia. Nicht zuletzt wegen dieses klassischen Vorbilds gilt der Friedensengel als Vorzeigemonument des Historismus – für die ganze Anlage stimmt das aber nur begrenzt, die Mosaiken der Korenhalle beispielsweise sind ganz dem Stil und Geist der Secession verpflichtet.

Ein Malermuseum

Die Villa Stuck

Von wegen brotlose Kunst – selbst bonusverwöhnte Investmentbanker erstarren vor Ehrfurcht angesichts der luxuriösen Privat- und Arbeitsräume Franz von Stucks. Als einer der drei Münchner Malerfürsten (neben Kaulbach

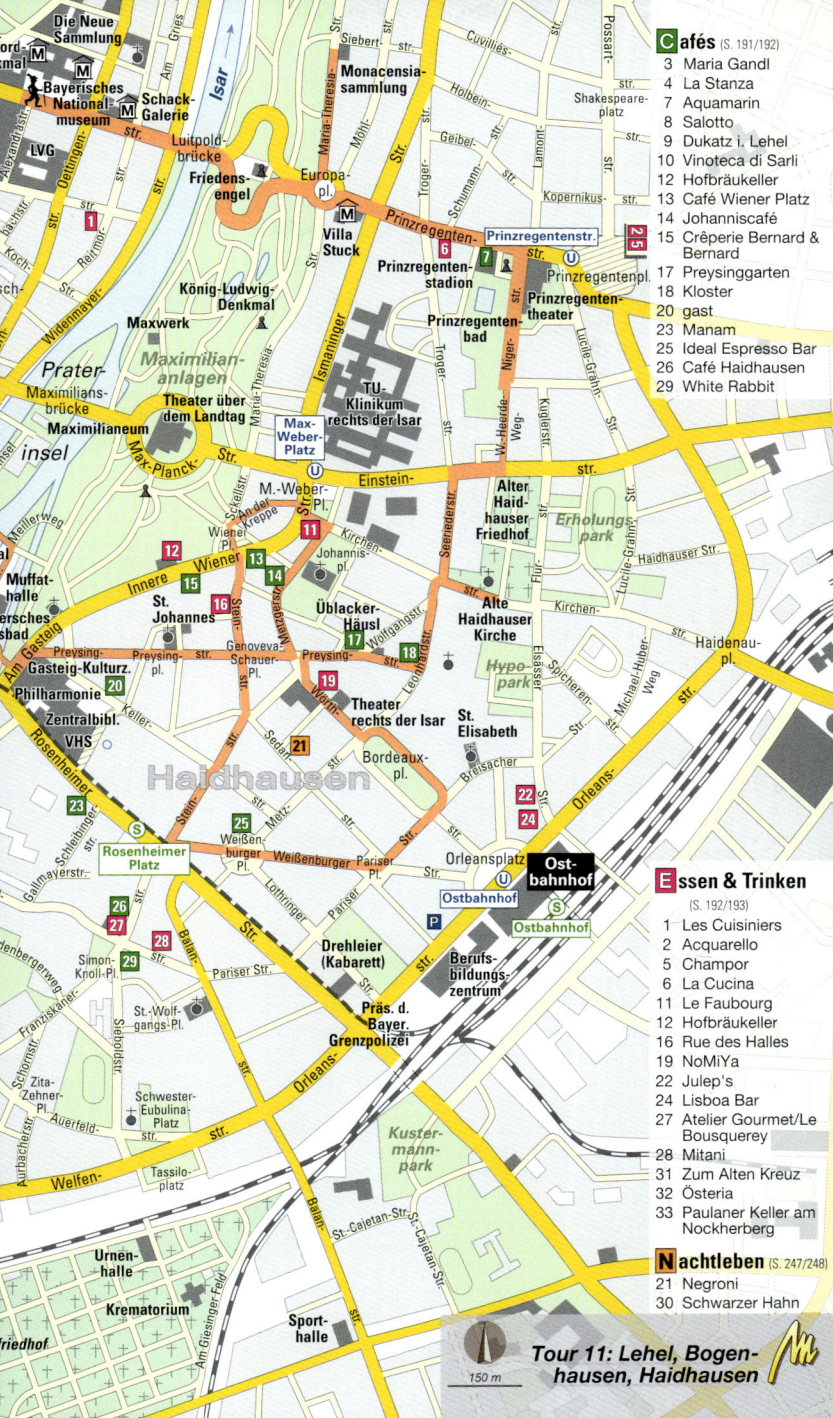

Cafés (S. 191/192)
3   Maria Gandl
4   La Stanza
7   Aquamarin
8   Salotto
9   Dukatz i. Lehel
10 Vinoteca di Sarli
13 Hofbräukeller
13 Café Wiener Platz
14 Johanniscafé
15 Crêperie Bernard &
    Bernard
17 Preysinggarten
18 Kloster
20 gast
23 Manam
25 Ideal Espresso Bar
26 Café Haidhausen
29 White Rabbit

Essen & Trinken
    (S. 192/193)
1   Les Cuisiniers
2   Acquarello
5   Champor
6   La Cucina
11 Le Faubourg
12 Hofbräukeller
16 Rue des Halles
19 NoMiYa
22 Julep's
24 Lisboa Bar
27 Atelier Gourmet/Le
    Bousquerey
28 Mitani
31 Zum Alten Kreuz
32 Österia
33 Paulaner Keller am
    Nockherberg

Nachtleben (S. 247/248)
21 Negroni
30 Schwarzer Hahn

Tour 11: Lehel, Bogen-
hausen, Haidhausen

150 m

und Lenbach, Letzterer auch mit großzügigem Wohneigentum in München, → Tour 9, S. 152) wurde er mit derart üppigen Honoraren bedacht, dass er sich beim Bau seines Hauses auf dem Isarhochufer so richtig austoben konnte. Nach seinen eigenen Plänen entstand 1897/98 die üppige und edle Residenz mit dem Blick auf den Friedensengel. Der Baustil ist mit einem Begriff kaum zu erfassen, klassizistische und antikisierende Elemente sind ebenso auszumachen wie zeittypische Jugendstilornamentik und, am deutlichsten vielleicht, der Einfluss der Münchner Secession. Zusammengestückelt wirkt dennoch nichts, sowohl der Kernbau (rechts) wie auch der 1913/14 hinzugekommene Atelierbau (links, mit größeren Fenstern) sind ein Gesamtkunstwerk aus einem Guss.

1992 wurde das Ensemble einer Generalrenovierung unterzogen, die Villa Stuck ist seitdem – neben Stadtmuseum und Lenbachhaus – das dritte Museum unter Regie der Landeshauptstadt. Der etwas abgesenkte Mitteltrakt zwischen Atelier- und Kernbau fungiert nun als gemeinsamer Eingang: Im linken Kubus werden Wechselausstellungen (meist sehr renommierter Künstler) veranstaltet, im Obergeschoss befindet sich außerdem eine Dauerausstellung mit Kunst und Kunsthandwerk aus den verschiedenen Phasen des Jugendstils. Der rechte Trakt wurde museal konserviert, hier erlebt man das originale Wohnumfeld des Malerfürsten. Die dunklen Farben und der intensive Goldschimmer der Wände erzeugen eine unendlich noble, aber auch etwas drückende Atmosphäre – je nach Temperament die richtige Stimmung für einen Champagner- oder Absinth-Vollrausch. An den Wänden hängen die schwül-lasziven Bilder des Meisters, die die moralischen Zeigefinger seiner sittenstrengen Zeitgenossen recht hochfrequent wedeln ließen. Auf die Lein

München im Kasten
Wittelsbach zum Vorletzten

Prinzregententorte, Prinzregentenstraße, Prinzregententheater – der Exekutivchef des Hauses Wittelsbach in den Jahren 1886–1912 ist in München ziemlich präsent. Aber wer war das eigentlich, und warum hieß er nicht schlicht König wie seine Amtsvorgänger? Letztere Frage ist einfach zu beantworten: Weil er es nicht war. Prinzregent Luitpold, der jüngste Sohn Ludwigs I., führte die Amtsgeschäfte für seinen geisteskranken Neffen Otto I. Und das ganz schön lange – 25 Jahre war er der oberste Bevollmächtigte im Königreich. Allerdings mehr und mehr pro forma, der Zeitgeist riss auch Bayern immer mehr fort vom alten monarchisch-ständischen Modell und verlagerte die Macht auf ernannte Amtsträger und demokratisch legitimierte Volksvertreter. Der Prinzregent wurde zum königlichen Grüßaugust, und darin lag wohl letztlich auch der Grund für seine Beliebtheit. Luitpold – bei Übernahme der Regierungsverantwortung schon 65 Jahre alt – liebte die Pose des volkstümlichen Landesvaters, verschenkte Zigarren und spendierte Freibier. Außerdem war er – Familienehre – in erheblichem Maß den schönen Künsten zugetan, sein Mäzenatentum (durchaus von Kennerschaft getragen) bescherte der Malerei in München ihre wahrscheinlich höchste Blüte. Kurz gesagt, der Prinzregent tat niemandem weh, und das hat noch jeden Politiker populär gemacht. In der langen Linie seiner zum Teil enorm wirkmächtigen Vorgänger war er, mehr der Zeit als seiner Person geschuldet, nur noch ein Epigone einer verlöschenden Dynastie, ein kräftiges Abendrot am Himmel des monarchischen Europa. Sein Nachfolger hingegen, Ludwig III. (Prinzregent 1912/13, König von 1913 bis 1918), brachte es vor lauter Farb- und Machtlosigkeit nicht einmal mehr auf den Stadtplan und die Speisekarten.

Beim Stuck Franzl auf der Veranda

wand gebracht hat er sie bis zur Fertig-stellung des Anbaus im Atelier im Stockwerk darüber. Wer meint, hier sei es doch zum Malen recht finster, sollte einen scharfen Blick auf Stucks Bilder werfen: Die Düsternis und der starke Schattenwurf auf seinen Porträts re-flektieren exakt die kargen Lichtverhält-nisse in Stucks altem Arbeitszimmer.

Tägl. außer Mo 11–18 Uhr. Der Eintritt für das gesamte Haus beträgt 9 €, für die historischen Räume werden 4 € fällig (50 % Ermäßigung auf alle Preise für Anspruchsberechtigte). www.villastuck.de.

Literarisches Stadtgedächtnis

Die Monacensia

Das Wissen der Welt steht in Büchern – auch das über München. Die mit Ab-stand meisten auf diesem Gebiet hat die Monacensia, das Literaturarchiv der Stadt München, untergebracht im schicken Stadtschlösschen des Bild-hauers Adolf von Hildebrand (ca. 200 m nördlich der Siegessäule in der Maria-Theresia-Straße 23). In der Au-ßenstelle der Stadtbibliothek speichern rund 130.000 Einzelbände das literari-sche Gedächtnis der Stadt. Gespeist wurden die Bestände ganz wesentlich aus den Nachlässen in und um Mün-chen ansässiger Schriftsteller und Künstler, unter ihnen so bedeutende wie einige Mitglieder des Thomas-Mann-Clans (auch der Titan selbst ist mit Konvoluten präsent), das Starnber-ger-See-Original Oskar Maria Graf, die Schwabinger Ikone Franziska von Re-ventlow und die SZ-Legende Herbert Riehl-Heyse. Außerdem findet sich reichlich Literatur zur Stadt- und Wirt-schaftsgeografie Münchens.

Bayreuther Kopie

Das Prinzregententheater

Wäre es nach den Wünschen Lud-wigs II. gegangen, stünde hier am rech-ten Isarhochufer heute ein ganz ande-res Theater: das Richard-Wagner-Fest-spielhaus.

Allein, es fehlte am Geld: Der „Kini" hatte den famosen Plan, sich seine Freundschaftsgabe an den Maestro aus dem Münchner Stadthaushalt finanzie-ren zu lassen – ohne durchschlagenden Erfolg. So nahmen nach einigem Hin und Her die Festspielhauspläne Kurs auf die oberfränkische Provinzstadt Bayreuth, und München musste bis 1900 auf einen weiteren großen Bühnenbau warten. Der wurde dann allerdings – feine Ironie – eine Kopie des Bayreuther Originals. Zumindest im Inneren: 1081 Zuschauer finden fast sämtlich auf den demokratisch-gleichmäßigen Sitzreihen des Zuschauerraums Platz, lediglich 54 Plätze entfallen auf die sechs Logen. Resultat sind ausgezeichnete Hör- und Sichtverhältnisse auch auf den billigen Rängen. Von 1944 bis 1963 war das Prinzregententheater Hauptspielstätte von Oper und Ballet des Bayerischen Staatstheaters (das Nationaltheater am Max-Joseph-Platz war in Stücke gebombt), dann fiel es für 25 Jahre in den Dornröschenschlaf der Baufälligkeit. Wachge-

küsst wurde es durch den großen Impressario des Münchner Musiktheaters, August Everding. In einer langwierigen und schwierigen Instandsetzung wurde das Haus schrittweise wieder bespielbar gemacht. 1988 konnte die Vorbühne wieder genutzt werden, und 1996 wurde endlich auch wieder ganz große Oper inszeniert: Mit „Tristan und Isolde", natürlich unter der Spielleitung des Prinzipals Everding, meldete sich das „Prinze" zurück im Kreis der Premium-Class-Opernhäuser.

Außerhalb des Bühnenbereichs ist das Prinzregententheater ein typischer stilistischer Bastard im Geist seiner Epoche: Der recht strenge Neoklassizismus der Fassade findet im Inneren keine Fortsetzung, Wandelhalle, Foyer und besonders der sehr stimmungsvolle Gartensaal mit seiner floralen Ornamentik atmen den sehr viel gemütlicheren Geist von Renaissance und Jugendstil. Empfänge im Gartensaal gehören besonders im Sommer zu den Spitzenevents der Münchner Hautevolee – für nicht unerhebliches Entgelt kann man sich nämlich dort auch einmieten.

Einen weiteren Traum erfüllte sich Everding mit der Bayerischen Theaterakademie, die in den hinteren Gebäudeteilen ihre Heimat gefunden hat. Alle kreativen Bühnenberufe von Schauspiel bis Maskenbild sind hier in einer Ausbildungsinstitution zusammengefasst. Zum Üben gibt es das Akademietheater, einen modern-funktionalen Theaterraum im ehemaligen Malersaal. Jüngeres professionelles Theater wird in München nicht geboten – auch wenn manche Inszenierung im wilden Überschwang der Eleven auch einmal steckenbleibt.

Dörflicher Charme
Althaidhausen

Vom Prinzregentenplatz gelangt man über die Nigerstraße (zwischen Theater und Richard-Wagner-Denkmal) und den Walter-Heerde-Weg zur Einsteinstraße. Jenseits davon beginnt mit den Friedhofsmauern der alte Kern Haid-

Innenraum des Prinzregententheaters

hausens. Wer sich diesen Stadtteil als eigenständigen Rundgang vorgenommen hat (oder mit der U-Bahn abgekürzt hat), startet am besten am Max-Weber-Platz (Ⓤ 4/5) und geht von dort die Kirchenstraße stadtauswärts.

Erste Station ist die alte **St.-Johann-Baptist-Kirche** (auch **Alte Haidhauser Kirche**), die bis zum Bau der neuen Kirche mit dem gleichen Namenspatron als Pfarrkirche und damit auch als Ortszentrum Althaidhausens fungierte. Ein exaktes Baujahr für das kleine Gotteshaus ist schwer zu benennen, bereits 808 – lange vor der Gründung Münchens – ist ein urkundlicher Nachweis für eine Kirchenschenkung belegt, der jetzige Bau steht auf den Grundmauern einer spätgotischen Kirche von 1493. Nach diversen Umbauten und Bränden ist davon nichts mehr zu sehen, von innen wie von außen ist St.-Johann-Baptist heute eine nicht sonderlich aufsehenerregende Barockkirche. Zusammen mit dem Friedhof und dessen altem Baumbestand vermittelt sie aber immer noch den ganz spezifisch dörflichen Charme, der auch die Straßen und Gassen des alten Haidhausen bis zum Beginn des Franzosenviertels beseelt.

Die schillerndere Auswahl an letzten Ruhestätten liegt etwa 1,5 km nördlich: Der sehr viel kleinere **Bogenhausener Friedhof** ist der Promi-Showbiz-Gottesacker, beigesetzt wird hier – außer den Viertelbewohnern – nur, wer sich um die Stadt München verdient gemacht hat. Das galt z. B. für Liesl Karlstadt (die kongeniale Partnerin Karl Valentins), Helmut Fischer (Monaco Franze), Rainer Werner Fassbinder und Oskar Maria Graf.

Eine städtebauliche Besonderheit dieses Vorstadtviertels waren die **Herbergshäuser**, insgesamt (vermutlich) 491 kleine Häuschen mit weit über 1000 Herbergen (= Wohneinheiten) für das vorindustrielle Proletariat der Stadt. Wanderarbeiter, kleine Handwerker und Tagelöhner fanden in den Satteldachhäusern eine einfache

Wohnstatt, oft mit ihrer ganzen Familie. Von außen wirken die geduckten Bauten putzig und gemütlich, die engen Verhältnisse in den „Gemachen" (Wohnstuben), fehlende Kanalisation und Feuchtigkeit machten diese Quartiere tatsächlich aber zur hygienischen Hölle. Allerdings boten die Herbergshäuser eine vergleichsweise hohe Rechtssicherheit: Mit ihnen gab es nämlich erstmals die Möglichkeit zum Erwerb von Wohneigentum ohne Grundbesitz. Sie waren also erste Vorläufer der heutigen Eigentumswohnung und verschonten ihre vielen Parteien – bis zu zehn Familien unter einem Dach waren keine Seltenheit – wenigstens von den Auswüchsen von Vermieterwillkür.

Im Stadtbild haben sich nur sehr wenige dieser Herbergshäuser erhalten, die größte zusammenhängende Gruppe dieses Bautyps findet sich am Ende der Preysingstraße (Kreuzung Wolfgangstraße; gerade Nummern 56–70). Die mittlerweile aufwendig restaurierten Gebäude sind jetzt wirklich begehrenswerte Wohnobjekte, an die bronchitischen Zustände von früher erinnert nur noch die Ausstellung in den Räumen des **Üblacker-Häusls** (Mi/Do 17–19, Fr/So 10–12 Uhr).

Das auffälligste Haus des Ensembles ist wahrscheinlich der **Kriechbaumhof** (Nr. 71), ein Holzhaus mit kleinen Laubengängen. Was aussieht wie ein schnuckeliges Bauernhaus aus dem Voralpenland, repräsentiert die geläufige Bauform der Herbergshäuser bis ca. 1700. Danach wurden die Holzhäuser völlig von Steinbauten verdrängt.

Im Namen des Erbfeindes

Das Franzosenviertel

Als Haidhausen aufhörte, ein Dorf zu sein – zumindest in administrativer Hinsicht datierbar auf den 01.08.1854, den Stichtag der Eingemeindung –, war auch die Zeit des zufälligen Städtebaus vorbei. In der Maxvorstadt hatte Klenze schon das Reißbrettverfahren erfolgreich vorexerziert, nun folgte Stadtbaurat

Arnold von Zenetti mit einem großen Wurf für das Areal südlich des alten Dorfkerns. Ausgangspunkt war der 1871 eröffnete Ostbahnhof, der zweite wichtige Eisenbahnknotenpunkt der Stadt für die neuen Linien nach Simbach und Rosenheim. Von hier gehen die Weißenburger, Wörth- und Belfortstraße in regelmäßigen 45-Grad-Strahlen ab, die Wörthstraße fungiert als Mittelachse und ist deutlich breiter angelegt als die übrigen Straßenzüge im Viertel. Prachtvoller Hauptplatz sollte der lang gestreckte Bordeauxplatz werden, allerdings ist der für die Größenverhältnisse des Viertels einfach überdimensioniert und wirkt deshalb niemals so richtig belebt. Sehr viel lebhafter sind die beiden Kreuzungspunkte der Weißenburger Straße, der Pariser Platz und das Rondell des Weißenburger Platzes mit dem Glaspalast-Brunnen (das einzige Relikt des 1931 abgebrannten Glaspalasts im Alten Botanischen Garten).

Der Name Franzosenviertel hat wilhelminisch-aggressive Wurzeln: Der Beginn der ersten Bauphase des Viertels (1871–76) fiel mit dem siegreichen Ende des Deutsch-Französischen Kriegs zusammen, und deshalb wurden die Straßen mit Namen der großen deutschen Siege im Land des vorgeblichen Erbfeinds bedacht. Heute könnte man angesichts der erstaunlichen Dichte französischer Restaurants eher auf eine kulinarische Motivation schließen ...

Wirtschaftlich war das Franzosenviertel kein Erfolg: Der Bau- und Immobilientycoon von Eichmann, der sich bei der Umgestaltung des Gärtnerplatzviertels noch eine goldene Nase verdient hatte, kam hier nicht auf seinen Schnitt. Der langsame Baufortschritt und die mäßige bis lausige Qualität der Häuser hielten das bürgerliche Zielpublikum fern und der entstehende Wohnraum musste parzelliert an Arbeiter und Handwerker verramscht werden. Die erwünschte soziale Aufwertung ließ noch über 100 Jahre auf sich warten.

Kleiner Markt, große Kirche

Wiener Platz und Johannisplatz

Am Ende des kurzen Fußgängerzonenbereichs der Weißenburger Straße liegt der recht uncharmant von Büroneu-

Blick vom Wiener Platz auf die Johanniskirche

bauten zugepflasterte Rosenheimer Platz an der gleichnamigen vielbefahrenen Straße. Von dort flüchtet man rechts in die Steinstraße, die – mehrfach abknickend – nach ca. 700 m auf den **Wiener Platz** mündet. Dort zeigen sich um den kleinsten ständigen Markt Münchens – gepflegt und teuer wie seine größeren Pendants – die sehr unterschiedlichen baugeschichtlichen Phasen Haidhausens auf engem Raum: Die massige Gründerzeitfassade des Hofbräukellers an der Westseite kontrastiert deutlich mit den kleinen Herbergshäusern (Nr. 4 und 6) östlich. Weitere Herbergshäuser finden sich in der schon historisch alten Adresse „An der Kreppe" in dem engen Fußgängerdurchgang zur Inneren Wiener Straße (links vorbei am Weinhäusl).

Die gleich gegenüberliegende Kirchenstraße führt nach wenigen Metern auf den ziemlich großzügig in die recht engen Straßen der Umgebung geschnittenen **Johannisplatz**. Seine Existenz verdankt er ausschließlich der für die Größenverhältnisse des Viertels reichlich überdimensionierten **Johanniskirche** (mit vollem Namen St.-Johann-Baptist-Kirche), die das kleine Gotteshaus weiter östlich 1879 als Pfarrkirche ablöste. Der Standort war nur eine Notlösung. Eigentlich sollte der Neubau anstelle des Maximilianeums den optischen Abschluss der Maximilianstraße bilden, aber auf königliches Geheiß (Max II.) wurde die religiöse Andacht der Bildung geopfert und musste daher mit dem wesentlich unauffälligeren Bauplatz am ehemaligen Metzgeranger vorliebnehmen.

Zur nächsten Station, dem Gasteig, gelangt man vom Johannisplatz am schnellsten durch die ruhige Preysingstraße (rechts ab hinter der Metzgerstraße).

Kulturzentrum am „gachen" Steig

Gasteig

Geliebt wird sie immer noch nicht, die monumental aufragende „Kulturvollzugsanstalt" hinter dem Müllerschen Volksbad. Zumindest nicht von außen, zu wenig fügen sich die fensterlosen (zumindest von der Isar gesehen) Backsteinwälle ins Weichbild des ansonsten mit Großbauten ja nur spärlich bestückten Münchens. Aber man hat sich arrangiert, schließlich brauchen die Münchner ihn ja, den Gasteig. Die erste Initiative zum Bau eines Kulturzentrums am „gachen" (steilen) Steig, auf dem im Mittelalter die Salzhandelsstraße den Hang rechts der Isar hinaufführte, ging von den Münchner Philharmonikern aus: Das Orchester von Weltrang stand seit Kriegsende ohne eigenen Konzertsaal da. Mit der Philharmonie, dem 2402 Plätze bietenden größten Saal des Komplexes, haben sie ihn 1984 bekommen. Nachbarn der Spielmannschar sind die Volkshochschule und die Stadtbibliothek, die unter dem riesigen Dach des Gasteig ihre Zentraleinrichtungen untergebracht haben. Außerdem stehen neben der Philharmonie vier weitere Säle mit insgesamt über 1000 Plätzen für verschiedene Zwecke zur Verfügung, sodass sich die Frage nach der Existenzberechtigung für den großen Klops nicht mehr ernsthaft stellt – das Münchner Kulturleben von Filmfest bis Volksbildung wäre raumtechnisch in dieser Stadt einfach nicht zu stemmen. Und zumindest im gnädigen Licht des Sonnenuntergangs strahlt der rote Klinker auch fast versöhnlich ...

Ausgesprochen unversöhnlich ist hingegen die angängige Debatte um die Zukunft des großen Saals der Philharmonie: So richtig gut war der Klang trotz diverser Modifikationen nie, und ohnehin gibt es für die vier herausragenden Orchester Münchens einfach nicht genügend Auftrittsmöglichkeiten. Die Diskussion um einen neuen Konzertsaal ist deshalb seit über einem Jahrzehnt Dauerthema in Rathaus, Staatskanzlei und Feuilleton. Nach diversen brauchbaren (Finanzgarten), unbrauchbaren (hinter dem Marstall), lustigen (Kohleninsel, mit Seilbahn zum Gasteig) und dämlichen (Neubau im Bestand) Vorschlägen ist immer noch nichts spruchreif, Favoriten im Standortwettbewerb sind derzeit das Gelände des ehemaligen Kunstpark Ost und die riesige Paketposthalle an der Friedenheimer Brücke. Bis 2018 soll „unumkehrbar" entschieden sein. Warum nur denke ich da immer an den Berliner Flughafen?

Von Klein- und Großbürgern

Im Lehel

Orientierungsmarken für das lockere Auslaufen am Ende dieses Rundgangs sind die beiden großen Kirchen des Lehel, die eine evangelisch, die andere katholisch. Erstere, die **St.-Lukas-Kirche**, findet man vom Gasteig nach kurzem Weg durch die Isarböschung zwischen Müllerschem Volksbad und Muffathalle und der Überquerung der Flussarme über Kabelsteg und Mariannenbrücke direkt am linken Ufer der Isar. Gebaut wurde die überaus prominent gelegene dreitürmige Kirche von 1893 bis 1896 im neoromanisch-neugotischen Stilmix. Nur eingeschränkt praxistauglich – zumindest unter den Vorgaben der protestantischen Liturgie (zentralisierter Predigtraum) – nimmt sich das Kircheninnere aus, denn von relativ vielen Plätzen der Querhausarme sind Altar und Priester nur zu ahnen. Dafür ist die Akustik schlicht umwerfend, Konzerte in der Lukaskirche sind schon allein deswegen eine heiße Empfehlung.

Optischer und sozialer Mittelpunkt der nördlichen Hälfte des Viertels ist die 1892 geweihte **St.-Anna-Kirche** (zu erreichen über die Thierschstraße, vorbei am Maxmonument, am Thierschplatz links einbiegen; ca. 650 m). Wie die Lukaskirche ist auch dieser Bau dem Historismus verpflichtet, allerdings trieb es der Architekt (von Seidl) hier nicht ganz so eklektisch-bunt. Die Kirche ist eine recht konventionelle dreischiffige Basilika mit neoromanischen Elementen, gilt aber in ihrer Klarheit als einer

München im Kasten
Ein zugereistes Münchner Kindl

Das Lehel hat eine ganze Reihe bekannter und berühmter Bewohner gesehen, in Kinderkreisen ist der Populärste aber wohl einer, den es gar nicht gibt. Verzeihung: den man nicht sehen kann – außer man ist Schreinermeister und lässt den Leimtopf offen stehen. Dann kann es sein, dass sich dort unverhofft eine kleine rothaarige Gestalt verfängt, die das ehedem gemütliche Junggesellen-Handwerkerleben ziemlich turbulent gestaltet. Passiert ist das dem Meister Eder, der in seiner Werkstatt im Hinterhof der Widenmayerstraße 2 einen Kobold aus seiner Leimfalle befreien musste und sich damit den Hausgenossen Pumuckl einhandelte. Ob der nun Pudding kocht (fachgerecht im Wasserkessel), in Upperclass-Haushalten marodiert oder den Schulalltag der Nachbarskinder auflockert (Tegernsee = Meister-Eder-See), im Viertel geht es seither deutlich bunter zu. Auch wenn der alte Schreinermeister mittlerweile verstorben ist und das Gebäude mit der kuscheligen Werkstatt nicht mehr steht – der Pumuckl ist aus der deutschen Kindermärchenwelt nicht mehr wegzudenken. Mit fröhlicher Anarchie und schräger Wortkreativität („Spazieren geht's, Hurrets. Hurrets ist ein Hurra, das sich reimt.") erwachte er als Buchfigur zum Leben, gewann eine große Fangemeinde in den Hörspielen des BR und wurde in über 60 Folgen seiner Fernsehserie sowie drei Kinofilmen schließlich zum Megastar der Kinderzimmer. Bei so viel Prominenz fehlen natürlich auch Skandale nicht: Mehr als zehn Jahre tobte ein einigermaßen bizarr anmutender Rechtsstreit zwischen seiner (literarischen) Schöpferin Ellis Kaut und der Illustratorin Barbara von Johnson um Tantiemen und die nervenzerfetzende Frage nach der Geschlechtszugehörigkeit des Klabautermanns.

der wichtigsten Vertreter des Baustils der Zeit.

Bauhistorisch noch interessanter ist die **Klosterkirche St. Anna** gegenüber, die erste Rokokokirche Münchens und Altbayerns sowie das erste Werk J. M. Fischers in der damaligen Residenzstadt. Der Verzicht auf rechte Winkel im Innenraum verleiht der Kirche des Fran-

ziskanerklosters eine fast schwebende Leichtigkeit, ob der notorischen Strenge des Ordens ein etwas überraschender Befund. 1944 wurde St. Anna bis auf die Grundmauern zerstört, die prachtvolle Innenausstattung, maßgeblich ein Werk der Münchner Asam-Brüder, ist deshalb nur noch in Rekonstruktion zu sehen.

Praktische Infos

→ Karte S. 182/183

Cafés & Snacks

Beim Prinzregententheater

Sehr gute und auch gar nicht teure Gerichte mit mediterranem Einschlag für mehr oder weniger Hunger gibt es im hübsch schlichten **Aquamarin** 🟥7, dem Gastronomiebetrieb des Prinzregentenbads. Im Winter kann man sich zusätzlich noch an den Tölpeleien der Eisläufer auf der Schlittschuhbahn vor dem Fenster erfreuen. Schnell noch die E-Mail checken – die Internet-Terminals sind umsonst und frei zugänglich.

In Althaidhausen und Franzosenviertel

Der **Preysinggarten** 🟥17 hält was er verspricht: Ein niedlicher kleiner Garten gegenüber dem Kriechbaumhof, aber auch drin ist der Kaffee gut.

mein Tipp Das **Kloster** 🟥18 gleich gegenüber dem Herbergshausensemble in der Preysingstraße ist eine mittlerweile alteingesessene Haidhauser Institution mit guter bodenständiger Küche auf – dem Ambiente entsprechend – annähernd dörflichem Preisniveau.

Rund um Johannisplatz und Wiener Platz

Das **Johanniscafé** 🟥14 ist schon so oft als Geheimtipp gehandelt worden, dass es schon lange keiner mehr ist. Nett ist's trotzdem: Bei Augustiner und Würstchen mit Senf sinniert hier der Werbeprofi mit dem Kfz-Mechaniker über den Sinn des Lebens.

Das **Café Wiener Platz** 🟥13 ist die Keimzelle des Gastro-Kleinimperiums, das Schauspielerin Iris Berben mit ihrem ehemaligen Lebenspartner Gabriel Levy an den neuralgischen Szene-Spots der Stadt betreibt. Wie in den anderen Etablissements kommt man weniger wegen des Kaffees als vielmehr, um bemerkt zu werden.

Der **Biergarten des Hofbräukellers** 🟥12 liegt gerade einmal 150 m vom Maximilianeum entfernt (Innere Wiener Str. 19). Man kann ordentlich über die bayerische Landespolitik schimpfen, ein paar Abgeordnete sind fast immer da. Auch die Innenräume sind authentisch-gemütlich mit riesigem Sitzplatzangebot – aber nun ja, Hofbräu-Bier ist nicht für jeden erste Wahl und das Gewölbe ist auch sehr laut.

Ein Gastro-Klassiker ist die **Crêperie Bernard & Bernard** 🟥15 in der Inneren Wiener Straße 32. Seit gefühlt ewigen Zeiten (mindestens 20 Jahre!) die besten Crêpes und Galettes östlich der Grenzen der Grande Nation.

Neoromanik am Isarufer: St. Lukas

Am Gasteig

Die Kochinseln des trendigen **gast** **20** im Erdgeschoss des Gasteigs treffen den Zeitgeist punktgenau. Qualitativ gut, aber auch nicht wirklich billig. Tipp: die Pizza. Rosenheimer Str. 5, 11–1, Fr/Sa bis 2 Uhr.

Gegenüber dem Gasteig hat sich eine ganze Reihe von Asia-Shops niedergelassen und natürlich gibt es auch was auf die Kralle: Vor dem winzigen Thai-Imbiss **Manam 23** stehen die kochfaulen Viertelbewohner in langen Schlangen. So gut können sie's eh nicht. Mo–Sa 11–21 Uhr.

Ein bisschen sehr wie Glockenbach-Klone wirken das **White Rabbit 29** in der Franziskanerstr. 19 und die **Ideal Espresso Bar 25** (Weißenburger Str. 8), allerdings haben Erstere ganz vorzüglichen Kuchen (den Tand im Verkaufsbereich kann man belächeln oder kaufen) und Letztere das nach dem langen Marsch dringend nötige Panino mit feinem Belag.

Gänzlich unprätentiös ist dagegen das **Café Haidhausen 26** beim Rosenheimer Platz. Auch preiswertes und brauchbares Speisenangebot. Tägl. 9–1, Sa/So ab 10 Uhr. Franziskaner Str. 4.

Im Lehel

Die reichen Gattinen und Rentiers des noblen Lehel verdaddeln kleine Teile ihres Wohlstands ganz offensichtlich gerne in italienisch angehauchten Kaffeehäusern. Um den St.-Anna-Platz ballt es sich deswegen: In der **Vinoteca di Sarli 10** gibt's zum (guten) Espresso gleich noch ein Glas Wein, **Salotto 8** und **La Stanza 4** sind klassische Kaffeebars. **Maria Gandl 3** gegenüber steht für die längere Mittagspause vom Dividendeneinstreichen, interpretiert das aber auch eher transalpin. Schließlich hat sich noch das **Dukatz 9** mit einer Dependance und vor allem seinen himmlischen Tartes niedergelassen.

Biergärten

Hofbräukeller 12 Der Dorfbiergarten Haidhausens. 2000 Plätze. Innere Wiener Str. 19. Tram 18 Wiener Platz.

Paulaner Keller am Nockherberg 33 Nach dem Großbrand 1999 in neuer Pracht wiederauferstanden. Mit den hohen Investitionen ist leider die alte Gemütlichkeit etwas dahin. Trotzdem ein Klassiker, immer wieder einer der Top-Kandidaten bei der jährlichen Wahl zum schönsten Biergarten der Stadt. 4000 Plätze. Hochstr. 77. Tram 25/27 Ostfriedhof.

Wirtshäuser, Bierhallen und Schwemmen

meinTipp **Zum Alten Kreuz 31** Unprätentiös, unkompliziert und preiswert: das nette Gasthaus in der Nachbarschaft. Augustiner-Biere und reelles Essen. Au, Falkenstr. 23, ✆ 65308091. Tägl. 18–2 Uhr. Tram 27 Mariahilfplatz.

Restaurants

Französisch

Les Cuisiniers 1 Wenn schon das Bürgertum so fein speist, wer will da noch Gott in Frankreich sein? Top-Produkte, inspirierte Köche – und der Laden ist auch noch richtig nett. 4 Gänge um 40 €. Lehel, Reitmorstr. 21, ✆ 23709890. Mo–Fr 11.30–14.30 und 18–23, Sa nur 18–23 Uhr. Ⓤ 4/5 Lehel, Tram 17 Mariannenplatz. Ein Ableger – vergleichbare Küchenleistung, aber nicht ganz so stilvoll – ist das **Le Barestovino** in der Thierschstr. 35 (ein paar Hundert Meter entfernt).

Rue des Halles 16 Für über 20 Jahre Präsenz am Standort muss es wohl einen Grund geben. Wir denken, das liegt an der wunderbaren

Säkulare Gaumenfreuden

Küche und dem echt Pariser Gefühl. Oder Lyoner? Egal. Wird erst recht spät wirklich belebt, französische Esskultur eben. Hauptgänge 15–25 €. Haidhausen, Steinstr. 18, ☎ 485675. Tram 18 Wiener Platz.

Atelier Gourmet und Le Bousquerey 27
Der Markt treibt gelegentlich seltsame Blüten: Gleich zwei kleine Franzosen unter der gleichen Hausnummer! Einen Favoriten ausmachen fällt schwer, sehr gute bürgerliche Regionalküche bieten sie beide, und gemütlich sind sie ebenfalls jeweils auf ihre eigene Art. Haidhausen, Rablstr. 37, ☎ 488455 (Bousquerey), ☎ 487220 (Atelier Gourmet). Beide sonntags zu. Ⓢ und Tram Rosenheimer Platz.

meinTipp **Le Faubourg 11** Ist es der Johannisplatz in Haidhausen oder doch eher eine Place de St. Jean irgendwo in der Bretagne? Prima Produkte auf firlefanzbefreiten Tellern, ungekünsteltes Bistro-Ambiente und der nette Service lassen da gelegentlich Zweifel aufkommen – erst recht im Sommer auf den weißen Holzstühlen auf dem Trottoir. Haidhausen, Kirchenstr. 5, ☎ 475533. Mo–Sa 18–1 Uhr. Ⓤ 4/5 Max-Weber-Platz.

Italienisch

Acquarello 2 Unbestritten einer der Spitzenitaliener in Deutschland. Mario Gamba stammt aus der Tantris-Schule, seinen Feinschliff erhielt er u. a. bei der italienischen Kochlegende Gualtiero Marchesi. Die Klasse strahlt aus jeder Facette des Hauses, entsprechend führen auch die großen Guides das Acquarello mit Bestbewertungen. Lustvoll prunkige Inneneinrichtung. Ein teurer, aber sein lohnenswerter Spaß. Bogenhausen, Mühlbaurstr. 36, ☎ 4704848. Tägl. 18.30–23, Mo–Fr auch 12–14.30 Uhr. Bus 144 Böhmerwaldplatz.

La Cucina 6 Wenn sich jemand mit Italienern auskennt, dann ja wohl die Werbekreativen, die in der Mittagspause in Bataillonsstärke die Ristoranti und Osterie stürmen. Meine Werbeagenturbesitzerfreundin empfiehlt die Cucina, schon allein wegen des unbeschreiblichen Sorbetto Royal. Haidhausen, Neherstr. 9, ☎ 471983. Tägl. 11.30–24 Uhr. Ⓤ 4/5 Prinzregentenplatz.

Fernöstlich

meinTipp **Mitani 28** Ein Ort der Bekehrung: Hier konnte selbst eine radikalökologische Ostküstenamerikanerin zum Fleischverzehr konvertiert werden. Zauberformel *shabu-shabu:*

Japanisches Fondue mit einem feinst marmoriertem Rindvieh in völlig unasiatisch unbescheidener Riesenmenge. Haidhausen, Rablstr. 45, ☎ 4489526. Mi–Sa 12–14.30, Di–So 18–23.30 Uhr. Ⓢ Rosenheimer Platz.

NoMiYa 19 Der Exot unter den Exoten: ein gastronomischer Zwitter aus bayerischem Wirtshaus und Sushibar. Zum kleinen Menü (26 €) mit Miso-Suppe, Satés und California Roll ein süffiges Unertl-Weißbier? Ja, genauso funktioniert's! Haidhausen, Wörthstr. 7, ☎ 4484095. Tägl. 18–1 Uhr. Tram 15, 19, 25 Wörthstr.

Champor 5 Ein wild gezackter Lebenslauf und ganz viel Heimweh haben München ein malaiisches Restaurant beschert. Kiren Alt schmiss ihren langweiligen Job bei Siemens, hospitierte bei Otto Koch und hat jetzt ihren eigenen, bunten Laden. Authentisch? Wahrscheinlich, aber auf jeden Fall fantastisch und die etwas weite Anfahrt nach Daglfing unbedingt wert. Warthestr. 5, ☎ 99317764. Mo–Sa 18–23.30 Uhr. Bus 188 Daglfing Bahnhof West.

Österreichisch

Österia 32 Die Österreicher, ungeliebte Nachbarn – aber besser kochen als wir tun sie allemal, vom Wein mal ganz zu schweigen. Der stolze einheimische Gourmand stellt hier schon nach der Vorspeise den eigenen Herd ins zweite Glied. Ein bisschen mutiger würzen könnten sie dennoch. Untergiesing, Taubenstr. 2, ☎ 62489924. Mo–Sa 18–24 Uhr. Ⓤ 1/2 Kolumbusplatz.

Tex-Mex/Amerikanisch

Julep's 22 Auch wenn es den Laden erst seit gestern gäbe, wäre er heute schon ein Klassiker – es gibt ihn aber schon über 20 Jahre. Allerbeste Cheeseburger, scharfe Daiquiris und beständig nachwachsendes Szenepublikum. Haidhausen, Breisacher Str. 18, ☎ 4480044, tägl. 17–1 Uhr. Ⓤ+Ⓢ, Tram, Bus Ostbahnhof.

Portugiesisch

Lisboa Bar 24 Die beste Party zum Essen – das spricht aber für die Party und nicht gegen den wunderbaren Bacalhau! Und schon gar nicht gegen den vinho verde und erst recht nicht gegen die hier endlich einmal angebrachten Caipirinhas. Das etwas erstarrte Haidhausen hat endlich wieder einen Trendsetter. Breisacher Str. 22, ☎ 4482274. Tägl. 18–1 Uhr. Ⓤ+Ⓢ Ostbahnhof.

Lehel, Bogenhausen, Haidhausen → Karte S. 182/183

Im Westen
Tour 12

München kann auch bunt und billig. Westlich des Altstadtrings ist der Lack ab, um den Bahnhof herrscht fröhliche polylinguale Basarstimmung, und nirgends ist München dynamischer als auf der Schwanthalerhöhe!

Landwehrstraße, Münchens bunteste Meile, S. 195

Theresienwiese, endlose Weiten in Grau-Grün, S. 195

Alte Messe und **Bavariapark**, denkmalgeschützte Hallen und Naherholung hinter den steilen Flanken der Theresienhöhe, S. 197

Vom Bahnhof zur Donnersberger Brücke

Ludwigsvorstadt, Schwanthaler- höhe, Westend

München breitete sich erstaunlich spät nach Westen aus, bis Anfang des 19. Jh. war westlich des Altstadtrings einfach noch gar nichts. Wie man auf alten Stichen gut sehen kann, lag die Theresienwiese beim ersten Oktoberfest noch weit vor den Toren der Stadt. Aber irgendwo mussten sie alle hin, die Arbeiter und Handwerker, deren Fleiß und auch Ausbeutung München in gerade einmal einem Jahrhundert zu einer brummenden Industriemetropole machten. Auch Künstler ließen sich hier gerne nieder, im Adressbuch Münchens der Jahrhundertwende finden sich in jedem der fix hochgezogenen Wohnblocks der Ludwigsvorstadt mindestens ein Kunstmaler oder professioneller Bohemien. Auf der Schwanthalerhöhe wohnte der Schöngeist hingegen eher nicht, westlich der großen Bierhallen über der Theresienwiese begann das Glasscherbenviertel der Arbeiter, Fabriken und Kleinhandwerker. Erstaunlich lange blieb das auch noch so, aber als dann die Trend- und Szeneviertel aus allen Nähten zu platzen drohten und die Mieten für Normal- oder gar Geringverdiener ins Uferlose wuchsen, zog die Avantgarde weiter, und spätestens seit 2010 tritt auch hier die Gentrifizierung aufs rechte Pedal. Billig ist es hier schon lange nicht mehr, aber die neue finanzstarke Klientel möchte es ja auch ein bisschen nett in der Nachbarschaft haben, und so etabliert sich schnell eine interessante gastronomische Landschaft um die abgeranzten Boazn (die es aber immer noch gibt) und einkaufen kann man auch schon ganz gut.

Zugegebenermaßen ist der Münchner Westen kein Catwalk der Bauschönheiten und städtebaulichen Attraktionen, das heißt aber nicht, dass es hier nichts zu sehen gäbe. Für eine traditionelle Flaneurstour sind die Distanzen wahrscheinlich ein bisschen zu lang und zwischendurch auch zu unaufregend, aber mit dem Fahrrad kommt man prima vom Bahnhof bis zur Donnersberger Brücke.

Tour 10 S. 162

Tour 3 S. 58

Tour 2 S. 46

Tour 1 S. 30

Tour 7 S. 118

An der Landwehrstraße

Die Gegend unmittelbar um den angejahrten Bahnhof wird von sprachlich Halbkreativen gerne als Little Istanbul bezeichnet, und natürlich ist das Quatsch, es ist mindestens genauso Kabul II, Klein-Teheran und Neu-Bagdad (weitere mittelasiatische und afrikanische Metropolen nach Belieben einfügen), und so präsentiert sich besonders die Landwehrstraße als internationales Einkaufsparadies – da merkt man, dass die Völker des besonders Nahen Ostens schon eine Kulinarkultur pflegten, als man nördlich der Alpen das Fleisch noch roh vom Knochen nagte. Der Viktualienmarkt ist kein bisschen bunter, und das Preisniveau liegt sympathisch niedrig. Nur den Schweinsbraten, den muss man halt woanders kaufen.

Optischer Bezugspunkt des wuseligen Straßenzugs ist stets die St.-Pauls-Kirche. Georg Hauberrisser trieb hier das neogotische Konzept, das er schon beim Bau des Neuen Rathauses (→ Tour 1) umgesetzt hatte, vollends auf die Spitze und stellte 1906 (Einweihung) ein schon fast irres Konvolut aus Erkern, Giebeln und Türmen neben die Theresienwiese.

Die Theresienwiese

Natürlich auch mit prominentem Turm, und den kann man für eine Spende von 3 € auch besteigen und hat dort in der zweiten Septemberhälfte den fraglos großartigsten Blick auf das größte Volksfest der Welt. Fast genauso gut sieht man das orgiastische Treiben auch aus dem Kopf der **Bavaria** (3,50 €, 2,50 € erm.), ein paar Hundert Meter weiter südlich, aber während der Wiesn sind die Schlangen ewig lang. Die größte Bronzestatue der Welt sieht man sich besser an stilleren Tagen an. Die 1844–49 nach einem Entwurf von Meister Schwanthaler in den Werkstätten Stiglmaiers und Millers vierteilig gegossene Monumentalbronze ist nicht bloß groß – 18,52 m –, sondern auch ein Meisterwerk des Recyclings: Das teure Rohmaterial wurde günstig aus türkischen Kanonen, erbeutet in der Seeschlacht von Navarino, gewonnen. Die Ruhmeshalle hinter der Metallschönheit bildet sicher einen schönen baulichen Abschluss des Areals – die elegante Linienführung besorgte einmal mehr Leo von Klenze –, ihre Bestückung mit Heroen des Geisteslebens und Meistern des Gemetzels stellt aber auch wirklich sattelfeste Historiker und Kunstgeschichtler vor arge Rätsel. Schon mal von Alexander von Haslang gehört? Oder von Hans Burgkmair? Eben.

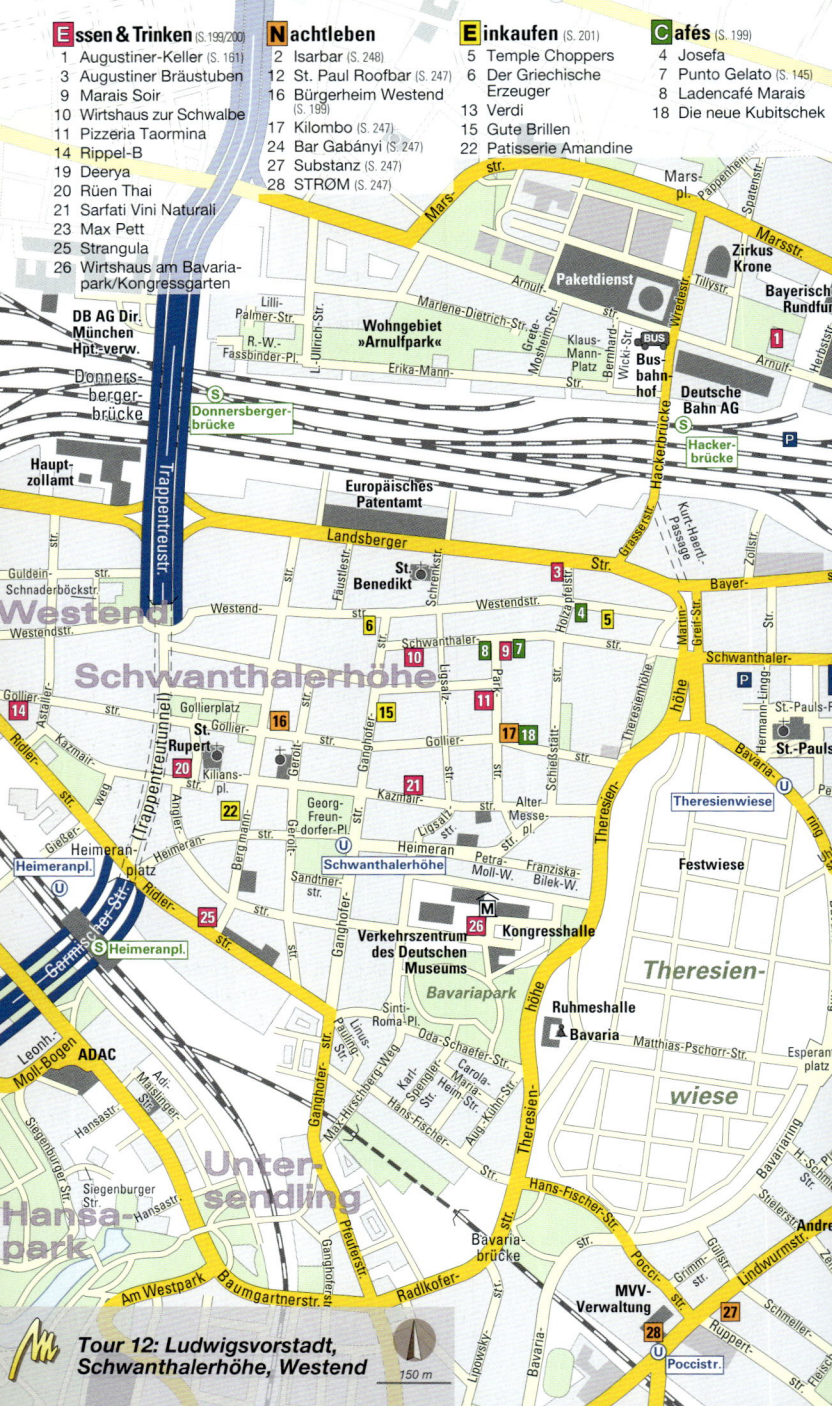

Essen & Trinken (S. 199/200)

1 Augustiner-Keller (S. 161)
3 Augustiner Bräustuben
9 Marais Soir
10 Wirtshaus zur Schwalbe
11 Pizzeria Taormina
14 Rippel-B
19 Deerya
20 Rüen Thai
21 Sarfati Vini Naturali
23 Max Pett
25 Strangula
26 Wirtshaus am Bavaria-park/Kongressgarten

Nachtleben

2 Isarbar (S. 248)
12 St. Paul Roofbar (S. 247)
16 Bürgerheim Westend (S. 199)
17 Kilombo (S. 247)
24 Bar Gabányi (S. 247)
27 Substanz (S. 247)
28 STRØM (S. 247)

Einkaufen (S. 201)

5 Temple Choppers
6 Der Griechische Erzeuger
13 Verdi
15 Gute Brillen
22 Patisserie Amandine

Cafés (S. 199)

4 Josefa
7 Punto Gelato (S. 145)
8 Ladencafé Marais
18 Die neue Kubitschek

Tour 12: Ludwigsvorstadt, Schwanthalerhöhe, Westend

150 m

Über das Jahr ist die 46 ha große Theresienwiese vor allem eines nicht: Eine Wiese, eher eine von fahlem Zwischengrün aufgelockerte Asphaltödnis. Das freilich mögen die Skater, Radler und Jogger, und nachdem Freiflächen im notorisch platzarmen München rar sind, wird sie auch gelegentlich für bierarme Großereignisse genutzt. Münchens größter Flohmarkt, das ADAC-Oldtimertreffen und im Winter die Hippievariante des Weihnachtsmarkts unter dem Tollwood-Label (→ Tour 10) ziehen Zehntausende auf die Wiesn.

Auf dem Hügel

Theresienhöhe

Hinter dem bayrischen Nationaldenkmal erstreckt sich der **Bavariapark**, der es in wenigen Jahren von einem Drogenumschlag- und -konsumplatz zu einer schmusigen Naherholungsfläche gebracht hat, daneben hat man nach dem Umzug des Messegeländes in den fernen Münchner Süden noch ein paar der eleganten Hallen der **Alten Messe** (erbaut 1908) stehen gelassen und das frei gewordene Gelände ansonsten mit Wohnanlagen und Bürokomplexen überbaut. Der große Riegel des KPMG-Gebäudes zur Ganghoferstraße muss einem nicht gefallen, aber die im Eingangsbereich aufgestellte Endlostreppenschleife von Olafur Eliasson ist allein die Fahrt auf die Theresienhöhe wert.

Maßgeblich verantwortlich für die fälschlich vermutete Hässlichkeit der Schwanthalerhöhe ist wahrscheinlich der ästhetisch tatsächlich minderwertige Hochhausklotz auf der Theresienhöhe. Deshalb bei der Einfahrt ins Viertel einfach nach rechts schauen, wo sich der neugotisch infizierte Hauberriesser (genau, der mit dem Rathaus und der Kirche) sein Privathaus hinbastelte, natürlich im selben gezwirbelten Stil. Solche historistischen Spielereien sind denn auch typisch für die Wohnbebauung im Viertel; dort, wo die Bausubstanz den Krieg gut überstanden hat – bei der Nähe zum Haupt-

Ein Treppenstieg für Sisyphos

gleiskörper waren das natürlich nicht allzu viele –, ist der Gestaltungswille des spätwilhelminischen Bürgergeists noch deutlich sichtbar, und in den Hinterhöfen ist es mitunter sogar richtig putzig: Die sogenannten **Stadtvillen** innerhalb der Karrees sind der feuchte Traum jedes Immobilienhais (sehr schöne Beispiele z. B. in der Tulbeckstr. 2, 5, 6, 8). Vor allem aber prägen die genossenschaftlichen Wohnblocks das Stadtbild, über 3600 Einheiten befinden sich im Kollektivbesitz und sorgen (noch) für eine ausgewogene Sozialstruktur der Viertelbewohner.

Die guten, alten Dinge

Ein altes Arbeiterviertel

Und dann wurde auf der Schwanthalerhöhe immer gearbeitet, oft auch unter sehr harten und schmutzigen Bedingungen (Reifenfabrik Metzeler, Fassfabrik Drexler). Die Produktion ist noch nicht ganz aus dem Viertel verschwunden, und das riecht man auch: **Augustiner-Bräu**, die letzte der Großbrauereien in Münchner Hand, stellt hier ihr formidables Bier her: Im langen Ziegelbau an der Landsberger Straße wird nicht nur gebraut und abgefüllt, als letzter der örtlichen Bierriesen mälzt Augustiner auch noch selber.

Ein schon auch irgendwie amüsantes Relikt der Vergangenheit als Arbeiterviertel und Kommunistenhochburg (in den Jahren der Weimarer Republik bekam ein NSDAP-Mitglied oder SA-Mann in Uniform hier bestenfalls ein paar aufs Maul) sind die Büros linker Organisationen und Parteien, sogar die DKP betreibt hier noch eine Geschäftsstelle. Es gibt sie noch, die guten, alten Dinge.

Nicht alle, die hier schufteten, taten das freiwillig: In der für sich recht hübschen **Bergmannschule** wurde im Spätherbst ein Außenlager des KZ Dachau (→ S. 216) eingerichtet. Die Häftlinge mussten Bombenschutt beseitigen und wurden auch zur Entschärfung von Blindgängern missbraucht, trugen bei ihrer oft tödlichen Arbeit die gestreifte Uniform und wurden von SS-Wachmännern bewacht. Nach dem Krieg wusste man freilich nichts von dem mörderischen Lagersystem. Auch die Fremdarbeiter in den kriegswichtigen Betrieben im Viertel, vermutlich Tausende, hatten es kaum besser.

Auch der schwer hanseatisch anmutende Klinkerbau gegenüber dem wilhelminischen Schulgebäude verweist auf die Geschichte der Arbeiterschaft in den Zeiten der Industrialisierung. In der rasant wachsenden Großstadt war einfach kein Platz für die vielen Tagelöhner und Wanderarbeiter. Das „Schlafgängertum" (Anmietung einer Bettstatt in einem Privathaushalt) war den Behörden wegen der sich rasant ausbreitenden Geschlechtskrankheiten

und der eindrucksvollen Schar unehelicher Kinder ein Dorn im Auge, und deshalb wurde 1913 nach britischem Vorbild der „**Verein Ledigenheim**" gegründet. Der Erste Weltkrieg stoppte das Projekt erst einmal, aber 1927 fanden dann die heimatlosen Proletarier für wenig Geld eine feste Wohnstätte. Das ist bis heute so geblieben, für 175 € im Monat wohnen hier in 382 prosaischen, aber nicht unwohnlichen Einheiten Arbeiter, Angestellte und Auszubildende der untersten Lohngruppen. Das Ledigenheim München ist das letzte seiner Art in ganz Europa und heute auch ein ganz besonderer Ort des multikulturellen Zusammenlebens.

Praktische Infos

→ Karte S. 196/197

Cafés & Snacks

Das neue Kubitschek 18 „Fuck the Backmischung" steht am Fenster und fürwahr, in den Orkus mit dem Convenience-Gebrösel. Skandalöse Torten, Kuchen zum Niederknien, Biskuit zum Drin-Einrollen. Die Apotheose des Oma-Cafés! Schwanthalerhöhe, Gollierstr. 14. Mo–Fr 9–22, Sa/So 10–22 Uhr. Ⓤ 4/5 Schwanthalerhöhe.

Ladencafé Marais 8 Ob die Schwanthalerhöhe nun Szeneviertel wird oder nicht, Kuchenhochburg ist sie schon: Ins Marais kommt man aber nicht nur wegen des Backwerks, sondern auch wegen der vielen schönen Dinge in den Regalen der alten Ladeneinrichtung. Sogar die Stühle kann man kaufen. Parkstr. 2, ☎ 50094552. Di–Sa 8–20, So 10–18 Uhr. Tram 18/19 Holzapfelstr.

Josefa 4 Josefa ist die Wirtin vom „Weißen Rössl am Wolfgangsee", und genauso sind die Barmädels hier auch: rotzfrech und voller Liebreiz. Kochen können sie natürlich auch, ganz besonders der Mittagstisch ist rasend populär. Manchmal gibt es sogar Live-Musik. Garantiert keine Operette. Westendstr. 29. Mo–Fr 9–23, So 10–17 Uhr.

Wirtshäuser, Bierhallen und Schwemmen

Augustiner Bräustuben 3 Die Zeit der großen Bierhallen – der untere Teil der Rosenhei-

mer Straße und die Theresienhöhe waren regelrechte Saufmeilen – ist in München ganz sicher vorbei, die Einheimischen bevorzugen heute die Intimität der Nachbarschaftswirtschaft. Die richtig großen Schwemmen halten wir uns im Wesentlichen noch für die Touristen, und so wird auch die Großgaststätte an der Landsberger Straße vor allem von Besuchern der Stadt angesteuert, aber anders als im Hofbräuhaus geht man hier schon auch mal als Münchner hin. Das gastronomische Niveau ist überraschend hoch, die Preise sympathisch niedrig und das Bier natürlich Augustiner, da macht man sicher nichts falsch. Landsberger Str. 19, ☎ 507047. Tägl. 10–24 Uhr. Tram 18/19 Holzapfelstr., Ⓢ Hackerbrücke.

Stragula 25 Als letzte verbliebene „Realwirtschaft" auch schon irgendwie ein Rudiment aus vergangenen linken Tagen des roten Westends. Ausgesprochen gemütliche Nachbarschaftskneipe mit arbeiterklassengerechter Preisgestaltung und meisten Veranstaltungen, u. a. fester Austragungsort der viertelinternen Qualifikation des Münchner Poetry-Slams. Völker, hört die Signale und bestellt euch noch ein Bier. Bergmannstr. 66, ☎ 507743. Mo–Sa 17–1 Uhr. Ⓤ 4/5 Schwanthalerhöhe.

Fußballkneipen

Bürgerheim 16 Zwar gibt es Augustiner und gutes bayrisches Essen, ansonsten ein Exot: Hauptquartier der erstaunlich zahlenstarken

Isar-Schalker, die hier seit 57 Jahren auf die Schale warten. Schwanthalerhöhe, Bergmannstr. 33, ✆ 503263. Tägl. 10–1 Uhr. Ⓤ 4/5 Schwanthalerhöhe.

Biergärten

Wirtshaus am Bavariapark/Kongressgarten 26 Zum Glück weiß niemand, welches der schönste Münchner Biergarten ist, aber voll sind sie an schönen Abenden eh alle. Auf einer höchst kompetenten wie sehr persönlichen Liste liegt der Kongressgarten aber auf dem Spitzenplatz: nicht zu groß, recht günstige Preise, zu versteckt für die Backpacker-Patienten, und vor allem muss ich meinen Brotzeitkorb nicht durch die ganze Stadt kutschieren. Natürlich gibt es auch das Bier aus der Nachbarschaft: Augustiner. Auch drinnen ist es hübsch, und die Kongress Bar ist sogar richtig edel. Theresienhöhe 15, ✆ 45211691. Mo–Fr 11–24 Uhr (Biergarten bis 23 Uhr), Sa/So 10–24 Uhr. Kongress Bar: Di–Do 17–1 Uhr, Fr/Sa 17–2 Uhr. Ⓤ 4/5 Schwanthalerhöhe.

Restaurants

Italienisch

Sarfati Vini Naturali 21 Noch eine Weinbar? Was für eine Weinbar! Natürlich gibt es hier hervorragende Tropfen (allesamt ohne Reinzuchthefen!), und selbstverständlich kennt der Service sich mit den Kreszenzen bestens aus. Aber das Essen fanden wir dann fast noch besser. Etwas ungewöhnlich – *pasta bottarga* gibt es auf Münchner Speisekarten nur selten – und vom Risotto bis zu den *carne* immer alles genau auf den Punkt. Dazu ist der Laden nicht mal teuer. Schwanthalerhöhe, Kazmairstr. 28, ✆ 45237867. Mo–Sa 12–15 und 18–23 Uhr. Ⓤ 4/5 Schwanthalerhöhe.

Pizzeria Taormina 11 Die bastumwickelte Chiantiflasche, Neonlicht an der Bar, und vor der Tür blättern echte alte Italiener in rosafarbenen Sportzeitungen. Warum es so etwas noch gibt? Weil das Essen schmeckt. Garantiert Bussibussi-freie Zone! Pasta ab 6 €, Pizza ab 5 €. Parkstr. 12, ✆ 508891. Ⓤ 4/5 Schwanthalerhöhe.

Fernöstlich

Rüen Thai 20 Seit über 20 Jahren immer ganz vorne in den Gastroführern, und das nicht nur bei den Asiaten. Anuchit Chetah hat den Münchnern das (süd-)thailändische Essen

überhaupt erst beigebracht. Erfrischend konservative Einrichtung, der Wirt investiert lieber in den Weinkeller als in Designersessel. Schwanthalerhöhe, Kazmairstr. 58, ✆ 503239. Tägl. 18–24 Uhr. Ⓤ 4/5 Heimeranplatz.

Neue deutsche Küche

Marais Soir 9 Mit den Besserverdienern ist endlich auch auf der Schwanthalerhöhe das gute Essen zu Hause. Die Karte ist wirklich sehr überschaubar, aber das, was draufsteht, liegt in bemerkenswerter Qualität auf dem Teller. Bloß für Vegetarier wird es schwierig. Schwanthaler Str. 131, ✆ 62838662. Mo–Sa 18–21 Uhr. Tram 18/19 Holzapfelstr.

Wirtshaus zur Schwalbe 10 Eigentlich ein stinknormales Wirtshaus in der Nachbarschaft mit Kegelbahn und Stammtisch. Aber Karl Ederer ist immer noch ein Spitzenkoch, und die Synthese aus raffinierter Küche und Boazn ist der strahlende Leuchtturm unter den Münchner Gasthäusern. Mit entzückendem Biergarten! Schwanthalerhöhe, Schwanthalerstr. 149, ✆ 23239665, Di–Fr 12–15 und 18–23 Uhr, Sa/So 15–23 Uhr. Ⓤ 4/5 Schwanthalerhöhe, Tram 18/19 Schrenkstraße.

Türkisch

Deerya 19 Die türkischen Küchentraditionen schlagen qualitativ im Balkanraum alles, nach Deutschland haben es flächendeckend bloß Döner und Lahmaçun geschafft. Wie falsch das ist, merkt man hier schon – und gerade – bei der Vorspeisenplatte. Natürlich ist alles halal, d. h. auch: kein Alkohol. Ludwigsvorstadt, Schillerstr. 34, ✆ 54541822. Tägl. 11–23 Uhr. Ⓤ+Ⓢ Hauptbahnhof.

Vegetarisch

🍃 **Max Pett 23** Mitten im Klinikviertel isst man natürlich gesund und schont die Fauna. Max Pettenkofer, Begründer der klinischen Hygienelehre, hätte sicher seine Freude daran. Ludwigsvorstadt, Pettenkoferstr. 8, ✆ 55869119. Mo–Sa 10–23 Uhr. Ⓤ+Ⓢ Sendlinger Tor.

Schweinefleisch

Rippel-B 14 Ohne Zweifel ist das langsame Garen im Rauch der frisch gekörte Deckhengst im Münchner Gastro-Gestüt. Der beste Smoker weit und breit qualmt etwas ab vom Schuss im Westend. Keine albernen Experimente mit faserigem Rind, Chefsmoker Marcel reibt seine eigenen Würzmischungen und virtuosen Marinaden nur auf allerfeinste Ökosauen. Gollierstr. 87, ☎ 0174-3128659. Mo–Fr 11–14.30 und 16.30–18.30 Uhr. Ⓤ 4/5 Heimeranplatz.

Einkaufen

Verdi 🔟 Der bunteste Supermarkt in der ohnehin bunten Landwehrstraße. Sehr gute Gemüseabteilung mit ein paar rätselhaften Einsprengseln (was und wofür sind diese komischen braunschwarzen Runzelbeeren?), zweimal in der Woche Frischfisch und Meeresfrüchte, gloriose Fleischtheke mit liebevollem Service („nimmst du Kilo, Bruder, hast du mehr"). Ein Traum von einem Lebensmittelladen. Landwehrstr. 46, Mo–Sa 8–20 Uhr.

Der Griechische Erzeuger 🔟 (steht auf dem handgemalten Schild …). Ganz bestimmt gibt es in der Türkei auch Olivenöle der Spitzenklasse, aber importiert werden diese Tropfen offensichtlich nicht. Macht nichts: Gehen wir halt zum Griechen: In dem kleinen Verschlag im Hinterhof der Westendstr. 89 verkauft er das Öl von eigener Parzelle in der alten Heimat und wahrlich – es ist grünes Manna! Läppische 12 € der Liter, und natürlich sind auch die Olivenfrüchte allein stehende Sonderklasse. Fiese Öffnungszeiten: Fr 15–19, Sa 9–15 Uhr.

Gute Brillen 🔟 Titan, Holz und Edelstahl – nur die feinsten Materialien gehören auf kleindruckgeplagte Intellektuellennasen. Dominic Ferling, der jüngste Optikermeister Münchens, verzichtet auf den schnellen Euro mit läppischen Mode-Shades und verwendet jede Menge Zeit und Mühe auf das, worauf es wirklich ankommt. Gute Brillen? Die besten Brillen! Ganghoferstr. 11, Di–Fr 10–14 und 15–20 Uhr, Sa 11–20 Uhr.

Temple Choppers 🔟 Café-Racer, Cruiser, Bobber, Scrambler und natürlich auch Chopper – auch beim motorisierten Zweirad ist die Zeit der Konfektionsware vorbei, und die Custom-Jungs in der Hinterhofwerkstatt wussten das schon, bevor auch die Industrie aufsprang. In Sachen Anspruch und Kompetenz hochprofessionell, ist der Laden für die Jungs trotzdem nur ein Zusatzvergnügen, deshalb etwas knifflige Öffnungszeiten. Westendstr. 21, Di/Do 16–20, Sa 10–16 Uhr.

Patisserie Amandine 🔟 Ernsthafte kulinarische Naturen kommen natürlich nur wegen der einzig wahren Baguettes, übergewichtige Reisebuchautoren fräsen sich durch die umwerfenden Tartelettes, Madeleines und Brioches – tout au beurre, rein in die Figur. Nichts für Vollkornfaschisten und Glutenpaniker, alles allerfeinste weiße Weizenware. Bergmannstr. 44, Di–Fr 7.30–14 und 15–18, Sa 7.30–12.30 Uhr. In den Schulferien geschlossen.

Historische Leistungsschau des rollenden Verkehrs

Vorort-schlösser

Das Häuschen im Grünen – nicht nur ein bürgerliches Idyll, auch den Hochadel zieht es bisweilen in die Natur. Und so ist das Münchner Umland geradezu gespickt mit Sommersitzen der Wittelsbacher. Nur sind das halt keine Häuschen, sondern formidable Schlösser.

Prunk im Randbezirk

Das Prunkstück unter den Sommerresidenzen ist zweifellos **Schloss Nymphenburg**. Die Gesamtanlage von Schloss und Garten – jeweils schon für sich Perlen barocker Gestaltungskunst – gilt nicht nur den Münchnern als eines der großartigsten Schlossensembles weltweit. Ihre Bedeutung ist bereits im Straßenlayout des inneren Stadtbereichs zu spüren: Eine der Prachtstraßen Münchens, die Brienner Straße (mit ihrer Verlängerung Nymphenburger Straße), wurde als direkte Verbindungslinie zur herzoglich-königlichen Außenstelle konzipiert. Heute liegt das Schloss freilich nicht mehr vor den Toren der Stadt, sondern ist seit der Eingemeindung des gleichnamigen Stadtteils mitsamt seinem riesigen Park gänzlich ins Münchner Stadtgebiet integriert.

Das gilt auch für **Schloss Blutenburg** im 1938 eingemeindeten Ortsteil Obermenzing. Damit dürften sich die Parallelen allerdings erschöpft haben: In Größe und Gestaltung verweist Blutenburg auf deutlich frühere und bescheidenere Zeiten der wittelsbachischen Herrschaft und zeigt noch keine Spur von barockem Bombast und repräsentativem Überschwang. Überschaubarkeit und Geschlossenheit des Ensembles sowie seine bezaubernde Lage machen es zu meinem persönlichen Favoriten unter den Vorortschlössern.

Auch heute noch im administrativen Sinn Vorortschloss ist **Schloss Schleißheim**. Es liegt ein paar Kilometer nördlich der Münchner Stadtgrenze im 12.000-Einwohner-Ort Oberschleißheim und war einst genau wie Nymphenburg der gedachte Endpunkt einer Münchner Prachtstraße, der Ludwigstraße. Auch unter ästhetischen Gesichtspunkten braucht man sich hier hinter dem (allerdings größer dimensionierten und wesentlich bekannteren) Pendant im westlichen Teil der Stadt nicht zu verstecken: Während der ältere Teil der Anlage (heute Altes Schloss) noch als überaus üppige Ausgabe eines königlichen Gutshofs mit Herrenhaus durchgehen kann, wurden beim Neuen Schloss alle Register barocker Baukunst gezogen. Auch der langgezogene Garten folgt strikt und gekonnt den Vorgaben der Epoche – bis heute, denn anders als in Nymphenburg ist die modische Metamorphose zum Landschaftsgarten in Schleißheim ausgeblieben. Wegen des geringeren Bekanntheitsgrads des Schlosses geht es hier zudem vergleichsweise beschaulich zu.

Beschaulichkeit könnte man auch **Schloss Dachau**, einem Juwel der Renaissance, bescheinigen. Doch das Prädikat will nicht so recht passen, denn über Namen und Standort des Schlosses liegt wohl für ewige Zeiten ein düsterer Schatten: Am östlichen Rand Dachaus bauten die Nazis ihr erstes Konzentrationslager. Um beidem

Wittelsbachs Häuschen im Grünen

gerecht zu werden, der kleinen Kreisstadt nordöstlich von München und der
deutschen Geschichte, sollte man sich
am besten Schloss und KZ-Gedenkstätte anschauen.

Der Star unter den Schlössern

Schloss Nymphenburg

Nymphenburg liegt nicht einfach so da,
nein, Nymphenburg hat einen großen
Auftritt! Schon weit vor dem eigentlichen Schlossbauwerk wird der Besucher auf das Architekturereignis einge-
stimmt:

Entlang eines für diesen Zweck angelegten **Kanals** (gespeist aus der Würm
bei Pasing) ziehen sich **Nördliche** und
Südliche Auffahrtsallee 1,5 km schnur-
gerade bis auf den riesigen Halbkreis
des **Schlossrondells** vor der östlichen Fassade des Schlosses. Auf der Halbinsel
im Mittelpunkt hat man einen prima
Rundblick auf die zahlreichen Haupt-,
Neben- und Anbauten des Ensembles.

Blickfang ist zunächst der **Mittelpavil-
lon**, der 1664–75 entstandene älteste

Teil des Komplexes (Baumeister waren
Agostino Barelli und ab 1674 Enrico
Zuccalli). Errichtet wurde er als mode-
rates Landhaus im italienischen Stil für
Kurfürstin Henriette Adelaide, die ihrem Gatten Ferdinand Maria 1662 den
heiß begehrten Thronfolger geboren
hatte und damit zur Landesmutter aufgestiegen war.

Bald schon warf der Infant – seit 1579
als Max II. Emanuel selbst auf dem
Thron – seinerseits ein begieriges Auge
auf Mamas Häuschen und befand es of-
fenbar für zu mickrig. Wiederum Zuccalli und später dessen Adlatus Giovanni Viscardi erweiterten Nymphenburg um die beiden **Galerien** und **Sei-
tenpavillons**. Danach erlahmte die Bau-
tätigkeit für eine Weile, denn Max
Emanuel hatte im Spanischen Erbfolgekrieg auf die falsche Karte Frankreich gesetzt und musste nach der ver-
lustreichen Schlacht bei Höchstädt für
ein paar Jahre mit dem Pariser Exil vorliebnehmen.

Der nächste gewaltige Bauschub erfolgte dann ab 1715, als unter der Regie Jo-

Prunk im Randbezirk: Schloss Nymphenburg

seph Effners sukzessive **Verbindungs-flügel, Marstall** und **Orangerie**, der schon erwähnte **Kanal** und die auf der Kreislinie angeordneten **Rondellbauten** hinzukamen. Der damit entstandene gewaltige Hof sollte Nukleus einer neu-en Stadt werden, der mittlerweile in-thronisierte Kurfürst Karl Albrecht dachte ganz unbescheiden an eine „Carlstadt". Seine Untertanen zogen dabei aber nicht mit, und so blieb Schloss Nymphenburg eine herrschaft-liche Exklave, an der in der Folge nicht mehr groß herumgebastelt wurde.

Bis zum Ende der wittelsbachischen Herrschaft blieb Nymphenburg das wichtigste Sommerschloss des Herr-scherhauses, das Kriegsende und die Abdankung Ludwigs II. machten dann den Freistaat zum Eigentümer. Bis heu-te genießt aber der Chef des Hauses (derzeit Franz von Bayern) im Haupt-trakt des Schlosses Wohnrecht. Einfach mal klingeln …

Das Schlossinnere

Die 21 Schauräume im Inneren des Hauptschlosses zeigen die Blüte des kunsthandwerklichen und innenarchi-tektonischen Schaffens aus drei Epo-chen: Einige befinden sich noch im ba-rocken Original, andere wurden später im Stil des Rokoko oder Klassizismus neu gestaltet. Chef-d'Œuvre ist der **Stei-nerne Saal** in der Hauptachse. Der über zwei Etagen reichende Festsaal ist ei-nes der wichtigsten Werke des Rokoko-Virtuosen François de Cuvilliés und zeigt dessen typisch opulente Hand-schrift. Die ebenfalls meisterhaften De-ckenfresken stammen von Johann Zim-mermann, der auch in der Münchner Residenz sowie in Dutzenden anderen bedeutenden Kirchen seinem kreativen Stuckateursgewerbe nachgehen durfte.

Bekanntester Raum ist indessen die **Schönheitengalerie** im südlichen Pavil-lon: Dort hängen die Porträts von 36 knackigen Töchtern des Landes, die Schwerenöter Ludwig I. von Hofmaler Stieler anfertigen ließ. Unter den abge-

In der Hauptachse des Schlossgartens Nymphenburg

bildeten Schönen ist auch Lola Montez, Tänzerin und Maitresse des Königs, die 1848 ein wesentlicher Grund für dessen erzwungene Abdankung war. Abge-schaut hatte sich Ludwig diese Vorform des Sammelbildchenhefts bei Max Emanuel, dessen **Kleine Schönheiten-galerie** sich heute im Verbindungsflü-gel zum Nordpavillon befindet. Monar-chisten mit Hang zum Mythischen ge-denken ihrer Lichtgestalt Ludwig II. im **Geburtszimmer** des Märchenkönigs.

Der Schlosspark

Der Schlosspark – heute untrennbarer Bestandteil des Gesamtkunstwerks Nymphenburg – wuchs nach beschei-denen Anfängen erst unter Effner zu barocker Pracht heran. Diese Strenge

Vorortschlösser

Die Schautreppe zum Großen Parterre

verlor sich ein wenig, als Friedrich von Sckell (Schöpfer auch des Englischen Gartens) 1804 das Ursprungskonzept zu einem englischen Landschaftsgarten modifizierte. Die Parkanlage gewann dadurch erheblich an Natürlichkeit, die ganz scharfe Geometrie ist seitdem aber passé. Geblieben sind die drei Hauptlinien des Effner'schen Entwurfs: der **Kanal** als Symmetrieachse und die beiden **Sichtschneisen** zu Badenburg und Pagodenburg (s. u.). Ebenfalls in barocker Urform erhalten sind das **Große Parterre** mit Fontäne und zwölf Marmorstatuen vor der Westfassade des Schlosses sowie die drei Lustschlösschen, die Effner zwischen 1717 und 1725 über den Park verstreut hatte: Die **Badenburg** mit dem ersten beheizbaren Hallenbad Europas seit den römischen Thermen; die **Magdalenenklause**, eine künstliche Ruine; und die **Pagodenburg**, eine Mixtur aus exotisch-indischen (oder was man dafür hielt) und barocken Elementen mit einer Innendekoration aus holländischen Fayence-Kacheln. 1739 kam noch die **Amalienburg**, ein Jagdschlösschen für die Kurfürstin gleichen

Vornamens hinzu; verantwortlich waren mit Cuvilliés (Architekt), Dietrich (Schnitzereien) und Zimmermann (Stuck) die gleichen Künstler wie bei den Reichen Zimmern der Residenz in der Innenstadt. Sckell schließlich verzierte den von ihm angelegten Badenburger See mit einem hölzernen **Monopteros** (Rundtempel), der 1865 durch eine Steinkonstruktion nach Plänen von Klenze ersetzt wurde.

Technikgeschichtlich sehenswert sind die mächtigen **Pumpwerke** für die große Fontäne im Brunnhaus: Die Maschinen von Joseph von Baader sind die ältesten Vollmetallmaschinen des 19. Jh. überhaupt. Drei weitere Modelle gleichen Typs erzeugen in der Orangerie des Hauptschlosses den hydrodynamischen Druck für die Fontäne auf dem Rondellplatz.

Museen und Botanischer Garten

Die unter der Ägide Effners entstandenen großen kubischen Anbauten an den Flügelspitzen des Hauptschlosses beherbergen heute Museen. Im südlichen Trakt, den ehemaligen königlichen Stallungen, befindet sich das **Mar-stallmuseum** mit seiner bedeutenden Sammlung von Kutschen, Schlitten und Prunkwägen aus dem wittelsbachischen Fuhrpark. Sahnestücke sind die selbstredend außerordentlich fantasievollen Gefährte Ludwigs II. sowie der Krönungswagen Maximilians I.

Im Stockwerk darüber dokumentiert die **Nymphenburger Porzellan-Sammlung Bäuml** den kunsthandwerklichen Output der berühmten Manufaktur, deren Produkte seit 1761 innerhalb des Schlosskomplexes gefertigt werden. Trotz erheblicher Kriegsverluste ist die 1200 Exponate umfassende Sammlung Bäuml (nach Albert Bäuml, dem ersten Leiter nach der Privatisierung der Manufaktur 1888) noch vor den Porzellankammern der Residenz die bedeutendste.

Die eigene Sammlung an edlem Porzellan – neben dem üblichen Geschirr auch nur ein bisschen kitschigen Figuren –, an Majolika und dem, was sich sonst so aus Sand (und mit in nur wenigen Jahrhunderten gewachsenem Know-how) brennen lässt, kann vortrefflich durch Stücke aus den Werkstätten der **Nymphenburger Porzellanmanufaktur** ergänzt werden. Nur wohlhabend sollte man sein: Was in den Verkaufsräumen im Nördlichen Schlossrondell feilgeboten wird, reflektiert die sagenhafte Qualität auch auf dem Preisschild.

Im Zwillingsgebäude des nördlichen Flügels befindet sich seit 1990 das **Museum Mensch und Natur**, das Naturkundemuseum Münchens. Sein Vorgänger, die „Alte Akademie", befand sich von 1809 bis 1944 in der Innenstadt (Neuhauser Straße), nach der Zerstörung im Krieg stand das Naturalienkabinett lange Zeit ohne Räumlichkeit da. Bei der Konzeption des neuen Projekts wurde vor allem an kleine Besucher gedacht. Resultat ist ein museumspädagogisches Glanzlicht für Kinder im Grundschulalter. Als prominenter Neuzugang unter den Exponaten ist seit 2008 ein ausgestopfter Me-

dienliebling zu sehen: JJ 1, besser bekannt als „Bär Bruno", ist nach langen Zankereien italienischer und deutscher Behörden jetzt dem Freistaat zugeschlagen worden und hat in Nymphenburg seine neue – und letzte Heimat – gefunden.

Noch mehr Naturkunde zum Anfassen gibt es gleich nebenan im **Botanischen Garten** (direkter Zugang vom nördlichen Schlosspark), der auf über 22 ha Grundfläche ca. 14.000 Pflanzenarten versammelt, darunter auch viele aus tropischen oder anderweitig exotischen Weltgegenden. Die wachsen natürlich nicht unter freiem weiß-blauem Himmel, sondern in Jugendstil-Glashäusern (1910–14, 1977 renoviert) mit immerwährend feucht-warmem Sommerklima. Fast ein bisschen unheimlich ist es im Winter im Wasserpflanzen- und Mangrovenhaus, wenn die Sonderausstellung „Tropische Schmetterlinge" gastiert und einem suppentellergroße Buntflügler um die Ohren flattern.

Praktische Infos

Anfahrt: Vom Hauptbahnhof/Stachus erreicht man Schloss Nymphenburg am besten mit der Straßenbahnlinie 17 (ca.15 Min.). Nächste S-Bahn-Haltestelle ist Laim, von dort entweder mit der Buslinie 51 oder ca. 15 Min. zu Fuß.

Geöffnet ist das **Schloss** im Sommer (April bis 15. Okt.) tägl. von 9 bis 18 Uhr, die restliche Zeit von 10 bis 16 Uhr. Für die Besichtigung sind 6 € (erm. 5 €) fällig, die Gesamtkarte (Schloss, Marstallmuseum, Parkburgen) kostet 11,50 € (erm. 9 €), im Winter ca. 3 € weniger, dann sind aber auch die Parkburgen zu. Regelmäßige **Führungen** werden nicht angeboten, können aber auf der Website der Schlösser- und Seenverwaltung gebucht werden: www.schloesser.bayern.de. Im Schloss stehen außerdem Audioguides zur Verfügung (3,50 €).

Der **Park** ist frei zugänglich und zwischen 6 Uhr und 21.30 Uhr (Winter 18 Uhr) geöffnet.

Museum Mensch und Natur: Alle unter 18 Jahren haben freien Eintritt, Erw. berappen 3,50 €, erm. 2,50 €. Geöffnet ist Di/Mi, Fr 9–17, Do 9–20, an Wochenenden/Feiertagen 10–18 Uhr. Umfangreiches Führungs- und Vortragsprogramm (Teilnahme kostenlos). www.mmn-muenchen.de.

Vorortschlösser

München im Kasten
Ein blaues Kirchenwunder

Auch der Stadtbezirk Neuhausen-Nymphenburg hat sein Vorzeigegotteshaus. Aber ein etwas anderes: Sind es in den Kirchen der Innenstadt die Würde der Jahrhunderte und der Glanz der großen Baumeister, der die christlichen Sammlungsstätten zu Sehenswürdigkeiten adelt, so strahlt in der Herz-Jesu-Kirche die Größe Gottes aus dem Design. Opalisch blau schimmert hier seit 2000 eine Kostbarkeit der modernen Architektur, nachdem der Vorgängerbau aus der Nachkriegszeit 1994 einem Brand zum Opfer gefallen war. Im Nachhinein fast ein Glücksfall: Ohne die ineinander verschachtelten Glas- und Holzkuben, das über die gesamte Fassadenfläche zu öffnende Tor (nur zu katholischen Hochfesten) und den streng-schlanken Campanile wür-de dem Architektur-Kaleidoskop Münchens eine wichtige Facette fehlen. Der Entwurf des Architekturbüros „Allmann Sattler Wappner" ist seit seiner Weihe fester Bestandteil von Designguides und hat – völlig verdient – auch diverse Auszeichnungen für modernes Bauen eingeheimst. Hobby-Kryptografen können sich gleich auf eine längere Besichtigungsdauer einstellen: Die Anordnung der Kreuzesnägel auf den Glaselementen der Frontpartie ist nicht etwa zufällig, sondern zitiert in einem vom englischen Glaskünstler Alexander Beleschenko eigens entwickelten Code die Passionsgeschichte nach Johannes. Passivere Kulturgenießer kommen zu einem Orgelkonzert: Auch die Raumakustik ist vorzüglich.

Wenn Designer beten

Botanischer Garten: Der Zugang zu Garten und Gewächshäusern kostet 4,50 €, erm. 3 €, geöffnet ist jahreszeitenabhängig Nov.–Jan. tägl. 9–16 Uhr; Febr., März, Okt. bis 16.30 Uhr; April, Sept. bis 17.30 Uhr; Mai–Aug. bis 18.30 Uhr. www.botmuc.de.

Cafés & Snacks

Die Restaurationsbetriebe auf dem Gelände von Schloss Nymphenburg bestechen natürlich durch ihr traumhaftes bauhistorisches Umfeld – ob im **Wirtshaus zur Schwaige** (am Schlossrondell) oder im **Palmenhaus** im vorderen Schlosspark. Kulinarisch und im Preis-Leistungs-Verhältnis markieren sie jedoch nicht die Spitze der Münchner Gastronomie.

Wer nach dem Kulturschock sagenhaften Kuchen essen will, geht nach Neuhausen ins **Ruffini** (Orffstr. 22–24, Mo geschlossen, Ⓤ 1 Rotkreuzplatz), wer sich eher für eine Mega-Auswahl an Eis interessiert, schaut ins **Sarcletti** (ebenfalls Neuhausen, Nymphenburger Straße 155, Ⓤ 1 Rotkreuzplatz.). Auch nicht sehr weit ist es in den **Hirschgarten** in der Nähe der Friedenheimer Brücke (Hirschgarten 1, Tram 16/17 Steubenplatz), mit ca. 8000 Plätzen angeblich Europas und ganz bestimmt Münchens größter Biergarten. Überdurchschnittliche Qualität des Speisenangebots.

Kleiner und kuscheliger ist der **Taxisgarten** knapp 500 m nordwestlich des Hubertusbrunnens am Ende des Kanals (Taxisstr. 12, Ⓤ 1 Gern); hier sitzt und trinkt die bürgerlich-gemischte Bevölkerung Neuhausens.

Hinreißendes spätgotisches Ensemble

Schloss Blutenburg

Weibergeschichten, herzogliche Weibergeschichten! Möglicherweise verdanken wir Schloss Blutenburg dem hormonellen Überschwang des Erbprinzen Albrecht III., der für seine wenig standesgemäße Angetraute Agnes Bernauer schlicht ein neues Lustnest brauchte. Da traf es sich exzellent, dass sich in der Einöde des westlichen Münchner Vorlands ein Fleckchen fand, auf dem sich das junge Glück recht ungestört zurückziehen konnte.

Lang jedoch währte die Liebe nicht. Schon drei Jahre nach der Hochzeit nutzte Albrechts Vater Ernst einen Jagdausflug seines ungehörigen Sohns, um die missliebige Schöne bei Straubing in der Donau ertränken zu lassen. Nach kurzem, aber heftigem Gezänk fügte sich Albrecht dann in sein Schicksal, heiratete die vom Vater vorgesehene Anna von Braunschweig und widmete sich fortan der Förderung des Klosterlebens im Land. Diesen Ereignissen verdankt die sinnenfrohe Nachwelt zum einen das Kloster Andechs sowie diverse Schau- und Singspiele um das Los der Bauersbraut.

Wohl nicht ganz zufällig findet die Blutenburg ihre erste Erwähnung in einer Urkunde aus der turbulenten Zeit um Albrecht & Agnes (1432). Die Anlage ist jedoch weit älter: Schon um 1200 befand sich hier ein Wasserschloss, der Besitzer dieser Jahre ist allerdings nicht bekannt. Ebenso wenig klar ist die Herkunft des Schlossnamens. Favorisiert wird derzeit der Bezug auf „bluten", allerdings nicht im wörtlichen, sondern im übertragenen Sinne von „wirtschaftlich bzw. finanziell (aus)bluten". Denn Geld, viel Geld haben sie hier tatsächlich gelassen, die Wittelsbacher Herzöge: Bis 1663 (als Nymphenburg als neues Spielzeug hinzukam) bauten sie sich ein schmuckes Schlösschen zurecht, das heute als geschlossenes spätgotisches Ensemble besondere Wertschätzung genießt und einfach hinreißend putzig aussieht.

Kern der Anlage ist das **Herrenhaus** hinter der südwestlichen Spitze der Umfriedung, in seiner Substanz 1440 fertiggestellt (Mitte 15. Jh. aufgestockt und erweitert); aus der gleichen Zeit stammen die vier Wehrtürme und die südlichen Außenmauern. Noch etwas älter (1430/31) ist der nördliche Torturm, über den man auch heute noch den Innenhof betritt. Albrecht und später Sohn Sigismund, der im Nachfolgeklüngel unterlag und sich 1467 hierher zurückzog, erweiterten die Blutenburg rasch um Ökonomiegebäude (1456; heute neuer Saalbau) und die großartige **Schlosskapelle**. Die Pläne dafür stammten wahrscheinlich von Jörg von

Vorortschlösser

Halsbachs, dem Baumeister der Frauenkirche; ausgeführt wurden die Arbeiten von der Bauhütte der großen Kirche in der Innenstadt.

Sowohl in äußerer Gestaltung wie auch mit ihrer Ausstattung glänzt die kleine Schlosskirche mehr noch als die Gesamtanlage mit spätgotischer Stilreinheit in meisterhafter Ausführung. Prunkstücke sind der Flügelaltar von Jan Polack mit Gnadenstuhl und der Darstellung der vier Evangelisten auf der Predella (zwischen Altarbild und Tischfläche) und die Blutenburger Madonna, eine Holzskulptur eines unbekannten Meisters.

Bis 1676 blieb die Blutenburg wittelsbachische Residenz, dann übernahm Nymphenburg die Rolle als wichtigster Sommersitz. Aufsehenerregendes spielte sich danach hier nicht mehr ab, sieht man einmal davon ab, dass Lola Montez, die Mätresse Ludwigs I., im Februar 1848 die letzte Nacht vor ihrer Abschiebung aus Bayern auf der Blutenburg verbrachte.

Mitte der 1970er-Jahre – die Blutenburg war zwischenzeitlich lange Jahre vom Institut der Englischen Fräulein und dann als Ordensaltersheim genutzt worden – war die Substanz des Schlosses dann so marode, dass eine Generalrestaurierung unumgänglich war. Entscheidend angestoßen wurden die dringend notwendigen Sanierungsmaßnahmen durch die rührige Aktivität des „Vereins der Freunde Schloss Blutenburg".

1983 zog die **Internationale Jugendbibliothek** mit über einer halben Million Kinder- und Jugendbücher (heutiger Bestand) in das Schloss ein. Einige Gebäude haben seither neue Beinamen bekommen: Der Pulverturm wurde zum James-Krüss-Turm, und das alte Pförtnerhaus birgt jetzt das Erich-Kästner-Zimmer; außerdem gibt es das Michael-Ende-Museum, ein Binette-Schroeder-Kabinett, Studien- und Lesesäle sowie eine Ausleihbibliothek mit 25.000 Kinderbüchern im Freihandbestand (kostenloser Benutzerausweis).

Die Internationale Jugendbibliothek ist das Lebenswerk von Jella Lepman, einer der ganz wenigen jüdischen Remigranten in Deutschland nach dem Zweiten Weltkrieg. Als Beauftragte der amerikanischen Militärregierung entwickelte die Journalistin und Autorin aus einer Kinderbuchausstellung 1946 das Konzept einer ständigen Bibliothek, um nach der moralischen Apokalypse der Naziherrschaft den ganz jungen Deutschen über die Literatur neue Wertebegriffe und kulturelle Toleranz zu vermitteln. Aus der Keimzelle ihrer kleinen Bücherei in der Schwabinger Kaul-

Schloss Blutenburg: herzogliches Idyll am Stadtrand

bachstraße wurde schließlich die nun weltweit größte Bibliothek für Kinder- und Jugendliteratur.

Praktische Infos

Anfahrt: Schloss Blutenburg befindet sich im äußersten Münchner Westen in unmittelbarer Nähe des Beginns der A 8 (Richtung Stuttgart), ausreichend Parkplätze. Nächste S-Bahn-Station ist der Bahnhof Pasing, von dort entweder mit den Bussen 56 u. 160 (Haltestelle Blutenburg) oder in ca. 20 Min. zu Fuß.

Der **Innenhof der Schlossanlage** kann durchgehend und entgeltfrei besichtigt werden, der Eintritt zur Schlosskirche ist ebenfalls kostenlos (April–Sept. 9–17, sonst 10–16 Uhr). Die Einrichtungen der Internationalen Jugendbibliothek stehen zu folgenden Zeiten zur Verfügung: **Kinderbuchausleihe** Mo–Fr 14–18 Uhr; **Michael-Ende-Museum** Mi–So 14–17 Uhr; **James-Krüss-Turm** Mo–Do 10–16, Fr 10–14.30 Uhr; **Binette-Schroeder-Kabinett** Mo–Fr 10–16, Sa/So 14–17 Uhr; **Erich-Kästner-Zimmer** n. V. Eintritt für alle Lesemuseen 2,50 €, erm. 1 €, Familien 5 €.

Cafés & Snacks

mein Tipp Die Gastronomiedichte hier am Stadtrand ist naturgemäß nicht so hoch, macht aber nichts, denn die **Schlossgaststätte** in der östlichen Umfriedung der Blutenburg ist kulinarisch tatsächlich bemerkenswert und die Seeterrasse birgt im Sommer geradezu oasenhaften Naherholungswert. Prima Kuchen!

Etwa 500 m entfernt hat das Traditionswirtshaus **Alter Wirt** (kann man wörtlich nehmen: Gasthaus seit 1477) sich nach einer Schicki-Phase wieder auf alte Werte besonnen und erfreut die gutbürgerliche Klientel des Viertels mit ebensolcher Küche – stilecht in den Zirblstubn und im Sommer unter den Kastanien des Wirtsgartens.

Zeit für einen Superlativ: Der **Biergarten am Hotel Inselmühle** ist, jawohl, der schönste Biergarten der Welt. Umplätschert von der putzigen Würm, gibt es Augustiner-Bier, ein rühmliches Speiseangebot und auch noch genug Parkplätze. Schade, dass er so weit draußen liegt. Von-Kahr-Str. 87 (ca. 1,5 km nördlich der Blutenburg).

mein Tipp **Inselmühle**, nicht irgendein Tipp – ein veritabler Geheimtipp! Augustiner-Bier am lauen Bächlein in den Würmauen vor den Toren der

Stadt. 600 traumhafte Plätze und richtig gutes Essen (→ „Vorortschlösser, Schloss Blutenburg", S. 209). Ⓤ 1 Oly-Einkaufszentrum, dann Bus 164 bis Von-Kahr-Str., zu Fuß bis Nr. 87.

Nymphenburgs kleiner Bruder

Schloss Schleißheim

Die Schlossanlage in Oberschleißheim ist in vielerlei Hinsicht Nymphenburgs kleiner Bruder im Schlossgeiste: Sie liegt ebenfalls am gedachten Ende einer Münchner Prachtstraße (der Ludwigstraße), wurde ebenfalls federführend von Zuccalli und Effner gestaltet, hat mit Max Emanuel denselben Bauherrn und ist wie das Pendant von einer aufwendigen (allerdings nicht zum englischen Landschaftsgarten umgestalteten) Gartenanlage umgeben.

Altes und Neues Schloss

Einen gravierenden Unterschied gibt es dennoch: Das Schloss im nördlichen Vorort ist deutlich älter. Bereits 1598 erwarb Herzog Wilhelm V. auf dem heutigen Schlossgelände einen Gutshof, auf dem er ein – noch schlichtes – Herrenhaus bauen ließ. Unter Sohn Maximilian I. sollte das väterliche Anwesen zunächst in eine schwelgerische Villa im Stil des großen Italieners Palladio umgestaltet werden. Am Ende entschied sich der neue Herzog jedoch für eine etwas zurückhaltendere Lösung und beauftragte seinen Baumeister Heinrich Schön mit der Errichtung eines zumindest von außen eher bescheidenen Renaissanceschlosses, des heutigen Alten Schlosses. Die 44 Räume des Herrenhauses von Wilhelm V. wurden dabei komplett überbaut, aus dieser Zeit blieb nur der Uhren- und Torturm (samt Glocke) im mittleren Gebäuderiegel erhalten. Zusammen mit den flankierenden Wirtschaftsgebäuden wuchs das Alte Schloss bis 1623 zu einer langgestreckten geschlossenen Anlage um zwei große Innenhöfe heran.

Jedwede Trutzigkeit geht dem Neuen Schloss vis-à-vis völlig ab, hier ist in den Grundzügen und im Detail alles

Vorortschlösser

barock. Auf 330 m Breite entfaltet sich die gravitätische Eleganz Zuccallis, disziplinierend eingehegt von der französisch inspirierten Objektstrenge Effners. Ursprünglich sollte die ganze Anlage, obwohl schon so ganz und gar nicht bescheiden, noch viel größer und großartiger werden. Die ersten Entwürfe sahen noch eine vierflügelige Anlage vor, die auch die Gebäude des Alten Schlosses völlig integriert hätte. Aber das Debakel des Spanischen Erbfolgekriegs, das den Bauherren Max Emanuel schon in Nymphenburg deutlich hinter die ambitionierten Planvorgaben zurückwarf, machte die Realisierung eines weiteren Riesenprojekts finanziell unmöglich. Der Rohbau, schon 1704 fertiggestellt, konnte deshalb erst elf Jahre später – nach der Rückkehr des Kurfürsten aus dem französischen Exil – fortgesetzt werden und musste sich im Endzustand (1726) mit einer Breite von auch nicht eben spartanischen 330 m bescheiden.

Die ganz großen Erwartungen konnte der Bau damit nicht befriedigen. Max Emanuel hielt sich Schleißheim fortan als Geheimschloss und zog, wie auch seine Nachfolger, das voluminösere Nymphenburg als Sommerresidenz vor.

Das Schlossinnere

Die Innenausstattung des Schlosses lässt nichts von der prekären Finanzlage des Herrscherhauses ahnen. Die zeremonielle Raumfolge der Prunksäle, Fürsten- und Prinzenappartements sind eine Leistungsschau sowohl der Möbelschreinerei, Tapisserie, Deckenmalerei und Stuckateurskunst der Epoche, und nur die renommiertesten Kunsthandwerker der Zeit schienen

München im Kasten
Die Flugwerft Oberschleißheim

Wären die Wittelsbacher schon echte Jetsetter gewesen, Oberschleißheim wäre sicher ihr Lieblingsrefugium geworden, grenzt doch unmittelbar südlich ein Flugplatz an das Schlossareal. Das Ende des bayerischen Herrscherhauses kam aber bekanntlich schon vor Beginn der zivilen Luftfahrt, und so blieb der kleine Airport den tollkühnen Männern von der Königlich Bayerischen Fliegertruppe vorbehalten – die noch sehr wackligen Kisten dieser Einheit hätten königlichen Komfortansprüchen sicher auch kaum genügt. Fast das ganze 20. Jahrhundert hindurch blieb das Flugfeld unter wechselnden Systemen dem Militär erhalten, bis 1981 die letzten Maschinen der Bundeswehr von der zu kurz gewordenen Startbahn abhoben. Nun lag das Terminal verlassen da, und die historischen Gebäude – immerhin das älteste Flughafengebäude Deutschlands – verfielen. Der nächste Nutzer der Anlage war dann prädestiniert für die Bewahrung von Industriedenkmälern: 1992 zog das Deutsche Museum mit seinem **Museum für Luft- und Raumfahrt** ein und fand hier endlich den Ausstellungsplatz, den das proppenvolle Stammhaus auf der Museumsinsel den teilweise riesigen Exponaten nicht mehr bieten konnte. In der bewährten Manier – anschauen, anfassen, draufdrücken – wird hier seither alles Wissenswerte über Beförderung in der dritten Dimension vermittelt. Segel-, Propeller- und Düsenflugzeugen, Helikoptern und Raketen stehen spannende interaktive Möglichkeiten wie z. B. ein Flugsimulator oder Modellbaukurse zur Seite.

Wer sich trotz aller Technik lieber an Kunstgeschichte ergötzt, der tätschelt liebevoll die Außenmauern des Hauptgebäudes: Die hat nämlich (zumindest teilweise) ein gewisser Paul Klee während seines Militärdienstes 1916/17 angestrichen – und wo darf man einen echten Klee schon mal anfassen?

Tägl. 9–17 Uhr, an Feiertagen geschlossen. Eintritt 6 €, Kinder von 6 bis 15 Jahren 3 €.

Renaissanceschloss Schleißheim

Max Emanuel qualifiziert genug. Cosmas Damian Asam, Amigoni (Deckenfresken), Robert de Crotte (Große Galerie), Zimmermann, Dubut (Stuckaturen), Pichler (Möbel), Volpini (Bildhauerei), Motté (Kunstschlosserei) – die Liste ist lang und prominent besetzt.

Vom beweglichen Inventar ist nicht mehr alles an Ort und Stelle, aus konservatorischen Gründen befinden sich viele Stücke heute im Residenzmuseum. Auch die **Große Galerie** wurde zugunsten der Sammlung der Alten etwas gerupft, mit Werken von Rubens, van Dyck und anderen renommierten Künstlern ist sie jedoch immer noch herausragend bestückt und führt die Museumstradition des Schlosses würdig fort: Das vergleichsweise Desinteresse der Wittelsbacher an ihrer nördlichen Sommerfrische führte dazu, dass die Schlossgalerie schon gegen Ende des 18. Jh. zunehmend für öffentlichen Zugang freigegeben wurde.

Hofgarten und Schloss Lustheim

Der Hofgarten, neben Herrenhausen (bei Hannover) der einzige substantiell erhaltene Barockgarten überhaupt in Deutschland, ist in seiner Konzeption älter als das Neue Schloss selber. Zuccalli ließ bereits 1685 umfangreiche Erdarbeiten für das Kanalsystem vornehmen, welches später Layout für Park und Schloss gleichermaßen festlegte. Markanteste Linie ist der 650 m lange Mittelkanal, der als Symmetrieachse die Geometrie der Anlage eindeutig bestimmt und das Neue Schloss räumlich wie sinnlich mit Schloss Lustheim (s. u.) am westlichen Ende verbindet. Die Boskette (Lustwäldchen) links und rechts davon dienten – mit Wasserspielen u. Ä. – als Spielplatz für den müßigen Hofstaat. Maßgeblich verantwortlich für die Gestaltung des Hofgartens war Dominique Girard, ein Schüler des großen Le Nôtre (Gartenbaumeister Ludwigs XIV. in Paris).

Schloss Lustheim ist wie der Park konzeptionell älter als das Neue Schloss selbst. Bereits 1685 beauftragte Max Emanuel anlässlich seiner Verlobung mit der blutjungen Habsburgerin Maria Antonia seinen Hofbaumeister Zuccalli mit dem Bau eines Jagd- und Gartenschlösschens 1300 m östlich des Alten Schlosses. Schon anhand der Planungsskizzen ist indes zu erkennen, dass das

Schloss Lustheim

nicht das Ende der kurfürstlichen Bau-
ambitionen an diesem Ort war: Die un-
übersehbare Funktion als Blickfang
und Abschluss einer großartigen
Schlossanlage, wie sie dann ja auch
realisiert wurde, ist bereits in dieser
frühen Phase unübersehbar. Die zum
Komplex gehörenden und auch ausge-
führten Zirkelbauten (halbkreisförmig
um den Rundkanal) sind leider heute
nicht mehr erhalten, sie wurden nach
dem Tod Max Emanuels und Zuccallis
1741 wieder abgerissen; Lustheim ist so
ein – wenngleich in seiner relativen
Isolierung sehr reizvoller – Torso. Im
Inneren des Schlosses besticht vor allem die seit 1971 dort untergebrachte
Porzellansammlung Ernst Schneider:
Nach der Kollektion in Dresden handelt
es sich um den weltweit bedeutendsten
Bestand an Meißener Porzellan.

Praktische Infos

Anfahrt: Vom S-Bahnhof Oberschleißheim
sind es knapp 15 Min. zu Fuß bis zur Schlossanlage, gelegentlich fährt auch ein Bus (Linie 292). Mit dem Auto kommt man über die
A 9 (Abfahrt Garching Süd) und die B 471 nach
Westen recht fix zum Schloss – außer es staut
sich auf der Autobahn stadtauswärts. Dann ist

die B 13 (Verlängerung der Ingolstädter Land-
straße, die ihrerseits die Verlängerung von Lud-
wig- bzw. Leopoldstraße ist) die bessere Alternative: An der Kreuzung mit der A 99 geradeaus nach Oberschleißheim.

Geöffnet sind alle **drei Schlösser** im Sommer
von 9 bis 18 Uhr (April–Sept.), im Winter von 10
bis 16 Uhr, Montag ist Ruhe in den Schlössern.
Die Gesamtkarte kostet 8 € (erm. 6 €); Einzelkar-
ten: Altes Schloss 3 € (erm. 2 €), Neues Schloss
4,50 € (erm. 3,50 €), Schloss Lustheim 3,50 €
(erm. 2,50 €). www.schloesser-schleissheim.de.

Cafés & Snacks

Die **Schlosswirtschaft Oberschleißheim**
lockt vor allem mit ihrem stilechten Biergarten
(ab 11 Uhr), also Brotzeit eingepackt und nach
der Kunstgeschichte Bier und Radi unter Kastanien. Natürlich auch Restaurationsbetrieb.

In aussichtsreicher Lage

Schloss Dachau

Über dem oberbayerischen Postkarten-
idyll der Dachauer Altstadt erhebt sich
der Schlossberg. Dessen strategischer
Mehrwert war den Wittelsbachern
schon früh aufgefallen, bereits im
12. Jh. stellten sich die Dachauer Grafen (ein später in der Hauptlinie aufge-

gangener Zweig des Hauses) auf das erhabene Plateau eine Burg, von der aus sie das Münchner Umland bis in die Alpen unter Sichtkontrolle hielten. Von der alten Wehranlage ist nichts als der Blick übrig geblieben, der allerdings zählt bis heute zu den Hauptattraktionen des Nachfolgebaus.

Nicht, dass **Schloss Dachau** sonst nichts zu bieten hätte: Wilhelm IV. und Albrecht V. ließen sich von ihren Hofbaumeistern Egkl und Schöttl 1546–77 das alte Gemäuer zu einer mächtigen vierflügeligen Anlage aufmotzen. Aus dieser Zeit stammt auch die fantastische Holzdecke von Wisreuther im Renaissancesaal, eine im süddeutschen Raum fast einzigartig qualitätvolle Arbeit – nur die Fugger in ihrem Schloss in Kirchheim (Schwaben) hatten eine vergleichbare kunsthandwerkliche Delikatesse über ihren reichen Köpfen.

150 Jahre später machte die Investitionsfreude Max Emanuels dann auch vor Dachau nicht halt. Er beauftragte den getreuen Effner (übrigens ein Sohn der Stadt) mit dem Ausbau à la mode. Leider zeigten sich Napoleons Soldaten Anfang des 19. Jh. als nicht übermäßig kunstsinnig. Nach deren Einquartierung war die Anlage dermaßen ramponiert, dass dem bayerischen König nur noch der Abriss großer Gebäudeteile übrig blieb – von den vier Flügeln steht seitdem nur noch einer (Westflügel). Gegenüber Schleißheim und erst recht Nymphenburg schmiert Dachau in den Dimensionen deshalb etwas ab.

Geblieben ist jedoch das tolle Panorama, vor allem aus dem Hofgarten an der südwestlichen Rückseite. Durch die barocken Laubengänge bauen sich bei Föhn die bayerischen Alpen von Wendelstein bis Zugspitze in vermeintlicher Griffnähe auf.

Gemälde- und andere Galerien
Kunststadt Dachau

Dachau ist nicht nur eine Schlossstadt, sondern in ganz erheblichem Umfang auch eine Kunststadt: Spätestens seit der Hochphase der Dachauer Künstlerkolonie in der zweiten Hälfte des 18. Jh. hat die kleine Kreisstadt auch ein sicheres Entry in den Malereilexika gefunden. Mit Worpswede (Niedersachsen) gilt dieser Künstlerverbund als die wirkmächtigste Künstlerkolonie des Kaiserreichs.

Namen wie Spitzweg, Corinth und Max Liebermann bürgen als Aushängeschilder für den künstlerischen Rang. Eine ständige Werkschau der Epoche ist in der **Gemäldegalerie Dachau** ausgestellt. 1992 kam dann auch die Moderne in die Umlandkreisstadt: Mit der **Neuen Galerie** gibt es jetzt auch einen Ausstellungsraum exklusiv für zeitgenössische Kunst.

Praktische Infos

Anfahrt: Von der Münchner Stadtmitte sind es ca. 16 km bis nach Dachau, die S 2 bringt einen in gut 20 Min. vom Hauptbahnhof zum Dachauer Bahnhof. Mit dem Auto einfach die Dachauer Straße stadtauswärts fahren, bis sie Münchner Straße heißt – dann ist man in Dachau. Parkplätze am Schloss und an der KZ-Gedenkstätte kostenpflichtig, im Altstadtbereich 90 Min. mit Parkscheibe.

Schloss Dachau ist täglich außer Mo von 9 bis 18 Uhr (April–Sept.) bzw. 10 bis 16 Uhr (Okt.–März) zu besichtigen. Einritt 2 €, erm. 1 €.

Die **Gemäldegalerie** öffnet Di–Fr von 11 bis 17 Uhr, Sa/So und an Feiertagen von 13 bis 17 Uhr, die **Neue Galerie** ist Di–So von 13 bis 17 Uhr zugänglich (nur während der Ausstellungen; Informationen auf www.dachauer-galerien-museen.de).

Cafés & Snacks

Das Café-Restaurant **Schloss Dachau** punktet vor allem mit seinen Räumlichkeiten und der tollen Terrasse am Schlossgarten.

Vielleicht der netteste Anlass für eine Besichtigung des Schlosses ist eine Veranstaltung der **Dachauer Schlosskonzerte**. Das Programm umfasst ein weites Spektrum, aufgespielt wird im Renaissancesaal und im Schlossgarten – natürlich im Sommer. Informationen auf www.dachau.de/schlosskonzerte.

KZ-Gedenkstätte

Kunden der Sparkasse Dachau, die im Ausland mit einer Kreditkarte ihrer Bank bezahlen wollen, werden schon einmal für Neonazis mit fies-zynischem Witz gehalten. Kaum jemand außerhalb eines 50-km-Radius um die schmucke Kreisstadt denkt bei der Nennung des Ortsnamens an Schlösser, Konzerte und Alpenpanorama. Seit über zwei Generationen verbindet der auch nur randständig geschichtlich gebildete Weltbürger Dachau mit dem NS-Terrorsystem. Tatsächlich wurde hier, nicht weit vor den Toren Münchens, am 21. März 1933 das erste Konzentrationslager der Nazis überhaupt eröffnet. Damit wächst dem Ort besonders finstere paradigmatische Bedeutung zu: Grundriss, Lagerordnung und Ausbildung der SS-Schergen waren Vorbild für alle anderen Lager, die in der Folgezeit im deutschen Machtbereich entstanden. Die Richtlinienkompetenz für das geordnete Folterwesen im Reich lag bei Theodor Eicke, der sich als Lagerkommandant fast der ersten Stunde (Juni 1933 bis 1934) zur schwarzen Eminenz des KZ-Systems emporschwang und nach seiner Dachauer Zeit zum Inspekteur aller Konzentrationslager (IKL) wurde.

Das „Schutzhaftlager Dachau" (ein Euphemismus der ersten Stunde) war ausgelegt für 6840 Gefangene. Anfangs handelte es sich bei ihnen vorwiegend um politische Gegner, doch schon bald rückten auch diverse andere Gruppen in den Fokus der SS. Gegen Ende des Krieges drängten sich über 30.000 Gefangene auf dem Gelände. In den über zwölf Jahren seiner Existenz wurden im KZ Dachau ca. 41.500 Menschen erschlagen, erschossen, ausgehungert oder mussten sich buchstäblich zu Tode arbeiten. Ein Vielfaches dieser für sich schon obszönen Opferzahl errechnet sich aus dem Schicksal derer, für die Dachau nur eine Durchgangsstation auf dem Weg in die Todesfabriken außerhalb des alten Reichsgebiets war.

Von den 30 Baracken für die Häftlinge hat keine die Zeit bis heute überstanden.

Bei den beiden heute noch zu sehenden Massenunterkünften handelt es sich um originalgetreue Rekonstruktionen zur Veranschaulichung des Lagerirrsinns. In der Substanz erhalten blieben das Jourhaus (Eingangstor), Teile der Sicherungsanlagen, das Lagergefängnis („Bunker") und das zweiflügelige Wirtschaftsgebäude, in Letzterem ist heute die umfangreiche und sehr sehenswerte Ausstellung zu Lagergeschichte und NS-Zeit untergebracht. Ein Versuch zur spirituellen Erinnerung an das Unfassbare sind die drei konfessionellen Mahnmale im nördlichen Teil des Häftlingsbereichs. Außerhalb des eigentlichen Lagers liegen die SS-Kasernen (westlich), das Karmelitinnen-Kloster Heilig Blut (nördlich) und die sog. Baracke X, in dem die vier Verbrennungsöfen des Krematoriums und die Gaskammern – wahrscheinlich nicht für Massentötungen benutzt – untergebracht waren (nordwestlich).

Schon die Zeitgenossen wussten um die besondere Qualität des Lagers, die Drohung „Ab nach Dachau!" war eine ziemlich alltägliche Redewendung im brauen München. Hinterher wollte man natürlich trotzdem von nichts gewusst haben, und die Dachauer Bürger, von amerikanischen Truppen nach dem ausgefallenen Endsieg zur Zwangsbesichtigung vorgeladen, waren – wahrscheinlich ehrlich – konsterniert über das Ausmaß des Grauens in ihrer Nachbarschaft. Da war es aber zu spät: Zehntausende waren gestorben und Dachau (wie sonst nur noch Auschwitz) zum Inbegriff des Versagens der Humanität geworden.

Anfahrt: Die KZ-Gedenkstätte liegt nordöstlich von Dachau. Vom S-Bahnhof fährt die Buslinie 726.(sonntags auch 724). Individuell motorisierte Besucher biegen am Ortsausgang (von Dachau kommend) links in die Alte Römerstraße ein, nach ca. 1,5 km der Beschilderung zum Parkplatz (März–Okt. 3 €) folgen.

Eintritt/Öffnungszeiten: Der Besuch der Gedenkstätte und der Ausstellungen ist kostenlos, Audioguides kann man für 3,50 € (erm. 2,50 €) im Besucherzentrum am Weg von der Bushaltestelle zum Lagereingang ausleihen. Weit informativer sind die geführten Rundgänge (3 €, ca. 2:30 Std.), tägl. um 12 Uhr, Tickets ebenfalls im Besucherzentrum. Ausstellungen und Gelände sind ganzjährig von 9 bis 17 Uhr geöffnet.

Ausflüge

Fragte man die Münchner, was sie denn für das Schönste an ihrer zweifelsfrei schönen Stadt halten, man bekäme erstaunlich oft die Antwort: „Das Umland!".
Angesichts der landwirtschaftlichen Intensivnutzungswüste, die der in der Regel von Norden kommende Reisende zunächst als eben jenes Umland wahrzunehmen glaubt, ein eher überraschendes Urteil.

Die Seen

Münchner Hausberge

Das Münchner Umland

Außer der uralten Bischofs- und Bierstadt Freising und dem im Sommer ungeheuren Feringasee gibt es im unmittelbaren nördlichen Umfeld der Stadt tatsächlich nichts, was die verbreitete Neigung zur zeitweisen Stadtflucht rechtfertigen könnte. Ganz anders der Süden: Unmittelbar hinter den noch auf dem Stadtgebiet liegenden großen Waldgebieten des Perlacher Forsts und des Forstenrieder Parks beginnt das sanft gewellte bayerische Voralpenland, das ein gnädiges geografisches Schicksal auch noch mit einer veritablen Seenplatte beschenkt hat. Den größten Auftritt haben der Starnberger See und der Ammersee im sog. Fünfseenland (tatsächlich sind es weit mehr), die beide in etwa einer halben Stunde von München aus zu erreichen sind. Gerade einmal doppelt so lange braucht man (selbst mit öffentlichen Verkehrsmitteln), um die Startpunkte einiger durchaus anspruchsvoller Alpentouren (z. B. Benediktenwand, Wendelstein) zu erreichen. Das gilt auch für die Talstationen mancher Bergbahnen, die Gleitschirm- und Drachenflieger zum Take-off schaukeln. Darüber hinaus finden sich auf dem Wegenetz vieler Gemeinden Trails für Freerider und Cross-Country-Piloten, und schließlich bieten die Münchner Hausberge auch noch reichlich Gelegenheiten für die alpinen Disziplinen – schneereiche Winter vorausgesetzt. Selbst die Skigebiete Österreichs sind nicht allzu weit entfernt, und so hat sich ein lebhaftes Angebot von Tagesfahrten in München etablieren können. Die kombinierte Städte-Ski-Reise ist also durchaus kein unmögliches Vorhaben.

Die Seen

Doch, ja: schon schön, ein Nachmittag im Freibad. Aber der richtige Overkick in Sachen Natur und Naherholung ist das kurze Relaxen um die betonierten

Becken dann eben doch nicht – auch wenn die Freiluftanlagen der Münchner Bäder gewiss eine schöne Option für einen verbummelten Nachmittag sind. Gegen die großen Wasserflächen vor allem im Süden der Stadt können sie natürlich nicht wirklich konkurrieren. Gegen Alpenpanorama und Schweinsbraten im Biergarten am Seeufer bleiben 10-m-Turm und Riesenrutsche letztlich schale Ersatzbefriedigungen. Auch die Bayerische Verfassung ist mit den Badewilligen und Sonnenhungrigen und garantiert in Art. 141, Abs. 3 allen Bürgern „freien Zugang zu den landschaftlichen Schönheiten" des Freistaats. An manchen Uferabschnitten ist die kapitalistische Realität diesen hehren Vorgaben mittlerweile allerdings etwas davongaloppiert, denn an den Seen des Alpenvorlands lässt sich's nicht nur trefflich erholen, sondern auch ganz prima wohnen, und selbstverständlich hat die wirtschaftliche Elite dieses Landes wenig Interesse daran, dem bewundernden Fußvolk ihre privaten Bootsstege zum Sonnenbad zu Verfügung zu stellen. Vor allem das Ostufer des Starnberger Sees und das Westufer des Ammersees sind für den gemeinen Lohnsteuerpflichtigen nicht mehr so ohne Weiteres zugänglich. Bis aber auch der letzte Quadratmeter an der Wasserlinie für viel neureiches Geld aus fernen slawischen Ländern verkauft sein wird, dauert es hoffentlich noch einige Zeit, und bis dahin planschen wir fröhlich in demokratisch-freien Gewässern mit allerbester Trinkwasserqualität – die nämlich haben (bis auf die sehr flachen Osterseen südlich von Seeshaupt) alle

der beliebten Badeseen im Münchner Umland.

Bayerns zweitgrößter See

Starnberger See

Der Starnberger See ist mit 56 km² Oberfläche der zweitgrößte See Bayerns und dank seiner erheblichen Tiefe – bis zu 127 m – sogar der wasserreichste Deutschlands (der Bodensee als Dreiländersee muss hier ausgeklammert werden). Seinen jetzigen Namen trägt er offiziell erst seit 1962, bis dahin hieß er nach seinem einzigen Abfluss Würmsee.

Größter Ort am See ist **Starnberg** an der Nordspitze, neben seiner Eigenschaft als Namenspatron für das große bayerische Gewässer ist der – nicht eben besonders stimmungsvolle – Ort im gesamtdeutschen Kontext vor allem für seine wohlhabenden Einwohner bekannt: In keiner anderen Gemeinde des Bundesgebiets verdient der durchschnittliche Bürger mehr, nirgendwo pressen sich mehr Millionäre auf eine Gemarkung als hier. Die lange Uferpromenade ist dennoch hübsch, und da sie unmittelbar am Bahnhof beginnt, an Sonnentagen auch dicht von Flaneuren aus der nahen Großstadt frequentiert.

Das deutlich kleinere **Tutzing**, das ziemlich genau die geografische Mitte des Westufers besetzt, hat – obwohl kaum weniger wohlhabend – vollen politisch-theoretischen Impact in der bundesdeutschen Geschichte hinterlassen. Unter Geisteswissenschaftlern ist Tutzing der sicherlich bedeutendste Ort am Starnberger See: Die Evangelische Akademie Tutzing ist als Epizentrum wichtiger politischer Strategien möglicherweise der Braintrust der Republik. Egon Bahr präsentierte hier sein Konzept „Wandel durch Annäherung" und initiierte damit die neue Ostpolitik der Willy-Brandt-Ära. Bis heute beteiligen sich hier jährlich 12.000 Teilnehmer an der intellektuellen Debatte. Jenseits der Mauern der Akademie im ehemaligen Schloss (16. Jh.) ist Tutzing

ein vergleichsweise ruhiger Ort mit langer Besiedlungsgeschichte (erste urkundliche Erwähnung 742) und ein netter Ausgangs-/Endpunkt (S-Bahnhof!) für Wanderungen um den See und auf die umgebenden Höhenzüge.

Feldafing, etwas oberhalb am Westufer, rühmt sich als Ort mit dem schönsten Blick auf den See. Kann schon stimmen, aber bestimmte Berufs- und Interessengruppen verorten in Feldafing andere Highlights: Bis vor Kurzem firmierte der Ort im Bundeswehrspott unter „Fernmeldafing", denn südlich des Ortskerns befand sich auf dem Gelände einer ehemaligen NS-Reichsschule die Fernmeldeschule der Bundeswehr. 2006 wurde dieser Standort zugunsten einer neuen Kaderschmiede des deutschen Militärs mit dem klingenden Namen FüUstgSBW/FSBwIT (irgendwas mit Führung und Information) geschlossen. Golfer hingegen verbinden mit Feldafing einen der ältesten und schönsten Plätze in Deutschland (weitgehend unverändert seit der Gründung 1926), archäologisch interessierte Kreise wiederum kennen die vorgelagerte Roseninsel als Fundort der frühesten Besiedlungszeugnisse der Gegend um den See.

Für verträumte Romantiker mit monarchischer Grundhaltung gibt es gleich zwei Wallfahrtsstätten. Zwischen **Leoni** und **Berg** am Ostufer endete das schillernde und rätselhafte Leben des schillernden und rätselhaften Märchenkönigs **Ludwig II.** am 12. 6. 1886 auf die einzig angemessene Weise: schillernd und rätselhaft. Bis heute sind die genauen Umstände seines Todes unbekannt. Feststeht nur: Die Leiche des kurz vorher entmündigten Monarchen mit dem Bautick wurde zusammen mit der seines Psychiaters aus dem Wasser gefischt.

Die Stelle ist leicht zu finden: Ein großes Holzkreuz markiert den Fundort, und einige Meter oberhalb wacht eine Votivkapelle über das geistige Seelenheil des unglücklichen Ludwig. Seine tragische Schwester im Geiste, Kaiserin

Die Starnberger Uferpromenade

Elisabeth von Österreich-Ungarn, begann ihr trauerumflortes Leben in Sichtweite auf dem gegenüberliegenden Ufer; als Prinzessin Elisabeth in Bayern verbrachte sie ihre Kindheit in Schloss **Possenhofen,** mit dem depressiven König aus der Verwandtschaft traf sie sich während ihres Sommerurlaubs oft auf der etwas südlich gelegenen **Roseninsel.**

Kunst gibt's auch: Beim putzigen **Bernried,** ebenfalls am Westufer, hängt im **Museum der Phantasie** (nach dem knorrigen Stifter und Initiator des Projekts vielen besser bekannt als **Buchheim-Museum)** die weltweit bedeutendste Privatsammlung des Expressionismus. Nicht nur die Bilder sind sehenswert, auch die Wände, an denen sie hängen: Der hochdifferenzierte Gebäudekomplex vom Reißbrett des Granden der bundesrepublikanischen Architektur Günther Behnisch (u. a. Olympiagelände München, Neuer Bundestag in Bonn) zählt zu den gelungensten Beispielen der Zweckarchitektur nach 1945.

Anfahrt

Eine direkte Bahnverbindung von München besteht bereits seit dem Ende des 19. Jh., heute braucht man vom Hauptbahnhof mit der S-Bahn (Linie 6) gerade einmal 30 Minuten bis Starnberg am westlichen Seeufer. Die S-Bahn fährt von dort allerdings nur noch weiter bis Tutzing (ungefähr Seemitte), die südlicher gelegenen Orte und das gesamte Ostufer haben keine Anbindung ans Netz des MVV. Autofahrer erreichen Starnberg direkt über die Autobahn – A 95 Richtung Garmisch, dann A 952 –, sollten es aber an Sommerwochenenden besser gar nicht erst versuchen, Parkplätze sind rar und teuer.

Bayerische Seenschifffahrt

Für die Expresserkundung des Starnberger Sees. Mit einem Minimum an Aktivität ermöglichen sechs Personenschiffe die Perspektive von der Wasserfläche auf das Ufer, die komplette Umrundung des Gewässers kostet 17 € (Kinder 8,50 €, Fahrräder 2,50 €). www.seenschifffahrt.de.

Baden

Das schönste – und auch größte – Strandbad am Ufer des Starnberger Sees sind die 150 ha großen Wiesen des **Possenhofener Paradieses.** Auch an Wochenenden und bei allerschönstem Wetter bleibt auf dem ausgedehnten Gelände viel Platz zwischen den Handtüchern. Praktisch: Eintritt frei, S-Bahn-Anschluss in fußläufiger Entfernung (Bhf. Possenhofen); weniger praktisch: bei Hochbetrieb sehr knappe Parkplatzsituation (3 € pauschal).

Museum der Phantasie: Der Eintritt für das Buchheim-Museum kostet 8,50 €, erm. 4 €, Kinder unter 6 J. sind frei (Preisnachlass bei Vorlage eines MVV-Fahrausweises; Kombiticket mit der Bayerischen Seenschifffahrt 21,50 €). Geöffnet ist von April bis Okt. 10–18, sonst 10–17 Uhr, Mo Ruhetag. www.buchheimmuseum.de.

Essen & Trinken

Bei Starnberg

Schlossgaststätte Leutstetten, nachdem der S-Bahnhof Mühltal leider wegrationalisiert worden ist, braucht man in den königlichen Biergarten (auf dem Gutshof der Wittelsbacher) am Anfang des Würmtals leider ein Auto oder Fahrrad (ausgeschilderter Abzweig an der Straße von Starnberg nach Gauting). Lohnt sich aber: drinnen ziemlich gepflegte Zirbelstubengemütlichkeit, entzückende Freischankflächen. Mai–Sept. kein Ruhetag (sonst Mo), 10 (Wallners Weißwürste!) bis 1 Uhr geöffnet.

Bei Pöcking

Teure Gegend hier, aber es gibt auch Normalverdiener mit Geschmack und die biegen ab nach Maising und essen im **Gasthaus Georg Ludwig** einen unverschnörkelten Schweinsbraten für zehn Euro. Baden kann man auch: Eben im Maisinger See. Auf der B 2 hinter Starnberg am Maxhof rechts ab, ca. 2 km. Tägl. 11–23 Uhr, Di/Mi Ruhetag.

Tutzing

Wirtschaft zum Häring, die Liste der eingekehrten Berühmtheiten und Halbberühmtheiten ist länger als die Weinkarte in manchem Drei-Sterne-Restaurant. Essen gibt's auch, allerdings für sehr viel Geld – gut ist es trotzdem. Noble Villa direkt am Wasser mit entsprechend toller Terrasse. Jan.–März geschlossen, sonst Mo Ruhetag. Midgardstr. 3–5.

Ambach

Die Boheme-Zeiten beim **Fischmeister** in Ambach sind schon lange vorbei: Was in den 1980er-Jahren aus einer (vermutlich Bier-)Laune in der Künstler-WG Herbert Achternbusch/ Sepp Bierbichler (Letzterer ein Kind des Orts) als frühes Ökogastronomieprojekt geboren wurde, hat den Geheimtippstatus schon lange hinter sich. Die Münchner Medienkamarilla macht sich wochenends gern in Rudelstärke auf den Weg in das schlicht-hübsche Restaurant am See und genießt dessen geradlinig-kompetente Küchenleistung (allerdings etwas schwankendes Niveau). Reservierung (gerade am Wochenende ratsam) unter ☎ 08177-533; Mo/Di Ruhetag.

Münsing

meinTipp Wem es eher um Kulinarik als um Prominenz und Seeblick geht, ist möglicherweise im **Gasthaus Limm** im 2,5 km östlich gelegenen Münsing besser aufgehoben. Mit Sebastian Limm steht hier ein veritabler Witzigmann-Schüler am Herd, und das schmeckt man auch. Das sehr gedämpfte Preisniveau (Fleisch 10–15 €, Fisch 15–18 €) lässt eines der letzten gastronomischen Wunder dieser Hemisphäre vermuten. Das ist nicht unentdeckt geblieben: Besser reservieren. Hauptstr. 29, ☎ 08177-411.

Bayerns drittgrößter See

Ammersee

Von Inning an der Nordspitze des Ammersees sind es nur etwas mehr als 30 km bis in die Münchner Innenstadt, und doch ist ein Ausflug an den drittgrößten bayerischen See auch eine Fahrt ins urtümlich-ländliche Bayern. Während die Villensiedlungen des Starnberger Sees oft noch wie Bogenhausen am Wasser wirken, sind die – nicht minder noblen und auch nicht billigeren – Domizile am Ammersee schon echte Landsitze ohne das halbmondäne Gepräge des größeren Teiches nebenan. Über mangelnde Attraktivität können die Gemeinden am Ammersee trotzdem nicht klagen, eher im Gegenteil: Die Parkplatzsituation rund um die Strandbäder ist an warmen Sommerwochenenden äußerst prekär.

Über allem thront – auch im topografischen Sinn – das **Kloster Andechs**, ein Premium-Touristenmagnet für Besucher aus aller Welt, die sich mit dem berühmten Klosterbier auf dem „Heiligen

Segeln auf dem Starnberger See

Schaufelraddampfer auf dem Ammersee

Berg" (711 m ü. NN) einmal die Kante geben müssen, um ihren Deutschlandbesuch als vollständig betrachten zu können. Durch diesen regen Zuspruch ist heute aus dem „Bete und arbeite", der Regel des Hl. Benedikt von Nursia in Andechs, ein rechtes Imperium gewachsen. Nicht nur, dass jährlich 1,5 Mio. Besucher die steilen Treppen zum Kloster hinaufstapfen und sich dort zumeist gastlich niederlassen, auch in den profanen Niederungen hat das Wirtschaftsunternehmen Kloster Andechs ein festes Standbein gefunden. Der Ausstoß der Brauerei übersteigt den Durst der Bierpilger deutlich, des Weiteren verdienen die emsigen Mönche mit dem Verkauf von Naturarzneien und Schnäpsen, der Organisation von Seminaren, Konzertveranstaltungen und sonst so allerlei Gottgefälligem. Eine weitere Expansion mit Franchise-Gasthäusern in ganz Deutschland und einem Golfplatz auf den Besitzungen des Klosters ging jedoch schief, der verantwortliche Pater Anselm Bilgri schlüpfte verärgert aus der Kutte und veranstaltet seitdem Managertrainings in München.

Neben der Bereitstellung der klassischen Wassertrinität Schwimmen, Segeln und Surfen haben die Orte um den See schon frühzeitig den Trend zum Event erkannt, diverse Feste und Veranstaltungen institutionalisiert und damit den Freizeit- und Urlaubswert des Ammersees weiter gesteigert. So sind die Ritterspiele im nahen Kaltenberg (www.ritterturnier.de) in 26 Jahren zu einer Riesenveranstaltung herangewachsen und hat sich der **Dießener Töpfermarkt** zur europaweit wichtigsten Schau für Kunsthandwerk aus gebranntem Ton entwickelt. Traditionell von Christi Himmelfahrt bis zum darauffolgenden Sonntag verwandeln Verkaufsaussteller aus 150 Ländern den Ort in ein Eldorado des gebrannten Tons.

Aber auch (und für manche vor allem) ohne externe Bespaßung ist der Ammersee ein wunderschönes Stück bayerischer Natur geblieben und als solches auch pur hervorragend zu genießen. Wer Uferschilf, weiß-blauen Himmel und Alpenpanorama für einen Klischeeakkord von Kitschpostkarten hält, wird hier schnell eines Besseren belehrt: So schön ist Bayern. Sehr skeptische Naturen beeilen sich übrigens: In spätestens 20.000 Jahren wird der See wohl durch den Schutteintrag der Zuflüsse Amper und Windach völlig verlandet sein.

Anfahrt

Der Ammersee liegt ca. 35 km westlich von München. Mit dem Auto geht es am schnellsten über die A 69 (Richtung Lindau, Ausfahrt Inning), hübscher sind die Landstraßen durch das Würmtal über Starnberg nach Herrsching. S-Bahn-Anschluss hat nur Herrsching, die Orte am Westufer sind nur etwas umständlich mit dem Regionalservice der DB erreichbar. Die ca. 50 km rund um den See sind auch mit dem Fahrrad gut machbar, Leihräder gibt's in fast jedem Ort.

Bayerische Seenschifffahrt

Stolz der mit vier Schiffen ausgestatteten Ammerseeflotte sind die RMS „Herrsching" und die RMS „Diessen", Erstere der jüngste, Letztere der älteste Schaufelraddampfer Deutschlands. Große Rundfahrt 17 €, Kinder unter 5 J. frei, bis 17 J. die Hälfte. www.seenschifffahrt.de.

Baden

Strandbad St. Alban, nach maßgeblicher Expertenmeinung das reizvollste Strandbad am See. Komplette Infrastruktur, auch gastronomisch, sowie ein angeschlossener Campingplatz, etwas nördlich der Ortsmitte. Eintritt für Badegäste 3 €, erm. 1 €.

Alleinstellungsmerkmal des **Strandbads Utting** ist der in grazieler Holzbauweise vom Steg aufragende 7,50-m-Sprungturm und die kleine Fischbratbude mit sensationell gut gegrillten Wasserviechern, ansonsten nehmen sich die Strandbäder am Westufer wenig. Die städtischen Bäder in Riederau, Utting und Schondorf verlangen geringe Zutrittsgebühren, die Liegewiesen des Campingplatzes Utting (etwas nördlich vom Ort) sind kostenlos zugänglich.

Essen & Trinken

Andechs

Die meisten Andechs-Besucher zechen im **Andechser Bräustüberl**, wahlweise auf der Terrasse oder in der Schwemme; das Bier ist süffig und stark (Maß ca. 6,50 €, Vorsicht beim Bock!), die Speisen sind deftig. Empfehlung für Geruchsnervengestählte: der Klosterkäse (100 g für 2 €; Gegrilltes nach Gewicht, ca. 1,50–2 €/100 g). Von 10 bis 20 Uhr (gnadenlos!) geöffnet.

Der **Klostergasthof** ein Stück weiter unten am Berg ist etwas gediegener und hat eben-

Kloster Andechs: Wallfahrtskirche

falls einen hinreißenden Wirtsgarten. Das Speisenangebot ist etwas ausgebauter, aber immer noch der Rustikalität verpflichtet und preislich gemäßigt (Schweinsbraten 14,50 €). Hier ist auch länger geöffnet, von 10 bis 22.30 Uhr wird bedient.

Dettenhofen

Zugegeben nicht grade mit Blick auf den See, aber das ist hier ohnehin Nebensache: Im **Fuchs und Has** ist Party-Schweinsbraten-Fusion, ohne Geranienkästen und Lederhosen. Ja, auch junge Leute leben um die Milliardärstümpel. Livemusik von Electro bis Kraut, Biergarten. Von Dießen ca. 6 km auf der St 2056 Richtung Landsberg; Mi–So 18–1 Uhr. www.fuha.de.

Dießen

Immer noch kein Seeblick, aber was für ein schönes und uriges Gasthaus! Im **Gasthaus am Kirchsteig** (Am Kirchsteig 30) merkt man, dass das Westufer des Ammersees eben schon echtes Umland ist, und weder beim Essen noch beim Bier vermisst man hier München. Schon gar nicht bei den Preisen.

Utting

Das Prädikat „schönster Biergarten am See" trägt für viele die **Alte Villa** (beim Camping-platz) in Utting. Die Gastwirtschaft in der Jugendstilvilla verfügt über eine äußerst attraktive Freischankfläche mit prima Brotzeiten (ab 3 €), klasse Grillgerichten (ab 6,50 €) und gutem Bier (Maß König Ludwig 6,60 €). Das dazugehörige Restaurant hat sich ebenfalls eine gute Reputation erkocht (Hauptspeisen 13–20 €). Biergarten tägl. geöffnet, Samstagabend und Sonntagmittag Livemusik. Restaurant Mi–Fr ab 18, Sa/So ab 11 Uhr, Mo/Di Ruhetag.

/mein.Tipp Das Schondorfer Original Sebastian Portenländer jun. betreibt seit über 20 Jahren die urtümliche Wirtschaft **Zum Wastl** am Ort, die wohl nicht nur wegen des Rauschebarts des Wirts in die Kult-Liga aufgestiegen ist. Die Schweinshaxe für 8,80 € sättigt wahrscheinlich einen ganzen Familienverband. Tägl. ab 17, So ab 10 Uhr, Mi/Do Ruhetag. ℰ 08192-210.

Stegen

Es ist irgendwie etwas irre: In die Alte Brauerei Stegen am Nordufer hat man (vermutlich entsetzlich) viel Geld gesteckt und im unmittelbaren Umfeld der Zentralfriteusen der Strandbäder ein asiatisches Restaurant mit dem arg uninspirierten Namen **Five Elements** (Landsberger Str. 57; tägl. außer Mo) hineingebastelt – und dann ist alles ganz großartig! Was für ein hinreißendes altes Gemäuer, welch gute Küche! Diese Lage! Der Italiener im Keller soll auch prima sein, des Weiteren wird in dem Gebäudekomplex auch noch gebraut, ein Kino betrieben und in beneidenswert schönen Büros und Ateliers gearbeitet.

Die kleineren Alternativen

Feringasee und Deininger Weiher

Um Wasser mit Natur darum herum zu finden, muss man nicht gleich zu den großen Seen fahren. Eine rasend beliebte Alternative zum gebührenpflichtigen Planschen in Münchens Freibädern gibt es sogar am ansonsten ausflugstechnisch nicht eben begünstigten nördlichen Stadtrand: den **Feringasee**, ein Relikt des Autobahnausbaus in den 1970er-Jahren. Die ehemalige Kiesgrube ist an die 7 m hoch geflutet und wird an schönen Sommertagen von bis zu 30.000 Badegästen regelrecht gestürmt. Rund um die 32 ha große Wasserfläche hat sich eine ausgereifte Naherholungsinfrastruktur entwickelt: Kioske und ein Biergarten entheben den Badegast von der Tragelast zentnerschwerer Picknicktaschen, Beachvolleyballfelder und ein Spielplatz lenken den Aktivitätsdrang in geordnete Bahnen. Die kleine Landzunge am Südufer ist als FKK-Bereich ausgewiesen und wird sehr stark frequentiert.

Sehr viel urwüchsiger ist der **Deininger Weiher** jenseits der südlichen Stadtgrenze (in der Nähe der Nobelsiedlung München-Straßlach). Hier gibt es nur Liegewiesen, ein eher provisorisches Einmeterbrett und ein nettes Gasthaus. Der Beliebtheit tut das keinen Abbruch, der kleine Moorsee (das etwas trübe Wasser ist hygienisch völlig einwandfrei – wie in allen Seen des Münchner Umlands) ist wegen seiner geringen Tiefe schon im Mai wohl temperiert und entsprechend gut bis fast zu gut besucht. Prima ist der Deininger Weiher für die schnelle Abkühlung im Rahmen einer Wander- oder Radtour durch die entzückende Umgebung des Naturschutzgebiets Geißental.

Anfahrt

Zum **Feringasee** die Effnerstraße (später M 3) stadtauswärts, dann links in die Stichstraße zum See. Knapp 2000 Parkplätze (gebührenpflichtig), zu Stoßzeiten rasend schnell voll! Besser also mit dem Rad: entweder die gleiche Strecke oder den Isarradweg bis Unterföhring. Mit dem MVV: S 8 bis Unterföhring, dann ca. 1,5 km zu Fuß über die Felder bzw. Buslinie 233 in die ZDF-Straße im Medienpark.

Zum **Deininger Weiher** die Staatsstraße 2072 bis Straßlach, danach links nach Großdingharting, in der Ortsmitte links die abschüssige Straße zum See. Knappes Parkplatzangebot! Mit dem Radl am schönsten durch den Perlacher Forst, Oberhaching links passieren und auf der M 5 nach Großdingharting, dann wie oben. Öffentlich geht's auch, allerdings etwas umständlich: S 7 nach Höllriegelskreuth, dann mit dem RVO-Bus 271 nach Großdingharting.

Luxusblick ins Oberland

Münchner Hausberge

Der beliebteste Sportverein der Stadt ist die Münchner Sektion des Deutschen Alpenvereins (über 100.000 Mitglieder, das schafft nicht einmal der FC Bayern!) – Wanderstiefel, brauchbarer Rucksack und funktionale Outdoor-Bekleidung gehören deshalb schon fast zur Grundausstattung eines Münchner Haushalts.

Alle Wanderwege in den bayerischen Bergen sind fabelhaft markiert, eine minutiöse Routenbeschreibung oder gar elektronische Navigationshilfen sind deshalb unnötig. Hilfreich ist natürlich eine gute Wanderkarte, die man in jeder größeren Münchner Buchhandlung bekommen kann.

Eine ziemlich große Anzahl von Tagestouren befindet sich in recht bequemer Distanz von der Münchner Innenstadt. An den langen Sommertagen muss man noch nicht einmal allzu früh aufstehen, um den Tag mit einem Gipfelerlebnis zu krönen. Wenn's am Wochenende richtig strahlend schön ist, sollte man sich die Wahl des Verkehrsmittels gut überlegen: Die A 8 und A 95, Hauptausfallstrecken nach Süden, sind dann nämlich schnell an ihren Kapazitätsgrenzen, und aus dem vermeintlich kurzen Hopser in die Berge wird ein quälender Vormittag im Stau bei Holzkirchen oder Farchant. Öffentliche Verkehrsmittel wie die BOB (Bayerische Oberlandbahn) oder der Regionalservice der DB sind dann die deutlich bessere Wahl.

Tourvorschlag Nr. 1

Benediktenwand

Fraglos einer der Hausberg-Klassiker ist die Benediktenwand (1801 m ü. NN) oberhalb von Benediktbeuern, mit 1200 m Höhenunterschied und 7 bis 8 Stunden Gehzeit (je nach Ausgangspunkt) aber auch eine ziemlich anstrengende Tour. Der erste Abschnitt bis zur Tutzinger Hütte (1327 m) ist noch vergleichsweise unspektakulär, bis zur Baumgrenze bewegt man sich ausschließlich durch dicht bewaldetes Gebiet. Am Fuß der fast 500 m hohen Felsfront der Benediktenwand beginnt dann das genuin alpine Erlebnis. Für den sehr steilen Weg über die Ost- oder Westflanke (Rundweg) mit gelegentlich ausgesetzten, aber halteseilgesicherten Stellen ist dann auch eine gewisse Trittsicherheit erforderlich.

Wer zeitig aufgebrochen ist und nicht auf dem gleichen Weg wieder absteigen möchte, kann in weiteren 4 Stunden auf hochgebirgigen Gratwegen zum Brauneck hinüberwandern, von diesem Gipfel führt dann eine Bergbahn hinunter nach Lenggries (Abfahrt 9 €, erm. 4,50 €).

Anfahrt/Startpunkt

Mit dem **Auto** gelangt man über die A 95 (Richtung Garmisch) nach Benediktbeuern, Start der Wanderung ist dann der Parkplatz im südöstlichen OT Gschwendt.

Mit der **Bahn** steigt man am Bahnhof Benediktbeuern aus und läuft ca. 30 Min. bis zum gleichen Punkt. Bahnfahrer haben den Vorteil, sich die Überschreitung zum Brauneck vorzubehalten und von Lenggries mit der BOB nach München zurückzufahren.

Hütten/Einkehr

Die **Tutzinger Hütte** am Fuß der Wand ist von Ende April bis Anfang Nov. bewirtschaftet.

Kultur

Unmittelbar hinter dem Bahnhof erstreckt sich die riesige Anlage des 739/40 gegründeten **Klosters Benediktbeuern**. Große Teile stehen tägl. von 9 bis 17.30 Uhr zur freien Besichtigung offen, Führungen (dann auch in die Prunksäle) gibt es Sa/So 13 und 14.30 Uhr, im Sommer auch tägl. um 11 Uhr. 4 €, erm. 2,50 €. www.kloster-benediktbeuern.de.

Tourvorschlag Nr. 2

Wendelstein

Der 1838 m hohe Wendelstein ist der erste wirklich hohe Gipfel hinter dem sich lieblich dahinwellenden bayerischen Voralpenland. Die Aussicht ist entsprechend spektakulär, auf kaum einem anderen Berg liegt einem Bayern buchstäblich so zu Füßen. Entsprechend beliebt ist der Wendelstein bei Ausflüglern – kontemplative alpine Stille sucht man dort oben vergebens. Der erhebliche Rummel verdankt sich nicht zuletzt der guten Erschließung mit Aufstiegshilfen: Von Osterhofen transportiert eine Drahtseilbahn und von Brannenburg eine Zahnradbahn (die älteste Deutschlands) auch den trägsten Panoramabeschauer schweißfrei fast ganz nach oben.

Erstaunlich hoch (und Landschaftsschützern ein Dorn im Auge) ist die Bebauungsdichte am Wendelstein: Um die Bergstationen der Bahnen finden sich ein großes Restaurant, das Wendelsteinkircherl (seit 1890 die höchstgelegene geweihte Kirche Deutschlands) und die Wendelsteinkapelle; den privilegierten Platz auf dem Gipfel teilen sich eine Sternwarte, Sendemasten und eine Wettersensation. Es gibt aber auch eine Natursensation: Etwas oberhalb der Wendelsteinkapelle hält sich an den Tropfsteinen der Wendelsteinhöhle bis weit in den Sommer das Eis.

Für den ehrlichen Weg zu Fuß stehen mehrere Routen zur Wahl. Am empfehlenswertesten (gleich zwei Gipfel, deutlich weniger Betrieb und drei Hütten) ist die Tour mit dem Startpunkt Birkenstein. Von hier gelangt man in ca. 2:30 Std. auf den Breitenstein (1622 m), quert von dort zur Aiblinger Hütte am Fuß der Felswand des Wendelsteins (1 Std.) und beginnt dann mit dem ca. zweieinhalbstündigen Aufstieg zum Wendelstein. Wanderer mit etwas weniger Vertrauen in ihre Kondition verzichten auf den Abstecher zum Breitenstein und erwägen für den Weg ins Tal die Seilbahn. Wer noch fit ist, lässt sich in knapp 2 Stunden ins Tal nach Bayrischzell oder Osterhofen treiben.

Anfahrt/Startpunkt

Auto: Über die A 8 (Ausfahrt Weyarn), die B 307 (über Schliersee bis nach Aurach) und die St 2077 gelangt man nach Birkenstein; vom Endpunkt der Tour zurück zum Auto muss man sich mit der BOB oder dem Regionalbus behelfen.

Bahn: Die BOB (blauer Zweig Richtung Bayrischzell) bringt den Wanderer bis zum Bahnhof Geitau, von dort sind es ca. 2 km nach Norden (auf diesem Weg auch ein direkter Abzweig zum Wendelstein) bis nach Birkenstein. Rückfahrt je nach Endpunkt von den Bahnhöfen Bayrischzell oder Osterhofen.

Hütten/Einkehr

Auf dem Weg liegen drei im Sommer bewirtschaftete Hütten, zunächst die **Kesselalm** (1278 m, hübsche Terrasse), unterhalb des Breitensteins die **Hubertushütte** (guter Kuchen!) und schließlich die **Aiblinger Hütte** (nur Getränkeverkauf). Der Wendelstein bietet touristische Vollstruktur mit Gipfelrestaurant und SB-Terrasse.

Noch mehr Wanderungen …

… finden Sie in unserem Wanderführer Münchner Ausflugsberge von Jens Willhardt. Reichlich Infos zum Wanderziel Münchner Ausflugsberge, 38 detailliert beschriebene, GPS-gestützte und nach Schwierigkeitsgrad eingeteilte Touren inklusive exakter Karten, Höhenprofile und Tipps zu An- und Abfahrt.

GPS
Tracks & Wegpunkte

MÜNCHNER AUSFLUGSBERGE
Jens Willhardt

Wanderführer - mit 38 Touren

MM-WANDERN

Mit Übersichtskarte

GPS-Tracks

Michael Müller Verlag
MM-Wandern

2. Auflage 2014 | ISBN 978-3-89953-816-8 | 14,90 €

Das Münchner Umland → Karte S.221

Fassade des Museums Brandhorst

Nachlesen & Nachschlagen

Am Portal der Ludwigsbrücke

Stadtgeschichte

In den großen zeitlichen Dimensionen des alten Kontinents gedacht, ist München ein rechter Jungspund. Zur divenhaften Verschleierung seines Alters besteht denn auch gar kein Grund: Unüberhörbar hat München im Jahr 2008 seinen 850. Geburtstag gefeiert.

Für die vergleichsweise späte Gründung gibt es einen triftigen Grund: Geografisch ist München alles andere als privilegiert, die karstigen Ebenen um den damals noch namenlos in zahllosen Betten umherirrenden Fluss waren weder einladend noch fruchtbar und damit für einheimische Volksstämme uninteressant. Auch die Römer – ansonsten Garanten für frühe Stadtgründungen in diesem Kulturraum – fühlten sich hier nicht so recht wohl, und so blieb das Gebiet trotz der im Norden und Süden vorbeiführenden römischen Hauptverkehrsachsen lange Zeit relativ unbeachtet. Selbst nach der Stadtgründung war die nur eingeschränkte Möglichkeit zur Selbstversorgung immer

wieder problematisch. Gustav Adolf, schwedischer Invasionsführer im Dreißigjährigen Krieg, ersann dafür später die eingängige Metapher von München als einem „goldenen Sattel auf magerem Pferd".

Vom Schotterfeld zur herzoglichen Residenz

Völlig aus dem Nichts ereignete sich die Stadtgründung freilich dennoch nicht. Feste Bauten und erste Siedlungsaktivitäten sind bereits für das 8. nachchristliche Jahrhundert nachweisbar, als das jetzige Altstadtgebiet ein agilolfingischer (später karolingischer) Fiskalgutbesitz war. Als solcher stand er unter der Fuchtel des Freisinger Bischofs, damals die politisch bedeutendste Nummer in der Gegend.

Die Entwicklungsimpulse für das spätere München kamen indes vorwiegend von isaraufwärts gelegenen Klöstern. Sowohl die Benediktinermönche vom Tegernsee als auch deren Glaubensbrüder aus Schäftlarn waren im heutigen Stadtgebiet aktiv. Vermutlich lässt sich aus der frühen Präsenz von Klöstern und Ordensniederlassungen auch die Genese des Ortsnamens ableiten: „apud Munichen" = „bei den Mönchen". Gesichert ist das freilich nicht. So wird derzeit unter anderem die Herkunft aus der vaskonischen Wortwurzel „munica" diskutiert, die „Ufer, Böschung, Bodenerhebung" bedeutet, was sich gut auf das Isarhochufer beziehen ließe, das damit als ursprünglicher Besiedlungsraum ausgewiesen wäre.

Wie auch immer der Expertenstreit um Namen und primäres Besiedlungsgebiet ausgehen mag (wenn er es denn jemals tut) – fest steht, dass das Schotterfeld an der Isar Mitte des 12. Jh. aktenkundig gemacht wurde (im Übrigen weit später als viele der heute ununterscheidbar zur Großstadt zusammengewachsenen Viertel wie Schwabing oder Giesing, deren erste urkundliche Erwähnung bereits ins späte 8. Jh. fällt). Denn aller Kargheit der Natur zum Trotz – ein wichtiges Argument konnte München für sich verbuchen: Die Anbindung an die Verkehrsadern des frühen Mittelalters war phänomenal. Da war zum einen die Isar, ein mit Flößen durchaus schiffbares Gewässer und damit Zubringer zur Donau, dem als Handelsweg bedeutendsten Strom der Region. Zum anderen gab es die schon erwähnten Römerstraßen, die bis weit ins späte Mittelalter hinein von erheblicher ökonomischer Bedeutung blieben. Schließlich verlief hier mit dem Hallweg die wichtigste Transportroute für Salz, das bedeutendste Handelsgut der Epoche.

Der Hallweg überquerte die Isar bei Oberföhring im Norden der heutigen Altstadttrasse. Er war damit ein ständig sprudelnder Einnahmequell für den Freisinger Bischof, auf dessen Gebiet die zollwegpflichtige Brücke lag. Das weckte Begehrlichkeiten bei Heinrich dem Löwen. Der war kurz zuvor (1156) von Friedrich Barbarossa mit dem Herzogtum Bayern belehnt worden und glaubte, als neuer Landesfürst eigene Ansprüche geltend machen zu können. Heinrich ließ eine eigene Brücke bauen (ungefähr auf Höhe der heutigen Lud-

wigsbrücke) und in frühkapitalistischer Ahnung um die Einträglichkeit von Monopolen die Brücke von Bischof Otto vorsichtshalber zerstören. Der Bischof gab eine eindrucksvolle Darbietung derjenigen Gemütsregung, die bis heute im ortsüblichen Dialekt als „angfressen sein" umschrieben wird, und wandte sich an den Kaiser. Der entschied jedoch eher weltlich: Im „Augsburger Schied" überschrieb Barbarossa am 14. Juni 1158 die Regaliennutzung (Markt-, Zoll- und Münzrechte) des neuen Markts München an seinen Vetter Heinrich und nahm Otto (aparterweise ein Onkel des Kaisers) damit weitgehend aus dem Spiel. Der Tag gilt heute als Datum der Stadtgründung, quellenkritisch erbsenzählend ist es allerdings lediglich der Tag der ersten urkundlichen Erwähnung der Stadt – wenn nicht das ganze Dokument ohnehin eine Fälschung ist, worauf nach neuesten Forschungen vieles hindeutet.

Das Gezänk war damit freilich noch lange nicht zu Ende. Immer wieder unternahm das Bistum Vorstöße zur Wiederherstellung der alten Verhältnisse, aber spätestens 1240 gaben die geschäftstüchtigen Kleriker das Tauziehen auf und zogen sich auf ihren Domberg zurück. Eine kleine monetäre Beteiligung blieb dem Bischof übrigens bis fast in unsere Tage: Erst 1852 erlosch nach einem Vergleich die letzte Zahlungsverpflichtung der Stadt gegenüber dem Bistum (bzw. dem bayerischen Staat, der nach der Säkularisation 1802 die Rechtsnachfolge in Finanzdingen übernommen hatte).

München bis in die frühe Neuzeit

An ihrem Husarenstück hatten die Welfen unter Heinrich dem Löwen nur sehr begrenzte Zeit ihren Spaß – nach einer verweigerten Heerfolge fiel der Herzog in Reichsacht und Bayern an das Haus Wittelsbach. Erster Herrscher dieser Dynastie war Otto, der 1180 die Macht übernahm; der letzte – Ludwig III.

Nur noch als Bronzetafel:
der Schöne Turm

– räumte erst geschlagene 738 Jahre später (am Ende des Ersten Weltkriegs) das Feld. Seit 1255 – es regierte mittlerweile Herzog Ludwig II. – war München Residenzstadt und damit zum Wohnsitz des Adelsgeschlechts aufgestiegen.

Als wichtigste Figur in diesen frühen Jahren der Stadtgeschichte gilt aber ein anderer Ludwig, in der frühen herzoglichen Zählung der Vierte seines Namens. Genannt wird er meist zusammen mit seinem Beinamen: Ludwig der Bayer. Formal brachte er die ganz große Reichspolitik nach Bayern: 1314 wurde er deutscher König, und 1328 wählten ihn die Kurfürsten des Reichs sogar zum deutschen Kaiser. Das Prädikat Kaiserstadt ist für München dennoch unangebracht, denn Ludwig war noch ganz dem Reisekönigtum verpflichtet: München war nur eine Station unter vielen auf seiner immerwährenden Deutschlandtournee.

Trotzdem hatte er starken Einfluss auf die Stadtentwicklung. Von ihm bekam München ein erstes kodifiziertes Stadt-recht – das „Versiegelte Buch" (1340) –, und auch der massive Ausbau der Stadtbefestigung, den schon sein Vater Ludwig II. angestoßen hatte, wird ihm gutgeschrieben. Nach seinem Tod 1349 gewann keiner seiner Nachfolger – allesamt wieder bloß schlichte Herzöge – wirklich entscheidendes Profil. Kennzeichnend für die Herrschaftssituation in München waren vielmehr die immer wieder aufflammenden Streitigkeiten zwischen Magistrat, Patriziern, Bürgern, Zünften und eben den Wittelsbachern – in stets wechselnden Koalitionen und durchaus nicht immer unblutig.

Allein bis 1330 wuchs München um das Sechsfache seiner ursprünglichen Ausdehnung, auch die Bevölkerungszahl entwickelte sich stetig nach oben. Wirtschaftlich prosperierte die Stadt zuerst vor allem als Fernhandelsplatz (einträglichste Ware blieb das Salz), später auch durch produzierendes Gewerbe. Hier waren es zum einen die Ziegelbrennereien in den Gebieten rechts der Isar, die sich einer regen Nachfrage an Baustoffen erfreuten. Wichtigster Großbau der Epoche war natürlich die Frauenkirche, aber auch die Projekte der herzoglichen Hofhaltung und des immer reicher werdenden Patriziats bescherten Steinmetzen, Holzschnitzern und Malern ein fügliches Auskommen. Maßgeblichen Anteil an der Binnenkonjunktur der Stadt hatte daneben das rasch expandierende Brauereiwesen, das Ende des 15. Jh. bereits mit 38 Unternehmen im Stadtgebiet vertreten war.

Ein frühes geistesgeschichtliches Highlight ist die Berufung des englischen Philosophen William von Ockham an den kaiserlichen Hof Ludwigs des Bayern, der im erstaunlich freigeistigen München („liberalitas bavariae") seine scharf nominalistischen Positionen im sog. Realienstreit ausarbeiten konnte.

Die Gegenreformation

München war und ist katholisch. Bevor der rebellische Mönch Martin Luther aus Wittenberg seine unerhörten Thesen an das Hauptportal der dortigen Schlosskirche schlug, war das noch eine Selbstverständlichkeit. Nach 1517 wurde es zum Politikum und nicht selten auch zum Kriegsgrund. Die bayerische Herrschaft aus dem Haus Wittelsbach verstand sich in der aufkommenden scharfen Kontroverse durchaus als Frontkämpfer und machte ihre Residenzstadt zu einem bedeutenden Zentrum der Gegenreformation. Protestanten der ersten Stunde hatten nicht viel zu lachen – ein öffentliches Bekenntnis zur neuen Lehre war meist gleichbedeutend mit rabiatesten Konsequenzen von Folter bis Hinrichtung. Wer nicht von seinem reformatorischen Glauben lassen konnte oder wollte, tat nach 1522 (offizielles Verbot der Verbreitung der lutherschen Lehren) gut daran, seinen Lebensmittelpunkt in die nächstliegenden liberaleren Reichsstädte Nürnberg, Augsburg, Regensburg und Ulm zu verlagern – eine Option, von der einige arrivierte Mitglieder der Münchner Gesellschaft auch Gebrauch machten.

Als Speer und Schild des reinen Glaubens fungierte die mönchische Elitetruppe der Jesuiten, 1559 von Herzog Wilhelm in die Stadt gerufen. Für den religiösen Pluralismus mag die Ankunft der intellektuellen Kampfeinheit des Ignatius von Loyola vielleicht ein Rückschritt gewesen sein, auf dem Bildungssektor profitierte die Stadt enorm: Die Einrichtung des ersten Gymnasiums im ihnen überlassenen Augustinerkloster war eine der frühestenn Aktionen der Jesuiten im Kampf gegen die verhassten Kirchenspalter.

Die selbstbewussten Münchner – seit 1506 war man alleinige Hauptstadt Bayerns und hatte die Konkurrenten aus Landshut endgültig abgehängt – stützten die konservative Position ihres Fürsten. Auch nach dem Albertinischen Rezess von 1561, der der Stadt weitgehende autonome Befugnisse auf juristischer, politischer und ökonomischer Ebene garantierte, wurde es für

Wittelsbacher Platz mit Wittelsbacher

Lutheraner und Wiedertäufer (eine andere stark bekämpfte protestantische Strömung) nicht leichter. Im städtischen Leben kamen sie schlicht nicht vor, erst 1801 erhielt Johann Balthasar Michel als erster Protestant das Münchner Bürgerrecht. Und sogar noch im Herbst 2007 war die Konfession des neuen Ministerpräsidenten Günther Beckstein ein tatsächlich lebhaft diskutiertes Thema – einen Evangelischen im höchsten Amt des Freistaats hatte es bis dato noch nicht gegeben.

Zentrum des Kurfürstentums

1597 stieg mit Maximilian I. einer der ganz Großen des bayerischen Herrscherhauses auf den Fürstenthron. Politisches Geschick, diplomatisches Gespür und städtebauliche Vision ließen München während seiner Regentschaft enorm prosperieren. Wichtigste politische Leistung Maximilians – zumindest auf formaler Ebene – war die Beförderung Bayerns in den Stand eines Kurfürstentums (1623), womit gleich-

zeitig München in den Rang einer kurfürstlichen Hauptstadt erhoben wurde.

Der bedeutendste Beitrag Maximilians
zur Stadtentwicklung Münchens war
sicherlich der Ausbau der seit 1385 in
mehreren Etappen errichteten wittelsbachischen Stadtfeste zum bis heute
größten innerstädtischen Schloss
Deutschlands; 1618 hatte die Residenz
in Dimension wie Gestaltung schon annähernd ihr heutiges Gesicht erhalten.
Die Künstler und Kunsthandwerker, die
zur Realisierung des immensen Bauvorhabens in großer Zahl rekrutiert
werden mussten, gaben der Stadt wesentliche Impulse und trugen maßgeblich dazu bei, München zu einer der
glanzvollsten Städte auf deutschem
Boden zu machen. Auch die einigermaßen rigide dirigistische Haltung Maximilians in wirtschaftlichen Fragen kam
der Hauptstadt Bayerns zugute. Neben
der Verstaatlichung des immer noch
enorm bedeutenden – und einträglichen! – Salzhandels stand die ur-
münchnerische Domäne des Brauwe-
sens im kurfürstlichen Fokus. Die
staatlichen Monopole auf Weiß- und
Bockbier legten auch den Grundstein

für den dauerhaften Erfolg des Hof-
bräuhauses.

Das Völkerschlachten des Dreißigjährigen Kriegs traf München zweimal mit
voller Heftigkeit. 1632 wurde die Stadt
erstmals von den Truppen Gustav
Adolfs eingenommen und nur gegen
die astronomische Kontribution von
450.000 Gulden vor der vollständigen
Schleifung bewahrt (der Schwedenkö-
nig nahm sicherheitshalber auch noch
ein paar Dutzend Geiseln). Zwei Jahre
später suchten die Schweden die Stadt
erneut heim. Ihr vernichtendstes Mit-
bringsel waren diesmal aber nicht Waffen und Mordlust, sondern Bakterien:
Die von den Landsern eingeschleppte
Pest dezimierte die Münchner Bevölkerung um mindestens ein Viertel – 7000
Bewohner wurden dahingerafft.

Auf dem Weg in die Moderne

Vom Aderlass durch Krieg und Epide-
mie erholte sich die Stadt recht schnell.
In den folgenden 150 Jahren wuchs die
Bevölkerung – bis dahin über Jahrhunderte nur unwesentlich verändert –
kräftig und nachhaltig: 1800 standen

Der Kaisersaal der Residenz

50.000 Bürger in den Registern des Rats. Zum Teil war dieser Zuwachs das Ergebnis von Eingemeindungen, die aus allen Nähten platzende Innenstadt befand sich schon lange an ihren Kapazitätsgrenzen. Die erste Erweiterung erfolgte nach Osten: 1724 wurde das Lehel offiziell ein Teil Münchens. Die Stadt wurde aber nicht nur größer, sondern auch moderner. Seit 1733 mussten bezechte Bürger nachts nicht mehr im Dunkeln nach Hause torkeln, Öllampen sorgten in den Straßen für eine zwar fahle, aber doch wirkungsvolle Beleuchtung.

Weiterhin ein gelegentlicher ungeliebter Gast der Stadt war der Krieg. Das Haus Wittelsbach befand sich auf Expansionskurs und trat damit seinen Nachbarn und Konkurrenten manchmal empfindlich auf die machtbewussten Füße. Erster Proponent des neuen Kurses war Max II. Emanuel, der sich als Feldherr im Krieg gegen das Osmanische Reich bleibenden Ruhm als der „Türkenbezwinger von Belgrad" (1688) erworben hatte und die militärische Karte auch später gerne ausspielte. Allerdings deutlich glückloser: Sein Engagement im Spanischen Erbfolgekrieg (1701–1714) wurde zum Desaster, brachte die Hauptstadt seines Reiches unter fremde Herrschaft und ihn selbst ins Exil – von 1705 bis 1714 stand München unter österreichischer Herrschaft, und Max Emanuel flüchtete sich nach Frankreich. Nach seiner Rückkehr hatte er genug vom Mächtespiel und warf sich mit Verve auf das wittelsbachische Generalhobby Bauen. Die großartigen Schlösser Nymphenburg und Schleißheim sind im Wesentlichen seiner Aktivität zuzuschreiben.

Max Emanuels Sohn Karl Albrecht war vom Misserfolg seines Vaters offensichtlich wenig beeindruckt und legte

München im Kasten
Die Sendlinger Mordweihnacht

Der österreichische Kaiser Joseph I. (1705 zum Nachfolger des milden Leopold I. gekrönt) befahl für die Besatzungstruppen in Bayern die ganz harte Linie. Es wurde geplündert, gepresst und besteuert, was das Zeug hielt. Schon bald regte sich gegen die Invasoren aus dem Nachbarland aktiver Widerstand. Unter der Parole „Lieber bayerisch sterben, als kaiserlich verderben" formierten sich in vielen Teilen des Landes, vor allem in Niederbayern und der Oberpfalz, Freischärlertruppen zum bewaffneten Kampf gegen die verhassten Österreicher. Von der einheimischen Bevölkerung leidenschaftlich unterstützt, verzeichneten die Aufständischen zunächst einige Erfolge. So wurden Mitte Dezember 1705 Braunau am Inn und Burghausen eingenommen. Zum Showdown sollte es wenige Tage später in München kommen: Am Heiligen Abend erreichten ca. 3000 Aufständische mit einem klar definierten Schlacht-plan die Stadt. Diesen Plan hatte die österreichische Seite allerdings im Vorfeld zugespielt bekommen, und so waren die Kaiserlichen gut gerüstet. In ersten Gefechten am Isar- und Angertor (heute ugf. Technisches Rathaus) bezogen die schlecht ausgerüsteten Rebellen auch gleich eine Riesen-Klatsche, versprengte Überlebende schlugen sich daraufhin nach Sendling durch. Auch dort wurden sie von den Österreichern eingekesselt, sodass ihnen schließlich nur die Kapitulation blieb. Die Österreicher nahmen zum Schein an, um gleich darauf die nun völlig Entwaffneten fast bis auf den letzten Mann niederzumetzeln. Als Letzter fiel – der Legende nach – der „Schmied von Kochel", eine Art bayerischer Obelix, der schon in den Türkenkriegen unter Max Emanuel seine übermenschlichen Kräfte unter Beweis gestellt haben soll. Insgesamt über 1100 Freiheitskämpfer fanden den Tod.

die Großmachtpläne wieder auf den Tisch. Damit brachte er es 1742 als zweiter Bayer sogar bis zum deutschen Kaiser (als Karl VII.). Im österreichischen Erbfolgekrieg nutzte ihm der Titel aber wenig: 1742 und 1744 wurden Land und Hauptstadt erneut von den Österreichern besetzt, der Kaiser selbst starb während der Rückeroberung seines Reichs. Sein Nachfolger, Kurfürst Maximilian III. Joseph, legte die Expansionsträume dann vorerst ad acta und widmete sich stattdessen den dringend nötigen inneren Reformen. Die Münchner dankten es ihm mit dem Beinamen „der Vielgeliebte".

Mit dem Tod Max' III. Joseph 1777 erlosch die altbayerische Linie des Hauses Wittelsbach. Der Nachfolger musste aus der pfälzischen Seitenlinie importiert werden. Karl Theodor von Pfalz-Sulzbach zog mit seinem Hofstaat zwar von Mannheim nach München, wurde dort aber nie so recht heimisch – die Bayern mochten den aufgeklärt-absolutistischen Zugereisten einfach nicht.

Bayerns erster König: Max I. Joseph

Andauernde Zankereien mit dem Rat (vorübergehend verlegte Karl Theodor sogar den Hof zurück nach Mannheim) und erneute Verwicklungen ins europäische Mächtespiel (Bayerischer Erbfolgekrieg 1778/79) setzten seine Herrschaft in ein unglückliches Licht. Tatsächlich aber verdanken die Münchner dem ungeliebten Pfälzer eine ganze Menge: den Englischen Garten, die Neukonzeption der Stadtanlage und eine fortschrittlich reformierte Verwaltung. Bei seinem Tod 1799 erfüllten trotzdem Jubelgesänge die Stadt.

Königliche Hauptstadt

Am 1. Januar 1806 wurden in München die Zähler zurückgestellt, und die Uhr begann in einem neuen Takt zu ticken: Aus dem Kurfürsten Max IV. Joseph wurde König Max I. Joseph von Bayern, aus dem Kurfürstentum eine Monarchie und aus München eine königliche Residenzstadt. Letztere segelte fortan im Aufwind: Bis zum Ende der wittelsbachischen Herrschaft 112 Jahre später verzwölffachte sich die Bevölkerung, erhebliche Teile des Umlands wurden eingemeindet, und München erhielt in dieser Epoche sein einzigartig klassizistisches Stadtbild. Vor allen Dingen die ersten beiden Regenten, besagter Max I. und sein Sohn Ludwig I., entfesselten ein wahres Feuerwerk der Baukunst. Zugleich florierten die schönen Künste durch Mäzenatentum und Patronage auf bisher unerreichtem Niveau. München wurde zu einer der führenden Kunststädte des Kontinents.

Zumindest im Kern war es jedoch Glanz auf Pump, denn das Königtum verdankte sich napoleonischen Gnaden, und der Imperator aus Paris ließ sich seine großmütige Geste teuer bezahlen. Nicht in Heller und Pfennig, sondern in Blut und Eisen: 33.000 junge Männer opferte König Max auf den Schlachtfeldern des Russlandfeldzugs. Ein paar Jahre später machte er freilich eine atemberaubende Kehrtwendung, kündigte das Bündnis mit Napoleon auf und schlug sich auf die

Seite derjenigen, die den Kaiser schließlich in den wohlverdienten Ruhestand verabschiedeten. Der aus Frankreich rührende Geist der Aufklärung umschmeichelte den König der Bayern aber weiterhin, und so verwandelte er sein bis dahin schwer rückständiges Reich Schritt für Schritt in einen modernen Staat, der den Bürgern ein vergleichsweise hohes Maß an Grundrechten einräumte. Geistiger Vater der dazu notwendigen umfassenden Reformen auf juristischem, administrativem und ökonomischem Gebiet war allerdings nicht der König selbst, sondern sein allmächtiger Minister Maximilian Graf von Montgelas, der schon Jahre vor seines Dienstherrn Königskür mit Vehemenz die Säkularisation in Bayern durchgeboxt hatte. Im kollektiven Gedächtnis der Münchner ist der erste bayerische König durch die nach ihm benannte Maxvorstadt (nordwestliche Stadterweiterung) verankert, in der bayerischen Geschichtsschreibung hat er sich ein komfortables Plätzchen als umgänglicher, freundlicher und volksverbundener Landesvater gesichert.

Montgelas in Aluminium

Auf nicht so gutem Fuße mit eben jenem Volk stand sein Sohn und Nachfolger Ludwig I. Der kunstsinnige König, dessen glühende Griechenverehrung den Münchnern unter anderem die Glyptothek, die Antikensammlung und die Propyläen bescherte (und den Bayern das „y" im Landesnamen), leistete sich eine Amouröse mit der halbseidenen Tänzerin Lola Montez und provozierte so seine Untertanen im ohnehin aufgeheizten europäischen Revolutionsjahr 1848 zur offenen Revolte. Nach einigem Hin und Her sah sich Ludwig schließlich genötigt, die königlichen Brocken hinzuwerfen und zugunsten seines Sohnes Max II. abzudanken.

Ein noch gestörteres Verhältnis zu den Münchnern und ihrer Stadt hatte der nächste Ludwig in der Reihe der bayerischen Könige: Ludwig II., schwer neurotisch und in jeder Beziehung mythenumrankt, mied die Hauptstadt seines Reiches und die Öffentlichkeit, wann immer er konnte. Stattdessen schuf er sich Traumwelten in den entlegensten Winkeln des Landes, baute Märchenschlösser, widmete sich der Oper und später dann verstärkt dem Kognak. Seine wenigen Ausflüge in die Politik waren von eher mäßigem Erfolg, auch die faktische Aufgabe der bayerischen Souveränität nach der vernichtenden Niederlage an der Seite Österreichs gegen Preußen im deutschen Bruderkrieg von 1866 fällt in seine Regierungszeit. Fünf Jahre später war dann mit der Gründung des Deutschen Reiches der Käs endgültig gegessen: Bayern blieb zwar formal Königreich – die Musik im neuen deutschen Einheitsstaat spielte aber eindeutig im preußischen Berlin.

Ludwig selbst saß noch bis zum 8. Juni 1886 auf dem bayerischen Thron, dann wurde der inzwischen komplett durchgeknallte Exzentriker für unzurechnungsfähig erklärt und seines Amtes enthoben. Nur fünf Tage später fand er – unter geziemend mysteriösen

Umständen – den Tod durch Ertrinken im Würmsee (heute Starnberger See). Am Ufer zurück ließ er ein knietief im Dispo stehendes Land: Die königlichen Bauaktivitäten hatten Bayern mächtig zugesetzt. Dennoch gelang es seinem Nachfolger Prinzregent Luitpold (der eigentliche Thronfolger Otto I. wurde wegen Depressionen ab 1880 in Schloss Fürstenried bei München weggesperrt und ebenfalls für regierungsunfähig erklärt), den Glanz der Krone nach München zurückzuholen – zumindest oberflächlich. Denn genau genommen war der Dynast in der Residenz nur noch der gekrönte Pfingstochs, der bei Bedarf bunt geschmückt durch die Straßen geführt wurde. Die politische und gesellschaftliche Debatte wurde längst vom aufstrebenden Bürgertum dominiert. Und so blieb nach dem letzten Akt des Königsschauspiels, der Abdankung des mit den politischen Realitäten völlig überforderten Ludwig III. (1912–1918), in vielen Kreisen zwar eine gewisse wehmütige Verklärung der alten Ordnung, wirklich vermisst wurde die blaublütige Exekutive aber nicht.

Nach dem Ersten Weltkrieg

Von wegen konservativ: Die erste Republik des Deutschen Reichs wurde in München proklamiert! Der über Jahrzehnte fortgeschrittene Bedeutungsverlust der Monarchie machte es den Bayern leicht, sich als erstes Land ihrer angestammten Herrschaft zu entledigen. Über die Frage, was nachfolgen sollte, wurde dann aber äußerst turbulent und wenig später auch mit einer im Reich einmaligen Brutalität gestritten. Am 8. November 1918 wurde der kritische Journalist und Intellektuelle Kurt Eisner (USPD, eine linke Abspaltung der SPD) von einem schnell installierten Arbeiter- und Soldatenrat mit mehr als mäßiger demokratischer Legitimation zum Ministerpräsidenten des neuen „Freien Volksstaats Bayern" gewählt – der Auftakt zu einer kurzen Episode bayerischer Experimentierfreude in Sachen neuer linker Regierungsformen. Eisner erlebte nicht mehr viel davon, am 21. Januar 1919 wurde er von einem rechten Terroristen auf dem Weg ins Parlament erschossen. Das Attentat heiz-

Klassizismus at its best: die Glyptothek

te die ohnehin gespannte Lage noch einmal an. Ein provisorischer Zentralrat um Ernst Niekisch (SPD) rief zum politischen Generalstreik auf und verhängte über München den Belagerungszustand.

Mit der Proklamation der „Ersten Münchner Räterepublik" am 7. April 1919 begann dann die heiße Phase der bayerischen Revolution. Die anarcho-pazifistischen Räte fanden zunehmend weniger Unterstützung bei der Bevölkerung und sahen sich immer offeneren Drohungen reaktionärer Kräfte ausgesetzt. Mit Billigung und offizieller Unterstützung durch die Reichswehr formierten sich Mitte April zahlreiche Freikorpsverbände zum Kampf um München, der dann schließlich am 30. April mit voller Grausamkeit entbrannte. Hunderte von vorgeblichen und tatsächlichen Revolutionären wurden von den stramm rechten Paramilitärs geradezu abgeschlachtet, die Übriggebliebenen erledigte der Justizapparat – wie üblich in diesen Jahren wurde politische Gewalt vom rechten Rand (wenn überhaupt) nur läppisch bestraft, auf Linke hingegen schossen die Gerichte volle Breitseiten.

Nach dem Gewaltexzess wurde München zur Hochburg der konservativen und radikalen Rechten: Gustav Ritter von Kahr, Ministerpräsident seit 1920, erklärte Bayern ganz offiziell zur „konservativen Ordnungszelle" in einem vorgeblich marxistisch unterwanderten

München in Zahlen

Fläche und Bevölkerung: Auf 310,4 km² drängeln sich ca. 1,5 Mio. Einwohner (Tendenz steigend) und bescheren München damit die höchste Bevölkerungsdichte einer deutschen Großstadt. Fast jeder zweite Bürger hat ein Auto (insgesamt 700.000) und macht München damit auch in der Kraftfahrzeugdichte und Parkplatznot zum deutschen Spitzenreiter. Der Ausländeranteil beträgt knapp 28 %, die Gruppe der Migranten wird zahlenmäßig angeführt von Türken (10 %), Kroaten (7,5 %) und fast gleichauf Griechen und Italiener (6,5 %).

Sprache: Münchnerisch (aussterbend), Mittelbairisch (Verkehrssprache), Deutsch (wenn's unbedingt sein muss).

Klima: Mäßig trockenes Kontinentalklima zwischen 37,1 °C (Sommer 2003) und –30,5 °C (Winter 1942); im Sommer überdurchschnittliche Gewitterneigung; durchschnittliche Sonnenscheindauer 1707 Stunden pro Jahr; schneereichste deutsche Großstadt.

Wirtschaft: Der Großraum München ist einer der leistungsfähigsten Deutschlands; mit einem BIP von ca. 85 Mrd. € liegt der Standort auf dem Niveau von Ländern wie Rumänien oder der Ukraine. Sieben DAX-Unternehmen haben ihren Sitz in und um München, dazu kommen etwa 170 Banken sowie viele Groß- und Rückversicherungen. In den letzten Jahren hat sich besonders der Münchner Norden zu einem Zentrum der IT-Branche entwickelt. Ebenso sind dort – aber auch im Süden – bedeutende Cluster der Medienindustrie (BR, ProSieben, Sat1, Bavaria Filmstudios) entstanden. Die größten Industriearbeitgeber sind Siemens und BMW mit jeweils mehr als 10.000 Mitarbeitern am Standort. Im Durchschnitt verdient jeder Münchner gut 30.000 € (Kaufkraft), die Arbeitslosenquote liegt bei nur 4,1 % (Stand 6/2016). Verschuldet ist jeder Münchner statistisch mit 498 €; ein drastisch gesunkener Wert, und das, wo die Stadt noch nicht einmal ihr Tafelsilber (Stadtwerke etc.) verscherbelt hat.

Politik: München ist eine SPD-Hochburg, OB Dieter Reiter regiert mit einer stabilen Mehrheit aus SPD, Grünen und Rosa Liste.

Religion: Immer noch eine klare Sache: knapp 40 % Katholiken und 14 % Protestanten, 7 % Muslime (geschätzt); der Rest andere bzw. konfessionslos.

Der „Rosselenker" vor der Alten Pinakothek

Deutschland. Unter diesen Prämissen florierte der politische Radikalismus prächtig, und wenig verwunderlich war dann München auch der Nukleus für die bald wirkmächtigste ultrarechte Gruppierung im Deutschen Reich: Hier gründete und etablierte sich die NSDAP Adolf Hitlers.

Die NS-Zeit

München in der Zeit von 1933 bis 1945 wird an anderer Stelle dieses Buchs ausgiebig behandelt (Tour 5 – Das „braune" München), deshalb hier nur eine quantitative Bilanz der braunen Herrschaft:

Bevor München am 30. April 1945 von den Einheiten der 7. US-Armee besetzt wurde, hatten 73 Luftangriffe die Stadt zur Hälfte zerstört; in der Altstadt lagen sogar 90 % der größtenteils historischen Bausubstanz in Schutt und Asche. Etwa 6000 Menschen hatten in den Bombennächten den Tod gefunden, weitere 15.000 wurden dabei schwer verletzt. Die Bevölkerung Münchens reduzierte sich durch Flucht und Evakuierung von gut 820.000 Einwohnern auf eine knappe halbe Million – den Stand der Jahrhundertwende. München und seine Bewohner hatten

für die fragwürdigen Ehrentitel „Hauptstadt der Bewegung" und „Führerstadt" einen immensen Preis bezahlt.

Wiederaufbau und Gegenwart

In anderen deutschen Städten wurde ganz prosaisch aufgeräumt, in München hieß es „rama dama" – diese poetische und nur schwer ins Hochdeutsche übertragbare Wendung (etwa „aufräumen tun wir") gab der erste Nachkriegsoberbürgermeister der Stadt Thomas Wimmer aus. Der immens populäre Lokalpolitiker begründete die lange Ahnenreihe von SPD-Bürgermeistern im Rathaus der Stadt, die nur einmal von einem Unionspolitiker unterbrochen wurde. München ist damit eine trutzige rote Hochburg in der ansonsten ausschließlich von Schwarzen dominierten Landschaft Oberbayerns. Möglich wurde dieses Wählerverhalten zum einen durch die hier recht konservative Grundhaltung der alten Arbeiterpartei; zum anderen waren es wohl die profilierten SPD-Persönlichkeiten auf dem Chefsessel der Stadt, die selbst so manchem prinzipiell christsozial orientierten Wähler ein Kreuz auf dem Stimmzettel abnötigten. Vom bodenständigen Thomas Wimmer (1945–60) über den intellektuellen Gestalter Hans-Jochen Vogel (1960–72), den sozial und ökologisch aufrecht engagierten Georg Kronawitter (1972–78 und 84–93) bis zum modernen Volkstribun Christian Ude (1993–2014) hat jeder OB die Stadt ganz entscheidend geprägt. Lediglich der CSU-Mann Erich Kiesl (1978–84) fällt da etwas ab: Außer mit einer legendär verhunzten Oktoberfesteröffnung – „Obazd is!" – und einer handfesten Korruptionsaffäre hat er sich nicht entscheidend im kollektiven Gedächtnis der Stadt verankern können.

Bedeutendstes Ereignis der Nachkriegsära war die Ausrichtung der Olympischen Sommerspiele 1972, bei denen sich München als freundliche, moderne und weltoffene Stadt präsentierte und so vielen international verbreiteten antideutschen Ressentiments den Boden entzog. Auch die Ereignisse vom 5. September mit der blutig endenden Geiselnahme von elf Mitgliedern der israelischen Olympiamannschaft durch palästinensische Terroristen (Näheres → S. 163) konnte daran letztlich nichts ändern.

Beim Wiederaufbau der Stadt wurde – anders als in anderen deutschen Großstädten – besonderer Wert auf Rekonstruktion der historischen Substanz gelegt. Auch das grundsätzliche Layout der Straßen wurde weitgehend beibehalten. München hat deshalb sein historisches Gesicht bewahren können. Das Nahverkehrskonzept, insbesondere das U- und S-Bahn-Netz, war ein wichtiges Beiprodukt der Olympischen Spiele. Damals vorbildlich und immer noch ein wesentlicher Beitrag zur hohen Lebensqualität in der Stadt, ist es allerdings mittlerweile auch kapazitativ in die Jahre gekommen. Jetzt aber wird neu gebohrt, nach jahrelangem Gezänk zwischen Stadt und Freistaat ist die Finanzierung geregelt, und so werden (falls die legendär launische Staatskanzlei nicht doch noch eine ihrer nicht minder legendären Kehrtwendungen einlegt) die Tunnelbohrmaschinen anrücken und eine zweite Röhre unter der Altstadt hindurchtreiben. 2026 soll das Ganze dann fertig sein – vielleicht sogar schon mit nietennagelneuem Hauptbahnhof.

München im Kasten

Die Biergartenrevolution

Mai 1995. Ein Volk in Aufruhr. Eine Stadt kurz vor der Explosion. Schluss mit lustig: Der Waldwirtschaft in Großhesselohe, einem der schönsten Biergärten Münchens, droht eine durch Anwohnerklagen aufgezwungene Sperrstunde bereits um 21.30, ein Flächenbrand im Freiausschank kann die Folge sein. 25.000 Münchner machen mobil und demonstrieren gegen die Beschneidung ihres Gewohnheitsrechts auf eine Maß unter Kastanien. Der Landesvater handelt schnell und ersinnt im Eilgang eine Sonderregelung für die Biergärten des Freistaats. Preußische Justizpedanten kippen jedoch den Beschluss der Staatskanzlei, aber Bayern gibt nicht auf. Im April 1999 wird die Bayerische Biergartenverordnung in Erz gegossen und garantiert seither und auf alle Zeit das Recht auf Bier bis 23 Uhr. Die Biergartenrevolution ist abgewendet.

Kein Witz, kein Märchen: Das war wirklich so. Bis ins Detail ist nun im Gesetzesrang niedergelegt, was ein Biergarten ist und wie lange man sich dort trinkend aufhalten darf. In Kürze: Ab 22 Uhr keine Musik mehr, 22.30 Uhr Schankschluss, 23 Uhr Ende des „zurechenbaren Verkehrs". Ferner wird vorgeschrieben: Gartencharakter des Areals, möglichst mit schattenspendendem Baumbestand, sowie die vom Wirt eingeräumte Möglichkeit, selbst mitgebrachte Speisen verzehren zu dürfen.

Bier, Schwein, Knödel – die bayerische Trinität

Küche und Gastronomie

Zum Mythos des ewig Bayerischen gehört ganz bestimmt auch die ehrfurchtsvolle Rede von der Üppigkeit und Herzhaftigkeit der hiesigen Speisen. Das hat auch seine Berechtigung: Die bayerische Regionalküche ist eine eigene gehaltvolle Genusswelt, wenngleich sie an den Rändern ziemlich ausfranst und der Unterschied zu den angrenzenden Kulinartraditionen der Österreicher, Franken und Schwaben oft nicht mehr auszumachen ist.

Von Weißwurst bis Sterneküche

Was die typisch münchnerische Variante der bayerischen Regionalküche angeht, sieht es mittlerweile freilich ziemlich mau aus. Auf den Speisekarten der Münchner Gastronomiebetriebe ist sie kaum mehr vertreten, und auch in den Privatküchen der Landeshauptstadt wird inzwischen nach anderen Mustern gekocht. Der Grund ist eigentlich sehr erfreulich: Reichtum. Über Jahrhunderte hatte München mit seiner relativ schlechten Nahversorgung zu kämpfen, die landwirtschaftliche Nutzbarkeit der nicht besonders fruchtbaren

Landschaft des unmittelbaren Umlands zwang die Einwohner zur Zubereitung recht karger Speisen. Typisch für die Arme-Leute-Küche war beispielsweise die möglichst vollständige Verwertung von Schlachttieren, die eine große Vielfalt von Innereiengerichten auf die Speisezettel brachte, nach denen man heute auch in vorgeblich originalen Gasthäusern meist vergeblich sucht: Der Igitt-Faktor von Bries, Milz und Kutteln scheint wohl für den modernen Münchner genauso unüberwindlich groß zu sein wie für die Restdeutschen. Geblieben ist der Münchner Küche aber die Fleischlastigkeit. So etwa beim Frühstücksklassiker schlechthin, der Weißwurst, die überwiegend aus Kalbsteilen besteht.

Ansonsten glänzt München heute als Weltstadt mit beinahe unüberschaubarer gastronomischer Vielfalt. So ziemlich jeder Winkel der Welt ist mit einer kulinarischen Dependance im Gaststättenverzeichnis vertreten; es wird besternt und unbesternt auf fast jedem Niveau von exklusiv bis Burgerbratbude gekocht und gebrutzelt, was die internationalen Lebensmittelmärkte nur hergeben. Der Glanz der frühen 70er-Jahre, als von München das neue deutsche Kochwunder – personifiziert durch legendäre Chefs wie Eckart Witzigmann – durch die Republik schwappte, ist vielleicht ein bisschen abgeblättert, aber von kulinarischer Rezession kann überhaupt keine Rede sein. Hervorragende Restaurants zu finden ist definitiv kein langwieriges Unterfangen. Die klassischen Münchner Wirtshäuser hat das aber keineswegs verdrängt, ganz im Gegenteil ist der Bier- und Schweinsbratengenuss an blank gescheuerten Holztischen populär wie eh und je. Ganz besonders gilt das für den münchnerischsten aller gastronomischen Sonderfälle: den Biergarten. Wenn die Welt München dafür nicht beneidet, dann war sie noch in keinem.

Biergärten

Die Basiseinheit an den Schenken der Biergärten ist der Liter – da hilft in aller Regel auch kein entschieden, schüchtern, larmoyant oder sonst wie vorgebrachter Verweis auf eine beschränkte Aufnahmekapazität für Trinkflüssigkeit, die Maß ist Pflicht. Nur gelegentlich ergibt sich die Chance auf eine „Halbe Hell" (beim Radler gibt's aus praktischen Gründen kein Pardon). Wer sich den großen Humpen partout nicht zutraut, kann nur noch auf Weißbier zurückgreifen, das kommt immer im schlanken Halbliterglas über den Tresen.

Dem Speiseangebot merkt man den reinen Begleitcharakter von fester Nahrung im Biergartenkontext leider oft an, wirklich berauschend ist das Essen an den SB-Ständen nur selten. Abhilfe schafft hier der eigene Herd: Die schönste Passage in der Bayerischen Biergartenverordnung erlaubt nämlich den Verzehr selbst mitgebrachter Speisen. Also den Picknickkorb gefüllt mit Kartoffelsalat, Obatzdem, Fleischpflanzerln und Radieschen – die rot-weiß karierte Tischdecke nicht vergessen. Diese Option gilt aber nur für „echte" Biergärten und nicht für Bereiche mit Bedienung oder Freischankflächen von Gasthäusern! Im Zweifelsfall vorher fragen – oder die Liste ab S. 288 abarbeiten.

München im Kasten
Mehr Bier, bitte!

Helles, Dunkles, Weißbier und hin und wieder ein saionales Starkbier – damit hat sich die Variationsbreite der meisten Getränkekarten dann auch schon erschöpft und mit gerade einmal noch sechs Großbrauereien ist die selbst ernannte Welthauptstadt des Bieres eben genau das: selbst ernannt. Aber es gärt im Untergrund, gar nicht wenige Klein- und Kleinstbrauereien verleihen dem Bierstandort neue Stammwürze. Avantgardisten waren die Jungs vom **Giesinger Bräu**, die jetzt nach dem Umzug nach Obergiesing nicht nur den Ausstoß ihrer formidablen Biere erheblich steigern konnten, sondern auch ein hübsches Gasthaus am Hochufer betreiben (Martin-Luther-Str. 2). Auch die **Forschungsbrauerei**, schon seit 1930 das kleine gallische Dorf unter den Münchner Brauereien, ist jetzt mit einem Ausschank im Stadtzentrum präsent (Frauenstr. 10, gleich am Viktualienmarkt). Vorkämpfer der Craft-Beer-Revolution (blöder Anglizismus, aber die Amerikaner sind uns da tatsächlich weit voraus) sind in München die experimentierfreudigen Bastler von **Crew Republic**; mittlerweile in diversen Bars und Restaurants auf der Karte (zum Mitnehmen z. B. beim Späti in der Baaderstr. 66 oder in der Keg Bar in Schwabing, Trautenwolfstr. 1). Aber auch die Großen springen auf Zug, Paulaner kreiert in der **Brauerei im Eiswerk** (Au, Ohlmüllerstr. 44) fantasievolle neue Sorten und Schneider hat im Traditionslokal **Weisses Bräuhaus** (Im Tal 7) schon Craft-Biere auf die Karte gepackt. Die Hopfenreaktionäre – und hui, davon gibt es viele! – werden meinen, dass da bloß aus Marketingzwecken eine neue Biersau um die Braukessel gejagt würde, aber auch der abgestandenste Weißbierbayer wird sich nach einem Abend mit Münchner IPA, Stout oder Ale womöglich den Schaum vom Traditionsbart wischen.

Was man trinkt, wenn das Bier alle ist

Nachtleben

Leistungsfähige Cluster des Nachtlebens gibt es mehrere in München: Zum Clubben geht es derzeit bevorzugt in die „Neue Mitte" von Sonnenstraße bis Maximiliansplatz. Die Kollekte an Kneipen und Bars ist im Gärtnerplatz-/ Glockenbachviertel überreichlich gefüllt, auch die Maxvorstadt und Schwabing bieten hier üppiges Potenzial. Nur der Osten hat verloren: Nach Jahrzehnten der Zwischennutzung sind Kunstpark Ost und Optimolwerke jetzt Geschichte. Wohin nun mit den Junggesellenabschieden?

Kneipen und Szene-Bars

Roy 18 → Karte S. 32/33. Wenn Oma auf ihre alten Tage noch angefangen hätte Crack zu rauchen: So hätte sie das Roy eingerichtet! Schlager-Plüsch-Bar mit sagenhaften 29 Posten auf der Champagnerkarte und von der Wand lächelt Roy himself mit Chris de Burgh. Drink: Süßer Sekt, mein Süßer. Innenstadt, Herzog-Wilhelm-Str. 30. Di–Sa bis 4 Uhr. Tram, Ⓤ Sendlinger Tor.

Favorit-Bar 7 → Karte S. 51. Auf die coole Mucke könnte man auch prima tanzen, aber dafür ist es einfach immer zu voll. Rot, diffus und ungewaschen: ein Traum. Drink: bloß nicht den schnöseligen Barkeeper fragen. Innenstadt, Damenstiftstr. 12. Tägl. 20.30–2 Uhr.

Kilians und **Ned Kelly's 16** → Karte S. 61. Anglophone Gastlichkeit mit hartem Akzent. Die Doppelkneipe am Dom offeriert Iren (Kilians) und Australiern (Ned Kelly's) ein Stück Heimat, andere Nationalitäten machen einen Kurzausflug auf die beiden Inseln des Commonwealth. In dieser Lage natürlich sehr viel Touristen, aber die tun der geradezu höllischen Stimmung überhaupt keinen Abbruch. Drink: Guinness, Foster's. Innenstadt, Frauenplatz 11. Mo–Do 16–1, Fr/Sa 11–2, So 12–1 Uhr.

mein Tipp **X-Cess 23** → Karte S. 61. Ein Kneipenmythos ist zurück! Nachdem Isi im Glockenbach wegen fortwährenden Anwohnergemotzes rausgeflogen war, hat er seinen Laden jetzt an der Feierbanane in der Sonnenstraße eröffnet. Alles wie immer, und das eben exzessiv. Drink: Tequila, meistens zu viele davon. Sonnenstr. 8. Tägl. 21–5 Uhr.

Zum Jennerwein 3 → Karte S. 106/107. Underground seit 1961. Ein paar Gäste aus dieser Zeit sind wahrscheinlich auch noch da. Oder nie gegangen. Wunderbar verranzt – so wuild woa Schwabing amoi. Drink: Augustiner. Belgradstr. 27. Tägl. 20–1 Uhr.

Ksar 36 → Karte S. 122/123. Seit über 10 Jahren dreht sich die einsame Discokugel über dem schönen Partyvolk. Rasend arrogante Barkeeper, zu Stoßzeiten verstärkte Auslese an der Tür. Drink: Ökopils. Glockenbachviertel, Müllerstr. 31. Tägl. 19–3 Uhr.

Josef Bar 61 → Karte S. 122/123. Sehr nette Barkneipe mit elementarem Tresen und schicker Sitzecke. Barfood wie bei Mama: Fischstäbchen und Linseneintopf. Drink: Tegernseer Hell. Glockenbachviertel, Klenzestr. 99. Di–Sa 19–1 Uhr, Fr/Sa deutlich länger.

Holy Home 32 → Karte S. 122/123. Das ausgelagerte Wohnzimmer – ein bisschen schummrig, nicht zu sauber und immer viele fremde Freunde da. Drink: Augustiner. Gärtnerplatzviertel, Reichenbachstr. 21. Tägl. 19–1, Do–Sa bis 3 Uhr.

Registratur 30 → Karte S. 122/123. Ein Wiederkehrer des Münchner Partylebens. Aber was früher ein Club für junge Hüpfer war, ist jetzt ein Hangout für das übliche Glockenbach-Publikum. Müllerstr. 42. Do–Sa ab 21 Uhr.

Flaschenöffner 52 → Karte S. 122/123. Ungestylter kann eine Kneipe unmöglich sein. Drink: Zur Schüssel Chips auf den Tischen schmeckt einfach alles! Gärtnerplatzviertel, Fraunhoferstr. 37. Tägl. ab 11 Uhr bis ...

Und noch drei Bars aus der Kategorie „immer voll, aber keiner weiß, warum". Glockenbach: **Zum Wolf 38** → Karte S. 122/123, Pestalozzistr. 22, tägl. 18–1 Uhr. **Beverly Kills**, Müllerstr. 43, tägl. 20–3 Uhr, Fr/Sa bis 5 Uhr. Gärtnerplatz: **Robinson Kuhlmann 22** → Karte S. 122/123, Corneliusstr. 14, tägl. bis 3 Uhr, Fr/Sa bis 5 Uhr.

Café Kosmos 1 → Karte S. 32/33. Manche kommen wegen des billigen Biers (Astra 2 €!), andere wegen der halsbrecherischen Wendeltreppe, wieder andere wegen des Trachtenverbots während des Oktoberfests (Hau ab, Sepp!). Aber alle kommen, am Wochenende wird es sagenhaft voll. Drink: Einer? Vier bitte! Bahnhofsviertel, Dachauer Str. 7. Mo–Fr 12–1, Sa/So 14–3 Uhr.

MMA 1 → Karte S. 51. Dem Charme des alten Fabrikgemäuers ist noch jeder erlegen – jetzt auch die Münchner. Im aufgegebenen Heizkraftwerk feiert die Ruinenästhetik des Nach-Wende-Berlin fröhliche Urständ. Das erste „M" steht für mixed, deshalb gibt es auch andere

Munich Arts: Ausstellungen, Performances, Konzerte etc. Maxvorstadt, Katharina-von-Bora-Str. 8a. Fr/Sa so ab 22 Uhr.

Bar Sehnsucht. Die Alternative zum Altkleidercontainer: Wenn der alte BH aus dem Leim geht, das alte Wäscheteil dem Barkeeper geben und dafür noch einen Drink kriegen. Der Barmann hängt die Stützware dann neben die hundert anderen an die Decke. Allerdings sollten schüchterne Naturen bedenken: Die Entkleidung muss vor Ort erfolgen! Gar nicht so verrucht, wie's klingt, und an Wochenenden knackevoll. Amalienstr. 56, Di/Mi 19–1, Do–Sa 19–3 Uhr.

Schwarzer Hahn 30 → Karte S. 182/183. Unaufgeräumt, lauter Tätowierte und dunkel ist es auch noch ... Drink: Astra. Au, Ohlmüllerstr. 8. Mo–Sa 20 Uhr bis ...

Kilombo 17 → Karte S. 196/197. Immer noch dominieren auf der Schwanthalerhöhe die Boazn und balkanische Trinkertreffs, aber auch die Generation Praktikum hat ihren Absturzort. Wunderbar widerlich ungeputzte Fenster. Drink: Ayinger. Gollierstr. 14a. Tägl. 19–2 Uhr (mindestens).

meinTipp **Bar Gabányi 24** → Karte S. 196/197. In der gastronomischen Ödnis östlich der Theresienwiese hat sich ein weiterer Schumann's-Schüler selbstständig gemacht. Stefan Gabányi ist ein Kompendium des feinen Alkohols, und auch wenn es den Laden erst seit ein paar Jahren gibt, wirkt er, als ob die Ludwigsvorstadt um ihn herum gebaut worden wäre. Dazu noch Livejazz und prima Barfood. Kein Klassiker, ein Meilenstein. Beethovenplatz 2. Mi/Do 18–3, Fr/Sa 20–5, So bis 4 Uhr. Bus 58 Beethovenplatz.

STRØM 28 → Karte S. 196/197. Party- und Konzertlocation an ehrwürdigem Ort. Kein Schnickschnack (außer der Discokugel), nur Musik. Ludwigsvorstadt, Lindwurmstr. 88. Programm unter www.strom-muenchen.com.

Substanz 27 → Karte S. 196/197. Auch schon seit 1990. Gute, gelegentlich auch ziemlich namhafte Liveacts, DJs, Tischkicker, bei Bedarf auch Fußballübertragungen. Getanzt wird auch. Drink: Vielleicht was Scharfes? Isarvorstadt, Ruppertstr. 28. Tägl. 20–2, Fr/Sa bis 3 Uhr.

St. Paul Roofbar 12 → Karte S. 196/197. Vielleicht ein etwas gewagter Tipp, da auch nach Monaten der Planungen und Vorschusslorbeeren nicht ganz klar ist, ob aus dem Projekt überhaupt eine richtige feste Einrichtung wird. Falls das mit der Terrassenbar über den Dächern der Ludwigsvorstadt aber wirklich klappt, wird das der lässigste Hangout der Stadt. Landwehrstr. 77 (auf dem Dach des G-Hotels), Öffnungszeiten variabel, da wetter- und genehmigungsabhängig, aktuelle Informationen auf www.facebook.com/stpaulroof.

Klassische Bars

Cortiina Bar 🟦11 → Karte S. 32/33. In ein Design-Hotel gehört auch eine hippe Design-Bar. Im Winter gar mit offenem Kaminfeuer – der perfekte Bildbruch im kühlen Styling. Innenstadt, Ledererstr. 8. Tägl. 18–1, Fr/Sa bis 3 Uhr.

Isarbar im Dorint Sofitel 🟦2 → Karte S. 196/197. Ausnehmend ruhige und auffällig geschmackvoll gestaltete Hotelbar in reizvollem Kontrast zum Scherbenviertel um den Bahnhof. Ludwigsvorstadt, Bayerstr. 12. Tägl. 8–1 Uhr.

MeinTipp **Tobacco** 🟦14 → Karte S. 61. Wenn Phileas Fogg bei seiner Reise um die Welt in München einen Drink bräuchte, dann nähme er ihn vermutlich hier. Stilsicher geführt von Eleven des großen Charles Schumann. Innenstadt, Hartmannstr. 8. Mo–Do 17–1, Fr/Sa bis 3 Uhr.

Bar im Hotel Lux 🟦22 → Karte S. 61. In den Touriziez ums Hofbräuhaus verirren sich jetzt doch tatsächlich auch Münchner – genau wegen dieser schmusigen Bar. Gut gemixt sowohl die Drinks wie das Publikum, nur grölende Hofbräuhausüberlebende schmeißt der resolute Barkeeper recht resolut raus. Innenstadt, Ledererstr. 13, ☎ 45207300. Tägl. ab 18 Uhr.

Falk's Bar 🟦8 (im Bayerischen Hof) → Karte S. 61. Atemberaubend schöne Bar im denkmalgeschützten Spiegelsaal des Luxushotels. Ein Traum in Stuck und Spiegel und blauem Neonlicht. Innenstadt, Promenadeplatz 2–6. Tägl. 11–2 Uhr.

Schumann's Bar am Hofgarten 🟦3 → Karte S. 77. Innenstadt, Odeonsplatz 6–7, ☎ 229060. Tägl. 17–3, Sa/So erst ab 18 Uhr. Näheres → S. 87.

Goldene Bar 🟦1 → Karte S. 77. Wahrscheinlich ein *instant classic*, was soll hier auch schiefgehen? Die Location im pompösen Kunsttempel der Nazis (Haus der Kunst, → S. 90) ist umwerfend, die Drinks mindestens genauso. Lehel, Prinzregentenstr. 1, Di–Sa 10–2 Uhr.

Garibaldibar 🟦25 → Karte S. 106/107. Eyecatcher der Weinbar ist der handwerklich bestechende Edelstahltresen. Maxvorstadt, Schellingstr. 60. Tägl. 12–23.30 Uhr.

Negroni 🟦21 → Karte S. 182/183. Benannt nach einem italienischen Cocktail-Klassiker – und so sieht's auch aus. Drinks vom Mixer Laureatus, tolle Spritauswahl. Nur der Tresen könnte ein bisschen länger sein. Haidhausen, Sedanstr. 9. Tägl. 18–1 Uhr.

Sonne im Westend? Die Josefa!

München im Kasten
Spaß nach der Sperrstunde

München ist keine Hafenstadt, und auch auf die Relikte des Vier-Mächte-Status wie Berlin kann die Stadt nicht zurückgreifen – das macht die Lust auf einen weiteren Drink zu später Stunde manchmal ganz schön trickreich. Nachdem die eherne Bastion der Sperrstunde endlich geschleift ist, gibt es – gerade im Glockenbachviertel – mittlerweile einige Kneipen mit offenen Zapfhähnen auch nach 1 Uhr morgens, spätestens ab 3 Uhr wird es dann aber wirklich schwierig, zumal jetzt auch noch einige der Traditionsabsturzstellen (Lamm's und unter Tränensturzbächen der Münchner Nachteulen auch noch die Gertis Fraunhofer Schoppenstube) wegsaniert worden sind. Dafür ist aber eine Kneipenlegende zurück: Nachdem Anwohnerspaßbremsen Isi aus dem Glockenbach vertrieben hatten, gibt es jetzt **X-Cess 2.0** an der Sonnenstraße. Nur die Haltegriffe auf dem Klo sind noch nicht wieder dran, aber anwohnerbefreit geht die Party täglich bis um 5 Uhr. In die Bresche springen könnte auch das **Unterdeck** mit seiner absurden Seemannsheimausstattung (Altstadt, Oberanger 26, bis 3 Uhr) und die Schwabinger können auch mal wieder aufhören, über den Abriss der Schwabinger 7 zu flennen, mindestens genauso herrlich verranzt ist nämlich die **X-Bar** (Clemensstr. 71, bis Fr/Sa bis 3 Uhr; gelegentlich harte Tür!). Viel gesitteter oder irgendwie eben auch nicht geht bei **Roy** die Party bis um vier und schließlich von sämtlichem Stilwillen befreit ist der **Flaschenöffner** (Fraunhoferstr. 37, bis 5 Uhr) – und genau das braucht man am Ende der langen Nacht im geleckten Gärtnerplatzviertel. Wenn dort zugesperrt wird, geht immer noch ein Helles im Pimpernel (Glockenbachviertel, Müllerstr. 56, tägl. bis 6 Uhr): Die DJs sind dann zwar schon fertig, aber man selber ja schließlich auch. Tänzer mit den notorischen Stecknadelaugen treffen sich im **Palais 5** (→ Karte S. 61, Arnulfstr. 16–18) zur after hour, gern ab 6 Uhr früh. Finaler Tipp für laue Sommernächte ist der **Kiosk an der Reichenbachbrücke**, der tatsächlich die ganze Nacht über Getränke (zwei Sorten Champagner!), Schokolade und sonstige Notversorgung zum Abhängen am Isarstrand offeriert. Das Büdchen ist eben doch kein Privileg Nordrhein-Westfalens.

Tanzen/Clubs

P1 2 (→ Karte S. 77), **Pacha 3** (→ Karte S. 61) und **Hearts 2** (→ Karte S. 32/33) wetteifern um den Ruhm der „härtesten Tür" in der Stadt – derzeit liegt das Hearts wohl vorne. Und wenn die Jeunesse dorée mal Abwechslung (und bessere Musik) braucht, geht sie ins **Bob Beaman 1** (→ Karte S. 61). P1 in der Prinzregentenstr. 1 (tägl. geöffnet), Pacha Maximiliansplatz 5 (Pacha Do–Sa), Hearts Lenbachplatz 2 (Di–Sa 19–5), Bob Beaman Gabelsberger. Str. 4 (Fr/Sa ab 23 Uhr).

Harry Klein 20 → Karte S. 61. Da schielen alle nach Berlin und nennen die Clublandschaft an der Sonnenstraße „Neue Mitte", wie albern. Das Harry Klein hält mit den Schuppen der Bundeshauptstadt locker mit. Münchens bester Electro-Club, jetzt in der Innenstadt mit Premium-Sound. Sonnenstr. 8. Do–Sa ab 23 Uhr.

Ebenfalls richtig guten Electro für allerdings sehr junge Tänzer spielt man im **Crux 4** in der Altstadt (Ledererstr. 3 → Karte S. 51, Mi/Fr/Sa ab 23 Uhr).

Rote Sonne 2 → Karte S. 61. Es läuft: abseitiger Electro, Independent. Innenstadt, Maximiliansplatz 5. Do–Sa 22–5 Uhr.

Milchbar 24 → Karte S. 61. Erstaunlich schlichter Laden, aber die jungen Tanzmäuse sind ja schon mit so wenig zufrieden. Electro, Party und viel Wodka Bull. Jenseits der 25 wird man für eine Begleitperson gehalten. Innenstadt, Sonnenstr. 27. Tägl. (außer So) ab 22 Uhr.

Crash 15 → Karte S. 106/107. Ein Club? Eine Disco? Ach was, eine Zeitmaschine! So sahen

Massentanz am Ostbahnhof

Tanzlokale vor 20 Jahren aus. Es läuft der gute, alte, ehrliche Rock sowie 70ies- und 80ies-Monster-Hits. Schwabing, Ainmillerstr. 10. Do 20–1, Fr/Sa 21–4 Uhr.

Gay/Lesbian

Das **Glockenbachviertel** haben die Schwulen und Lesben überhaupt erst zum In-Viertel gemacht. Mittlerweile sind die Heteros nachgezogen, und alle leben in friedlicher Koexistenz mit gelegentlichen neckischen Übergriffen. Gleichgeschlechtliche Paare werden in keiner Kneipe des Viertels schräg angesehen, ausdrücklich für die schwule und lesbische Freizeitgestaltung vorgesehene Bars und Clubs gibt es außerdem in großer Auswahl.

Pimpernel 18 → Karte S. 122/123. Der Ruf zehrt noch von den wilden Tagen Freddie Mercurys, mittlerweile ein durchaus angesagter Club mit guter Musik. Die rot-schwüle Düsternis ist mehr Dekoration. Heterotoleranz: sehr hoch. Müllerstr. 56. Tägl. 22–6 Uhr.

Bau 33 → Karte S. 122/123. Gay-Club für die etwas härteren Jungs. Schnurrbart ist gut, dicke Muckis sind besser. Kellerbar für die scharfe Gangart. Heterotoleranz: Männern gegenüber vielleicht. Müllerstr. 41. Tägl. 20–3 Uhr.

Ochsengarten 28 → Karte S. 122/123. Mythenumrankter (Eröffnung 1967) Lack-, Leder- und Gummiclub, entsprechend taffes Männerpublikum. Heterotoleranz: hat sich noch keiner reingetraut. Müllerstr. 47. Tägl. 22–3, Fr/Sa bis 4 Uhr.

Edelheiss 24 → Karte S. 122/123. Das Hofbräuhaus unter den Gay-Bars mit Tracht und Bayern-Nippes. Schon allein wegen der Lage prima Ausgangspunkt für's Weitercruisen durch die härteren Läden. Heterotoleranz: Bestimmt, aber was wollen die hier? Pestalozzistr. 6. So–Do 15-1, Sa/So bis 3 Uhr.

Hotel Deutsche Eiche 13 → Karte S. 122/123. In den 30ern soll es ein Lieblingsrestaurant Hitlers gewesen sein, jetzt ist es seit über 20 Jahren eine der größten Herrensaunas Deutschlands. Das geschieht ihm recht. Auch ein recht gutes Restaurant und ein schnuckliges Hotel, im Nassbereich aber Heterotoleranz null. Gärtnerplatzviertel, Reichenbachstr. 13.

Café Glück 64 → Karte S. 122/123. Unaufdringliche Wohlfühlkneipe für Lesben und Schwule. Heterotoleranz: schon. Palmstr. 4. Di–Sa 12–1, So ab 10 Uhr.

Die Philharmonie im Gasteig

Kulturleben

Die Ludwigs und Maximilians der vergangenen Jahrhunderte hatten mit enormem Ehrgeiz und noch enormeren Investitionen darauf hingearbeitet, und schließlich wurde um die vorletzte Jahrhundertwende die Rendite eingefahren: Ab etwa 1900 war München eine der führenden Kunststädte Europas. Auf diesem Rang hat es sich – mit nur leichten Kursverlusten – bis heute behauptet, die klassischen Disziplinen der schönen Künste haben immer noch Hochkonjunktur. Etwas weniger ausgeprägt ist der Sektor der Off-Kultur: Auch wenn hier durchaus Leben herrscht – die ganz Jungen und ganz Wilden toben ihre Kreativität nicht unbedingt in München aus.

Oper/Ballet

Leuchtturm des Musik- und Tanztheaters ist natürlich die Bayerische Staatsoper mit ihrer Hauptbühne im Nationaltheater, zweifellos ein Haus der Champions League. Gutes Bundesliganiveau hat das Staatstheater am Gärtnerplatz, dessen Spielplan sich mehr den etwas leichteren Disziplinen Operette und Musical widmet.

Unterhalb des Top-Levels tut man sich mit den hohen Anforderungen der Oper an Personal und Material naturgemäß schwerer. Immer wieder sehr hübsche freie Produktionen zeigt aber die Pasinger Fabrik. Besondere Knüller sind die Impro-Opern – ja, das funktioniert tatsächlich!

Karten für so ziemlich jede kulturelle Veranstaltung – außer Kino – gibt es außer über den jeweiligen Veranstalter an jeder der zahlreichen Verkaufsstellen von **München Ticket**, u. a. in den Tourist-Infos am Hauptbahnhof, im Neuen Rathaus oder im Zwischengeschoss des S-Bahnhofs Marienplatz.

Bayerische Staatsoper, Max-Joseph-Platz 2, ℡ 218501. Die Kapazität des Nationaltheaters ist gewaltig, die Nachfrage allerdings auch. Reguläre Tickets, vor allem für die Aufführungen während der Opernfestspiele, sind äußerst knapp und – wenn überhaupt erhältlich – ganz schön teuer: Das Gros der Plätze kostet deutlich über 100 €, nur wenige Plätze mit z. T.

deutlicher Sichtbehinderung gehen für weniger als 20 € weg. Die Bayerische Staatsoper kann es sich leisten: Mit einer Auslastung von 91 % und einem Qualitätsruf von internationalem Donnerhall gehört das Nationaltheater eindeutig in die Spitzengruppe Europas. Online-Bestellung unter www.staatsoper.de. Ⓤ 3–6 Odeonsplatz, Tram 19 Nationaltheater.

Staatstheater am Gärtnerplatz, Gärtnerplatz 3, ✆ 21851960. Programm und Vorbestellungen unter www.staatstheater-am-gaertnerplatz.de. Tickets von 3 € (Hörplätze) bis 115 €. Ⓤ 1/2 Fraunhoferstr., Tram 17/18 Reichenbachplatz und Bus 52/152 Gärtnerplatz.

Pasinger Fabrik, August-Exter-Str. 1, ✆ 82929079, www.pasinger-fabrik.com (nur Programm, keine Karten). Tickets 25–35 € (Theaterveranstaltungen günstiger). Direkt am S-Bahnhof Pasing.

Konzerte/Musik

Die Grundversorgung der Münchner Bevölkerung mit großen Symphonieorchestern ist mehrfach gesichert. Gleich vier große Ensembles von Rang bespielen die Münchner Konzertsäle – von Letzteren gibt es allerdings viel zu wenige, weswegen man für die Landeshauptstadt das ziemlich einmalige Symptom der „symphonischen Obdachlosigkeit" feststellen kann. Außerdem großen Konzertsaal im Gasteig (umstrittene Akustik) und dem Herkulessaal der Residenz (schön, aber auch nicht am akustischen Optimum) gibt es praktisch keine exklusiven Spielstätten für klassische Musik. Irgendwo und irgendwann wird in München auch ein neues Konzertgebäude gebaut, die Planungen, Zankereien und das Kompetenzgerangel über den Standort sollten in wenigen Jahrzehnten abgeschlossen sein.

Münchner Philharmoniker, Leitung: Valery Gergiev. Internationales Spitzenorchester mit großer Abonnentenzahl, in Trägerschaft der Stadt München. Programm und Informationen unter www.mphil.de.

Bayerisches Staatsorchester, Leitung: Kirill Petrenko. Ältestes Orchester Deutschlands (seit 1523); besorgt neben konzertanten Darbietungen auch die Beschallung der Staatsoper auf allerhöchstem Niveau. www.staatsorchester.de.

Symphonieorchester des Bayerischen Rundfunks, Leitung: Mariss Jansons. Neben Einspielungen für den BR auch weltweite Konzertaktivität; qualitativ auf Augenhöhe mit den Vorgenannten, manchmal sogar darüber. www.br-so.de.

Münchner Rundfunkorchester, Leitung: Ulf Schirmer. Der BR leistet sich noch den Luxus eines zweiten Klangkörpers, der sich mehr den leichteren Genres widmet. Nach Rationalisierungsüberlegungen personell etwas zusammengestrichen, aber immer noch hervorragend. www.br.de/radio/br-klassik/muenchner-rundfunkorchester/index.html.

Neben den großen Orchestern tummelt sich noch eine Vielzahl oft hochklassiger **kleinerer Ensembles und Chöre** (häufig in kirchlicher Trägerschaft) in der Münchner Musikszene.

Selbstverständlich wird in München nicht ausschließlich die Musik vergangener Jahrhunderte gespielt, es wird schon auch gerockt, gejammt und gemixt. Allerdings alles in überschaubarem Maß, die Musikszene der Stadt brummt nicht wirklich. Das gilt in der Breite wie in der Spitze: Das Angebot an Konzertstätten für die harten Gitarrenjungs hinkt – wie auch schon für die Kollegen der klassischen Zunft – dem Bedarf doch deutlich hinterher, von Probenräumen einmal ganz zu schweigen. Etwas besser haben es die Elektronikjünger. Mit der recht lebhaften Clubszene (→ Nachtleben) hat sich mittlerweile ein üppiges Auftrittspotenzial entwickelt.

Olympiahalle, Spiridon-Louis-Ring 21. Die größte überdachte Konzertstätte Münchens, akustisch aber limitiert. Große Events mit der internationalen Musikprominenz. Ⓤ 3 Olympiazentrum.

Muffathalle, Zellstr. 4 (neben dem Müllerschen Volksbad), ✆ 45875010, www.muffathalle.de. Die alte Kraftwerkshalle hat Stil und Atmosphäre – und leider ebenfalls akustische Handicaps. Ambitioniertes Konzertprogramm mit vielen Indie-, Elektronik- und Ethnocracks. Kleinere Acts nebenan im Ampere. Ⓢ Isartor, Tram Deutsches Museum.

Zenith, Lilienthalallee 29 (am BMW-Gelände in Nordschwabing), www.zenith-die-kulturhalle.de. Ziemlich große Halle für ziemlich große Namen;

keine bestimmte Präferenz im Programm. Ⓤ 6 Freimann.

Tonhalle, Grafinger Str. 6, ℘ 6720880, www.tonhalle-muenchen.de. Mittelgroße Halle am Kunstpark Ost. Gemischtes Mainstream-Programm. Ⓤ 5, Ⓢ, Tram 19 und Bus 54/55 Ostbahnhof.

Backstage, Friedenheimer Brücke 7, ℘ 1266100, www.backstage089.de. Im Niemandsland um die DB-Hauptgleise gibt's eher kräftig auf die Ohren: Das Backstage bedient vorwiegend die Hard-and-heavy-Fraktion. Tram 16, 17, N 16 Steubenplatz und 18, 19, N 19 Lautensackstr.

Milla 50 → Karte S. 122/123, Holzstr. 22 (Glockenbach). www.milla-club.de. Recht kleiner Kellerclub mit ambitioniertem Konzertprogramm, auch Lesungen und natürlich hin und wieder mal eine Party.

Rote Sonne 3 → Karte S. 61, Maximiliansplatz 5, ℘ 5526333, www.rote-sonne.com. Das ungezogene Kellerkind der Schicki-Clubs rundum. Wunderbar rotziger Liveclub und Dancefloor! Ⓤ+Ⓢ, Tram, Bus Stachus.

Jazzclub Unterfahrt, Einsteinstr. 44 (Haidhausen). ℘ 4482794, www.unterfahrt.de. Die Traditionsadresse in Sachen Jazz. Einer der Top-10-Jazzclubs in Europa. Ⓤ 4/5 Max-Weber-Platz.

Theater

Die Mutterschiffe der Münchner Theaterflotte sind zweifellos die Münchner Kammerspiele und das Residenztheater, deren künstlerischer Wettbewerb als wahres Nachbarschaftsduell ausgetragen wird. In ihrem Kielwasser und oft auch auf ganz anderen Kursen segelt aber noch eine ganze Reihe von größeren und kleineren Bühnen. Eine kleine Auswahl:

Münchner Kammerspiele, Falckenbergstr. 2, ℘ 2330368, www.muenchner-kammerspiele.de. Ein fantastisches Ensemble, neue Spielstätten (Generalsanierung und Erweiterung 2003), Dauergast beim Theatertreffen: Die Kammerspiele sind das Zugpferd vor dem Thespiskarren. Intendantenwechsel zur Spielzeit 2015/16 und es sieht so aus, als ob Matthias Lilienthal den Laden wieder etwas wilder machen möchte. Tram 19 Kammerspiele.

Residenztheater, Max-Joseph-Platz 1, ℘ 218501, www.residenztheater.de. Gegen En-

Bühnentechnik im Prinzregententheater

de der langen Intendanz des Urgesteins Dieter Dorn wirkte das Haus künstlerisch etwas erstarrt, wenngleich auf hohem Niveau. Der neue Mann von der Burg, Martin Kušej, hat das Resi aber sehr schnell zu neuer Klasse geführt, auch dank des mitgebrachten Spitzenpersonals. Tram 19 Nationaltheater.

Münchner Volkstheater, Briennerstr. 50, ℘ 523550, www.muenchner-volkstheater.de. Nach einer langen Krise hat sich das Volkstheater unter Christoph Stückl wieder als feste Größe etabliert; interessante Interpretationen von regionalen und internationalen Klassikern. Ⓤ 1 Stiglmaierplatz.

Schauburg – Theater der Jugend, Franz-Joseph-Str. 47, ℘ 23337155, www.schauburg.net. Die Kinder- und Jugendbühne der Stadt München, engagiertes und liebevolles Programm, gerade auch für die Allerkleinsten (szenische Märchen- und Bilderbuchlesungen). Tram 27 Elisabethplatz.

Metropol, Floriansmühlstr. 5, ℘ 32195533, www.metropoltheater.com. Derzeit wahrscheinlich die Nr. 1 unter den freien Bühnen

Münchens. In einem ehemaligen Vorstadtkino zeigt das Team um Mentor und Intendant Jochen Schölch sehr eigenständige Stückentwicklungen, Neuinszenierungen und auch neues Musiktheater. Ⓤ 6 Freimann.

TamS – Theater am Sozialamt, Haimhauser Str. 13a, ✆ 345890, www.tamstheater.de. Älteste Privatbühne Münchens mit guten, manchmal sogar herausragenden Inszenierungen. Kleine Bühne (71 Plätze) – große Kunst. Ⓤ 3/6 und div. Busse Münchner Freiheit.

PATHOS transport theater, Dachauer Str. 110d, ✆ 12111075, www.pathostransporttheater.de. Ob eigene oder Gastspielproduktionen, das dynamische Konzept der freien Bühne geht ästhetisch einen sehr eigenen Weg. Mitfinanziert wird das auch durch die sehr beliebten Partys am Wochenende. Tram 20/21 Leonrodplatz (auf dem großen Gelände zwischen Dachauer und Schwere-Reiter-Straße, etwas knifflig zu finden).

i-camp, Entenbachstr. 37, ✆ 650000, www.i-camp.de. Postdramatisches Theater, moderner Tanz und neue Texte – im i-camp ist viel Platz für neue Theaterformen. Oft interessant, meistens gut, manchmal sehr anstrengend. Ⓤ 1, 2, 7, 8 Kolumbusplatz.

theater und so fort, Kurfürstenstr. 8, ✆ 23219877, www.undsofort.de. Junges, manchmal schräges Theater in der Maxvorstadt. Tram 27 Nordendstr.

Kleinkunst

Die Münchner Comedians und Kabarettisten waten in großen Fußspuren. Karl Valentin, Abgott und Urvater der kleinen Form, hat mit seinen Sketchen und komischen Miniaturen die Latte hoch gelegt – aber auch eine Tradition geschaffen, die heute in vielen kleinen Bühnen der Stadt ziemlich lebhaft gepflegt wird. Hier ein paar Adressen, wenn's zwar Kultur, aber eben nicht Goethe, Gershwin oder Gluck sein soll:

Lach- und Schießgesellschaft, Ursulastr. 9, ✆ 391997, www.lachundschiess.de. Mit 52 Jahren eine geradezu ehrwürdige Institution mitten in Schwabing. Gegründet vom legendären Sammy Drechsel und Talentschmiede für Kabarett-Urgesteine wie Dieter Hildebrandt, Jochen Busse und Bruno Jonas. Vor ein paar Jahren behutsam entstaubt. Ⓤ 3/6 und div. Busse Münchner Freiheit.

Lustspielhaus München, Occamstr. 8, ✆ 344974 (Kartenvorverkauf bei der Lach- und Schießgesellschaft gleich um die Ecke), www.lustspielhaus.de. Neben schon fast legendären Eigenproduktionen („Siegfried – ein Germanical") auch eine beliebte Gastspielbühne für Cracks der Szene aus dem gesamten deutschsprachigen Raum. Neben klassischem politischem Kabarett stehen auch Musik, Lesungen

Die Kulturvollzugsanstalt von außen: der Gasteig

und Kinderveranstaltungen auf dem Programm. Ⓤ 3/6 und div. Busse Münchner Freiheit.

Vereinsheim, ebenfalls Occamstr. 8, ℡ 33088655, www.vereinsheim.net. Unter der gleichen Hausnummer nur eine Tür weiter ist das Publikum jünger und sind die Acts schneller und schriller. Ursprünglich als Fußballkneipe gegründet – weiterhin Live-Übertragungen von wichtigen, d. h. Bayern-Spielen –, mittlerweile auch eine Kleinkunstbühne mit eigenem Format. Ⓤ 3/6 und div. Busse Münchner Freiheit.

Theater im Fraunhofer, Fraunhoferstr. 9, ℡ 267850, www.fraunhofertheater.de. Politisches und intellektuelles Kabarett, befeuert vom immer noch lebendigen 68er-Spirit. Fraglos eine weitere Institution. Das gilt auch für so manche Veranstaltung: Der Poetenstammtisch (jeden letzten Montag im Monat) gehört zu den Pflichtveranstaltungen der Münchner Off-Kultur. Ⓤ 1/2 Fraunhoferstr., Tram 17, 18, 27 Müllerstr.

Wirtshaus im Schlachthof, Zenettistr. 9, ℡ 72625620, www.kultur-im-schlachthof.de. Wenn das gastvolle Muhen der todgeweihten Rinder abends verstummt, erhebt sich im Saal des alten Backsteingemäuers im Bauch von München regelmäßig das Gelächter. Spätestens seit „Live aus dem Schlachthof" in den 80ern ein Ort der witzigen Subversion. Vom süddeutschen Mundart-Kabarett nur das Beste: Pelzig, Astor, Fischer. Bus 58 Kapuzinerplatz und Bus 152 Zenettistr.

Freiheiz, Rainer-Werner-Fassbinder-Platz 1, ℡ 51242949, www.freiheiz.com. Nach all den Institutionen noch ein Newcomer. Die neue Bühne in der alten Ziegelhalle hat erstaunlich schnell eigenes Profil und Akzeptanz entwickelt. Dank überlegter Programmplanung und erstklassiger Gäste (z. B. Josef Hader und Gerhart Polt) vom kulturellen Feigenblatt des neuen Arnulfparks (früher: Niemandsland an der Donnersberger Brücke) zum heißen Eisen in der Kleinkunstszene! Ⓢ Donnersberger Brücke.

Kino

Der Multiplex-Boom der 1990er-Jahre hat München weitgehend verschont. Nur ein einziges Kino erfüllt die Kriterien für moderne Massenabspielstationen, großzügiger gerechnet sind es zwei. Trotzdem sind die kleinen Häuser nicht ungerupft aus der Marktumschichtung hervorgegangen, Tradi-

tionskinos wie der „Türkendolch" in Schwabing haben den stärkeren Wettbewerbsdruck nicht überlebt. Das vollständige Kinoprogramm für alle Häuser der Stadt findet man auf der Website www.muenchen.de/kino.html.

Filmmuseum, Lordsiegelbewahrer des cineastischen Welterbes. Jakobsplatz 1, ℡ 23324150.

Cinema, die erste Adresse für Filme in der Originalversion. Sound und Projektion auf technisch höchstem Niveau. Nymphenburger Str. 31, ℡ 555255.

Atelier, City, gute Programmkinos Tür an Tür mit aktuellen Arthouse- und Off-Produktionen. Sonnenstr. 12, ℡ 591918 (Atelier) und ℡ 591983 (City).

Museum Lichtspiele, charmant angestaubtes Schachtelkino an der Museumsinsel. Gut überlegtes, weit gestreutes Programm; kultiges Highlight ist die „Rocky Horror Picture Show" im 38. (!) Jahr. Nicht mit dem Filmmuseum verwechseln! Lilienstr. 2, ℡ 0180-5867077767.

München ist die Filmstadt Nr. 1 in Deutschland – auch wenn die Berliner sich in dieser Statistik mit fadenscheinigen Tricks nach vorn rechnen wollen. Davon kann man sich fast das ganze Jahr über im Stadtbild überzeugen: In jedem zweiten Straßenzug Münchens wuselt Filmvolk an den Sets für Außenaufnahmen und brummt ein Generatorwagen.

Weniger zufällig und gezielter informiert man sich über die kreative Phase der Filmherstellung in den **Studios der Bavaria in Grünwald.** Hier wird seit 1919 gedreht, erst fürs Kino und später auch fürs Fernsehen. Viele große Namen der Filmgeschichte haben in den Studios unter exzellenten Bedingungen gearbeitet, und auch so mancher Klassiker (z. B. „Das Boot") ist bei der Bavaria entstanden. Die rund eineinhalbstündige Führung führt buchstäblich hinter die Kulissen.

Bavaria Filmstadt, Bavariafilmplatz 1, ℡ 64992000. Tägl. 9–18 Uhr geöffnet (5. 11. bis Anfang März 10–17 Uhr), Führungen mehrmals stündlich (letzter Einlass jew. 1:30 Std. vor Schließung). Eintritt 13 €, erm. 12 €, Kinder (6–17 J.) 11 €, mit Bullyversum und 4-D-Kino 27,50/26,50/21,50 €. Weitere Infos unter www.filmstadt.de.

Filmtheater Sendlinger Tor, das ziemlich unumstritten schönste und unumstritten älteste Kino Münchens – Spielbetrieb seit 1913! Behutsam gepflegte Originalsubstanz, Technik up to date. Sendlinger-Tor-Platz 11, ☏ 554636.

Werkstattkino, Underground, Klassiker und Experimentalfilme in einer Off-Kultur-Institution. Der praktizierende Filmkunstliebhaber sollte aber etwas Toleranz gegenüber Technik und Ausstattung mitbringen. Fraunhoferstr. 9, ☏ 2607250.

Open-Air-Kino am Königsplatz, Freiluftveranstaltung in höchstmöglich historischer Umgebung. Sehr großer Event mit Mainstream-Filmen. Natürlich nur, wenn's warm ist. Infos unter www.kinoopenair.de.

Kino, Mond & Sterne, nettes, kuschliges Kino-Open-Air auf der Seebühne im Westpark. Ebenfalls nur im Sommer und witterungsabhängig. Infos unter www.kino-mond-sterne.de.

Mathäser, einziges echtes Multiplex in München (14 Säle, 4300 Plätze). Die üblichen Blockbuster in sehr nüchterner Flughafenatmosphäre. Bayerstr. 3–5 (Stachus), ☏ 515651.

Literatur

Für so ziemlich alle Berufsgruppen – ausgenommen vielleicht einmal Tankerkapitäne und SPD-Generalsekretäre – ist München ein rasend attraktiver Wohnort. Da machen auch Schriftsteller und Autoren keine Ausnahme. Und da die ihre Stoffe gerne aus ihrer Lebenswelt beziehen, herrscht in der deutschen Literatur an der fiktionalen wie dokumentarischen Behandlung des Stoffes „München" wirklich kein Mangel. Vielleicht auch ein bisschen, weil die Verwertungskette so schön kurz ist: München ist mit über 250 Verlagen die kommerziell bedeutendste Literaturstadt der Bundesrepublik. Im Folgenden eine kurze Auswahl von München-Büchern:

Sachbuch

Bauer, Richard: Geschichte Münchens, ein recht schmales Bändchen mit einer trotzdem erschöpfenden Darstellung der Geschichte der Bürgerstadt München.

Bauer, Reinhard: München – Die Geschichte einer Stadt, der Namensvetter bevorzugt eine eher kulturwissenschaftliche Annäherung. Mit Erfolg: ein prima geschriebenes Buch mit trotzdem hohem Anspruch. Mit 476 Seiten für den Wochenendtrip aber ganz schön lang.

Biller/Rasp: München Kunst & Kultur, das Kompendium der Architektur- und Kunstgeschichte der Stadt. Für den Interessierten unverzichtbar, aber wüstenstaubtrocken.

Belletristik

Ani, Friedrich: Die Kommissar-Süden-Reihe, der Regionalkrimi hat Konjunktur in Deutschland. Sein Meister kommt aus München – dichter und näher dran an der verzweifelten Paradoxie dieser Stadt ist keiner als Anis lakonisch-depressiver Tabor Süden aus der Vermisstenstelle.

Feuchtwanger, Lion: Erfolg, die Münchner haben ihn weggeekelt, und aus dem Riesenschatten Thomas Manns ist er nie herausgekommen. Trotzdem hat Feuchtwanger mit diesem grandiosen Zeitroman aus den Zwischenkriegsjahren das großartigste München-Buch überhaupt geschrieben. 800 Seiten zum Niederknieen.

Hültner, Robert: Die Kajetan-Romane, noch ein Krimi, dieser aus der Weimarer Zeit. Atmosphärisch dicht, spannend und 100 % München.

Krausser, Helmut: Die Hagen-Trinker-Trilogie, Hagen Trinker und seine Ansicht Münchens von unten gehören zu den ganz hellen Sternen in Kraussers ohnehin strahlendem Gesamtwerk.

Mann, Thomas: München leuchtete, eine Sammlung von Texten des Nobelpreisträgers über die Stadt, die 30 Jahre seine Heimat war.

Reventlow, Fanny von: Herrn Dames Aufzeichnungen oder Begebenheiten aus einem merkwürdigen Stadtteil, die hinreißende Schwabing-Parodie ist derzeit leider nur antiquarisch erhältlich.

Rosendorfer, Herbert: Briefe aus der chinesischen Vergangenheit, die kulturelle Grenzflächenreaktion des zeitreisenden chinesischen Mandarins Kao-Tai mit dem München der Gegenwart gehört schon zu den Klassikern der deutschen Nachkriegsliteratur.

Swobodnik, Swobo: Oktoberfest, eine schräge Kriminalsauferei in München während des Wiesn-Ausnahmezustands. Witzig und mit echten München-Geheimtipps.

Einheimische und Zugroaste

Feste und Veranstaltungen

München ist katholisch, d. h., es darf gefeiert werden! Die Einladung zu karnevalistischen Riten, bei denen Standesunterschiede und ein bisschen auch die guten Sitten keine Rolle mehr spielen, wird von der örtlichen Bevölkerung und ganz besonders von den Gästen der Stadt gerne angenommen. Phänomenaler und orgiastischer Höhepunkt des Münchner Festkalenders ist unbestreitbar das Oktoberfest, die Weltleistungsschau des Bieres. Die Wiesn versetzt die Stadt alljährlich in einen zweieinhalbwöchigen Ausnahmezustand und macht als Magnet für Millionen von Touristen auch das ökonomische Herzstück des München-Tourismus aus. Ebenfalls mächtig tief in den Krug geschaut wird während der Starkbierzeit im Frühjahr, wenn die alte mönchische Listigkeit zur Umgehung des Fastengebots in einem großen Gelage mündet.

Es wird aber nicht ausschließlich gesoffen in München. Auch zahlreiche Veranstaltungen aus der Sparte Kultur bereichern den Jahreslauf der Stadt. Lange Nächte der Musik und der Museen, Opernfestspiele, Biennale, Filmfest, Tollwood und die Dulten auf dem Mariahilfplatz sind feste Bestandteile im Jahreszyklus der Landeshauptstadt. Dazu kommen noch zahllose singuläre Großspäße wie Sportereignisse, Konzerte und Jubiläen.

Silvester

Traditionelle Hotspots (darf man wörtlich nehmen – es wird geballert, was das Zeug hält!) des kollektiv erlebten Jahreswechsels sind der Olympiaberg, der Königsplatz, die Reichenbachbrücke, Theresienwiese und der Friedensengel.

Fasching

… und eben nicht Karneval. Närrisches Treiben ist außerhalb der Staatskanzlei nicht unbedingt eine spezifisch münchnerische Vorliebe, aber Bälle und Redouten gibt es schon auch. So richtig aus sich heraus geht der Münchner aber erst, wenn im Rheinland schon das Konfetti zusammengekehrt

Tanz der Marktweiber

Vorsicht: Mehr als drei Maß des süßen Biers vertragen auch Geübte kaum!

Während der Starkbierzeit täglich von 14 bis 22.30 Uhr in der Festhalle des Paulaner am Nockherberg, Hochstr. 77 (Giesing). Ⓤ 1/2 Kolumbusplatz, Tram 15/25 Ostfriedhof und 27 Mariahilfplatz. Reservierungen nur online unter www.nockherberg.com.

Frühlingsfest auf der Theresienwiese

Nach Ostern darf dann auch wieder ohne Fastentarnung gefeiert werden. Dazu trifft man sich dann auf der Theresienwiese zu einer Bonsai-Variante des ungleich bekannteren Oktoberfests. Als Einstiegsdroge in Ordnung.

Maidult

In der Woche um den 1. Mai findet auf dem Mariahilfplatz die erste der drei Auer Dulten statt (gefolgt von der Jakobidult Ende Juli, Anfang August und der Kirchweihdult Mitte Oktober). Eine Dult war ursprünglich ein Jahrmarkt, auf dem Händler und Handwerker aus dem Umland der notorisch unterversorgten Stadtbevölkerung wichtige Waren des täglichen Bedarfs verkauften. Obwohl das heute natürlich nicht mehr notwendig ist, sind die Auer Dulten anders als andere Veranstaltungen dieser Art bis heute im Wesentlichen ein großer Markt geblieben. Und so schlendern die Münchner immer noch gerne durch die große Budenstadt um die Mariahilfkirche und kaufen Textilien, Kochtöpfe und Hausrat, während die Kinder ein paar Runden auf dem kleinen Karussell drehen. Ein spezifisch münchnerisches Konsum-Highlight und vor allem ein netter historischer Kontrast zu den geleckten Markenwarenwelten der Innenstadt.

wird: Am Faschingsdienstag treffen sich Zehntausende auf dem Viktualienmarkt zum „Tanz der Marktweiber" mit anschließendem Kehraus ebendort oder in den umliegenden Kneipen. Legendär (und entsprechend gut besucht) ist die Faschingsparty im sonst so nüchternen Stadtcafé am Jakobsplatz.

Starkbierzeit

Nach Fasching beginnt der gläubige Christ mit dem Entschlacken von Körper und Seele durch gezielten Entzug von Speise. Damit der traurige Katholik aber nicht vom Fleisch fällt und weil so viel Askese ja eh keiner aushält, beginnt vier Wochen vor Ostern die Starkbierzeit mit dem Anstich eines ersten Fasses des alkohol- (7,5 %) und nährwertreichen (700 cal/l) Biers. Zur Eröffnungsveranstaltung auf dem Nockherberg – dem Anstich mit dem berüchtigten „Derblecken" (einer satirischen Beleidigungsorgie) – sind nur Politprominenz und geladene Gäste zugelassen, ab dem Folgetag füllt sich dann gemeines Volk den ausgezehrten Wanst.

Die Lange Nacht der Musik

Die erste der langen Kulturnächte Münchens im Jahreszyklus (irgendwann im Mai, Informationen und Programm unter www.muenchner.de/

musiknacht). Für schlappe 15 € gibt es ein Universalticket für viele, viele Musik-Acts von Ambient bis Barockoper an ebenso vielen Orten in der ganzen Stadt (2016 waren es über 100!). Alle abzuklappern ist wahrscheinlich unmöglich, zur logistischen Unterstützung gibt's aber einen extra Shuttleservice mit Sondertrams und -bussen.

Ende der Bundesligasaison

Auf dem Balkon des Neuen Rathauses präsentiert die Mannschaft des FC Bayern ihren Fans die frisch gewonnene Meisterschale. Löwenfans verkriechen sich derweil in Giesinger Kneipen und weinen. Die Veranstaltung fällt nur alle paar Jahre einmal aus.

Stadtgeburtstag

Am 14. Juni jährt sich die erste urkundliche Erwähnung Münchens im Jahr 1158. Grund genug für eine Party. Auf der Feiermeile zwischen Marien- und Odeonsplatz gibt es jede Menge Kultur, Folklore, kulinarische Stop-overs und Kinderprogramm.

Tollwood

Der Öko-Rummel im Olympiapark öffnet in der zweiten Junihälfte für vier Wochen seine Zelte, Tipis und Jurten (Näheres → Tour 10, S. 165).

Münchner Filmfest

Klar, die Berlinale, Cannes und die Biennale in Venedig sind größer und prahlen mit den funkelnderen Celebrities – dafür hat beim Münchner Filmfest auch der Cineast ohne Beziehungen zum Jetset eine Chance auf eine Eintrittskarte. Ein Großteil der Karten wird über den freien Verkauf abgesetzt. Qualitativ muss sich München hinter den oben genannten Festivals nicht verstecken, das vorgebliche Manko an Glamour wird durch intelligente Arbeit der Programmmacher mehr als ausgeglichen. So mancher Independent-Geheimtipp hat von hier seinen Erfolgs-

Kettenkarussell auf der Auer Dult

weg ans Box-Office gefunden. Die Veranstaltungen des Rahmenprogramms ermöglichen zudem auch persönlichen Kontakt mit den Filmschaffenden.

In der letzten Juniwoche. Das Festivalzentrum befindet sich imGasteig. Informationen unter www.filmfest-muenchen.de.

Kocherlball

Die Münchner Hausangestellten des 19. Jh. hatten ein hartes Leben. Die einzige Zeit, die ihnen die anstrengende Herrschaft zum Feiern ließ, war der ganz frühe Sonntagmorgen. Und so traf sich die Dienstbotenschar im Sommer um 6 Uhr morgens am Chinesischen Turm zum Tanz. 1904 verbot die Obrigkeit die Belustigung wegen des vorgeblichen „Mangels an Sittlichkeit". 1989 grub ein findiger Mitarbeiter des Tourismusreferats die Sache wieder aus, und seitdem wird an einem Sonntag Mitte Juli im Englischen Garten wieder getanzt. Wer stilecht mittanzen möchte, besorgt sich ein Dienstbotenkostüm, Tracht geht aber auch.

Münchner Opernfestspiele

Die Saison der Bayerischen Staatsoper rockt sich zum Finale an den Höhepunkt. Zwei Premieren von Neuinszenierungen und ein umfangreiches Festspielprogramm lassen die Augen von Musiktheater-Enthusiasten feucht werden. Leider ist es furchtbar schwer, an die (teuren) Karten zu kommen. Den Frust mildert da zum einen die Eröffnungsveranstaltung in den Fünf Höfen und zum andern das große Open-Air-Konzert „Oper für alle" auf dem Marstallplatz – beide sind mit freiem Eintritt echte Jedermann-Spektakel.

Mehr Informationen über das jeweilige Programm unter www.staatsoper.de.

Die Lange Nacht der Münchner Museen

Die Urmutter aller langen Nächte – wie ihr musikalisches Pendant ein Angebot, das sich in seiner Opulenz und Vielseitigkeit gar nicht erschöpfend ausnutzen lässt. 90 Museen, Ausstellungen und Galerien erwarten in dieser Nacht den Ansturm Tausender Besucher. Von ägyptischer Kunst über das Kartoffelmuseum bis zum MaximiliansForum ist so ziemlich jedes Feld abgedeckt. Shuttlebusse karren die bildungshungrigen Nachtschwärmer auf fünf Linien durch die Münchner Museumslandschaft.

Am dritten oder vierten Oktoberwochenende. Das Ticket für den Eintritt in alle teilnehmenden Institutionen und für den Shuttle-Transport kostete bislang 15 €. Weitere Informationen unter www.muenchner.de/museumsnacht.

Tollwood-Winterfestival

Wie ihr (älteres) Pendant im Sommer entspringt auch die Zeltstadt auf der Theresienwiese einem alternativen Festimpetus. Für die Winterveranstaltung heißt das: Glühwein aus ökologischem Landbau, fair gehandelte und nett gegrillte Maiskolben sowie jede Menge Musik-, Kabarett-, Comedy- und Theaterveranstaltungen.

Termin: Ende November bis zum 31.12.

Christkindlmarkt

Je nach Zählweise kommt man in München auf beinahe 100 Märkte. Der größte ist der auf dem Marienplatz und den

Die Bavaria im Festlichtgewand

anliegenden Straßen der Fußgänger-zone, der stimmungsvollste wohl der im Englischen Garten am Chinesischen Turm. Der schickste wird an der Münchner Freiheit in Schwabing abge-halten: Da findet schon einmal ein Brillantring für eine vierstellige Summe den Weg an den Finger der Gattin.

Sportveranstaltungen

Blade Night: Von Mai bis Anfang September gehören an ausgewählten Montagen (18 Termine 2015) die Straßen Münchens den Einspurrollschuhfahrern. Auf 5 verschiedenen Routen skaten bis zu 9.000 Teilnehmer durch die lauen Sommernächte (bei Regen ist der Spaß wohl keiner und fällt daher aus). Startpunkt ist immer am Bavariapark auf der Theresienhöhe. Helm und Protektoren sind Pflicht (können – wie auch Skates – beim Veranstalter gelie-hen werden, dazu braucht man ein Starterband für 2 €). Die Teilnahme ist kostenlos. Informationen unter www.aok-bladenight.de.

Munich Mash: So war das zwar nicht gedacht, aber der Olympiapark eignet sich prächtig als Spielwiese für BMXer, Mountainbiker und Skateborder. Es müssen nur noch ein paar turmhohe Rampen und Kicker aufgeschüttet werden und schon wird am Münchner Sommerhimmel munter geflipt und gecorkscrewt. Der Aufwand für das Munich Mash ist bizarr, die Show ist es allerdings auch. Ende Juni. www.munich-mash.com.

Der **Münchner Stadtlauf** bietet einsamen Joggern seit 30 Jahren die Möglichkeit zur ausnahmsweise gesellingen Ausübung ihres Freizeitsports. Bis zu 18.000 Teilnehmer (Limit) legen Distanzen zwischen 5 km (Walking) und einer Halbmarathonstrecke zurück. Termin ist Ende Juni/Anfang Juli, Anmeldung über den Hauptsponsor Sport Scheck (http://mein.sportscheck.com/sport/laufsport). Teilnahmegebühr je nach Anmeldezeitpunkt zwischen 30 und 40 €.

Winter-Tollwood auf der Theresienwiese

Der echte **München Marathon** geht dann eine Woche nach dem Oktoberfest natürlich über die Volldistanz, nicht ganz so Ambitionierte begnügen sich mit dem parallel ausgetragenen 10-km-Lauf. Anmeldung am besten online unter www.muenchenmarathon.de. Gebühr zwischen 68 und 85 € (je nach Anmeldezeitpunkt).

Das **Golfturnier BMW International Open** findet in ungeraden Jahren im Juni auf dem Platz des GC Eichenried statt.

Hauptsponsor der **Internationalen Tennismeisterschaften von Bayern** ist ebenfalls die ortsansässige Autofirma mit dem Propellerlogo. Austragungsort der BMW Open ist der so noble wie traditionsreiche (gegr. 1892) MTTC Iphitos in Nordschwabing, Austragungszeit die Woche um den 1. Mai. Karten zwischen 21 und 310 €. Weitere Infos unter www.bmwopen.de.

Karten für alle großen Sportereignisse gibt es auch bei den Vorverkaufsstellen von München Ticket, → S. 251.

München im Kasten

Oktoberfest

Frauenkirche, Residenz, Ludwigsstraße – alles schön und gut. Aber die erfolgreichste Corporate Identity der bayerischen Landeshauptstadt – national wie international – ist eindeutig das allseptemberliche Oktoberfest auf der Theresienwiese zwischen Bahnhofsviertel und Westend. Ob nun „le Oktoberfest" oder „festa della birra", trinkfreudige Gäste aus aller Welt drängen sich jährlich in Millionenstärke (Rekordbesuch aus dem Jahr 1985: 7,1 Mio.) auf dem 42 ha großen Gelände zu Füßen der Bavaria. Sie verzehren riesige Geschwader von gebratenen Hühnchen (750.000 Stück), ganze Rinderherden, trinken veritable Seen voller Bier (ca. 6 Mio. Liter), verbrüdern sich, prügeln sich, fallen gemeinsam von den Bierbänken und geben sich planlosen zwischengeschlechtlichen Techtelmechteln hin. Vor allem aber lassen sie unglaubliche Mengen Geld in den Zelten und Fahrgeschäften. Trotzdem können auch hartnäckigste Spaßbremsen nicht behaupten, sich auf der Wiesn nicht unglaublich amüsiert zu haben. Es ist ein merkwürdig Ding um das größte Volksfest der Welt.

Angefangen hatte es 1810 ganz harmlos. Kronprinz Ludwig (der spätere König Ludwig I.) ehelichte seine Therese, und zur Feier des Ereignisses wurde ein Pferderennen auf der damals noch im außerstädtischen Niemandsland liegenden Fläche zwischen München und Sendling abgehalten. Und zwar im Oktober – womit das Paradox vom Oktoberfest im September historisch hinreichend geklärt sein dürfte.

Das Spektakel gefiel den Münchnern, wurde in den folgenden Jahren wiederholt und schließlich institutionalisiert. Nach und nach gesellten sich Bierausschank, Karusselle, Losbuden und andere Lustbarkeiten hinzu. Um die Jahrhundertwende wurde der Termin dann vorverlegt, damit man beim abendlichen Zechen nicht mehr so frieren musste.

Nach dem Zweiten Weltkrieg explodierte die Veranstaltung im übertragenen Sinn förmlich. Am 26. September 1980 tat sie es dann das tatsächlich: Ein rechtsradikaler Spinner zündete am Haupteingang einen Sprengsatz, der 13 Menschen tötete und über 200 verletzte – der schwärzeste Tag in der Geschichte des Oktoberfests.

Der Mythos hielt die Trauer jedoch aus, die Sicherheitsvorkehrungen wurden verstärkt und die Wiesn seitdem von größeren Katastrophen verschont – angesichts der gewaltigen Menschenmengen (an guten Tagen befinden sich bis zu 700.000 Menschen auf dem Festgelände) eine erhebliche logistische und auch individuelle Leistung von Polizisten und privaten Ordnern. Falls die im Gedränge einmal etwas härter als nötig hinlangen – der tolerante Gast übt Nachsicht: Das ist ein Knochenjob. Wie übrigens so ziemlich jede professionelle Betätigung auf der Wiesn – Bedienungen zählen noch vor dem Trinkgeld ihre blauen Flecke.

Früher freilich war alles besser und das Bier billiger (Letzteres stimmt) – die Sehnsucht nach den alten Rummelplatzwerten ist ungebrochen. Die Handvoll Traditionsgeschäfte wie der Schichtl (seit 1869), Teufelsrad (seit 1910) oder Krinoline (seit 1924) waren da zu wenig, und so wurde zum 200. Wiesn-Jubiläum eine Historische Wiesn samt Pferderennen aufgeboten. Hier war die Musik leiser und vor allem traditioneller (keine Wiesn-Hits), das Bier aus Tonkrügen und alles halt noch etwas mehr vertrachtelt. Billiger allerdings nicht: Für das abgesperrte Areal wurde ein Eintrittsentgelt (4 €) verlangt und alle, alle waren glücklich. Die allzeit wendige Festleitung hat den Trend erkannt und ihn institutionalisiert, und deshalb gibt es die Historische Wiesn jetzt jedes Jahr – bloß ohne Pferderennen.

Das hat aber die Kernfrage nicht gelöst: Welches Zelt ist das beste? Einfache Antwort: jenes, in das man noch hineinkommt, denn speziell an den Wochenenden ist das spätestens um 16 Uhr nahezu unmöglich. Es sei denn, man hat ein „Bandl" am Handgelenk – das weist einen als Gast mit Reservierung oder als allgemein wichtigen Menschen

aus und ermöglicht den Zutritt über separate Eingänge. Mit den strengen Zutrittsregelungen ist auch das Idyll vom klassenlosen Besäufnis dahingegangen, mittlerweile herrscht strenge Distinktion: Hie das gemeine Volk, dort die Privilegierten in der Box, gegenseitige Durchdringung fast ausgeschlossen. Ein besonderer Fall ist die sog. RTL-2-Wiesn: Dieses mediale Konstrukt beschränkt sich im Wesentlichen auf die vorgeblichen Promizelte Marstall und Käfer's Wiesn-Schänke. Nach strenger Selektion am Einlass vergnügen sich hier VIPs mit Champagner aus dem Maßkrug. Wer nicht reinkommt, hat auch nichts verpasst. Überall steht man aber spätestens um 18 Uhr auf den Bänken. Wer das nicht mitmachen will, darf sich den Rest des Abends eben Schuhe anschauen. Macht

aber keiner, und außerdem grölt sich's im Stehen einfach besser. Auch schüchterne Naturen singen nach der zweiten Maß mit. Garantiert.

Termin/Dauer: Vom ersten Samstag nach dem 15.9. bis längstens zum 7. Oktober; mindestens 16, höchstens 18 Tage.

Öffnungszeiten: Täglich von 10 bis 22.30 Uhr (Ausschank), Ausnahme: Käfer's Wiesn-Schänke und Weinzelt (bis um 0.30 Uhr).

Bier: Zugelassen ist ausschließlich das Bier der sechs Münchner Brauereien. Stammwürze und damit Alkoholgehalt sind gegenüber normalem Vollbier leicht erhöht. Eine gewisse erhöhte Darmaktivität nach starkem Genuss ist möglich.

Events: Am Eröffnungstag um 12 Uhr Anstich im Schottenhamel-Zelt durch den OB. Davor Einzug der Festwirte mit dem Zug der vielspännigen Brauereikutschen durch die Stadt. Am ersten Wiesn-Sonntag paradiert der – weltberühmte! – Trachtenumzug durch die Stadt.

Sicherheit: Die Polizei ist auf der Wiesn sehr präsent – im Zweifelsfall hilft lautes Schreien schon sehr viel weiter. Medizinische Versorgungsstellen werden mit Ballons (weiß mit rotem Kreuz) weithin sichtbar angezeigt. Operationsbasis für Polizei und Sanitäter ist der Behördenhof hinter dem Schützenfestzelt (vor der Bavaria).

Hier befindet sich auch ein Security Point für belästigte Frauen und Mädchen – leider braucht's den.

Preise: Ein Wiesn-Besuch ist kein billiger Spaß, die Maß Bier kostete 2015 erstmals über 10 €. Die teuersten Fahrgeschäfte kommen etwa auf den gleichen Preis.

Trachten: Wahrscheinlich dauert es nicht mehr lang und ohne zünftiges Gwand – oder was auch immer so die Erfordernisse des allgemeinen Landhausfaschings erfüllt – darf man gar nicht mehr drauf auf die Wiesn. Dann also zu **Angermeier** und das Dekolleté ins Dirndl gestopft, die Krachlederne über den knappen Bund gespannt und fertig ist der Urbayer. Zur Not auch mit rheinischem Zungenschlag. Filialen im Rosental 10 (am Viktualienmarkt) und an der Landsberger Str. 101–103 (Westend). Die Damen der Gesellschaft lassen sich natürlich nicht lumpen und pressen sich in ein Design-Dirndl von **Lola Paltinger** (ab ca. 2.500 €). Innenstadt, Im Tal 27.

Reservierungen: Nur direkt bei den Festzeltbetreibern (verlinkt unter www.oktoberfest.de). Belegung erfolgt in 10er-Schritten, pro Platz müssen zwei Maß Bier und 10 € Verzehrgutschein (dazu kommt noch Bediengeld) abgenommen werden. Leider ist schon Monate vorher alles ausgebucht.

Bierzelt in Standardauslastung

Brauchtümliche Früherziehung

München mit Kindern

München wächst – und das nicht nur wegen der vielen Zugroasten, die dem Charme und der wirtschaftlichen Anziehungskraft der großen Metropole des Süden erliegen. Nein, die Münchner pflanzen sich auch recht emsig fort: Entgegen dem deutschen Trend wird hier seit jetzt neun Jahren mehr geboren als gestorben. Da sollte man doch meinen, dass den Zwergerln (das ist nicht abschätzig, sondern ein durchaus liebevoller Münchner Sammelbegriff für Menschen unter der durchschnittlichen Bauchnabelhöhe) hier ordentlich etwas geboten wird, und natürlich finden sich schon zahlreiche Bespaßungsmöglichkeiten für die kleinen High Potentials, aber Münchner Eltern hätten schon gerne ein etwas diverseres Angebot. Prädikat: ausbaufähig.

Tierpark und Aquarium

Ganz besonders mit Kindern gilt natürlich die alte Regel aus dem Show-Biz: Tiere gehen immer, und deshalb geht es natürlich erst einmal in den Zoo, hoppla, natürlich in den Tierpark (aus einem unbekannten Grund legen die Münchner erheblichen Wert auf diese semantische Feinheit). Die Gehege in **Hellabrunn** (mit Ⓤ 3 und Buslinie 52 zum Bahnhof/Haltestelle Tierpark) sind in den letzten Jahren nach und nach grundrenoviert worden, und so präsentiert sich der repräsentative Querschnitt der Fauna der Welt in erfreulich frischem Gewand. Das scheinen die Viecher offenkundig zu schätzen, die gefiederten und felltragenden Bewohner pflanzen sich munter fort, und deshalb gibt es immer wieder putzige Jungtiere zu bestaunen. Ganz besondere Knaller sind natürlich die Shows, die Flossenparade mit den Seelöwen darf auf gar keinen Fall fehlen. Tiere zum Anfassen gibt es freilich auch, im Streichelzoo warten enorm freche und gefräßige Zwergziegen auf Futter aus Kinderhänden (Tipp: Vorher beim Gemüsehändler eine große Tüte gelbe Rüben kaufen, das Futter aus den Automaten ist ein bisschen arg teuer). Auf www.hellabrunn.de finden sich aktuelle Informationen zu Jungtieren und Fütterungstermine; geöffnet ist der

Münchens großer Experimentierbaukasten: das Deutsche Museum

Tierpark April–Sept. 9–18 Uhr, Okt.–
März 9–17 Uhr (Erw. 14 €, erm. 10 €,
Kinder 4–14 J. 5 €).

Wenn es eher schwimmen als krabbeln
oder flattern soll, sind die Großaqua-
rien von **Sea-Life** im Olympiapark (→
Tour 10, S. 170) der Anlaufpunkt für
kleine Meeresbiologen und Ozeanolo-
gen. Über 10.000 Meeresbewohner bevölkern dort die verschiedensten Becken. Ein Highlight ist der zehn Meter
lange Unterwassertunnel aus Glas, der
durch ein 400.000 Liter fassendes tropi-
sches Aquarium führt. In den Ferien
vermeidet man durch Online-Reservie-
rung lange Anstehzeiten, außerdem bekommt man so die ansonsten happig
teuren Tickets billiger (18,95 €, erm.
15,50 €, www.visitsealife.com).

Spannende Museen

Ganz oben auf der Liste der für Kinder
attraktiven Museen steht seit Jahrzehnten mit gutem Grund auch das **Deutsche Museum** (→ S. 139), in der riesigen Sammlung gibt es jede Menge
Knöpfe und Hebel, die Experimente
und Animationen in Gang setzen. Fast

ein bisschen gruslig ist die Abteilung
Bergbau, für die man den Münchner
Schotterboden in drei Sohlen abgeteuft
hat und wo in bis zu 11 m Tiefe sehr
anschauliche Dioramen über die Geschichte des Hüttenwesens eingebaut
worden sind. Der Klassiker im Klassiker ist sicherlich die Hochspannungsanlage, mit der dreimal am Tag (11, 14
und 16 Uhr) unter mächtigem Geknat-
ter und Gedonner künstliche Blitze
durch das ehrwürdige Haus geschleu-
dert werden, wobei – und das ist der
Höhepunkt – ein verdienstvoller Mitarbeiter im Faraday'schen Käfig eben
doch nicht gegrillt wird. Für die kleineren Nachwuchswissenschaftler ist
das Kinderreich ein wichtiger Anlaufpunkt, und auch wenn die Planschan-
lage mit den Schleusen und Dämmen
gerade grundrenoviert wird, ist das
wirklich ein Lernspielplatz de luxe mit
Kugelbahn, Flaschenzug und Optik-
spielen.

Ganz ähnlich ist der museumspädago-
gische Ansatz im **Kindermuseum der
Stadt München** im Nordflügel des
Hauptbahnhofs; die Idee eines Mit-
machmuseums wurde hier offensicht-

lich (lange Schlangen an Regentagen, wie auch im Deutschen Museum) sehr erfolgreich umgesetzt. Es befindet sich im Starnberger Flügelbahnhof (Arnulfstr. 3, Di–Fr 14–17 Uhr, Sa/So und in den Ferien 10–17 Uhr, Mo geschlossen), Näheres unter www.kinder museum-muenchen.de.

Eine ausgesprochen lehrreiche und trotzdem kindgerechte Alternative an Regentagen ist das **Museum Mensch und Natur** im Schloss Nymphenburg (→ S. 207); das Konzept zielt ganz dezidiert auf kleine Besucher und erklärt Stadtkindern lebhaft und unterhaltsam die ökologischen Zusammenhänge unserer Natur. Tiere – ausgestopft – gibt es natürlich auch, Star der Show ist der ehemalige Problembär (vielleicht die schönste Wortschöpfung Edmund Stoibers) Bruno, der 2006 das sommerliche Nachrichtenloch mit seinen Raubzügen durch die oberbayrischen Berge füllte.

Natürlich bieten sehr viele Münchner Museen auch Kinderprogramme und Führungen an, richtig toll sind z. B. die pädagogischen Programme der **Pinakotheken** (→ S. 155), und auch der der örtliche Automobilgigant lässt sich nicht lumpen und offeriert in **BMW-Welt** und **BMW-Museum** (→ S. 175) Führungen und Aktivprogramme für den Ingenieur- und Designernachwuchs.

Fußball

Auch wenn Papa stolz die Ehrennadel des FC Schalke im Knopfloch trägt, es hilft nichts: Der Fan-Nachwuchs will zum FC Bayern. Die Stars in echt und meist auch zum Anfassen, Selfie Machen und Autogramme Schreiben, trainieren fast täglich am pompösen Gelände des Großclubs an der Säbener Straße, die Termine stehen auf der Website (https://fcbayern.com/de). Unbedingt zeitig kommen, besonders in den Ferien ist da die Hölle los. Für die volle Dosis „mia san mia" darf

natürlich auch der Besuch in der **FC Bayern Erlebniswelt** nicht fehlen, und da man dazu in die Allianz-Arena nach Fröttmaning fahren muss, wird auch gleich noch die **Stadiontour** mitgebucht. Höhepunkt der Runde ist der Besuch der Umkleidekabine der Recken und Heroen – wer kann einer Nase Fußschweißgeruch von Thomas Müller schon widerstehen? Papa weint leise in sich hinein.

Die FC Bayern Erlebniswelt in der Allianz-Arena hat tägl. 10 bis 18 Uhr geöffnet (an Spieltagen anders); wenn die Löwen spielen, ist zu. Eintritt für Erw. 12 €, erm. 10 €, Kinder 6–13 J. 6 €, unter 5 J. frei. Arena-Tour tägl. um 11, 13, 15 und 16.30 Uhr (wiederum abweichend an Spieltagen); individuell nur buchbar in Kombination mit der Erlebniswelt: Erw. 19 €, erm. 17 €, Kinder 6–13 J. 11 €, unter 5 J. frei.

Raus aufs Land

Dann ist da ja immer noch das Umland mit seinen Seen und Bergen und zum Glück nicht weit weg. Um einmal eine richtige Kuh (eben nicht lila!) zu sehen, genügt eine **Radltour**, die auch mit 20-Zoll-Reifen durchaus zu bewerkstelligen ist. Von der Familienstrampelei entlang der Isar – eigentlich ein entzückender Radweg – ist aber am Wochenende eher abzuraten, da ist zwischen Tierpark und Aumeister zu viel los, die Rennradler und Mountainbiker machen keine Gefangenen und scheren sich wenig bis gar nicht um noch unsichere Fahrradnovizen. Deutlich entspanner ist dann schon der Perlacher Forst, und der fängt gleich hinter Giesing an.

Richtig in die **Berge** ist aber auch kein Problem, mit den Zügen der BOB (→ S. 271) ist man in weniger als einer Stunde in den Bergen. Gute Tipps für einfache und aufregende Touren mit den jungen Wandersleuten finden sich im Michael-Müller-Wanderführer „Münchner Ausflugsberge" (→ S. 229).

Vorbildlich: Kein Feuer auf den Kieseln! Isargrillen am Flaucherstrand

München (fast) umsonst

München ist toll. Aber unter den vielen positiv besetzten Attributen, mit denen die Stadt sich schmückt, fehlt „billig" eben schon. Trotzdem sind die Platin-Kreditkarte, der Luxussportwagen und das Penthouse am Herzogpark keine Pflichtaccessoires für den großen Spaß. Überdurchschnittlich gute Laune reicht zum Beispiel schon lässig für einen großartigen Sommertag am Isarufer, und die karnevalistischen Riten der Stadt (mit einiger Bosheit kann man auch „Besäufnisse" sagen) am Nockherberg und auf der Theresienwiese waren schon immer klassenlos.

Günstig essen gehen

Die mit Abstand schönste Möglichkeit, sich preiswert zu verköstigen, steht sogar im Gesetz. Die Bayerische Biergartenverordnung von 1999 (→ S. 243) schreibt explizit vor, dass man sich in **Biergärten** seine Brotzeit selber mit-bringen darf, und die paar Fleischpflanzerl und die Tupperdose mit den Radieserln und dem Obatzdn ist noch aus der kümmerlichsten Portokasse zu bestreiten. Ganz sparsame Naturen entwickeln ausgeprägtes Geschick im Biergartenschnorren: Ein paar Komplimente für die schön gedeckte Tischgarnitur und ein glaubhaft vorgetragenes „ui, schaut das aber lecker aus!" werden zumeist mit einem freundlichen Probierangebot beantwortet. Empfehlungen für Biergärten finden sich viele in diesem Buch – in jedem Stadtviertel gibt es einen lauschigen. Deshalb einfach den nächstgelegenen wählen, dann muss man die Spezereien nicht so weit schleppen. In meinem Fall ist das der schnuckelige Kongressgarten auf der Theresienhöhe (→ S. 200).

Ein ganz ähnliches Verfahren lässt sich im Sommer an der Isar, und da ganz besonders am **Flaucher** (→ S. 142) beobachten, da trifft sich München zum Grillen, und sogar mit dem popligen Einweggrill von der Tanke lässt sich da erstaunlich viel Spaß haben (die Schnorrer-Nummer funktioniert da übrigens auch ...). Aber bitte den ganzen Müll wieder mitnehmen!

Die Sparfuchserei ist aber genau genommen gar nicht nötig, die Münchner Küche ist traditionell eher unaufwendig und preiswert, gerade in Traditionsgaststätten wie dem **Schelling-Salon** (→ S. 161) oder dem **Fraunhofer** (→ S. 129) kann man sich für richtig wenig Geld den Bauch vollschlagen. Noch billiger ist es freilich in der Mensa, und die bestimmt schönste Außenstelle der Münchner Studentenküche findet man auf dem Dach der TU im Café **Vorhoelzer** (→ S. 160). Bei dem Blick lacht sogar das Fischstäbchen im Reisrand.

Große Kunst, kleiner Preis

Da haben die Wittelsbacher über Jahrhunderte die Staatskasse geplündert und ihre Untertanen ausgepresst, und nun hat sich das für die Münchner doch noch gelohnt: Kunstgenuss ist richtig billig. Eine ganze Reihe von Museen und Sammlungen – darunter auch heilige Hallen wie die **Pinakotheken** und die **Ägyptische Staatssammlung** – verlangen am Sonntag gerade einmal einen popligen Euro Eintritt. Ein Dürer hier, ein van Gogh da und zum Schluss noch ein Richter – kein Problem. Noch günstiger ist es für Besucher unter 18 Jahren, da muss man schon fast ein bisschen suchen, um eine Sammlung zu finden, für die ein Zutrittsentgelt verlangt wird. Wermutstropfen: Das Deutsche Museum ist leider nicht auf der Umsonst-oder-billig-Liste.

Kostenlose Veranstaltungen

Das Nationaltheater, Spielstätte der Münchner Staatsoper, gilt mit einer Auslastung von weit über 90 % als das effektivste Opernhaus der Welt – warum sollte man dort etwas verschenken? Macht man aber doch, und so sind die Gratiskonzerte auf dem Marstallplatz und die Direktübertragungen von Opernaufführungen auf dem Max-Joseph-Platz im Rahmen der **Opernfestspiele** mittlerweile fest etablierte Klassikevents mit Volksfestcharakter.

Hochkultur für alle wird zu Beginn der Opernfestspiele gegeben, genaue Termine stehen auf der Website der Staatsoper: www.staatsoper.de. Ein ganz ähnliches Event veranstaltet das **Gärtnerplatztheater** Mitte Juli, und auf dem lauschig-kuscheligen Platz vor der Bühne der leichten Muse ist das wohl noch schöner als die Großveranstaltungen in der Altstadt.

Belcanto und Bassgeige sind aber nun doch nicht jedermanns Geschmack, deutlich kräftiger auf die Ohren gibt es beim **Theatron Musiksommer** im Olympiapark. Auf der ungemein stimmungsvollen Bühne im Olympiasee spielen einen ganzen Monat lang jeden Abend Bands in allen Kategorien von Schlager bis Trash Metal, vorzugsweise Newcomer und Local Heroes, aber auch arrivierte Namen sind dabei.

Freibier!

Die ewige Zankerei um die Frage, welches nun das beste Münchner Bier sei, ist albern: Am besten schmeckt immer noch Freibier! Drei Termine stehen unverrückbar im Münchner Festkalender: Am **Tag des Bayrischen Bieres** pusten die Düsen des Brunnens vor dem Brauerhaus (Kreuzung Oskar-von-Miller-Ring/Brienner Straße) echtes, frisches Bier für lau ins Freie. Auch die ersten Maßen auf dem **Oktoberfest**, ausgeschenkt direkt vor der Empore des Schottenhamel-Zelts und gezapft vom OB persönlich, kosten nichts, allerdings muss man dafür spätestens um vier Uhr morgens am Eröffnungstag der Wiesn vor dem Zelteingang stehen. Die größte Freibierparty ist schließlich die **Meisterfeier des FC Bayern** auf dem Marienplatz irgendwann im Mai, wenn die hauptsponsorende Großbrauerei einen springen lässt, um den Gewinn der deutschen Fußballmeisterschaft gebührend zu würdigen. Ungesicherten Informationen zufolge soll das auch schon einmal ausgefallen sein, aber daran können sich nur die Älteren noch erinnern.

Folkloristische Gaudi: Isar-Flößerei

Unterwegs in München

München ist eine recht kompakte Stadt. Was die Fläche betrifft, nimmt es nur den sechsten Platz unter den deutschen Großstädten ein, während es nach Einwohnern deutlich weiter oben rangiert: auf Platz drei. Diese starke Verdichtung ermöglicht es dem Besucher, einen großen Teil seiner Besichtigungstour zu Fuß zu absolvieren; der Rest lässt sich fast ausnahmslos in kurzer Zeit mit dem Fahrrad erreichen. Wer nicht gehen oder strampeln will, kann sich ebenso erfolgversprechend dem öffentlichen Nahverkehr anvertrauen. Das eng geknüpfte Netz von Tram-, U- und S-Bahn sowie Bussen lässt – zumindest tagsüber – kaum einen Mobilitätswunsch unbeantwortet, und auch die meisten lohnenswerten Ziele im Umland sind gut in das Nahverkehrskonzept Münchens eingebunden.

MVV und S-Bahn

Sechs U-Bahn-Linien (Betreiber ist der Münchner Verkehrs- und Tarifverbund, MVV) und acht S-Bahn-Linien (DB) sorgen für schnellen Personentransport auf der städtischen Makroebene; im Raster kleinteiligere Verbindungen ermöglichen die zehn Trambahnlinien und die Busse des MVV. Geschickt kombiniert können die beiden Letzteren eine **Stadtrundfahrt** ersetzen: Dazu besteigt man am Stachus die Linie 19 (Richtung St.-Veit-Straße), um Altstadt und Maximiliansstraße zu passieren, wechselt am Maxmonument (Fotoshooting Isar und Maximilianeum) in die Tram 17 (Richtung Effnerplatz) und bekommt so einen ersten Eindruck vom Lehel und der Prinzregentenstraße. An der Tivolistraße hält die Buslinie 154 und fährt den Express-Besichtiger quer durch den Englischen Garten, Schwabing und die Maxvorstadt bis zur Haltestelle Schellingstraße. Hier wird wieder auf die Tram gewechselt: Die 27 kehrt dann vorbei an den Pinakotheken und über den Karolinenplatz (nur echt mit Obelisk) zurück zum Stachus.

Nachts

Die Situation für den ÖPNV-gestützten Nachtschwärmer ist nicht wirklich befriedigend. Nach 1 Uhr stellen die U-Bahnen den Betrieb ein (am Wochenende ab 2), das übrige Netz wird auf ein sehr elementares Angebot an Nachtlinien zurückgestuft. Die entsprechenden Straßenbahnen fahren dann gerade einmal noch im Stunden-Takt, mit den Nachtbussen sieht es nicht viel besser aus.

Tarife

Das Preismodell des MVV, das die Benutzung der S-Bahn mit einschließt, ist relativ überschaubar. Der gesamte Innenstadtbereich bis etwa zum Mittleren Ring liegt innerhalb von zwei Tarifzonen und deckt damit den Aktionsbereich der meisten Münchenbesucher vollständig ab – von Exkursionen ins Umland natürlich abgesehen. Der Fahrpreis errechnet sich aus dem **Basisbetrag von 2,70 € pro Zone**. Eine **Kurzstreckenfahrt** (bis zu vier Stationen, davon höchstens zwei mit Ⓤ und Ⓢ) kostet 1,40 €. Rabatte gibt es bei Benutzung einer Geldkarte oder einer Streifenkarte, dabei reduziert sich der Preis auf 2,60 € pro Zone (zwei Streifen) resp. 1,30 € für die Kurzstrecke (ein Streifen).

Das ganze Gewürge mit dem Abzählen von Zonen und Haltestellen erspart man sich natürlich mit einer Tages- oder Mehrtageskarte. Die einfachste Version – die **Single-Tageskarte** – kostet 6,40 € bzw. 16 € (für drei Tage). Geltungsbereich ist der sog. „Innenraum", das sind die inneren vier Tarifzonen des Gesamtnetzes. Familien und Kleingruppen greifen am besten zur **Partner-Tageskarte**. Sie gilt für bis zu fünf Erwachsene (Kinder von 6 bis 14 J. zählen als halbe Erwachsene) und kostet 12,20 € bzw. 28,20 €.

Eine nette Option für eifrige Besucher von Museen und Kultureinrichtungen ist schließlich die **CityTourCard**, die neben der Benutzung der öffentlichen Verkehrsmittel auch Eintrittsermäßigungen (u. a. Allianz-Arena, BMW-Museum) und Vergünstigungen bei diversen Partnern (z. B. Starnberger und Ammerseer Seenschifffahrt) einschließt. Für dieses Ticket sind 10,90 € bzw. 21,90 € (drei Tage, jeweils Innen-

raum) fällig. Auch hier gilt die Regelung: 6- bis 14-Jährige zählen als halbe Erwachsene.

Für die **Mitnahme von Fahrrädern** (nicht Mo–Fr 6–9 Uhr und 16–18 Uhr) sind prinzipiell 2,60 €/Tag zusätzlich zu berappen (egal, mit welchem Ticket man unterwegs ist, also selbst bei einer einfachen Kurzstreckenfahrkarte). Ausnahmen: Die Laufradgröße liegt unter 20 Zoll oder der Bock verfügt über eine Rahmenklappvorrichtung – dann ist die Beförderung gratis. Ebenfalls umsonst fahren Kinder bis 6 Jahre (in Begleitung) sowie Hunde (Leinenpflicht).

Fast alle Fahrscheine gibt es an den **Automaten in den U-/S-Bahnhöfen**, ebenso verkaufen die meisten **Kioske** und **Zeitschriftenläden** die gängigen Wert- und Zeitkarten. Nur für ganz komplexe Anfragen muss man sich an die MVV-Kundenzentren in den Zwischengeschossen der U-Bahnhöfe Marienplatz und Sendlinger Tor oder in der Poccistraße 1–3 wenden. Weitere Informationen unter www.mvv-muenchen.de.

Bayerische Oberlandbahn (BOB)

Für den Wochenendausflug zu den Seen im Umland reicht der Aktionsradius der S-Bahn so gerade, autolose Bergfexe indessen müssen noch ein paar Kilometer weiter. Sie verlinkt die Bayerische Oberlandbahn – kurz und gebräuchlich BOB – mit den Hausbergen um Tegernsee und Schliersee. Wenn es die Schneeverhältnisse zulassen, ist die (privat betriebene) BOB auch ein bequemer Shuttle in die nahe gelegenen Skigebiete am Spitzingsee, Sudelfeld und bei Lenggries. Die Züge der drei Linien verlaufen bis zum Bahnhof Holzkirchen in gemischter Koppelung und werden dort getrennt – also entweder gleich beim Einsteigen den richtigen Zugteil nehmen oder in Holzkirchen die Lautsprecheransage beachten. Oder flexibel sein: Statt auf den Wendelstein geht's dann halt auf die Rotwand.

Tarife

Das **BOB-MVV-Ticket** für 31 € bringt bis zu 5 Personen in die oberbayerische Bergwelt und gilt auch für den gesamten MVV-Tarifverbund. Für Einzelpersonen genügt das **BOB-MVV-Single-Ticket** für 21 €. Für Skifahrer und Wanderer gibt es auch Kombitickets für BOB und Bergbahnen bzw. BOB und RVO-Busse (Regionalverkehr Oberbayern). Außerdem gelten das Bayern-Ticket und das Schöne-Wochenende-Ticket der DB. Mehr bei www.bayerische-oberlandbahn.de.

Achtung: Alle BOB-Tickets sind von Montag bis Freitag erst ab 9 Uhr gültig!

Fahrrad fahren

Auch wenn man von München die Berge gelegentlich toll sehen kann, ist die Stadt in ihrem topografischen Erscheinungsbild erstaunlich flach. Die einzigen nennenswerten Steigungen ziehen sich am rechten Isarufer hinauf in die Stadtteile Bogenhausen, Haidhausen oder Giesing. Zusammen mit den recht geringen Distanzen in der stark verdichteten Stadt eigentlich hervorragende Vorbedingungen für eine echte Fahrradstadt; aber ganz auf dem Niveau von Velo-Metropolen wie Erlangen oder Münster ist München dann doch noch nicht – der Slogan von „Radlhauptstadt Deutschlands" ist mehr Propaganda als Realität. Radwege, die ziemlich unvermittelt in der Kampfzone der Straßenflächen enden, zuweilen beängstigend schmale Korridore zwischen Parkstreifen und Straßenbahnschienen und nicht zuletzt die erklärt harte Linie der Münchner Polizei gegen mountainbikende Zweiradhasardeure haben dem Radl bislang noch die ihm zustehende Rolle im Verkehrskonzept der Stadt verwehrt. Derzeit ist ein neues Radwegkonzept für die Altstadt in Arbeit, damit wird es wahrscheinlich nicht besser, aber sicher komplizierter.

Trotzdem: Zumindest in den warmen Monaten ist das Fahrrad die wahrscheinlich effektivste und entspannendste Art der Fortbewegung in der Stadt.

Fahrradverleih

Für den kurzen Ritt in den nächsten Biergarten sind die Zeitmieträder der Bahntochter **Call a Bike** und von **MVG-Rad** eine ausgesprochen praktische Option. Beide haben jeweils weit mehr als 1000 Räder im Einsatz, ein verfügbares Robustradl steht also mehr oder weniger an jeder Ecke. Die Preismodelle sind etwas komplex, aber so ungefähr gilt: Kurzfahrten bis 30 Minuten sind kostenfrei, danach werden für jede weitere Stunde 2 bis 3 € berechnet. Für beide Dienste muss man sich einmalig anmelden; bei Call a Bike geht das über die Website (www.callabike-interaktiv.de), die Münchner Verkehrsbetriebe setzen die Installation einer Software auf Smartphone oder Tablet voraus („MVG more" in den einschlägigen App Stores).

Für richtige Radtouren haben aber weiterhin klassische Fahrradvermietungen das bessere Angebot mit der spezifischeren Auswahl. Direkt am Bahnhof verleiht Radius (✆ 596113, www.radius munich.com) alles vom Cityhopser über gute Tourenräder bis zum Pedelec (Elektrofahrrad). Sollte der eigene Bock im harten Stadtverkehr havariert sein, repariert dort Patrick, der schnellste und schweigsamste Monteur der Stadt, das Malheur fachkompetent. Komplexere mechanische Arbeiten bis hin zum Custom-Bike-Aufbau erledigen Davo und seine Jungs bei Guten Biken (Thomas-Wimmer-Ring 9, www.guten biken.com).

Taxi

Rund um die Uhr, keine Wartezeiten, telefonisch verfügbar – Taxis sind fraglos die komfortabelste Variante der individuellen Mobilität in München. Leider ist der Luxus ziemlich teuer (sonst wär's ja auch keiner). Nach eigenen Erfahrungen existieren für die Fahrt in einer der Mietdroschken Münchens drei mögliche Preisszenarien: Nicht ganz so weit: ungefähr 10 €; etwas weiter: um die 20 €; zum Flughafen: ca. 60 € (vom Airport zur Neuen Messe gilt ein Festpreis von 59 €). Vorsicht während des Oktoberfests, dann versuchen auch gelegentlich sehr auswärtige Taxis ein Stück vom großen Kuchen abzubekommen; die Ortskenntnis der Fahrer ist allerdings häufig äußerst dürftig.

Funkzentrale der Taxi-Genossenschaft ☏ 21610 und ☏ 19410, Taxizentrale IsarFunk ☏ 450540. Sonderdienste (Stadtrundfahrten u. Ä.) über die Websites www.isarfunk.de und www.taxizentrale-muenchen.de.

Auto fahren und parken

Wenn's denn unbedingt sein muss – aber Spaß macht der Stadtverkehr in München natürlich genauso wenig wie anderswo, die Parkplatzsuche ist in einschlägigen Vierteln (Maxvorstadt, Glockenbach) sogar der echte Horror. Stellplätze in Parkhäusern existieren allerdings ausreichend (Innenstadt ca. 2,50–3 €/Std. bzw. 15–25 €/Tag) und sind mit dem Parkleitsystem auch leicht zu finden. Tagesbesuchern von außerhalb empfiehlt sich der **Park-&-Ride-Service des MVV**. Besonders das große Parkhaus in Fröttmaning (an der Allianz-Arena, über 1200 Plätze) ist von der Autobahn hervorragend zu erreichen – und kostet am ersten Tag lediglich 1 € (Folgetage 3 €). An Bundesligaspieltagen ist die Anlage allerdings hoffnungslos überlastet.

Auch für Ausflüge ins Umland ist das Auto nicht in jedem Fall die beste Option. Zumindest an Wochenenden sind die Ausfallstraßen nach Süden sowie die Parkplätze an den Seen schnell jenseits ihrer Kapazitätsgrenzen. Der Zeitvorteil gegenüber dem öffentlichen Nahverkehr ist so schnell dahin.

Autovermietungen

Neben den einschlägigen Branchenriesen (Sixt, Europcar etc.) ist der Local Player **AVM** eine günstige Alternative (Augustenstr. 13, ☏ 596161, www.avm-autovermietung.de). Ebenfalls präsent sind die **Car-Sharer**, besonders Flinkster und DriveNow unterhalten recht ansehnliche Flotten.

Zum Fahren innerhalb der sog. **Umweltzone** → „Anreise … mit dem Auto", S. 282.

Ganz schnell nach München

Schlafen, first class: Bayerischer Hof

→ Karte S. 278/279

Übernachten

Jeder zehnte Besucher Münchens verbringt mindestens eine Nacht in der Stadt – was auf den ersten Blick nach einer traurigen Relation für das Hotelgewerbe klingt, bedeutet in absoluten Zahlen: über 10 Millionen Übernachtungen pro Jahr (2011). Der Markt hat sich darauf eingerichtet und stellt über 40.000 Betten in über 400 Beherbergungsbetrieben zur Verfügung – da sollte doch für jeden etwas dabei sein. Ist es auch, außer es herrscht König Bier: Während des Oktoberfests wird auch noch der letzte Verschlag an die internationale Trinkerschar vermietet – für ein Mördergeld, die Aufschläge während der zwei Wochen Wiesn betragen bis zu 300 %! In der übrigen Zeit des Jahres hält sich das Raubrittertum an den Rezeptionen im Zaum, wirklich sehr günstige Übernachtungsangebote mit akzeptablen Bedingungen sind allerdings ausgesprochen rar. Nun ja, wer hätte in einer Stadt, in der das Immobilien- und Mietpreisniveau am Himmel kratzt, auch ernsthaft etwas anderes erwartet?

Deutlich günstiger ist es natürlich in den Außenbezirken der Stadt, aber hier muss man genau überlegen: Wer auch nur ein bisschen heftiger am Nachtleben der Stadt partizipieren möchte, ist mit einem Bett außerhalb des Mittleren Rings wahrscheinlich falsch bedient. Zum eigentlich günstigen Übernachtungstarif muss man dann nämlich die Kosten für den Taxi-Transfer zur Unterkunft mit einkalkulieren – die Verbindungen des öffentlichen Nahverkehrs sind nach 1 Uhr nachts bestenfalls noch als elementar anzusehen. Das Hotelschnäppchen im Speckgürtel entpuppt sich da leicht als Kuhhandel.

Einen Silberstreif an den Horizont zeichnet da aber das digitale Zeitalter. Mittlerweile haben sich auch in München Portale etabliert, auf denen man sich zu ziemlich günstigen Konditionen in private Zimmer bzw. Wohnungen einmieten kann (s. u.).

Online-Buchung, Reservierung und Zimmervermittlung

Fast alle der unten aufgeführten Hotels und Pensionen haben ein Buchungsmodul in ihre Website integriert, sodass Zimmer bequem online reserviert werden können. Das Tourismusamt der Stadt München spielt natürlich auch mit, online unter www.muenchen.de/hotel. Diese Institution unterhält auch eine **Reservierungs-Hotline:** ☎089-23396555 (Mo–Fr 9–18 Uhr). Eine **Zimmervermittlungsstelle** gibt es bei den Informationsstellen am Marienplatz und im Hauptbahnhof (Adressen/Öffnungszeiten siehe „München von A bis Z", S. 285).

Die Sharing Economy hat sich natürlich auch in einer Premiumdestination wie München fest etabliert, besonders zum Oktoberfest versucht auch noch die letzte WG ihre Haushaltskasse mit den dann üblichen 150 € pro Bett und Nacht aufzupäppeln. Zugang zu diesem auch hier von offizieller Seite nur mäßig beliebten grauen Markt über die einschlägigen Portale www.airbnb.com oder www.couchsurfing.org.

Tel.-Vorwahl für den Großraum München: 089

Luxus

Gut situierte Reisende finden in Münchens Hotellerie eine recht üppige Auswahl. Mit zwei Neueröffnungen in den letzten Jahren ist die Stadt in diesem Segment fürs Erste einmal gut versorgt.

Hotel Vier Jahreszeiten 14 Chronologisch das erste Haus am Platz; schon in der Konzeption der nach ihm benannten Straße sah König Maximilian II. an der heutigen Adresse ein Gästehaus für Staatsbesucher und andere feine Gäste vor. Mittlerweile ist das distinguiert-zurückhaltende Hotel erste Wahl vor allem bei Geschäftsreisenden aus der Entscheider-Ebene. Die markanteste Persönlichkeit in der Geschichte des Hauses war sicherlich die legendäre Hotelierslegende Alfred Walterspiel. 1960 verkaufte die Familie das Hotel der Kempinski-Gruppe. DZ ab ca. 355 €, Suiten bis über 16.000 € (Ludwig-Suite, teuerstes Hotelzimmer der Stadt). Innenstadt, Maximilianstr. 17, ☎ 21252799, www.kempinski-vierjahreszeiten.com.

Hotel Bayerischer Hof 9 Das etwas schillerndere Münchner Traditionshotel; Standard-Unterbringung für Stars aus Showbiz, Sport und Yellow-Press-Prominenz. Top-Feature ist das Blue Spa auf der Dachterrasse – Münchens mit weitem Abstand schönster Pool! Benutzung im Übernachtungspreis natürlich inbegriffen, Tagesgäste zahlen 39 €. Üppige Kapazitäten auch als Tagungs- und Veranstaltungsort. DZ ab ca. 450 €. Innenstadt, Promenadeplatz 2–6, ☎ 21200, www.bayerischerhof.de.

Mandarin Oriental Munich 19 Mit 48 Zimmern und 25 Suiten das kleinste der Münchner Spitzenhotels, allerdings auch das auffallendste: Der schneeweiße Prachtbau ragt wie ein Luxusdampfer ins Graggenauer Viertel. Höchster internationaler Standard, und damit die Küche nicht hinterherhinkt, hat die Koch-Celebrity Nobuyuki Matsuhisa jetzt auch noch eine Filiale im noblen Haus. DZ ab ca. 675 €. Innenstadt, Neuturmstr. 1, ☎ 290980, www.mandarinoriental.com/munich.

Hotel Königshof 11 Ehrliche Old-School-Spitzenklasse; keine Design-Allüren, sondern üppige Grand-Hotel-Gemütlichkeit. Das Flatscreen-TV kann man auch ausgeschaltet lassen und stattdessen aus dem Fenster schauen: Der Stachus ist immer großes Kino. DZ ab ca. 220 €. Innenstadt, Karlsplatz 25, ☎ 551360, www.koenigshof-hotel.de.

The Charles Hotel 8 Der letzte Streich der Rocco-Forte-Gruppe. Es ist schon alles sehr fein und edel geworden, aber Patina und Charakter haften den „Lenbachgärten" (Kunstname für das in Rekordgeschwindigkeit hochgezogene Karree) erst einmal noch nicht an. DZ ab 306 €. Maxvorstadt, Sophienstr. 28, ☎ 5445550, www.roccofortehotels.com.

Sofitel Bayerpost 10 Seit 2004 ist das wilhelminische Schmuckstück am Hauptbahnhof von neuem Designgeist beseelt, davor lag der prunkvolle Seitenanbau lange Jahre im ästhetischen Dornröschenschlaf. Geschmackvolles Großhotel mit durchaus annehmbaren Preisen. Historisches Ereignis: 2006 informierte Jürgen Klinsmann hier Oliver Kahn über seine Versetzung auf die Ersatzbank. DZ ab ca. 190 €. Ludwigsvorstadt, Bayerstr. 12, ☎ 599480, www.sofitel-munich.com/de.

Design

Auch das Auge schläft mit: Die Zeit des Einheitsstils um die Fremdenzimmer ist vorbei. Begrüßenswerter Nebeneffekt der schlichten schönen Linie ist das oft recht gedämpfte Preisniveau der schicken Häuser.

Louis Hotel 23 Das Kull-Imperium (Cortiina, Brenner et al.) hat wieder zugeschlagen: 72 Zimmer in allerfeinster Lage und dezent-teurer

Ausstattung. Die Zimmer zum Viktualienmarkt sind zwar noch ein bisschen teurer, aber wie sagte schon der Kutscher Krenkl: Wer ko, der ko. Hervorragendes Hotelrestaurant (s. u.). DZ ab 159 €, mit Marktblick ab 239 €, Parkplatz saftige 24 €. Innenstadt, Viktualienmarkt 6, ☏ 41119080, www.louis-hotel.com.

Motel One `30` Die Kette mit den jugendlich-frischen Designhotels im Budget-Segment steuert auf recht aggressivem Wachstumskurs, mittlerweile betreibt das Unternehmen sechs Häuser innerhalb des Mittleren Rings. Am zentralsten liegt das Hotel am Sendlinger Tor. DZ ab 79 €, Parken 15 €. Innenstadt, Herzog-Wilhelm-Str. 28, ☏ 51777250, www.motel-one.com/de/hotels/muenchen/hotel-muenchen-sendl-tor.

Cortiina `21` Puristisch, aber nicht streng, sachlich, aber nicht kühl – derzeit wahrscheinlich das Top-End in Sachen Style. Weitere Pluspunkte sind die sehr zentrale Lage und die tolle Bar. Das summiert sich allerdings auch zu einem Top-Preis: DZ ab 199 €. Parkplatz saftige

Schlafen, stylish:
Cocoon in der Isarvorstadt

22 € Innenstadt, Ledererstr. 8, ☏ 2422490, www.cortiina.com.

The Flushing Meadows `34` Da könnte man sich über uns lustig machen – Wiesen sind hier keine (schon gar keine überschwemmten), Tennis wird nicht gespielt, und ob Münchner Originale und Celebrities unbedingt Zimmer gestalten sollten, könnte man auch diskutieren – aber hier kein schaler Spott: Die Zimmer sind hinreißend, geschmackvoll und auch noch gemütlich. Und dann auch Frühstück in der Rooftop-Bar. Ganz starker Auftritt! DZ ab 213,50 € (aber viele Saisonangebote), ☏ 55279170, www.flushingmeadowshotel.com.

H'Otello B'01 `29` Von außen sieht es aus wie ein x-beliebiges Vertreter-Hotel, aber hinter der Eingangstür überrascht eine klare und überlegte Linie. Minimalistischer Stil mit vielen kleinen liebevollen Details. Viel gerühmtes Frühstück. DZ ab 155 €. Gärtnerplatzviertel, Baaderstr. 1, ☏ 45831200, www.hotello.de/b01-muenchen.

Zwei weitere Häuser der gleichen Qualität in Schwabing: F'22 (Fallmerayerstr. 22) und H'09 (Hohenzollernstr. 9).

anna hotel `13` Eine Luxus-Interpretation des Design-Gedankens. Wenig Schnörkel, keine Arabesken, wesentliches Stilelement sind die vornehmen Materialien. Lobenswert geräumige Zimmer (DZ um 35 m²), nicht ganz so lobenswert ist die durchgängige Klimatisierung (Fenster nicht zu öffnen). DZ ab 157,50 €. Innenstadt, Schützenstr. 1, ☏ 599940, www.geisel-privathotels.de, www.annahotel.de.

Arabella Sheraton `5` Als Retro-Design noch nicht Retro war: Das Arabella am gleichnamigen Park ist der Urvater des Designhotels in München. Vom Chic der späten 70er Jahre ist leider nur die monumentale Keramikfassade übergeblieben, die Zimmer haben jetzt internationalen Großhotelstandard. Riesiges Haus (446 Zimmer), die Zimmer zur Westseite bieten einen tollen Blick auf die Stadt. DZ ab 124 €, deutlich günstigere Specials. Bogenhausen, Arabellastr. 5, ☏ 92320, http://cities.starwoodhotels.com.

mein Tipp **Cocoon** `33` Ball-Chairs (das sind die spacigen Vollschalensitze aus den 60ern) in jedem Zimmer, Chaiselongues mit Notebook-Konsolen (WLAN inkl.) und eine loungige Lobby mit trendigem Wasserspiel. Dazu sympathisch preiswert: DZ 99 €, allerdings saftige Messepreise. Isarvorstadt, Lindwurmstr. 35, ☏ 59993907, www.cocoon-hotels.de.

Das Konzept geht wohl auf, deshalb gibt es jetzt auch noch eine Dependance mit weiteren 69 Zimmern im selben Stil in der Adolf-Kolping-Str. 11.

Klein & fein

Hotel ist eigentlich eine viel zu popelige Bezeichnung für die kleinen Juwelen des Herbergswesens: Hinter den prächtigen Fassaden alter Bürgerhäuser entfaltet sich der sehr persönliche Charme echter Stadtresidenzen. Keine kilometerlangen Flure, kein vollelektronischer Check-in-Schnickschnack. Echter Luxus ist familiär.

Opéra 15 Mitten im feinbürgerlichen Lehel befindet sich so etwas wie der Prototyp des noblen Kleinhotels. Zwischen Stilmöbeln und unter Stuckdecken kann sich jeder einmal als reicher bayerischer Grundbesitzer beim Besuch in der großen Stadt fühlen. Liebevoller und annähernd perfekter Service, umwerfendes Frühstück (im Sommer unter den Arkaden des Innenhofs). DZ ab 155 €, parken 15 €. Lehel, St.-Anna-Str. 10, ☎ 2104940, www.hotel-opera.de.

Hotel Inselmühle. Vor dem Fenster plätschert die Würm, der hoteleigene Biergarten ist der schönste Münchens, und dann quakt gelegentlich noch eine Ente. Die Lage am Bach ist schon fast kitschig idyllisch, auch die Zimmer sind niedlich – in der Maisonette-Suite fühlt man sich wie der reiche Austragsbauer. Allerdings: Es liegt schon ziemlich weit draußen. DZ 149 €. Obermenzing, Von-Kahr-Str. 87. ☎ 81010, www.inselmuehle-muenchen.com.

mein Tipp **Hotel Lux 18** Das Auge im Orkan des bayrischen Biersturms: Kaum 100 m vom Hofbräuhaus war noch Platz für eine Handvoll individueller Zimmer, alle mit eigener Künstlerhandschrift. Der Schaum auf dem Maßkrug des Hotelgewerbes: die himmelblaue Ponyhof-Suite. Gutes Restaurant und scharfe Hotelbar. DZ ab 154 €. Innenstadt, Ledererstr. 13, ☎ 45207300, www.hotel-lux.info.

Hotel Ritzi 25 Eine Weltreise in 25 Räumen: Jedes Zimmer ist individuell nach einem geografischen Thema gestaltet. Schreckhafte Naturen vermeiden den Afrika-Raum – da hängen dunkle Masken an der Wand. Empfehlenswert ist auch das hübsche Bar-Restaurant im Erdgeschoss. DZ ab 149 €. Haidhausen (am Maximilianeum), Maria-Theresia-Str. 2a, ☎ 4195030, www.hotel-ritzi.de.

Hotel Olympic 32 Eine beinahe altmodische Adresse im Gärtnerplatzviertel. Sparsam und geschmackvoll eingerichtet – eine gewisse Vorliebe für Art déco und Jugendstil ist unübersehbar. Reisende loben den außergewöhnlich freundlichen Service und empfehlen ein Zimmer zum Innenhof. DZ ab 160 €, Appartements ab 580 €/Woche, Parkplatz 15 €. Glockenbachviertel, Hans-Sachs-Str. 4, ☎ 231890, www.hotel-olympic.de.

Maximilian Munich 20 Exklusives Appartement-Hotel in ebensolcher Lage. Um den netten grünen Innenhof gruppieren sich die geräumigen Wohnungen (mind. 30 m2). Beliebt auch für längerfristige Aufenthalte. Frühstück nicht im Übernachtungspreis enthalten. Studios ab ca. 205 €, Familiensuiten ab 440 €. Innenstadt, Hochbrückenstr. 18, ☎ 242580, www.maximilian-munich.com.

Gästehaus am Englischen Garten 2 So ruhig kann die Großstadt sein: Die wahrscheinlichste Lärmquelle sind zwitschernde Vögel in Münchens größtem Park. Sehr familiär geführtes kleines Haus (12 Zimmer und Appartements). DZ ab 917 € (einfache Kategorie) bzw. ab 163 € (gehoben), Appartements ab 133 €, Frühstück 9,50 €. Schwabing, Liebergesellstr. 8, ☎ 3839010, www.hotelenglischergarten.de.

Hotel am Nockherberg 36 Die Au, wo sie am gelassensten ist: Am Fuß des bierschweren Nockherbergs herrscht fast kleinstädtische Ruhe, und nur eine U-Bahn-Station weiter tanzt der Bär auf den Tresen um den Gärtnerplatz. Komfortable und hinreichend große Zimmer, Sauna, Gym und WLAN. DZ ab 105 €, Garagenstellplatz 11 €. Au, Nockherstr. 38a, ☎ 6230010, www.nockherberg.de.

Mit Lokalkolorit

Wenn man schon vor dem Frühstück wissen möchte, in welcher Stadt man gerade aufgewacht ist: Hotels mit ausdrücklicher bayerischer Note. Nur jodeln muss man noch selber.

Hotel Prinzregent 12 Die Zirbelstubn unter den Hotels. Viel geschnitztes helles Holz, Service mit Mundart, und einen Herrgottswinkel gibt's bestimmt auch irgendwo. DZ ab 125 €. Bogenhausen (am Friedensengel), Ismaninger Str. 42–44, ☎ 945390, www.hotel-prinzregent-messe.de.

Platzl Hotel 16 Die volle Dosis bewohnbares Brauchtum bietet natürlich die Bayerische Suite (410 €) mit Teisendorfer Bauernschrank und Holzvertäfelungen aus sehr alten bayerischen

Übernachten

1. Pension Lutz
2. Gästehaus am Englischen Garten
3. The Tent
4. Jugendherberge München-City
5. Arabella Sheraton
6. das Hotel
7. Citadines Apart Hotel
8. The Charles Hotel
9. Hotel Bayerischer Hof
10. Sofitel Bayerpost
11. Hotel Königshof
12. Hotel Prinzregent
13. anna hotel
14. Hotel Vier Jahreszeiten
15. Hotel Opéra
16. Platzl Hotel
17. Westend Hotel
18. Hotel Lux
19. Mandarin Oriental Munich
20. Maximilian Munich
21. Cortiina
22. Belo Sono
23. Louis Hotel
24. CVJM Jugendgästehaus
25. Hotel Ritzi
26. Hotel Torbräu
27. Hotel Krone
28. Hotel Mariandl
29. H'Otello B'01
30. Motel One
31. Pension Gärtnerplatz
32. Hotel Olympic
33. Cocoon
34. The Flushing Meadows
35. GHOTEL
36. Hotel am Nockherberg
37. Hotel Brecherspitze
38. Campingplatz Thalkirchen
39. Jugendherberge Burg Schwaneck

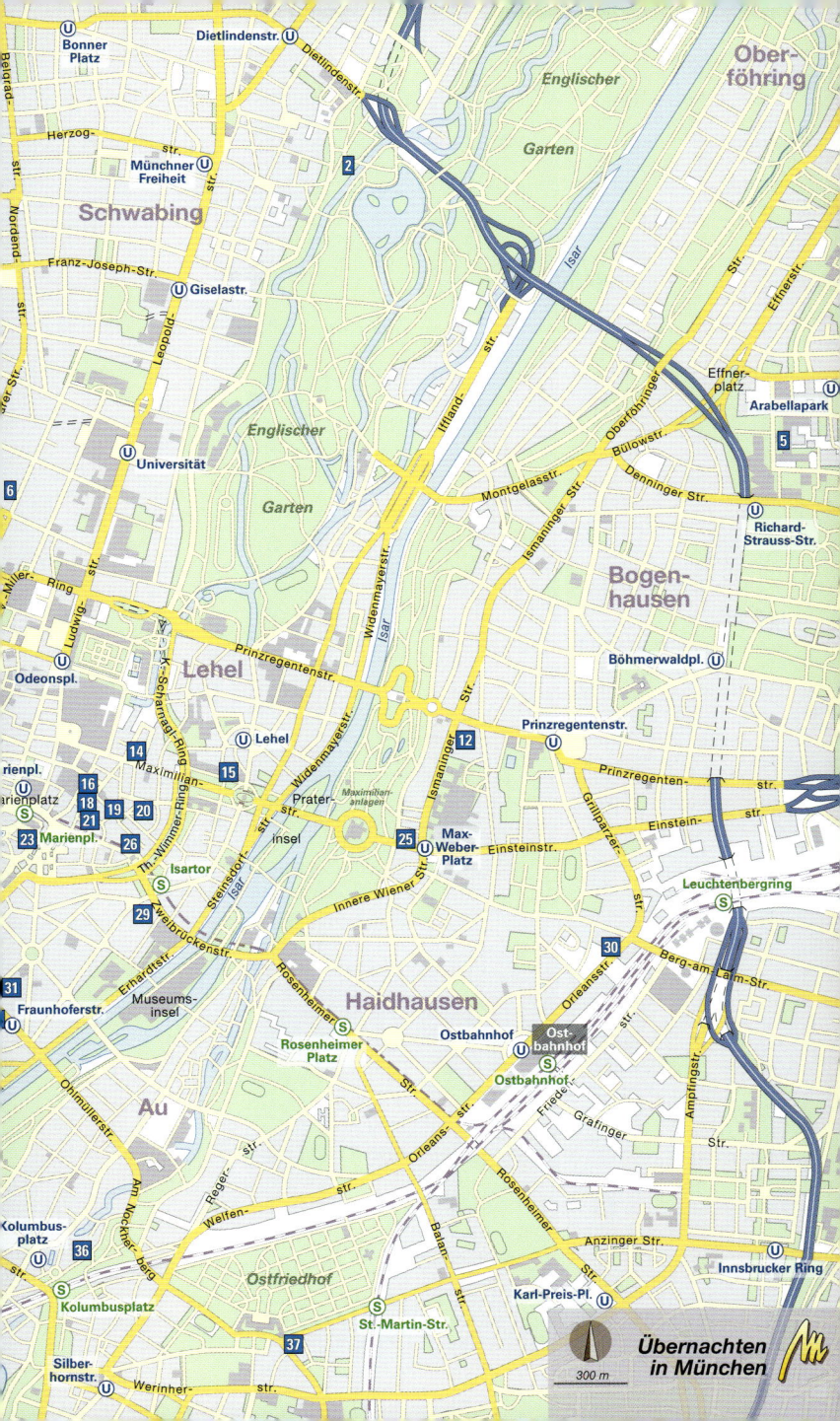

Bonner
Platz

Dietlindenstr.

Oberföhring

Englischer

Belgrad-str.

Herzog-
str.

Münchner
Freiheit

str.

Garten

Schwabing

Nordend-

Isar

Franz-Joseph-Str.

Giselastr.

Oberföhringer Str.

Effnerstr.

Effner-
platz

Arabellapark

Universität

Englischer

Montgelasstr.

Bülowstr.

Ismaninger Str.

Denninger Str.

Richard-
Strauss-Str.

Garten

Leopold-str.

Bogen-
hausen

M.-Miller-Ring

Ludwig-str.

Ifflandstr.

Prinzregentenstr.

Böhmerwaldpl.

Lehel

Odeonspl.

K.-Scharnagl-Ring

Maximilianeum

Lehel

Widenmayerstr.

Isar

Ismaninger Str.

Prinzregentenstr.

Prinzregenten-

str.

rienpl.

Maximilian-str.

Prater-
str.

Maximilian-
anlagen

Grillparzer-str.

Einstein-

marienplatz

insel

Marienpl.

Einsteinstr.

Leuchtenbergring

Th.-Wimmer-Ring

Max-
Weber-
Platz

Isartor

Innere Wiener Str.

Ampfingstr.

Zweibrückenstr.

Steinsdorf-str.

Isar

Berg-am-Laim-Str.

Fraunhoferstr.

Erhardtstr.

Museums-
insel

Rosenheimer Str.

Orleansstr.

Haidhausen

Ohlmüllerstr.

Au

Rosenheimer
Platz

Ostbahnhof

Ostbahnhof

Ostbahnhof

Friedenstr.

Orleans-str.

Grafinger

str.

Reger-str.

Welfenstr.

Balan-str.

Rosenheimer Str.

Kolumbus-
platz

An Nockher-berg

Anzinger Str.

Innsbrucker Ring

Kolumbusplatz

Ostfriedhof

Karl-Preis-Pl.

str.

Silber-
hornstr.

Werinher-str.

St.-Martin-Str.

300 m

*Übernachten
in München*

Bäumen, aber auch der Rest des Hauses lässt keinen Zweifel an der ethnischen Identität. Wenn's noch mehr sein soll: Zum Hofbräuhaus sind es nur 50 m. DZ ab 175 €. Innenstadt, Sparkassenstr. 10, ☎ 237030, www.platzl.de.

Hotel Torbräu 🔢26 Das bei weitem älteste Hotel der Stadt (über 500 Jahre Herbergstradition) garantiert schon durch Geschichte und Lage – direkt am Isartor – für authentisches Wohngefühl. DZ ab ca. 205 € (mit Frühstück). Innenstadt, Tal 41, ☎ 242340, www.torbraeu.de.

Economy

Natürlich kann man auch in München für weit weniger als 100 € eine Nacht verbringen, in diesem Segment sind wirklich empfehlenswerte Etablissements aber ziemlich rar, die unten angegebenen Adressen dementsprechend gut gebucht. Bevor Spätanreisende, Eilige oder Gestrandete ohne Reservierung auf der Straße schlafen müssen, werden sie am ehesten in den fast zahllosen Herbergen im Bahnhofsviertel fündig.

mein Tipp **Hotel Mariandl** 🔢28 Schon das sympathisch knarzende Stiegenhaus zu den Zimmeretagen macht klar: Das ist ein Traditionshaus. Sehr nette Zimmer mit hübschen Möbeln und Fischgrätparkett, Knüller sind die großen Mehrbettzimmer (bis Vierer) mit den frei stehenden Badewannen. In der ebenbürtig schönen Kneipe (angeblich Münchens ältestes Konzertcafé) fast täglich Live-Jazz. DZ 78–128 €, vergleichsweise zahme 50 % Oktoberfestzuschlag (die Wiesn ist in Sichtweite!). Ludwigsvorstadt, Goethestr. 51, ☎ 5529100, www.mariandl.com.

Citadines Apart Hotel 🔢7 Im brandneuen Arnulfpark (= Retortensiedlung am Hauptgleiskörper), deswegen noch ohne Patina und Charme, aber geschmackvolle und hochfunktionale, sehr gut ausgestattete Wohneinheiten. Besonders verlockend ist die Küchenzeile zur Selbstversorgung. Gleich nebenan ist auch der Augustinerbiergarten! Günstig für Familien und Kleingruppen: 4er-Appartement ab ca. 160 €. Neuhausen, Arnulfstr. 51, ☎ 9400800, www.citadines.com.

Pension Belo Sono 🔢22 „The greatest hostel we've ever been to!", schwärmte das australische Pärchen, und auch sonst habe ich von Gästen nur Gutes gehört. Nüchterne, aber nicht lieblose Zimmer, jede Menge Restaurants und Kneipen in der unmittelbaren Nachbarschaft und gerade einmal zwei U-Bahn-Statio-

nen vom Hauptbahnhof. Mit DZ zwischen 64 und 79 € dazu noch fast konkurrenzlos günstig. Schwanthalerhöhe, Gollierstr. 36, ☎ 50028222, www.pension-belo-sono.de.

Pension Gärtnerplatz 🔢31 Unaufgeregt-hübsches Gästehaus mit individuellem Charme im Auge des Kneipenorkans. Wer nicht mitfeiert, nimmt besser ein Zimmer zum Innenhof, den Partywüstlingen wird's egal sein – die kommen ohnehin erst nach der Putzstunde nach Hause. Sehr netter Service. DZ ab 135 € inkl. Frühstück. Gärtnerplatzviertel, Klenzestr. 45, ☎ 2025170, www.pensiongaertnerplatz.de.

Westend Hotel 🔢17 Sehr einfaches, aber sauberes und helles Hotel im Trendviertel Schwanthalerhöhe, in manchen Details vielleicht ein bisschen sehr bunt. Weit überdurchschnittliches Frühstück (9 €). DZ ab 49 €. Schwanthalerstr. 121, ☎ 5409860, www.westend-hotel.de.

Pension Lutz 🔢1 B & B im Reihenhäuschen mitten im Wohngebiet Neuhausens (2 Min. zur U-Bahn). Das ist so familiär, dass man schon fast von Familienanschluss sprechen möchte. DZ 85–110 €. Neuhausen/Gern, Hofenfelsstr. 57, ☎ 152970, www.pension-lutz.com.

Hotel Brecherspitze 🔢37 Wenn Tabor Süden, dem melancholischen Kommissar aus den Krimis von Friedrich Ani, zu Hause die Decke auf den Kopf fällt, schläft er für ein paar Tage in der Brecherspitze – hier fühlt man sich zu Hause. Die Lage in Giesing ist ein guter räumlicher Kompromiss zwischen Innenstadt und Neuer Messe (jeweils 10 Min. U-Bahn-Fahrt). DZ 57–70 €, offenes WLAN. Giesing, St. Martin-Str. 38, ☎ 6928286, www.brecherspitze.com.

Hotel Krone 🔢27 Von den Zimmern nach Osten während des Oktoberfests einer der schönsten Blicke auf die dann gleißend bunt beleuchtete Theresienwiese, leider dann auch fürstlich teuer. Den Rest des Jahres ein gutes Mittelklassehotel in einem lebhaften und noch ziemlich unentdeckten Viertel der Stadt. DZ ab 100 € (Wochenende), Oktoberfest 210 €. Westend, Theresienhöhe 8, ☎ 5080800, www.hotel-krone-muc.de.

GHOTEL 🔢35 Unspektakuläres, aber solides Business-Hotel mit günstigen Wochenendtarifen. Prima zur Schonung des Gastro-Budgets, denn jedes Zimmer hat eine eigene Kitchenette. DZ ab ca. 100 €. Ludwigsvorstadt, Landwehrstr. 77, ☎ 515670, www.ghotel.de.

das Hotel 🔢6 Die Zimmer sind ein wenig prosaisch, aber dafür kann man schon vor dem Frühstück schnell in die Pinakotheken huschen und hat nach der abendlichen Kneipentour im Studentenviertel praktisch keinen Nachhauseweg. DZ ab 98 €, Parkplatz (bitter nötig) 6 €. Türkenstr. 35, ✆ 2881400, www.das-hotel-in-muenchen.de.

Junges Schlafen heute

Für die sehr begrenzten Budgets junger Reisender und Rucksacktouristen ist München kein ganz einfaches Pflaster. Wer auf die Zwangsintimität von Schlafsälen in Hostels oder Jugendherbergen keine Lust hat, sollte gute Freunde zum Unterschlupf in der Stadt haben. Tut mir leid – bei mir ist schon voll.

CVJM Jugendgästehaus 24 Netter und sauberer als der Hostel-Durchschnitt und genau so nah an der Wiesn. Dafür etwas strengere Sitten: Nur Verheiratete kriegen ein Doppelzimmer. Bett pro Person ab 28,50 € (Jugendliche), Erwachsene 31,50 €, Oktoberfest 10 € Zuschlag. Ludwigsvorstadt, Landwehrstr. 13, ✆ 55214160, www.cvjm-muenchen.org.

Zahlreiche **weitere Hostels** finden sich in den Straßen um den Bahnhof.

Jugendherberge München-City 4 Mitglieder des DJH (kann man auch vor Ort noch werden) finden im Stadtteil Neuhausen eine Unterkunft. Übernachtungssuchende über 27 müssen auf Glück und geringe Nachfrage hoffen. DZ ab ca. 53 €. Wendl-Dietrich-Str.

20, ✆ 20244490, www.muenchen-city.jugend herberge.de.

Burg Schwaneck 39 Eine sehr schöne Herberge betreibt der Kreisjugendring München am Hochufer der Isar im Südosten der Stadt. Die neogotische Burg war eine romantische Spinnerei des berühmten Bildhauers Ludwig von Schwanthaler und ist auch ohne Wohnaufenthalt eine echte Sehenswürdigkeit. Bis zur Innenstadt sind es ca. 8 km – ein Fahrrad ist sicher eine gute Idee. Bett ab 25,50 € (Zehnerschlafsaal) bis 42,50 € (EZ). Pullach, Burgweg 10, ✆ 74486670, www.burgschwaneck.de.

Campingplatz Thalkirchen 38 Ein hübscher Platz in den Isarauen im Süden Münchens – von Anfang Oktober bis Mitte September. Während des Oktoberfests übernehmen australische Kampftrinker den Platz und feiern im „Centurion Club": Mitglied wird, wer 100 Bier an einem Abend trinkt. Ein unbeschreibliches Erlebnis. 7 €/Pers., Zelt 6 €, Auto 6 €. Thalkirchen, Zentralländstr. 49, ✆ 7231707, http://campingplatz-thalkirchen.de.

The Tent 3 Die ganz harte Variante: Die australo-anglo-amerikanische Stammklientel veranstaltet das ganze Jahr so etwas wie eine Dauerwiesn. Bett im Großzelt (600 m²) 12 €, Schlafplatz auf dem Boden 8 €. Im eigenen Zelt 6 €/Pers. plus 6 € für ein kleines Zelt. Nymphenburg, In den Kirschen 30, ✆ 1414300, www.the-tent.com.

Schlafen, Holzklasse: Jugendherberge in Neuhausen

Blick vom Olympiaberg

München
von A bis Z

Anreise

... mit dem Auto: München liegt auf dem Schnittpunkt der Autobahnen A 8 und A 9 und ist damit für individuell motorisierte Reisende einfachst zu erreichen. Leider nicht immer schnell: Beide Trassen sind Hauptschneisen für Millionen Deutsche auf dem Weg nach Süden und entsprechend staugeplagt.

Seit 2008 ist der gesamte Bereich innerhalb des Mittleren Rings eine **Umweltzone** und darf nur mit der entsprechenden grünen, gelben oder roten Plakette befahren werden. Die Bapperl aus anderen deutschen Großstädten mit entsprechender Regelung gelten auch hier. Wer noch keine Plakette hat, bekommt sie für ca. 8 € bei allen Stellen, die berechtigt sind, Abgasuntersuchungen durchzuführen, also zum Beispiel beim TÜV, der DEKRA oder autorisierten Kfz-Werkstätten. Möglich ist auch eine Online-Bestellung beim Landratsamt München (www.landkreismuenchen.de, dort dann unter „Feinstaubplaketten). Halter von nicht in Deutschland zugelassenen Fahrzeugen können sich ihr Bapperl unter www.tuev-sued.de/auto_fahrzeuge/feinstaubplakette bestellen und zuschicken lassen (15 €).

... mit dem Zug: Der Hauptbahnhof, Zwischen- oder Endstation zahlreicher ICEs, ICs und sonstiger Fernzüge, liegt sehr zentral mitten in der Stadt und erlaubt einfaches Umsteigen auf kurzen Wegen in die Verkehrsmittel des öffentlichen Nahverkehrs. Eine weitere Haltestelle für Fernverkehrszüge ist der westliche Vorort Pasing.

... mit dem Fernbus: Schön zentral liegt auch das Busterminal ZOB an der Hackerbrücke, einen S-Bahn-Stopp westlich vom Hauptbahnhof. Im Untergeschoss des silbrigen Kolosses docken Personengroßtransporter aus und nach ganz Europa an und natürlich kommt man von hier auch in wohl jede deutsche Großstadt. Bis zur Marktbereinigung für skandalös wenig Geld: Verbindungen von und nach Berlin gibt es schon für weniger als 20 €. Anbieter-übergreifende Buchungsportale: www.fernbusse.de, www.busliniensuche.de.

... mit dem Flugzeug: Der München Flughafen/Franz Josef Strauß (IATA-Code MUC) ist der zweitgrößte Luftfahrt-Hub Deutschlands. Diese schiere Größe war nur ziemlich weitab des Stadtzentrums zu realisieren, und deshalb ist der Airport nur mit nicht unerheblichem Zeitaufwand zu erreichen. Für die 28 km bis zur Innenstadt (Luftlinie) sollte man mit dem Auto selbst bei günstigsten Verkehrsverhältnissen mindestens eine halbe Stunde Fahrtzeit kalkulieren, mit den beiden S-Bahn-Linien S 1 und S 8 sind es ca. 45 Minuten bis zu den beiden Passagierterminals. Ein Ticket von der Stadtmitte zum Flughafen kostet derzeit 12 €. Die Anbindung an das Schienennetz der DB ist seit der Eröffnung 1992 nicht über den Planungsstand hinausgekommen.

Fast genauso fix in der Luft ist man als Billigflieger (u. a. Ryanair) vom Flughafen München-West. Der Name ist freilich ein hübscher Witz, weiter als der euphemistisch umetikettierte Flughafen Memmingen ist nämlich kein anderer Airport in Europa von der namengebenden Stadt entfernt: 110 km. Hin kommt man problemlos mit dem Bus vom Hauptbahnhof, bei Direktbuchung über das Internet kostet das 15 € (https://shop.tixys.com/aaexpress).

Ärztliche Versorgung

Bereitschaftsdienste für medizinische Notfälle befinden sich u. a. an folgenden Adressen:

Krankenhaus Schwabing, Kölner Platz 1, ☎ 33040302.

Rotkreuzkrankenhaus (Neuhausen), Nymphenburger Str. 163, ☎ 12789790.

Klinikum rechts der Isar (TU), Ismaninger Str. 22, ☎ 45758900.

Stadtklinikum der LMU, Nussbaumstr. 20, ☎ 51602611.

Bereitschaftsdienst der Münchner Ärzte, Elisenhof am Hauptbahnhof (Eingang über Elisenstr. 3), ☎ 01805-191212.

Zahnärztlicher Notdienst, ☎ 7233093, sowie **Zahnklinik,** Goethestr. 50, ☎ 51600.

Die **Bienen-Apotheke** in der Schützenstr. 2 (Nähe Hbf.) hat auch am Samstag bis 20 Uhr geöffnet.

Gemütlicher Biernachschub

Fundbüro

Das Städtische Fundamt liegt etwas außerhalb in Sendling in der Ötztaler Str. 19, ✆ 23396045. Während des Oktoberfests gibt es eine temporäre Außenstelle im Servicezentrum auf der Theresienwiese.

Fußball

Tickets für die Spiele in der **Allianz-Arena** gibt es bei den Geschäftsstellen der Münchner Vereine und auf deren jeweiligen Websites – wenn es denn welche gibt. Die Heimauftritte der **Bayern** sind nämlich in allerkürzester Zeit ausverkauft, die Stadionauslastung bei Ligapflichtspielen beträgt sagenhafte 100 %. Lediglich für manche Pokalspiele lässt sich eine reguläre Karte erwerben. Für glühende Rote bleibt nur der – exorbitant teure – Schwarzmarkt oder das Kiebitzen beim Training an der Säbener Straße (auch mächtig Betrieb). Tolerantere Fußballfreunde pfeifen auf das Starensemble und besuchen – bis zum unausweichlichen Wieder-

aufstieg zu alter Größe recht problemlos – ein Heimspiel der **Löwen**. Geschäftsstelle FC Bayern: Säbener Str. 51, ✆ 69931333, https://fcbayern.com/de; TSV 1860 München, Grünwalder Str. 114, ✆ 01805-601860, www.tsv1860.de.

Internet

Internet-Cafés für ganze Bataillone von Rucksacktouristen befinden sich im Bahnhofsviertel, viele Kneipen und Bars bieten kostenlosen WLAN-Access. Auch die Stadtwerke München bieten zwei kostenlose Wi-Fi-Hotspots am Marienplatz und am Stachus. Nützliche Webadressen sind neben der Internetpräsenz der Stadt München (*www.muenchen.de*, sehr umfassend) die privaten Informationsportale *www.ganzmuenchen.de* und *www.mux.de*.

Stadtführungen

Das Münchner Stadtführungsgewerbe ist erstaunlich vielfältig, von Bus-, Fahrrad- und Lauftouren zu allen denkbaren Themen bis zum geführten

Allianz-Arena im Löwen-Licht

Saufgelage ist mehr oder weniger alles im Programm. Der qualitätsbewusste Stadtreisende bevorzugt deutsche (echte Reisebuchautoren!), englische oder spanische Guides von „Radius", seit über 25 Jahren im Geschäft und mit Büro im Hauptbahnhof (Starnberger Flügelbahnhof). &55029374, www.radiusmunich.com.

Exotischer und exklusiver ist die Rundfahrt auf einem dieser die Gravitation austricksenden Segway-Roller. Leider sind die Dinger in der Anschaffung furchtbar teuer und das schlägt sich im Tourpreis natürlich nieder: ab 59 €. Mehrere Anbieter, am besten machen den Job die Guides (deutsch – echte Reisebuchautoren ... – und englisch) von Tex bei City Segway. Karlsplatz 4 (Innenstadt), &23888798, www.city segwaytours.com/munich.

Schwimmen/Baden

Der aufrichtige Zeitenjäger mit rot geschlorten Augen hetzt natürlich auf den Bahnen des **Olympiabads** nach Bestleistungen (→ Tour 10, S. 172). Ebenfalls olympische Weihen hat der Pool des **Dantebads** (Dantestr. 6, &23617994, Tram 20/21 Westfriedhof), der – ordentlich geheizt – auch im Winter 50-Meter-Bahnen unter freiem Himmel möglich macht.

Für den gemütlichen Abkühlungs-Braunröstungs-Zyklus im Sommer ist es aber in den Freibädern doch netter. Ein skurriler Mix aus Flussbadeanstalt und Freibad ist das **Maria-Einsiedel-Bad** in Thalkirchen. Knüller ist der ca. 400 m lange Isarkanal, der mit erheblicher Flussgeschwindigkeit durchs Gelände rauscht – das stimmungsvollste und schönste Münchner Freibad. Zentralländstr. 28. Ⓤ 3 Thalkirchen. Eintritt wie in allen anderen städtischen Freibädern auch: 4,10 €, erm. 2,90 €.

Wer's richtig schön haben will, geht im Sommer zum Baden an einen der vielen Seen im Münchner Umland: Neben diversen kleineren Gewässern bieten sich dafür vor allem der **Starnberger See** und der **Ammersee** an, beide sind in etwa einer halben Stunde von München aus zu erreichen (→ Ausflüge, S. 219 und 223).

Telefon

Münzfernsprecher finden sich zuverlässig in jedem U-/S-Bahnhof, der Mobilfunkempfang in den Zügen funktioniert auch leidlich.

Alle in diesem Buch angegebenen Telefonnummern liegen – wenn nicht gesondert angegeben – im Vorwahlbereich München: 089.

Tourist Information der Stadt München

Servicestellen mit sehr umfangreichem Dienstleistungsangebot gibt es am Marienplatz (im Erdgeschoss des Neuen Rathauses) und an der Westseite des Bahnhofsplatzes (Bahnhofsplatz 2, links vom Haupteingang zum Bahnhof). Öffnungszeiten Marienplatz: Mo-Fr 9–19.30, Sa 9–16, So 10–14 Uhr, feiertags geschlossen. Hauptbahnhof: Mo-Sa 9–20, So/Feiertag 10–18 Uhr. Telefonisch informiert das Tourismusamt der Stadt unter &23396500.

Zeitungen/Zeitschriften

Mit fünf Tageszeitungen ist München auf dem Printsektor reichlichst versorgt: „Süddeutsche Zeitung" (liberaler Qualitätsjournalismus), „AZ" (informativer Boulevard), „tz" (erzkonservativer Boulevard), „Münchner Merkur" (konventioneller aufgemachtes Partnerblatt der tz) und „Bild" (Bild-Niveau). Die Stadtzeitschrift „Prinz" kann man kaufen, „in-münchen" wird umsonst an über 1000 Stellen ausgelegt und ist nicht nur wegen des kürzeren Erscheinungsintervalls und des sehr vollständigen Veranstaltungskalenders wahrscheinlich besser.

Kompakt Museen

Der Tisch ist reich gedeckt, die Teller üppig gefüllt – um auf dem Münchner Museumsmenü so gar kein passendes Gericht zu finden, muss man schon ganz strikter Kunstabstinenzler, eingefleischter Technikignorant oder Geschichtsveganer sein. Die Geistesgeschichte Münchens ist ganz entschieden auch mit den Sammlungen und Ausstellungen der Stadt verknüpft, und zu einem auch nur annähernd vollständigen Besuchsprogramm gehört mindestens eines, besser aber 30 der Münchner Museen genauso dazu wie die Maß Bier in einem Biergarten.

Hier ein kurzer Überflug, für Punktlandungen sich ausführliche Beschreibungen der meisten Kunst- und Kulturtempel in den Spaziergängen. Dazu sind noch einige wenige Museumspretiosen abseits der im Buch beschrittenen Wege aufgelistet. Wenn man das alles in einem Aufwasch in einer Nacht erledigen möchte (uffta!), kommt man im Oktober zur **Langen Nacht der Münchner Museen** (→ S. 260).

Die Heiligen Hallen

Alte Pinakothek (Tour 9): Die Alten Meister bis ca. 1750. Sowohl als Museum wie auch als Baukunstwerk überragend. ▪ S. 156

Neue Pinakothek (Tour 9): Impressionismus, Expressionismus, Pointillismus: Die großen Ismen des 19. und 20. Jh. mit allen großen Namen von Lautrec bis van Gogh. ▪ S. 157

Pinakothek der Moderne (Tour 9): Das größte und teuerste Kunstmuseum in Deutschland prunkt mit vier Sammlungen:

moderne Kunst, Grafik, Design und Architektur. ▪ S. 158

Lenbachhaus (Tour 9): Da lehne ich mich jetzt sehr weit aus dem Fenster, aber die Kollektion um den Blauen Reiter im Luxushäuschen Franz von Lenbachs ist die Kirsche auf der Münchner Museumstorte. ▪ S. 152

Sammlung Brandhorst (Tour 9): Gegenwartskunst auf Premiumniveau – auch von außen: Der bunt schillernde Bau um die Meisterwerke der Gegenwartskunst ist fast schon Pflichtprogramm. ▪ S. 159

Villa Stuck (Tour 11): Eine Perle des Jugendstils, und die Bilder des Malerfürsten sind auch nicht schlecht. ▪ S. 182

Schack-Galerie (Tour 11): Die Spitzenwerke der deutschen Romantik eng gehängt im vormalig gräflichen Palais. ▪ S. 181

Haus der Kunst (Tour 5): Der Gewaltbau von 1937 bietet jenseits von ästhetischen und historischen Bedenken einfach hervorragende Bedingungen: viel Licht und viel Platz. Hochkarätige Wechselausstellungen vornehmlich aus Gegenwart und Moderne. ▪ S. 90

Hypo-Kunsthalle (Tour 3): Ebenfalls ausschließlich Wechselausstellungen auf allerhöchstem Niveau zeigt die Kulturstiftung eines Geldhauses in ihren Räumen in der Altstadt. ▪ S. 182

Technik und Natur

Deutsches Museum (Tour 8): Der Tempel der Technikgeschichte schlechthin, und da man mittlerweile den Museumspädagogen ähnlichen Spielraum einräumt wie den Ingenieuren und Wissenschaftlern, ist das Deut-

sche Museum in vielen Abteilungen auch richtig spannend. Genauso und vielleicht noch mehr gilt das für das dazugehörige Verkehrszentrum auf der Theresienhöhe und die Flugwerft Oberschleißheim. ▪ S. 139

BMW-Museum (Tour 10): Bevor man begann, am Oberwiesenfeld vom Laster gefallene, verbeulte Prototypen als Design zu verkaufen, baute man bei BMW noch richtige Schmuckstücke. Relativ kleine, aber hochkarätige und unbedingt sehenswerte Sammlung. ▪ S. 175

MVG-Museum: Die Geschichte des öffentlichen Nahverkehrs in München wird hier sehr liebevoll in einem fein restaurierten Depot mit 25 Originalfahrzeugen aufbereitet. Leider etwas ab vom Schuss und sehr selektive Öffnungszeiten: jeden zweiten Sonntag. Eintritt 3 €, erm. 2 €. Obergiesing, Ständlerstr. 20, Tram 17 Schwanseestr. www.mvg.de/services/freizeittipps/mvg-museum.

Museum für Völkerkunde (Tour 4): „Ethnologie ist die Wissenschaft von allen, die kleiner und dunkler sind als man selbst" – böses Bonmot, aber ob's stimmt oder nicht, sieht man hier. ▪ S. 76

Museum Mensch und Natur (Schloss Nymphenburg): Der Rettungsanker für Grundschullehrer an verregneten Wandertagen ist auch für die großen Kinder über 40 noch interessant. ▪ S. 207

Deutsches Jagd- und Fischereimuseum (Tour 1): Was für ein großes und buntes Thema und wie staubig und überinformativ präsentiert ... Die Wolpertinger sind trotzdem klasse. ▪ S. 39

Geiles altes Zeug

Glyptothek (Tour 9): Die Kollektion griechischer und römischer Skulpturen ist nicht nur eine der hochwertigsten, sondern auch die vielleicht stimmungsvollste Sammlung Münchens. ■ S. 151

Staatliche Antikensammlung (Tour 9): Die Sammelwut der Wittelsbacher war langfristig ihre wohl beste Investition – ein Museum fraglos von Weltrang. ■ S. 151

Staatliches Museum Ägyptischer Kunst (Tour 9): Was jahrzehntelang in der Residenz bloß eine Rumpelkammer war, hat sich jetzt am neuen Standort mit viel mehr Platz und modernem Ausstellungskonzept zu einem echten Vorzeigemuseum entwickelt. ■ S. 147

Museum Reich der Kristalle (Tour 9): Bestimmt die ältesten Exponate aller Münchner Museen und nicht nur deswegen einen Besuch wert. ■ S. 159

Paläontologisches Museum: Für Kinder mit Dino-Fimmel absolutes Pflichtprogramm, die anderen mögen es ein wenig trocken finden. Star der Show ist auf jeden Fall das großartig erhaltene Archaeopteryx-Fossil. Mo–Do 8–16 Uhr, Fr 8–14 Uhr. Eintritt frei. Maxvorstadt, Richard-Wagner-Str. 20, U 1 Königsplatz.

Geschichte

Stadtmuseum (Tour 2): Allein schon wegen des Sandtner'schen Stadtmodells – es zeigt das spätmittelalterliche München in einer fanatisch detaillierten 3-D-Ansicht aus Holz – den Besuch wert. Die meisten Besucher kommen aber wegen der sehenswerten Sonderausstellungen. ■ S. 48

Bayerisches Nationalmuseum (Tour 11): Auftrag ist die Darstellung der bayrischen Geschichte, Kultur und Kunst. Resultat ist ein Museum für echt viel Zeug. ■ S. 180

Jüdisches Museum (Tour 2): Eine museumsdidaktisch bemerkenswert gelungene Darstellung der schwierigen und zu oft auch krisenhaften Beziehung Münchens zu seiner jüdischen Bevölkerung. ■ S. 48

Bier- und Oktoberfestmuseum: Schon das Gebäude, vielleicht das älteste Bürgerhaus der Stadt, mit Himmelsleiter und römischem Streifenmauerwerk ist höchst sehenswert. Die Ausstellung könnte zwar eine Auffrischung vertragen, lohnt aber trotzdem einen Besuch. Di–Sa 13–18 Uhr. Eintritt 4 €, erm. 2,50 €. Altstadt, Sterneckergasse 2.

NS-Dokumentationszentrum (Tour 5): Ausgesprochen umfangreiche und etwas sehr textlastige Darstellung der zwölf Jahre des 1000-jährigen Münchens. ■ S. 96

Gedenkstätte Dachau: Das Musterlager der SS im Vorort ist Pflicht, nicht nur für alle bayerischen Gymnasiasten. ■ S. 216

Paläste

Residenzmuseum (Tour 4): Der größte Stadtpalast

Deutschlands überwältigt mit 120 Schauräumen, prunkt mit seiner Schatzkammer und betört mit lauschigen Innenhöfen. ■ S. 81

Schloss Nymphenburg: Der formidable Sommersitz der Kurfürsten und Könige besticht vor allem durch seine großartige Gartenanlage, kann aber auch besichtigt werden. Musealer Knüller ist sicher die Goldkutsche vom Kini – ein Ludwig II. angemessen exzentrisches Fortbewegungsmittel. ■ S. 207

... und noch zwei Exoten

Karl-Valentin-Musäum (Tour 1): Wenn Museen lustig sein wollen, geht das meistens schief. Hier nicht – a bisserl Bairisch muss man aber schon können. ■ S. 31

Sammlung Goetz: Bemerkenswerte Wechselausstellungen der modernen und Gegenwartskunst in einer noblen Villa im feinen Oberföhring. Do–Fr 14–18 Uhr, Sa 11–16 Uhr, Oberföhringer Str. 103. Eintritt frei, aber nur nach persönlicher Anmeldung auf der Website zu besichtigen – da fühlt man sich als Besucher schon wie im *inner circle* der Kunstaficionados: www.sammlung-goetz.de.

Pinakothek der Moderne, Sonnenseite

Biergärten

Max-Emanuel-Brauerei
(Tour 6) Mitten im Univiertel, also jede Menge studentisches Volk ▪ S. 115

Biergarten am Chinesischen Turm (Tour 6) Sicherlich der bekannteste und touristischste Biergarten der Stadt, trotzdem auch beliebt bei Einheimischen ▪ S. 116

Seehaus im Englischen Garten (Tour 6) Der Laufsteg unter den Biergärten: Schwabinger Schick und Schickis ▪ S. 116

Biergarten am Viktualienmarkt (Tour 7) Die einzige Großfreischankfläche in der Altstadt, brüderlich unter den Großbrauereien aufgeteilt ▪ S. 129

Biergarten an der Muffathalle (Tour 8) Bio im Biergarten, gastronomisch bemerkenswert, atmosphärisch nicht ganz so sehr ▪ S. 144

Waldwirtschaft Großhesselohe (Tour 8) Die Keimzelle der Bayerischen Biergartenrevolution ▪ S. 144

Biergarten zum Flaucher (Tour 8) Mit dem Radl auf ein Radler – fast schon ein Naherholungsziel ▪ S. 144

Augustiner Keller (Tour 9) Der Münchner After-Work-Treff schlechthin ▪ S. 161

Olympia-Alm (Tour 10) Putziger Kleinstbiergarten an der schroffen Nordflanke des Olympiabergs ▪ S. 176

Taxisgarten (Tour 10) Völlig unaufgeregter Nachbarschaftstreff, prima Spareribs! ▪ S. 177

Hofbräukeller (Tour 11) Hinterm Landtag und ziemlich nah am Ideal – lauschig, ruhig und nicht zu groß ▪ S. 192

Nockherberg (Tour 11) Abonnent von Spitzenplätzen beim jährlichen Ranking der schönsten Biergärten der Biergartenmetropole ▪ S. 192

Hirschgarten (Tour 10) Der größte Biergarten der Welt – erstaunlicherweise trotzdem gemütlich ▪ S. 177

Bavariapark (Tour 12) Hier trifft sich die Schwanthalerhöhe zum Feierabendbier ▪ S. 200

Biergarten am Hotel Inselmühle (Nähe Schloss Blutenburg) Der schönste von allen – leider am Ende der Welt ▪ S. 211

Wirtshäuser und Schwemmen

Weisses Bräuhaus (Tour 1) Eines der ältesten Brauhäuser (heute ohne Brauerei) der Stadt mit ganz traditioneller Münchner Küche ▪ S. 44

Der Pschorr (Tour 1) Hübsche, laute Großgaststätte am Viktualienmarkt. Mit Murnau-Werdenfelser Rindfleisch! ▪ S. 44

Zum Dürnbräu (Tour 1) Noch ein Wirtshausklassiker in der Altstadt, hübsch versteckt in einer Seitengasse ▪ S. 44

Klosterwirt (Tour 1) Sehr gute bayrische (und fränkische!) Küche im Schatten der Frauenkirche, am gemütlichsten sind die Tische im Gewölbekeller ▪ S. 44

Donisl (Tour 1) Die Traditionsgaststätte am Marienplatz wurde endlich aufgefrischt – vielleicht die hübscheste Schwemme der Altstadt ▪ S. 43

Augustiner Bräustuben (Tour 2) Das Stammhaus des Trunks im Zeichen des grünen Mönchs – am gemütlichsten links an den Holztischen oder sommers im hinreißenden Innenhof ▪ S. 56

Hofbräuhaus (Tour 2) Die berühmteste Bierhalle der Welt ▪ S. 56

Haxnbauer (Tour 3) Die Haxn sind großartig – auch wenn's dazu Stuttgarter Bier gibt ▪ S. 70

Gasthaus Isarthor (Tour 3) Originale Wirtshausatmosphäre nur einen Steinwurf außerhalb des Altstadtgewimmels ▪ S. 71

Schelling-Salon (Tour 9) Die Wirtshauslegende in der Maxvorstadt: Familienbetrieb seit 1872 mit illustrer Gästeliste von Lenin bis FJS ▪ S. 161

Kaisergarten (Tour 6) Die Nobelinterpretation der Wirtshausidee in Schwabing, wo es am schicksten ist ▪ S. 116

Scheidegger (Tour 6) Kracherter Schweinsbraten für das Schwabinger Großbürgertum ▪ S. 116

Osterwaldgarten (Tour 6) Entzückender Wirtsgarten zwischen den Millionärsvillen am nördlichen Englischen Garten ▪ S. 116

Paulaner Bräuhaus (Tour 7) Hausbrauerei des Bierriesen mit interessanten Spezialbieren. Mit echtem Biergarten! ▪ S. 129

Gaststätte Großmarkthalle (Tour 7) Pflichtadresse für das Weißwurstfrühstück nach durchzechter Nacht, auch nüchtern toll ▪ S. 129

Rumpler (Tour 7) Nett bodenständiges Gasthaus im ansonsten leicht überhitzten Glockenbachviertel ▪ S. 129

Fraunhofer Wirtshaus (Tour 7) Einer der Wirtshausklassiker schlechthin, einfache und beste bayrische Küche ▪ S. 129

Wirtshaus in der Au (Tour 8) Das Knödelparadies gleich an der Isar ▪ S. 145

Isar Bräu (Tour 8) Craft-Bier avant la lettre im alten Vorortbahnhof ▪ S. 145

Großwirt (Tour 10) Recht feines Gasthaus im bürgerlichen Neuhausen ▪ S. 176

Zum Alten Kreuz (Tour 11) Bemerkenswertes Nachbarschaftsgasthaus fern der Touristenströme ▪ S. 192

Kneipen und Kantinen

Steinheil 16 (Tour 9) Wo Studenten Elefantenohren essen – die größten und billigsten Schnitzel! ▪ S. 160

Atzinger (Tour 6) Institution der akademischen Trinkkultur seit unzähligen Semestern ▪ S. 115

Stragula (Tour 12) Die Realwirtschaft im Westend mit Kulturprogramm ▪ S. 199

Blaues Haus (Tour 4) Vorne ein gutes und preiswertes Restaurant, hinten sitzt das Kreativpersonal der Kammerspiele. Besonders lustig nach Premieren! ▪ S. 86

Rathauskantine (Tour 1) Ökologisch korrekter und preiswerter Mittagstisch im Gewölbe des Neuen Rathauses ▪ S. 44

Auf die Hand

Café Frischhut (Tour 7) Hinreißendes Schmalzgebäck immer frisch aus der Großfritteuse ▪ S. 128

Yum-2-Take (Tour 7) Asiatisches Fast Food in Slow-Food-Qualität ▪ S. 128

Fräulein Grüneis (Tour 6) Der netteste Imbiss im Englischen Garten – auch wenn's zur Mittagspause etwas länger dauert ▪ S. 116

Türkitch (Tour 8) Die Nobilitierung des Döners und der Ritterschlag für Falafel in Isarnähe ▪ S. 145

Rippel-B (Tour 12) Großartige Spare-Ribs aus dem hauskomponierten Rauch mit maßgeschneiderten Saucen ▪ S. 200

Zum Koreaner (Tour 6) Verblüffend authentische koreanische Küche im Univiertel ▪ S. 115

Pommes-Boutique (Tour 6) Pommes frites mit echtem Kartoffelgeschmack und die ganze Welt der Mayonnaisen ▪ S. 115

Bergwolf (Tour 7) Der Urknall der Münchner Currywurstrevolution ▪ S. 129

Besser essen

Wirtshaus zur Schwalbe (Tour 12) Wirtshausküche auf allerhöchstem Niveau bei Meister Ederer. Schnuckliger Garten! ▪ S. 200

Löwengarten (Tour 10) Leichte und regionale Küche auf hohem Niveau in Neuhausen ▪ S. 176

Landersdorfer & Innerhofer (Tour 2) Beeindruckend schnörkellose Menüs zu fairen Preisen in der teuren Altstadt ▪ S. 57

Walter & Benjamin (Tour 7) Schon als gute Weinbar empfehlenswert, aber das Essen ist mindestens so gut wie die Kreszenzen aus den üppig bestückten Regalen ▪ S. 129

Upper Eat Side (Tour 8) Es geht aufwärts mit Obergiesing – auch das alte Arbeiterviertel hat jetzt eine Gourmetadresse ▪ S. 145

Marais Soir (Tour 12) Bemerkenswerte kulinarische Aufwertung der Schwanthalerhöhe ▪ S. 200

Österia (Tour 11) Bayrisch-österreichische Rivalität? Nun ja, kochen tun sie besser, die

Die Mädels sind derweil shoppen

Nachbarn im südlichen Klein-
staat ■ S. 193

Zauberberg (Tour 10) Neue
deutsche Küche in ruhiger
Atmosphäre ■ S. 177

Gesellschaftsraum (Tour 2)
Gewagte Experimente auf dem
Teller – Münchens ambitio-
nierteste Speisekarte ■ S. 57

Kloster (Tour 11) Österreichisch inspirierte Karte in einem
sehr gemütlichen Gasthaus –
ein kulinarisches Aushänge-
schild Haidhausens ■ S. 191

Die Spitze

Königshof (Tour 2) Sehr solide Spitzenküche mit gelegentlichen Ausflügen ins
kulinarisch Geniale, optisch
sehr konservativ ■ S. 57

Pageou (Tour 3) Allerfeinste
orientalisch-deutsche Fusion-
Cuisine von Ali Güngörmus,
im Sommer auch im Innenhof
■ S. 71

Restaurant Dallmayr
(Tour 3) In den Gastrobibeln die
derzeit am höchsten bewer-
tete Küche Münchens ■ S. 71

Tantris (Tour 6) Seit
Jahrzehnten das beste
Restaurant der Stadt ■ S. 116

Werneckhof (Tour 6) Ein
bayrischer Japaner kocht –
Überraschung! – bayrisch-
japanisch. Und wie! ■ S. 116

EssZimmer (Tour 10) Nobel
speisen im BMW-Markentem-
pel – da kann mich sich auch
das Heck eines 6ers schön-
essen ■ S. 176

Broeding (Tour 10) Auch
schon ein Klassiker: seit 26
Jahren österreichisch inspirierte Spitzenküche ■ S. 177

Schickimicki

**Schuhbecks Südtiroler
Stuben** (Tour 1) Hier spach-
teln Staatsbesuch und FC Bayern – was, ist dann auch
schon fast egal ■ S. 44

Paisano (Tour 1) Erstauni-
cherweise keine kreischenden
Teenie-Horden vor der Tür,
dabei gehört der Laden doch
Elyas M'Barek ■ S. 44

Hugo's (Tour 3) Man kann
auch nur wegen der prima
Pizzen kommen, die meisten
wollen aber Promis gucken
(oder sein) ■ S. 71

Schumann's Bar (Tour 4)
Beim Godfather der deut-
schen Barkultur verkehren die
wirklich Wichtigen ■ S. 87

Zum Goldenen Kalb (Tour
4) Die Meute tanzt ums Rindfleisch aus dem Dry-Aged-
Reifeschrank ■ S. 87

Little Wolf (Tour 7) Reservierungen im Dreischichtbetrieb
für Schmurgelfleisch aus dem
Smoker ■ S. 131

Brenner's (Tour 4) Front-
End-Cooking für Opernbesucher und Maximilianstraßen-
shopper ■ S. 86

Italienisch

Café Centrale (Tour 1) Viel
mehr als bloß eine Schicki-
Espresso-Bar – prima Pasta und
Carne für zwischendurch ■ S. 43

Albarone (Tour 4) Nobler,
aber nicht abgehobener Italiener
im Edelshoppingviertel ■ S. 87

Osteria Italiana (Tour 6)
Der älteste Italiener der Stadt
und immer noch einer der
besten, bemerkenswerte nord-
italienische Hochküche ■ S. 116

Cooperativa (Tour 7) Italien
für Hipster im Glockenbach – einfache, aber gute Küche an eng
gestellten Tischen ■ S. 130

Nero (Tour 7) Die schickste
Pizzeria in München, aber
auch kulinarisch bemerkenswert ■ S. 130

Pizzesco (Tour 8) Interessante Teigvariationen von Dinkel über Kamut bis glutenfrei
■ S. 144

pasta e basta (Tour 7) Billig-
italiener für die solide Unter-
lage vor dem Bar-Marathon
um den Gärtnerplatz ■ S. 130

Ruffini (Tour 10) Die Institution des italo-monacensi-
schen Lebensgefühls ■ S. 177

Sarfati Vini Naturali (Tour
12) Ein Prunkstück des neuen
Westends: tolle Weinkarte
und mindestens ebenbürtiges
Menü ■ S. 200

Pizzeria Taormina (Tour
12) Gemütlicher Nachbar-
schaftsitaliener mit prima
Pizza und Pasta ■ S. 200

Acquarello (Tour 11) Mario
Gamba betreibt den Nobelita-
liener schlechthin – mit
Michelin-Stern! ■ S. 193

Asiatisch

Toshi (Tour 1) Teppanyaki
und Sushi in allerfeinsten
Deklinationen ■ S. 45

Matsushisa (Tour 1) Die
Münchner Dependance des
globalen Kochstars Nobu –
das wohl teuerste Restaurant
der Stadt ■ S. 45

Emiko (Tour 4) Japanische Küche leicht europäisiert mit Blick
auf den Viktualienmarkt ■ S. 87

Fei Scho (Tour 7) Feine asia-
tische Knödel in kumpelhaf-
tem Ecklokal ■ S. 129

Haguruma (Tour 7) Großartiger Rohfisch auf dem Reis-
sockel ohne Firlefanz ■ S. 130

DuDu (Tour 7) Vietnamesi-
sches Essen zum Selberbasteln – unbedingt die Reispapierrollen probieren ■ S. 130

Kirschgarten (Tour 7)
Hinreißend nüchternes und
kleines Thai-Restaurant im
Glockenbach ■ S. 130

Yum (Tour 7) Thailändische
Hochküche in schmuckem
Ambiente ■ S. 130

Manam (Tour 11) Das schärfste Fast Food in München mit authentisch ruppigem Garküchenservice ■ S. 192

Rüen Thai (Tour 12) Dienstältester Thai in München mit bemerkenswerter Weinkarte ■ S. 200

Mitani (Tour 11) Shabu-Shabu – noch nie gehört? Beim Japan-Fondue können die Schweizer einpacken! ■ S. 193

NoMiYa (Tour 11) Japanische Wirtshausküche in Haidhausen ■ S. 193

Champor (Tour 11) Malaysisches Tischfeuerwerk – leider etwas ab vom Schuss, lohnt aber die Anfahrt ■ S. 193

Vegetarisch und vegan

Tian (Tour 1) Fleischlos auf höchstem Niveau – hier geht Qualität vor Weltanschauung ■ S. 45

Kismet (Tour 3) Vegetarischer Yuppie-Treff im Schatten des Polizeipräsidiums. Schicke Bar! ■ S. 71

Ignaz (Tour 6) Das Walhall der Schwabinger Körndlfraktion ■ S. 116

Max Pett (Tour 12) Die ganz strikte Observanz: 100 % vegan und kein Alkohol ■ S. 200

Griechisch

Piatsa (Tour 6) Alteingesessener Nachbarschaftsgrieche ohne Ölpfützen auf dem Teller ■ S. 117

Kalypso (Tour 6) Sehnsuchtsort der Kreta-Fraktion: beste mediterrane Fischküche ■ S. 117

Taverna Molos (Tour 7) Neues vom Griechen: Es geht auch leicht und elegant ■ S. 130

Französisch

Crêperie Cabus (Tour 6) Der sympathische Franzose um die Ecke mit weit mehr als nur prima Pfannkuchen ■ S. 116

Crêperie Bernard & Bernard (Tour 11) Der französische Fladenladen ist unverwüstlich: Crêpes und Galettes seit über 35 Jahren ■ S. 191

Les Cuisiners (Tour 11) Gehobene französische Küche im feinen Lehel ■ S. 192

Rue des Halles (Tour 11) Französisches Viertel Haidhausens ■ S. 192

Atelier Gourmet (Tour 11) Atmosphärisch Bistro, kulinarisch Gourmet ■ S. 193

Le Busquerey (Tour 11) Klassisch französisch ohne Chichi ■ S. 193

Le Faubourg (Tour 11) Lieblingsfranzose am Wiener Platz ■ S. 193

Exoten

Victorian House (Tour 7) Fantastisches Frühstück und urbritisches Teezeremoniell ■ S. 128

Deeba (Tour 9) Pakistanische Wundertüte: ungeahnte Geschmacksvielfalt von den Underdogs des Subkontinents ■ S. 161

Deerya (Tour 12) Ein Kurzurlaub in Istanbul gleich beim Bahnhof, Pflichtorder die Vorspeisenplatte ■ S. 200

Julep's (Tour 11) Spätestens nach dem vierten Daiquiri fühlt man sich wie Hemingway. Vorher aber unbedingt einen Burger als Grundlage! ■ S. 193

Lisboa Bar (Tour 11) Bacalhau und Fado live – die Algarve Münchens! ■ S. 193

Fußballkneipen

Stadion an der Schleißheimer Straße (Tour 9) Mehr Atmosphäre ist nur auf den echten Tribünen ■ S. 161

Burg Pappenheim (Tour 8) Auch ohne Kicker auf der Leinwand ein gutes und gemütliches Gasthaus ■ S. 145

Löwenstüberl (Tour 8) Die Pilgerstätte für leidgeplagte Löwenfans, Nostalgiker trinken Espresso ■ S. 145

Bürgerheim (Tour 12) Heimat der Isar-Schalker, Bayern-Fans werden aber auch bedient ■ S. 199

Ein Lieblingsfranzose

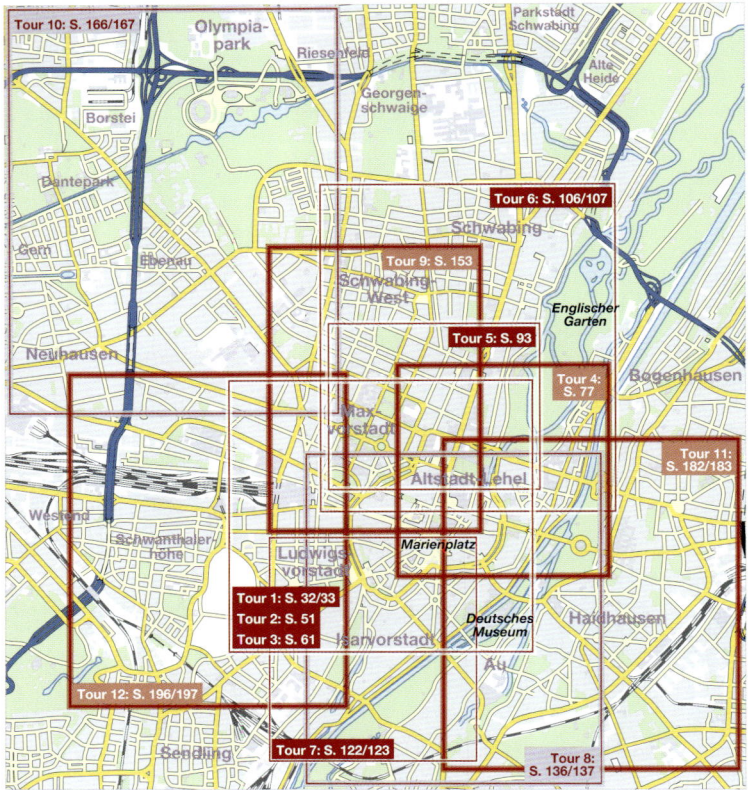

Verzeichnisse

München im Kasten

Kartenverzeichnis und Zeichenerklärung

Autobahn
Schnellstraße
Hauptverkehrsstraße
Nebenstraße
Bahnlinie
Rundgang Anfang/Ende
Stationen Planetenweg
Ⓤ Ⓢ U-Bahn-/S-Bahn-Haltestelle
BUS Bushaltestelle
Flughafen
P Parkhaus/Parkplatz
Grünanlage
Friedhof
Fußgängerzone
WC Toilette
i Information
Kirche/Kapelle, Kloster
Synagoge
Schloss/Burg
Ⓜ ★ Museum, Sehenswürdigkeit
Denkmal, Brunnen
Berggipfel, Sendemast

Fotonachweis

Achim Wigand: S. 12, 18, 20, 24, 25, 30, 45, 54, 92, 98, 100, 105, 109, 121, 124, 132, 134, 138, 141, 146, 147, 152, 154, 156, 159, 161, 162, 163, 169, 170, 171, 173, 175, 176, 178, 179, 181, 185, 186, 188, 191, 192, 194, 198, 201, 202, 203, 208, 210, 214, 216, 217, 218, 220, 223, 224, 225, 227, 228, 230, 232, 246, 249, 250, 253, 254, 258, 260, 261, 262, 263, 264, 266, 270, 273, 276, 281, 282, 283, 291 | **Mat Bruffell:** S. 38 | **Diana Denega:** S. 9, 16, 22, 101, 139, 129, 244, 257, 289, 299, 304 | **Eve81/Fotolia.com:** S. 206 | **Theresa Hecker:** S. 248 | **Jürgen Neugebauer:** S. 265 | **Uwe Neugebauer:** S. 108 | **Tourismusamt München:** S. 26, 37, 79, 81, 82, 150, 204, 205, 213, 236, 251, 259, 284 | **Joscha Schell:** S. 10, 14, 28, 35, 39, 40, 41, 42, 43, 44, 46, 47, 48, 49, 50, 53, 55, 57, 58, 59, 62, 63, 65, 67, 68, 69, 70, 72, 75, 76, 84, 86, 88, 90, 94, 95, 97, 99, 102, 103, 109, 110, 111, 112, 114, 117, 118, 125, 127, 130, 143, 145, 149, 155, 157, 234, 235, 238, 239, 240, 242, 268, 274, 287 | **Bernd Wackerbauer:** 164

Vielen Dank!

Kathrin und Simon Borrmann, Rita Wrabetz, Ines Burisch (kulinarische Recherchen), Stefan Böttcher (Tourismusamt München/Fotos), Wilfried Gelo (Textkritik), Dr. Matthias Hamann (kunsthistorische Beratung), Theresa Hecker (Nachtleben und Party), Diana Denega (Fotos), Jürgen Neugebauer (Inspiration und Literatur), Uwe Neugebauer (Fotos), Joscha Schell (Fotos).

Impressum

Text und Recherche: Achim Wigand **Lektorat:** Peter Ritter, Ute Fuchs **Redaktion:** Ute Fuchs **Layout:** Dirk Thomsen **Karten:** Janina Baumbauer, Carlos Borrell, Theresa Flenger, Hana Gundel, Judit Ladik **Fotos:** siehe S. 293 **Covergestaltung:** Karl Serwotka **Covermotive:** vorne: Frauenkirche und Mariensäule © davis/Fotolia.com; hinten: im Englischen Garten © INTERFOTO/imageBROKER /Moritz Wolf

Die in diesem Reisebuch enthaltenen Informationen wurden vom Autor nach bestem Wissen erstellt und von ihm und dem Verlag mit größtmöglicher Sorgfalt überprüft. Dennoch sind, wie wir im Sinne des Produkthaftungsrechts betonen müssen, inhaltliche Fehler nicht mit letzter Gewissheit auszuschließen. Daher erfolgen die Angaben ohne jegliche Verpflichtung oder Garantie des Autors bzw. des Verlags. Autor und Verlag übernehmen keinerlei Verantwortung bzw. Haftung für mögliche Unstimmigkeiten. Wir bitten um Verständnis und sind jederzeit für Anregungen und Verbesserungsvorschläge dankbar.

ISBN 978-3-95654-461-3

© Copyright Michael Müller Verlag GmbH, Erlangen 2008–2017. Alle Rechte vorbehalten.

Alle Angaben ohne Gewähr. Druck: Westermann Druck Zwickau GmbH.

Aktuelle Infos zu unseren Titeln, Hintergrundgeschichten zu unseren Reisezielen sowie brandneue Tipps erhalten Sie in unserem regelmäßig erscheinenden Newsletter, den Sie im Internet unter www.michael-mueller-verlag.de kostenlos abonnieren können.

infopoint

museen & schlösser
in bayern

Informationen

bayerische **Museen & Schlösser**
München im *Alten Hof* lebendige
Geschichte **Kaiser Ludwig** der Bayer
multimediale *Dauerausstellung* Münchner
Kaiserburg gotisches Gewölbe
Affenturm mittelalterliche *Stadtmauer*

Alter Hof 1 • 80331 München • Mo–Sa 10–18 Uhr
www.infopoint-museen-bayern.de

Abruzzen ▪ Ägypten ▪ Algarve ▪ Allgäu ▪ Allgäuer Alpen ▪ Altmühltal & Fränk. Seenland ▪ Amsterdam ▪ Andalusien ▪ Andalusien ▪ Apulien ▪ Australien – der Osten ▪ Azoren ▪ Bali & Lombok ▪ Barcelona ▪ Bayerischer Wald ▪ Bayerischer Wald ▪ Berlin ▪ Bodensee ▪ Bretagne ▪ Brüssel ▪ Budapest ▪ Chalkidiki ▪ Chiemgauer Alpen ▪ Chios ▪ Cilento ▪ Cornwall & Devon ▪ Comer See ▪ Costa Brava ▪ Costa de la Luz ▪ Côte d'Azur ▪ Cuba ▪ Dolomiten – Südtirol Ost ▪ Dominikanische Republik ▪ Dresden ▪ Dublin ▪ Düsseldorf ▪ Ecuador ▪ Eifel ▪ Elba ▪ Elsass ▪ Elsass ▪ England ▪ Fehmarn ▪ Franken ▪ Fränkische Schweiz ▪ Fränkische Schweiz ▪ Friaul-Julisch Venetien ▪ Gardasee ▪ Gardasee ▪ Genferseeregion ▪ Golf von Neapel ▪ Gomera ▪ Gomera ▪ Gran Canaria ▪ Graubünden ▪ Hamburg ▪ Harz ▪ Haute-Provence ▪ Havanna ▪ Ibiza ▪ Irland ▪ Island ▪ Istanbul ▪ Istrien ▪ Italien ▪ Italienische Adriaküste ▪ Kalabrien & Basilikata ▪ Kanada – Atlantische Provinzen ▪ Karpathos ▪ Kärnten ▪ Katalonien ▪ Kefalonia & Ithaka ▪ Köln ▪ Kopenhagen ▪ Korfu ▪ Korsika ▪ Korsika Fernwanderwege ▪ Korsika ▪ Kos ▪ Krakau ▪ Kreta ▪ Kreta ▪ Kroatische Inseln & Küstenstädte ▪ Kykladen ▪ Lago Maggiore ▪ Lago Maggiore ▪ La Palma ▪ La Palma ▪ Languedoc-Roussillon ▪ Lanzarote ▪ Lesbos ▪ Ligurien – Italienische Riviera, Genua, Cinque Terre ▪ Ligurien & Cinque Terre ▪ Limousin & Auvergne ▪ Limnos ▪ Liparische Inseln ▪ Lissabon & Umgebung ▪ Lissabon ▪ London ▪ Lübeck ▪ Madeira ▪ Madeira ▪ Madrid ▪ Mainfranken ▪ Mainz ▪ Mallorca ▪ Mallorca ▪ Malta, Gozo, Comino ▪ Marken ▪ Mecklenburgische Seenplatte ▪ Mecklenburg-Vorpommern ▪ Menorca ▪ Midi-Pyrénées ▪ Mittel- und Süddalmatien ▪ Montenegro ▪ Moskau ▪ München ▪ Münchner Ausflugsberge ▪ Naxos ▪ Neuseeland ▪ New York ▪ Niederlande ▪ Niltal ▪ Norddalmatien ▪ Norderney ▪ Nord- u. Mittelengland ▪ Nord- u. Mittelgriechenland ▪ Nordkroatien – Zagreb & Kvarner Bucht ▪ Nördliche Sporaden – Skiathos, Skopelos, Alonnisos, Skyros ▪ Nordportugal ▪ Nordspanien ▪ Normandie ▪ Norwegen ▪ Nürnberg, Fürth, Erlangen ▪ Oberbayerische Seen ▪ Oberitalien ▪ Oberitalienische Seen ▪ Odenwald ▪ Ostfriesland & Ostfriesische Inseln ▪ Ostseeküste – Mecklenburg-Vorpommern ▪ Ostseeküste – von Lübeck bis Kiel ▪ Östliche Allgäuer Alpen ▪ Paris ▪ Peloponnes ▪ Pfalz ▪ Pfälzer Wald ▪ Piemont & Aostatal ▪ Piemont ▪ Polnische Ostseeküste ▪ Portugal ▪ Prag ▪ Provence & Côte d'Azur ▪ Provence ▪ Rhodos ▪ Rom ▪ Rügen, Stralsund, Hiddensee ▪ Rumänien ▪ Rund um Meran ▪ Sächsische Schweiz ▪ Salzburg & Salzkammergut ▪ Samos ▪ Santorini ▪ Sardinien ▪ Sardinien ▪ Schottland ▪ Schwarzwald Mitte/Nord ▪ Schwarzwald Süd ▪ Schwäbische Alb ▪ Schwäbische Alb ▪ Shanghai ▪ Sinai & Rotes Meer ▪ Sizilien ▪ Sizilien ▪ Slowakei ▪ Slowenien ▪ Spanien ▪ Span. Jakobsweg ▪ St. Petersburg ▪ Steiermark ▪ Südböhmen ▪ Südengland ▪ Südfrankreich ▪ Südmarokko ▪ Südnorwegen ▪ Südschwarzwald ▪ Südschweden ▪ Südtirol ▪ Südtoscana ▪ Südwestfrankreich ▪ Sylt ▪ Teneriffa ▪ Teneriffa ▪ Tessin ▪ Thassos & Samothraki ▪ Toscana ▪ Toscana ▪ Tschechien ▪ Türkei ▪ Türkei – Lykische Küste ▪ Türkei – Mittelmeerküste ▪ Türkei – Südägäis ▪ Türkische Riviera – Kappadokien ▪ USA – Südwesten ▪ Umbrien ▪ Usedom ▪ Varadero & Havanna ▪ Venedig ▪ Venetien ▪ Wachau, Wald- u. Weinviertel ▪ Westböhmen & Bäderdreieck ▪ Wales ▪ Warschau ▪ Westliche Allgäuer Alpen und Kleinwalsertal ▪ Wien ▪ Zakynthos ▪ Zentrale Allgäuer Alpen ▪ Zypern

Reisehandbuch   **MM-City**   **MM-Wandern**

Register

Die in Klammern gesetzten Koordinaten verweisen auf die beigefügte München-Karte.

Der Umwelt zuliebe

Unsere Reiseführer werden klimaneutral gedruckt.

Eine Kooperation des Michael Müller Verlags mit myclimate

Sämtliche Treibhausgase, die bei der Produktion der Bücher entstehen, werden durch Ausgleichszahlungen kompensiert. Unsere Kompensationen fließen in das Projekt »Kommunales Wiederaufforsten in Nicaragua«:

- Wiederaufforstung in Nicaragua
- Speicherung von CO_2
- Wasserspeicherung
- Überschwemmungsminimierung
- klimafreundliche Kochherde
- Verbesserung der sozio-ökonomischen und ökologischen Bedingungen
- Klimaschutzprojekte mit höchsten Qualitätsstandards
- zertifiziert durch Plan Vivo

Einzelheiten zum Projekt unter myclimate.org/nicaragua.

Michael Müller Reiseführer
So viel Handgepäck muss sein.

Die Webseite zum Thema:
www.michael-mueller-verlag.de/klima

Die Apps aus dem Michael Müller Verlag

MMTravel-Web-App und MMTravel-App

Mit unseren beiden Apps ist das Unterwegssein einfacher.
Sie kommen schneller an Ihr Wunsch-Ziel.
Oder Sie suchen gezielt nach Ihren persönlichen Interessen.

gratis

umfassend

Die MMTravel-Web-App ...

... erhalten Sie gratis auf
www.mmtravel.com

... funktioniert online auf jedem Smartphone, Tablet oder PC mit Browser-
zugriff.

... zeigt Ihnen online sämtliche Sehenswürdigkeiten, Adressen und die
Touren aus dem Buch (mit Seitenver-
weisen) auf einer Karte. Aktivieren Sie
das GPS, sehen Sie auch Ihren Standort
und alles Interessante in der Umgebung.

... ist ideal für das Setzen persönlicher
Favoriten. Dazu legen Sie einfach ein
Konto an, das Sie auch mit anderen
Geräten synchronisieren können.

Die MMTravel-App ...

... verknüpft die MMTravel-Web-App
mit einem intelligenten E-Book.
Mit dieser Profi-Version sind Sie komplett unabhängig vom Internet.

... kaufen Sie für Apple und Android
in einem App Store.

... verortet sämtliche Adressen und
Sehenswürdigkeiten aus dem Buch
auf Offline-Karten. Mit zugeschalte-
tem GPS finden Sie darauf Ihren
Standort und alles Interessante
rund herum.

... informiert über Hintergründe und
Geschichte.

... liefert die kompletten Beschreibungen unserer Autoren.

... eignet sich sowohl zum Schmökern
als auch zum intuitiven Wechseln
zwischen Karte und Text.

... lässt sich nach Bestätigung eines
individuellen Kontos auf bis zu drei
Geräten verwenden – und das sogar
gleichzeitig.

... wird durch eigene Kommentare und
Lesezeichen zum persönlichen Notiz-
buch.

www.mmtravel.com

S U Tram

S2 Altomünster
P+R Kleinberghofen
P+R Erdweg
P+R Arnbach
P+R Markt Indersdorf
Niederroth
P+R Schwabhausen
Bachern Dachau
P+R   Stadt

S3 Mammendorf
P+R
P+R Malching
P+R Maisach
Gernlinden
P+R Esting
P+R Olching
P+R Gröbenzell
P+R Lochhau
P+R
P+R Aubing Leienfelsstr.
P+R Puchheim
P+R Eichenau
P+R Fürsten-
feldbruck
P+R Buchenau
P+R Schön-
geising
P+R Grafrath
P+R Türkenfeld
P+R Geltendorf

Neua
Freihar
P+R
Harthaus
P+R
Germering-
Unterpfaffenhofen
P+R
Geisenbrunn
P+R
Gilching-
Argelsried
P+R
Neugilching
P+R
Weßling
P+R
Steinebach
P+R
Seefeld-
Hechendorf
Ammer- P+R
see
Herrsching
P+R **S8**

S4

Nur zeitweilig
U7 U8 S20
S6 ——
Abschnitt
Ostbahnhof <=> Ebersberg

—— Tram
= = = ExpressBus
Mo-Sa tagsüber bis ca. 22 Uhr
So&Feiertage kein Betrieb

Regional- / Fernzughalt